国家出版基金项目
"十二五"国家重点图书出版规划项目

孙中山全集

第四卷

函札（上）

尚明轩 主编

人民出版社

总 目 录

第一卷　专论
　　前言
　　凡例
　　目录
　　正文

第二卷　文集
　　凡例
　　目录
　　　论著
　　　传记与回忆
　　　序跋
　　　祭悼
　　　祝词
　　　其他
　　　译著
　　　遗嘱
　　正文

第三卷　文告　规章
　　凡例
　　目录
　　　文告
　　　通电
　　　启事(含声明、讣告等)
　　　其他
　　　规章
　　正文

第四卷　函札(上)
　　凡例
　　目录
　　正文

第五卷　函札(下)
　　凡例
　　目录
　　正文

第六卷　文电
　　凡例
　　目录
　　正文

第七卷　演说

　　　　凡例
　　　　目录
　　　　正文

第八卷　谈话
　　　　凡例
　　　　目录
　　　　正文

第九卷　公牍(上)
　　　　凡例
　　　　目录
　　　　正文

第十卷　公牍(中)
　　　　凡例
　　　　目录
　　　　正文

第十一卷　公牍(下)
　　　　　凡例
　　　　　目录
　　　　　正文

第十二卷　人事任免(上)
　　　　　凡例

目录

正文

第十三卷　人事任免（下）
　　凡例
　　目录
　　正文

第十四卷　外文著述
　　凡例
　　目录
　　正文

第十五卷　题词遗墨
　　凡例
　　目录
　　正文

第十六卷　索引　传略
　　凡例
　　目录
　　　索引
　　　传略
　　后记

凡 例

一、本全集共收录孙中山现有著述11500余篇，按文体性质分类（含有多种性质的，据其主要倾向归类），依时间顺序编次，据类别和篇幅列卷。

二、日期与编次。底本有写作日期的，按原日期。无写作日期的，按最后发表日期，或通过考证予以判明；写作日期无从考证的，列于该类之末。著述日期统一采用公历，标于标题下方圆括号内。各卷原则上按时间顺序编次；卷内存在分类的，按各类时间顺序编次。

三、分类与列卷。根据类别和篇幅，分22类，列15卷：第一卷，专论（收录集中反映孙中山政治思想的5种著述）；第二卷，文集（含论著、传记与回忆、序跋、祭悼、祝词、译著、遗嘱等）；第三卷，文告规章（含文告、通电、启事、规章等）；第四、五卷，函札；第六卷，文电；第七卷，演说；第八卷，谈话；第九、十、十一卷，公牍；第十二、十三卷，人事任免；第十四卷，外文著述；第十五卷，题词遗墨。索引和传略单独列卷，为第十六卷。

四、底本的选择。优先采用原始文件、影印件和初刊本；充分吸收现有各种图书报刊的文献成果，如中国社会科学院近代史研究所中华民国史研究室、广东省社会科学院历史研究室（所）、中山大学历史系孙中山研究室合编《孙中山全集》（中华书局1981—1986年出版），秦孝仪主编《国父全集》（台北近代中国出版社1989年版）。发表在不同图书报刊的同内容文献,有歧义之处的,经考证后取其一说,其余在注释中简要介绍;诸说并存的,选择最佳版本;文字内容虽有出入但各具特色的,原则上选择底本来源较权威者为主文,其余作为"同题异文"附录于后。

五、标题。原有标题的,一般保留,个别编者酌改;原无标题的,编者酌拟。标题文字以国家现行文字规范为准。标题中的人名一律统一为现行惯称,文中不另做说明。

六、注释。每篇著述,文末均注明所据底本。文内酌加的注释,均为页下注。人物有多个字、号、别名的,地名有多种译法的,原则上在该卷首次出现时加注,其后不注。【　】内的文字,系编者为避免上下文表意脱节或缺省所加的说明。

七、校勘与标点。文内明显的错漏,编者均予以校勘:订正讹字,置于〔　〕内;增补脱字,置于〈　〉内;衍文加［　］;有疑误、难以确定的,用〔?〕表示;字句残缺或难以辨认的,用□表示。校勘、考释和外文翻译等,部分吸收前人成果,本全集一般不做具体说明。标点符号原则上执行国家现行规范。底本无标点或有标点但与国家现行规范不符的,均重新标点。

八、本全集中文为简体字横排,底本的繁体、古体和异体字,原则上统一为简体字,特殊含义者例外。第十四卷"外文著述",参考秦孝仪主编《国父全集》(台北近代中国出版社1989年版)编排。全集中插图及题词遗墨,一般据底本影印;质量较差的,适当修版或据原图重新绘制。

九、受时代局限,有的著述中使用的词语及字词用法和个别观点在今天看来欠妥,但因是原文固有,均不做改动。

目 录

致康德黎简(译文)(一八九六年十月十七日) ……………………… 1
致康德黎简(译文)(一八九六年十月十九日) ……………………… 1
谢英政府及报界书(译文)(一八九六年十月二十四日) …………… 2
致区凤墀函(一八九六年十一月) …………………………………… 3
复伏尔霍夫斯基函(译文)(一八九七年三月十五日) ……………… 4
致伦敦《地球报》函(译文)(一八九七年六月二十九日) ………… 5
致赵某函(译文)(一八九七年七月十二日) ………………………… 5
致邝华汰函(译文)(一八九七年七月十二日) ……………………… 6
致洛克哈特函(译文)(一八九七年八月至九月间) ………………… 7
复犬养毅函(一八九七年十月十八日) ……………………………… 8
复宫崎寅藏函(一八九九年三月二日) ……………………………… 8
复宫崎寅藏函(一八九九年四月一日) ……………………………… 9
致犬养毅函(一八九九年八月二十八日) …………………………… 9
致平山周函(一九〇〇年六月二十二日) …………………………… 10
致平山周函(一九〇〇年六月至七月间) …………………………… 11
致平山周函(一九〇〇年七月二十四日) …………………………… 11
致平山周函(一九〇〇年八月三十一日) …………………………… 12
致内田良平函(一九〇〇年九月十七日) …………………………… 13
致犬养毅函(一九〇〇年九月十九日) ……………………………… 13
致内田良平函(译文)(一九〇〇年十月三日) ……………………… 14

致陈少白函(一九〇〇年十月中旬) …………………………………… 14
致犬养毅函(一九〇〇年十月二十一日) …………………………… 15
致郑士良函(一九〇〇年十月二十二日) …………………………… 16
致菅原传函(一九〇〇年十月二十三日) …………………………… 16
致刘学询函(一九〇〇年十月下旬) ………………………………… 17
致平山周函(一九〇〇年十一月十六日) …………………………… 19
复南方熊楠函(译文)(一九〇〇年十二月十一日) ………………… 19
致南方熊楠函(一九〇一年二月六日) ……………………………… 20
致南方熊楠函(一九〇一年二月上中旬) …………………………… 20
致谢缵泰函(一九〇一年二月十三日) ……………………………… 21
致南方熊楠函(一九〇一年二月十六日) …………………………… 22
致犬养毅函(一九〇一年二月十六日) ……………………………… 23
复南方熊楠函(一九〇一年三月十八日) …………………………… 24
复南方熊楠函(一九〇一年四月三日) ……………………………… 24
致南方熊楠函(一九〇一年六月中下旬) …………………………… 25
复南方熊楠函(译文)(一九〇一年七月一日) ……………………… 25
致平山周函(一九〇二年七月三十日) ……………………………… 26
致宫崎寅藏函(一九〇三年八月一日) ……………………………… 27
致平山周函(一九〇三年十一月六日) ……………………………… 28
致麦克高雷夫人函(译文)(一九〇三年十二月九日) ……………… 29
复某友人函(一九〇三年十二月十七日) …………………………… 30
复黄宗仰函(一九〇三年十二月) …………………………………… 31
致伍盘照函(一九〇四年五月) ……………………………………… 32
复黄宗仰函(一九〇四年六月十日) ………………………………… 33
致麦克威廉士函(译文)(一九〇四年七月二十二日) ……………… 34
致麦克威廉士函(译文)(一九〇四年八月三十一日) ……………… 35
致麦克威廉士函(译文)(一九〇四年九月六日) …………………… 35
致麦克威廉士函(译文)(一九〇四年九月十五日) ………………… 36

复麦克威廉士函(译文)(一九〇四年九月二十六日) ……………………… 37
致留德留比学生函(一九〇五年二月初) ………………………………… 37
致愤亚函(一九〇五年三月二十一日) …………………………………… 38
复宫崎寅藏函(一九〇五年六月四日) …………………………………… 39
致陈楚楠函(一九〇五年七月七日) ……………………………………… 39
复陈楚楠函(一九〇五年九月三十日) …………………………………… 40
致菅原传函(译文)(一九〇六年五月九日) ……………………………… 42
致苏汉忠函(译文)(一九〇六年九月二十六日) ………………………… 42
致张永福函(一九〇六年十月十六日) …………………………………… 43
致鲁塞尔函(译文)(一九〇六年十一月八日) …………………………… 44
复张永福林义顺函(一九〇六年十一月二十二日) ……………………… 45
复鲁塞尔函(译文)(一九〇六年十一月二十六日) ……………………… 46
致张永福陈楚楠函(一九〇七年四月至五月间) ………………………… 48
致陈楚楠张永福函(一九〇七年五月一日) ……………………………… 48
复张永福函(一九〇七年六月五日) ……………………………………… 49
致星洲同志函(一九〇七年七月至八月间) ……………………………… 50
致萱野长知函(一九〇七年夏秋间) ……………………………………… 50
复张永福陈楚楠函(一九〇七年八月二十三日) ………………………… 51
致张永福陈楚楠函(一九〇七年八月二十九日) ………………………… 52
致宫崎寅藏函(一九〇七年九月十三日) ………………………………… 54
致何佩琼函(一九〇七年十月一日) ……………………………………… 56
致邓泽如等函(一九〇七年十月八日) …………………………………… 57
复张永福等函(一九〇七年十月十五日) ………………………………… 59
致张永福陈楚楠函(一九〇七年十月) …………………………………… 60
致张永福函(一九〇七年十一月五日) …………………………………… 61
致张永福函(一九〇七年十一月二十九日) ……………………………… 61
致后藤新平函(一九〇七年十二月十四日) ……………………………… 62
致邓泽如函(一九〇七年十二月十六日) ………………………………… 63

致张永福函(一九〇七年十二月二十三日) …………………… 64
致萱野长知函(一九〇七年十二月二十六日) ………………… 65
致三上丰夷函(一九〇八年一月三日) ………………………… 67
致萱野长知函(一九〇八年一月三日) ………………………… 68
致流石同盟会员函(一九〇八年二月二日) …………………… 69
复池亨吉函(译文节略)(一九〇八年二月八日) ……………… 70
致邓泽如函(一九〇八年三月七日) …………………………… 71
致苏汉忠函(译文)(一九〇八年三月十七日) ………………… 73
致林义顺函(一九〇八年四月上中旬) ………………………… 73
致邓泽如函(一九〇八年四月十七日) ………………………… 74
致挂罗庇胜同盟会员函(一九〇八年四月二十二日) ………… 75
复邓泽如函(一九〇八年四月三十日) ………………………… 76
复邓泽如函(一九〇八年五月十二日) ………………………… 77
致邓泽如黄心持函(一九〇八年五月) ………………………… 78
致邓泽如等函(一九〇八年六月九日) ………………………… 79
复邓泽如函(一九〇八年六月十三日) ………………………… 80
致池亨吉函(译文)(一九〇八年六月) ………………………… 81
致张永福函(一九〇八年七月十三日) ………………………… 85
复邓泽如函(一九〇八年八月一日) …………………………… 86
致林义顺函(一九〇八年八月十三日) ………………………… 87
致蓝瑞元函(一九〇八年八月) ………………………………… 87
致曾壬龙函(一九〇八年八月) ………………………………… 88
复蓝瑞元函(一九〇八年九月十三日) ………………………… 89
复邓泽如函(一九〇八年九月二十二日) ……………………… 90
复邓泽如函(一九〇八年十月十日) …………………………… 91
致林义顺函(一九〇八年十月十一日) ………………………… 91
致张永福函(一九〇八年十月十三日) ………………………… 92
致吴悟叟函(一九〇八年十月二十日) ………………………… 93

致林义顺函(一九〇八年秋) …………………………………… 93
复邓泽如等函(一九〇八年十一月三日) ……………………… 94
致邓泽如函(一九〇八年十一月四日) ………………………… 95
致邓泽如等函(一九〇八年十一月十日) ……………………… 95
复邓泽如等函(一九〇八年十一月二十日) …………………… 96
致符树兰等函(一九〇八年十二月十五日) …………………… 98
致邓泽如函(一九〇八年十二月十九日) ……………………… 99
复庄银安函(一九〇九年一月五日) …………………………… 100
致沈文光函(译文)(一九〇九年一月九日) …………………… 100
复王斧函(一九〇九年三月二日) ……………………………… 101
致宫崎寅藏函(一九〇九年三月二日) ………………………… 102
致庄银安函(一九〇九年三月五日) …………………………… 103
复庄银安函(一九〇九年三月八日) …………………………… 103
致何香凝函(译文)(一九〇九年三月九日) …………………… 104
致邓泽如等函(一九〇九年三月十七日) ……………………… 105
致张永福陈楚楠函(一九〇九年三月二十五日) ……………… 105
致张永福函(一九〇九年四月六日) …………………………… 106
致邓泽如函(一九〇九年四月六日) …………………………… 106
致暹罗同盟会员函(一九〇九年四月七日) …………………… 108
致曾壬龙函(一九〇九年四月上中旬) ………………………… 109
复邓泽如函(一九〇九年四月十二日) ………………………… 110
致庄银安等函(一九〇九年四月二十日) ……………………… 110
致曾壬龙函(一九〇九年四月二十七日) ……………………… 111
致邓泽如函(一九〇九年五月十二日) ………………………… 112
复邓泽如函(一九〇九年五月十八日) ………………………… 113
复吴稚晖函(一九〇九年六月二十四日) ……………………… 113
复王鸿猷函(一九〇九年七月上中旬) ………………………… 114
复王鸿猷函(一九〇九年七月十七日) ………………………… 115

致吴稚晖函(一九〇九年八月二日)………………………………… 115
致吴稚晖函(一九〇九年八月六日)………………………………… 116
致王鸿猷函(一九〇九年十月八日)………………………………… 116
致王鸿猷函(一九〇九年十月二十二日)…………………………… 118
致布鲁塞尔同盟会员函(一九〇九年十月二十九日)……………… 119
致南洋同盟会员函(一九〇九年十月二十九日)…………………… 120
致吴稚晖函(一九〇九年十月下旬)………………………………… 121
致吴稚晖函(一九〇九年十一月十二日)…………………………… 124
复张继函(一九〇九年十一月十二日前后)………………………… 125
复吴稚晖函(一九〇九年十一月二十五日)………………………… 126
致比利时同盟会员函(一九〇九年十一月二十六日)……………… 127
致孙昌函(一九〇九年十一月三十日)……………………………… 128
致英国金融家函(译文)(一九〇九年十一月)……………………… 128
复吴稚晖函(一九〇九年十二月四日)……………………………… 129
致吴稚晖函(一九〇九年十二月十三日)…………………………… 130
致吴稚晖函(一九〇九年十二月十六日)…………………………… 131
致吴稚晖函(一九〇九年十二月十六日)…………………………… 132
复王鸿猷函(一九〇九年十二月二十五日)………………………… 133
复英国金融家函(译文)(一九〇九年十二月)……………………… 134
复吴稚晖函(一九一〇年一月三日)………………………………… 136
致王鸿猷函(一九一〇年一月四日)………………………………… 137
复萧雨滋函(一九一〇年一月十日)………………………………… 138
致孙昌函(译文)(一九一〇年二月十一日)………………………… 139
致容闳函(一九一〇年二月十四日)………………………………… 139
致纽约同盟会员函(一九一〇年二月十六日)……………………… 139
复赵公璧函(一九一〇年二月十六日)……………………………… 140
致赵公璧函(一九一〇年二月二十二日)…………………………… 141
致咸马里函(译文)(一九一〇年二月二十四日)…………………… 141

致邓泽如等函(一九一〇年三月一日) …… 142
复赵公璧函(一九一〇年三月一日) …… 143
致暹罗同盟会员函(一九一〇年三月中) …… 144
致布司函(译文)(一九一〇年三月二十一日) …… 145
致康德黎夫妇函(译文)(一九一〇年三月二十二日) …… 145
致邓泽如函(一九一〇年三月二十四日) …… 146
致咸马里函(译文)(一九一〇年三月二十四日) …… 147
复庄文亚函(一九一〇年三月三十日) …… 148
致布司函(译文)(一九一〇年四月五日) …… 148
致孙昌函(一九一〇年四月八日) …… 149
致纽约同盟会员函(一九一〇年四月八日) …… 150
致咸马里函(译文)(一九一〇年四月十日) …… 151
致孙昌函(译文)(一九一〇年四月二十五日) …… 152
致侄媳函(译文)(一九一〇年四月二十五日) …… 153
致孙昌函(一九一〇年四月二十六日) …… 153
致梅培函(一九一〇年五月四日) …… 154
致纽约同盟会员函(一九一〇年五月五日) …… 155
致咸马里函(译文)(一九一〇年五月九日) …… 155
致布司函(译文)(一九一〇年五月二十四日) …… 156
致咸马里函(译文)(一九一〇年五月二十四日) …… 157
致纽约同盟会员函(一九一〇年五月二十五日) …… 158
致布司函(译文)(一九一〇年六月二十二日) …… 159
致纽约同盟会员函(一九一〇年六月二十二日) …… 160
致檀香山同盟会员函(一九一〇年六月) …… 160
致南洋各埠同盟会员函(一九一〇年七月十四日) …… 163
致布司函(译文)(一九一〇年七月十五日) …… 164
致檀香山大埠和希炉同盟会员函(一九一〇年七月十九日) …… 165
致吴稚晖函(一九一〇年七月二十日) …… 165

致宫崎寅藏萱野长知函(一九一〇年七月中旬) …………………… 167
致孙昌函(译文)(一九一〇年七月二十一日) ………………… 168
致黄甲元函(一九一〇年七月二十四日) ……………………… 168
致符树兰等函(一九一〇年八月二日) ………………………… 169
复咸马里函(译文)(一九一〇年八月十一日) ………………… 170
复邓泽如函(一九一〇年八月十一日) ………………………… 171
致张永福函(一九一〇年八月十三日) ………………………… 172
致邓泽如函(一九一〇年八月十六日) ………………………… 172
复邓泽如函(一九一〇年八月二十四日) ……………………… 173
致檀香山同盟会员函(一九一〇年八月二十九日) …………… 174
致布司函(译文)(一九一〇年九月四日) ……………………… 175
致咸马里函(译文)(一九一〇年九月五日) …………………… 176
致萱野长知函(一九一〇年九月七日) ………………………… 178
复邓泽如函(一九一〇年九月七日) …………………………… 178
致三藩市同盟会函(一九一〇年九月十二日) ………………… 179
复吴稚晖函(一九一〇年九月二十七日) ……………………… 180
复咸马里函(译文)(一九一〇年九月二十九日) ……………… 181
致邓泽如等函(一九一〇年十月十四日) ……………………… 182
复张永福等三人函(一九一〇年十月十五日) ………………… 183
致檀香山同盟会员函(一九一〇年十月十六日) ……………… 184
致邓泽如函(一九一〇年十月二十八日) ……………………… 185
致邓泽如函(一九一〇年十月中下旬) ………………………… 186
复李梦生邓泽如函(一九一〇年十一月三日) ………………… 187
复咸马里函(译文)(一九一〇年十一月七日) ………………… 187
致布司函(译文)(一九一〇年十一月八日) …………………… 189
复王月洲函(一九一〇年十一月十日) ………………………… 190
致李源水函(一九一〇年十一月二十日) ……………………… 191
复邓泽如李梦生函(一九一〇年十一月二十日) ……………… 192

复康德黎夫人函(译文)(一九一〇年十一月二十日) …… 193
致美洲同盟总会同志函(一九一〇年十一月中下旬) …… 193
致康德黎夫人函(译文)(一九一〇年十一月二十四日) …… 194
致李源水郑螺生函(一九一〇年十一月二十六日) …… 195
致邓泽如李梦生函(一九一〇年十一月二十六日) …… 195
复宫崎寅藏萱野长知函(一九一〇年十一月二十七日) …… 196
致邓泽如函(一九一〇年十一月二十八日) …… 197
致新加坡同盟会员函(一九一〇年十一月底十二月初) …… 198
致暹罗同盟会员函(一九一〇年十一月底十二月初) …… 199
复钟华雄函(一九一〇年十二月一日) …… 199
致邓泽如等函(一九一〇年十二月十日) …… 200
致布司函(译文)(一九一〇年十二月十六日) …… 201
致孙娫孙婉函(一九一〇年十二月二十日) …… 201
致温庆武函(一九一〇年) …… 202
致英国金融家函(译文)(一九一〇年) …… 203
致吴稚晖函(一九一一年一月二十日) …… 204
致张继函(一九一一年一月二十一日) …… 204
致宫崎寅藏函(一九一一年二月三日) …… 205
致孙昌函(一九一一年二月四日) …… 206
致旧金山致公总堂职员谢函(一九一一年二月十日) …… 207
致吴稚晖函(一九一一年二月十二日) …… 207
复宫崎寅藏函(一九一一年二月十五日) …… 209
致布司函(译文)(一九一一年三月六日) …… 209
复吴稚晖函(一九一一年三月二十日) …… 210
致宫崎寅藏函(一九一一年四月一日) …… 211
致加拿大某埠同志函(一九一一年四月六日) …… 212
复萧汉卫函(一九一一年四月十五日) …… 212
复芝加古同盟会员函(一九一一年四月十九日) …… 213

复谢秋函(一九一一年五月七日) …………………………………… 214

复萱野长知函(一九一一年五月二十日) ……………………………… 215

致宫崎寅藏函(一九一一年五月二十日) ……………………………… 216

复李绮庵函(一九一一年五月三十一日) ……………………………… 216

致旧金山致公总堂职员函(一九一一年六月九日) …………………… 218

致黄三德函(一九一一年六月九日) …………………………………… 218

致江英华函(一九一一年七月五日) …………………………………… 219

复宗方小太郎函(一九一一年七月十六日) …………………………… 220

复邓泽如等函(一九一一年七月十八日) ……………………………… 221

致李是男函(一九一一年七月二十二日) ……………………………… 223

致刘易初函(一九一一年七月二十八日) ……………………………… 224

致孙昌函(一九一一年八月一日) ……………………………………… 225

复咸马里函(译文)(一九一一年八月十日) …………………………… 225

复郑泽生函(一九一一年八月十一日) ………………………………… 226

致孙眉妻函(一九一一年八月十九日) ………………………………… 228

复郑占南函(一九一一年八月二十八日) ……………………………… 228

致林喜智函(一九一一年八月二十九日) ……………………………… 229

复吴稚晖函(一九一一年八月三十一日) ……………………………… 230

致宫崎寅藏函(一九一一年九月十二日) ……………………………… 232

复萧汉卫函(一九一一年九月十四日) ………………………………… 233

致希炉同志函(一九一一年九月十四日) ……………………………… 234

复咸马里函(译文)(一九一一年九月二十五日) ……………………… 234

致李是男函(一九一一年十月九日) …………………………………… 235

致诺克斯函(一九一一年十月十八日) ………………………………… 236

致犬塚太郎函(译文)(一九一一年十月二十二日) …………………… 237

致吴稚晖函(一九一一年十一月十一日) ……………………………… 237

致俄国外交大臣萨苏诺夫函(译文)(一九一一年十一月二十三日) …… 238

致邓泽如函(一九一一年十二月二十日) ……………………………… 238

致龙济光函(一九一一年十二月二十一日) …… 239

复沈剑侯函(一九一一年十二月二十六日) …… 240

致陈炯明等函(一九一一年十二月二十六日) …… 240

致中华民国学生军团函(一九一一年十二月二十七日) …… 241

致旅美同志函(一九一一年) …… 241

致江亢虎函(一九一二年一月一日) …… 242

致秦毓鎏函(一九一二年一月四日) …… 242

致张謇函(一九一二年一月五日) …… 243

致阪谷芳郎函(译文)(一九一二年一月十日) …… 243

复蔡元培函(一九一二年一月十二日) …… 244

致松方正义函(译文)(一九一二年一月十五日) …… 245

致蒋雁行函(一九一二年一月十九日) …… 245

致康德黎函(译文)(一九一二年一月二十一日) …… 246

复丁义华函(一九一二年一月二十三日) …… 247

复国民协会函(一九一二年一月二十四日) …… 247

复南京市民函(一九一二年一月二十四日) …… 248

复女界共和协济会函(一九一二年一月下半月) …… 248

致南洋侨胞函(一九一二年一月) …… 249

复中华民国联合会书(一九一二年一月) …… 250

再复中华民国联合会书(一九一二年一月) …… 251

复张謇函(一九一二年一月至二月间) …… 251

复胡礼垣函(一九一二年一月至二月间) …… 252

致井上馨函(一九一二年二月三日) …… 252

复中华国货维持会函(一九一二年二月四日) …… 253

致招商局函(一九一二年二月六日) …… 254

复高翼圣韦亚杰函(一九一二年二月六日) …… 255

致王鸿猷函(一九一二年二月七日) …… 255

致宋教仁函(一九一二年二月七日) …… 256

致王鸿猷函(一九一二年二月九日) …………………… 256

致王鸿猷函(一九一二年二月九日) …………………… 256

致赵凤昌函(一九一二年二月九日) …………………… 257

致沈缦云函(一九一二年二月十日) …………………… 257

复女界协赞会函(一九一二年二月十日) ………………… 258

致章太炎函(一九一二年二月十一日) …………………… 258

复蔡元培函(一九一二年二月十二日) …………………… 259

复章太炎函(一九一二年二月十三日) …………………… 260

致唐绍仪函(一九一二年二月十六日) …………………… 261

致唐绍仪函(一九一二年二月十六日) …………………… 261

致阪谷芳郎函(译文)(一九一二年二月十六日) ……… 262

致袁世凯函(一九一二年二月十八日) …………………… 263

复章太炎函(一九一二年二月二十二日) ………………… 264

复盛宣怀函(一九一二年二月二十三日) ………………… 265

致陈锦涛函(一九一二年二月二十六日) ………………… 266

致香港同盟会诸同志函(一九一二年二月二十七日) …… 266

复上海共和促进会函(一九一二年二月二十八日) ……… 267

致孙武函(一九一二年二月) ……………………………… 267

致容闳函(一九一二年二月) ……………………………… 268

复康德黎函(译文)(一九一二年三月三日) …………… 269

复沈缦云函(一九一二年三月三日) ……………………… 269

复康德黎夫人函(译文)(一九一二年三月十二日) …… 270

复盛宣怀函(一九一二年三月十五日) …………………… 270

复盛宣怀函(一九一二年三月十九日) …………………… 271

致新加坡中华总商会及各埠商会函(一九一二年三月二十日) …… 271

复章太炎函(一九一二年三月二十七日) ………………… 272

复佛教会函(一九一二年三月) …………………………… 273

致铃木函(一九一二年四月二日) ………………………… 273

致武汉报界联合会函(一九一二年四月十一日) …………… 274
致李晓生函(一九一二年四月十六日) …………………… 274
复联合义赈会函(一九一二年四月十七日) ……………… 275
致萱野长知函(一九一二年四月) ………………………… 276
致林载伯函(一九一二年春) ……………………………… 276
致广州《民生日报》函(一九一二年五月十三日) ………… 277
致咸马里夫人函(译文)(一九一二年六月二十七日) …… 277
复奥斯丁·布朗函(译文)(一九一二年六月三十日) …… 278
复陈其美函(一九一二年七月一日) ……………………… 279
复中华银行董事局函(一九一二年七月二十六日) ……… 280
复民生国计会函(一九一二年八月十六日) ……………… 280
复社会党崇明支部地税研究会函(一九一二年八月二十日) …… 281
致江沙觉民阅书报社函(一九一二年六月至八月中旬) … 281
致宋教仁函(一九一二年八月二十二日) ………………… 282
致交通部函(一九一二年八月三十一日) ………………… 283
复农业促进会函(一九一二年八月) ……………………… 283
复南京参政同盟会女同志函(一九一二年九月二日) …… 284
致袁世凯函(一九一二年九月三日) ……………………… 284
致北方报界函(一九一二年九月下旬) …………………… 285
致国民党诸先生函(一九一二年十月四日) ……………… 285
致南洋同志书(一九一二年十月九日) …………………… 286
致美洲同志函(一九一二年十月九日) …………………… 287
致自由党参议部函(一九一二年十月十三日) …………… 288
复咸马里函(译文)(一九一二年十月十三日) …………… 289
致前同盟会等党员函(一九一二年十月十三日) ………… 290
致黎元洪函(一九一二年十月十四日) …………………… 290
致邓泽如函(一九一二年十月) …………………………… 291
致袁世凯函(一九一二年十一月三日) …………………… 292

致咸马里夫人函(译文)(一九一二年十一月十四日) …… 292
致冯自由函(一九一二年十一月二十八日) …… 293
致南浔铁路公司函(一九一二年十二月十三日) …… 293
致袁世凯书(一九一二年十二月十七日) …… 294
  附录 孙中山大勋位文 …… 296
致周学熙函(一九一二年十二月十九日) …… 296
致张锡銮函(一九一二年十二月) …… 297
致袁世凯函(一九一三年一月二十一日) …… 298
致邓泽如函(一九一三年一月二十三日) …… 298
复中华、实业银行代表函(一九一三年一月二十三日) …… 300
复梁悦魂□麟寰函(一九一三年一月二十三日) …… 301
致日本某君函(一九一三年一月) …… 301
致蔡锷函(一九一三年一月至二月间) …… 302
  附录 滇桂粤铁路说明书 …… 303
致中华银行董事会函(一九一三年二月九日) …… 307
复韩汝甲函(译文)(一九一三年三月五日) …… 308
致东京各报馆函(一九一三年三月五日) …… 308
致梅屋庄吉函(一九一三年四月五日) …… 309
致井上馨函(一九一三年五月十七日) …… 309
致北京政府文(一九一三年五月下旬) …… 311
致广州当局函(一九一三年六月七日) …… 311
与黄兴陈其美联名复上海全国商会联合会函
 (一九一三年六月八日) …… 312
致黄伯耀函(一九一三年六月十二日) …… 313
致丁义华函(一九一三年六月十六日) …… 313
致涩泽荣一函(一九一三年七月二十八日) …… 314
致日本某教育社函(一九一三年八月十九日) …… 315
致王敬祥函(一九一三年九月六日) …… 315

致东京邮政局长函(译文)(一九一三年十一月十二日) …………… 316
致康德黎夫人函(译文)(一九一三年十一月十四日) …………… 316
致黄芸苏函(一九一三年十一月十八日) ………………………… 317
致刘谦祥函(一九一三年十一月二十七日) ……………………… 318
致邓泽如及南洋国民党人函(一九一三年十二月二十日) ……… 318
致咸马里夫人函(译文)(一九一三年十二月二十三日) ………… 320
致内藤顺太郎及东亚社函(一九一三年) ………………………… 321
致南洋同志函(一九一四年二月四日) …………………………… 321
致邓泽如函(一九一四年二月六日) ……………………………… 322
致伍平一函(一九一四年三月十三日) …………………………… 323
致南洋革命党人函(一九一四年四月十八日) …………………… 323
致李源水函(一九一四年四月十八日) …………………………… 325
复黄兴函(一九一四年五月二十九日) …………………………… 326
致社会党国际局函(译文)(一九一四年五月) …………………… 327
复黄兴函(一九一四年六月三日) ………………………………… 328
致陈新政及南洋同志书(一九一四年六月十五日) ……………… 328
致咸马里夫人函(译文)(一九一四年六月十七日) ……………… 330
致山田纯三郎等函(一九一四年七月二十日) …………………… 331
致南洋各埠洪门同志函(一九一四年七月二十九日) …………… 331
复伍平一函(一九一四年八月二日) ……………………………… 333
致区慎刚等函(一九一四年八月七日) …………………………… 334
致戴德律函(译文)(一九一四年八月十四日) …………………… 334
致居正田桐函(一九一四年八月十五日) ………………………… 337
致邓泽如函(一九一四年九月一日) ……………………………… 337
复叶独醒函(一九一四年九月七日) ……………………………… 338
致邓泽如函(一九一四年九月八日) ……………………………… 338
复郑螺生李源水函(一九一四年九月八日) ……………………… 339
致咸马里夫人函(译文)(一九一四年九月十三日) ……………… 340

致邓泽如函(一九一四年九月十五日) …………………………………… 341
致邓泽如函(一九一四年九月) ………………………………………… 341
致李源水函(一九一四年十月九日) …………………………………… 343
致陆文辉函(一九一四年十月九日) …………………………………… 344
复伍宏汉等函(一九一四年十月十二日) ……………………………… 345
致戴德律函(译文)(一九一四年十月十二日) ………………………… 346
复王敬祥函(一九一四年十月十四日) ………………………………… 347
复伍平一函(一九一四年十月十五日) ………………………………… 347
致戴德律函(译文)(一九一四年十月十九日) ………………………… 348
致邓泽如函(一九一四年十月二十日) ………………………………… 349
致邓泽如函(一九一四年十月二十日) ………………………………… 350
复黄芸苏函(一九一四年十月二十三日) ……………………………… 351
致卢慕贞夫人函(一九一四年十月二十七日) ………………………… 353
复郑螺生等函(一九一四年十一月六日) ……………………………… 353
复宫崎寅藏函(一九一四年十一月十五日) …………………………… 354
致邓泽如函(一九一四年十一月十六日) ……………………………… 354
致戴德律函(译文)(一九一四年十一月二十日) ……………………… 355
致某某函(一九一四年十一月二十六日) ……………………………… 356
致戴德律函(译文)(一九一四年十一月三十日) ……………………… 357
致邓泽如函(一九一四年十二月一日) ………………………………… 357
致戴德律函(译文)(一九一四年十二月十九日) ……………………… 358
致区慎刚等函(一九一四年十二月二十五日) ………………………… 359
致戴德律函(译文)(一九一四年十二月二十五日) …………………… 360
致陈其美等函(一九一四年十二月二十七日) ………………………… 360
致邓泽如函(一九一四年十二月二十八日) …………………………… 361
致坝罗同志函(一九一四年十二月三十日) …………………………… 361
致咸马里夫人函(译文)(一九一四年十二月三十一日) ……………… 363
复宿务同志函(一九一四年十二月下旬) ……………………………… 364

致吴敬恒函(一九一四年) ······ 365

致居正函(一九一四年) ······ 367

致卢慕贞夫人函(一九一四年) ······ 367

复巴达斐亚支部函(一九一四年至一九一五年间) ······ 368

复镜湖函(一九一四年至一九一五年间) ······ 368

复谭根伍平一函(一九一五年一月十六日) ······ 369

致邓泽如函(一九一五年一月二十五日) ······ 369

复宿务同志函(一九一五年一月二十六日) ······ 370

致戴德律函(译文)(一九一五年二月五日) ······ 370

致海防同志函(一九一五年二月十四日) ······ 371

致南洋同志函(一九一五年二月二十日) ······ 372

致旧金山中华民国总公会函(一九一五年二月二十八日) ······ 372

致宫崎寅藏函(一九一五年二月二十八日) ······ 374

致伍平一函(一九一五年三月八日) ······ 375

致南洋同志函(一九一五年三月九日) ······ 375

致美国华侨同志函(一九一五年三月十日) ······ 376

致伍平一函(一九一五年三月十三日) ······ 377

致邓泽如函(一九一五年三月十四日) ······ 378

致康德黎夫人函(译文)(一九一五年三月十九日) ······ 378

致叶独醒等函(一九一五年三月三十日) ······ 379

复宿务同志函(一九一五年三月三十日) ······ 380

致某某函(一九一五年三月三十日) ······ 380

致黄兴函(一九一五年三月) ······ 381

复陈铁伍函(一九一五年四月三日) ······ 382

致澳门总督函(译文)(一九一五年四月三日) ······ 383

致葡萄牙共和国总统罗斯本函(译文)(一九一五年四月三日) ······ 383

复饶潜川等函(一九一五年四月十六日) ······ 383

复伍平一函(一九一五年四月三十日) ······ 384

致区慎刚等函(一九一五年五月十日) …………………… 384
复伍平一函(一九一五年五月十五日) ………………… 385
致区慎刚等函(一九一五年五月二十五日) …………… 386
致南洋同志函(一九一五年五月二十六日) …………… 386
致邓泽如函(一九一五年五月二十六日) ……………… 387
复阮本畴函(一九一五年五月三十一日) ……………… 388
复叶独醒函(一九一五年五月) ………………………… 389
复北京学生书(一九一五年五月) ……………………… 389
致叶独醒函(一九一五年六月四日) …………………… 391
致邓泽如函(一九一五年六月十六日) ………………… 392
致郑螺生等函(一九一五年六月十六日) ……………… 392
致吕俊德等函(一九一五年七月十四日) ……………… 393
致贝市雷城点问顿军事研究所函(一九一五年七月十五日) … 393
致叶独醒函(一九一五年七月十七日) ………………… 394
致伍平一函(一九一五年八月三日) …………………… 395
复南洋同志函(一九一五年八月四日) ………………… 395
复杨汉孙函(一九一五年八月四日) …………………… 397
致金一清函(一九一五年八月十三日) ………………… 399
致宿务同志函(一九一五年八月二十八日) …………… 399
复旅美同志函(一九一五年八月三十一日) …………… 400
复叶独醒函(一九一五年八月) ………………………… 401
复古宗尧陈铁伍函(一九一五年九月三日) …………… 401
致王敬祥函(一九一五年九月六日) …………………… 402
致郑螺生等函(一九一五年九月十一日) ……………… 403
复黄吉宸徐统雄函(一九一五年九月十五日) ………… 403
致王敬祥函(一九一五年九月二十七日) ……………… 404
致南洋同志函(一九一五年九月三十日) ……………… 405
致邓泽如函(一九一五年十月三日) …………………… 406

复叶独醒函(一九一五年十月六日) ······ 407

致王敬祥函(一九一五年十月七日) ······ 408

复希炉革命党人函(一九一五年十月十五日) ······ 408

复叶独醒函(一九一五年十月二十七日) ······ 409

复邓泽如函(一九一五年秋) ······ 409

致叶独醒等函(一九一五年十一月四日) ······ 410

致林森函(一九一五年十一月四日) ······ 411

致吉隆坡各同志函(一九一五年十一月六日) ······ 411

复希炉革命党人函(一九一五年十一月十日) ······ 412

复吕双合函(一九一五年十一月十五日) ······ 413

复叶独醒函(一九一五年十一月十五日) ······ 414

致宿务同志函(一九一五年十一月十八日) ······ 414

致戴德律函(译文)(一九一五年十一月十八日) ······ 415

致咸马里夫人函(译文)(一九一五年十一月二十日) ······ 415

复叶独醒函(一九一五年十一月二十三日) ······ 416

复某某函(一九一五年十一月二十四日) ······ 417

复宿务同志函(一九一五年十一月二十七日) ······ 418

致陈其美等函(一九一五年十二月一日) ······ 418

致黄景南等函(一九一五年十二月十三日) ······ 419

致高标勋等函(一九一五年十二月十三日) ······ 420

致希炉同志函(一九一五年十二月十四日) ······ 421

复区慎刚等函(一九一五年十二月二十日) ······ 421

复徐统雄函(一九一五年十二月二十日) ······ 422

致赵平鸣函(一九一五年) ······ 423

致镜湖函(一九一五年) ······ 423

致域多利望多立支部函(一九一五年) ······ 424

致咸马里夫人函(译文)(一九一六年一月十一日) ······ 425

致瑞祥函(一九一六年一月十二日) ······ 426

致叶独醒函(一九一六年一月十八日)	426
致康德黎夫人函(译文)(一九一六年一月十八日)	427
致邓泽如函(一九一六年一月二十日)	428
复黄根刘安函(一九一六年一月二十五日)	429
复杨寿彭函(一九一六年一月二十六日)	430
致袁军征滇总司令某氏函(一九一六年一月)	431
致中华会馆董事函(一九一六年二月四日)	432
致古岛一雄函(一九一六年二月十一日)	434
致久原房之助函(一九一六年二月二十二日)	434
复陈其美函(一九一六年二月二十三日)	435
通告南洋澳洲等处同志函(一九一六年二月二十四日)	436
致冀鲁晋省革命同志函(一九一六年三月十三日)	436
复居正函(一九一六年三月十三日)	437
致卢慕贞函(一九一六年三月二十七日)	438
致叶独醒函(一九一六年三月二十九日)	438
致居正函(一九一六年三月三十日)	439
复居正函(一九一六年三月)	439
复居正函(一九一六年四月四日)	440
复胡维埙函(一九一六年四月十日)	441
致邓泽如等函(一九一六年四月十日)	442
致熊理函(一九一六年四月二十三日)	443
复邓泽如等函(一九一六年四月二十六日)	444
复国民党部等团体函(一九一六年四月二十八日)	444
致黄兴函(一九一六年五月二十日)	445
致陈其美家属唁函(一九一六年五月二十二日)	449
复菲律宾陈伯豪等函(一九一六年五月二十四日)	449
致垅地世宗等函(一九一六年五月二十四日)	450
致田中义一函(译文)(一九一六年五月二十四日)	451

复杨寿彭函(一九一六年五月二十五日) …………………… 453
致戴德律函(译文)(一九一六年五月二十七日) ………… 454
致段祺瑞函(一九一六年六月二十三日) …………………… 455
致黎元洪函(一九一六年六月) ……………………………… 456
致田中义一函(译文)(一九一六年七月三日) …………… 458
致萱野长知陈中孚函(一九一六年七月五日) ……………… 459
致戴德律函(译文)(一九一六年七月五日) ……………… 459
致孙昌函(一九一六年七月二十二日) ……………………… 460
致山田纯三郎函(一九一六年七月二十五日) ……………… 461
致阮本畴函(一九一六年七月) ……………………………… 461
致唐绍仪函(一九一六年八月八日) ………………………… 462
复黎元洪函(一九一六年八月十四日) ……………………… 463
致久原房之助函(译文)(一九一六年八月十五日) ……… 463
致刘冠三函(一九一六年八月二十七日) …………………… 464
复杨纯美函(一九一六年八月三十一日) …………………… 465
致曾允明等函(一九一六年八月三十一日) ………………… 465
致曾允明等函(一九一六年八月三十一日) ………………… 466
致黎元洪段祺瑞函(一九一六年八月) ……………………… 466
复施瑞麟函(一九一六年九月二日) ………………………… 467
复郭标函(一九一六年九月二日) …………………………… 467
致孙洪伊函(一九一六年九月八日) ………………………… 469
复黎元洪函(一九一六年九月八日) ………………………… 469
致段祺瑞函(一九一六年九月八日) ………………………… 470
致杨寿彭函(一九一六年九月十日) ………………………… 471
致中华革命党各支部函(一九一六年九月十日) …………… 472
    附录　党员自由储蓄救国金简章 …………………………… 473
复黎元洪函(一九一六年九月十三日) ……………………… 475
复段祺瑞函(一九一六年九月十三日) ……………………… 475

致邓泽如函(一九一六年九月十四日) …………………… 476
致各支分部长筹饷局长函(一九一六年九月十四日) …………………… 477
复久原房之助函(译文)(一九一六年九月十八日) …………………… 477
致冯国璋函(一九一六年九月十九日) …………………… 478
致许行彬等函(一九一六年九月二十日) …………………… 479
致陈梓岩函(一九一六年十月十三日) …………………… 480
致中华会馆侨领函(一九一六年十月十三日) …………………… 482
致施瑞麟函(一九一六年十月十三日) …………………… 483
致邓泽如函(一九一六年十月十九日) …………………… 484
致邓泽如函(一九一六年十月十九日) …………………… 485
复咸马里夫人函(译文)(一九一六年十月十九日) …………………… 485
复郭标函(一九一六年十月二十五日) …………………… 486
致中华革命党各支分部同志函(一九一六年十一月一日) …………………… 487
致黄德源饶潜川等函(一九一六年十一月六日) …………………… 488
致各总长各议员函(一九一六年十一月二十日) …………………… 489
复李宗黄函(一九一六年十一月二十日) …………………… 490
复威廉·舒尔兹函(译文)(一九一六年十一月二十三日) …………………… 491
致戴德律函(译文)(一九一六年十一月二十四日) …………………… 492
致田中义一函(译文)(一九一六年十一月) …………………… 493
复丁石生函(一九一六年十二月六日) …………………… 494
致中华革命党各支分部函(一九一六年十二月十日) …………………… 494
通告中华革命党海外各支分部函(一九一六年十二月十日) …………………… 496
复北京《民强报》函(一九一六年十二月七日至十一日间) …………………… 497
致卢慕贞函(一九一六年十二月十六日) …………………… 497
再复北京《民强报》函(一九一六年十二月十三日至二十日间) …………………… 498
复郭标等函(一九一六年十二月二十二日) …………………… 498
致参众两院议员函(一九一六年十二月二十二日) …………………… 499
与唐绍仪等联名致北京政府函(一九一六年十二月) …………………… 501

致邓泽如函(一九一六年) …………………………………………… 502

致美洲中华会馆函(一九一六年) ……………………………………… 502

复卢慕贞函(一九一七年初) …………………………………………… 504

致邓泽如函(一九一七年一月七日) …………………………………… 504

致瑞石函(一九一七年一月七日) ……………………………………… 505

复叶独醒函(一九一七年一月十四日) ………………………………… 505

复宋元恺函(一九一七年一月二十七日) ……………………………… 506

致邓泽如函(一九一七年一月二十八日) ……………………………… 507

复郭标函(一九一七年二月一日) ……………………………………… 507

复徐统雄函(一九一七年二月三日) …………………………………… 508

致邓泽如函(一九一七年二月四日) …………………………………… 509

复李天如等函(一九一七年二月十一日) ……………………………… 510

通告中华革命党各支分部函(一九一七年四月一日) ………………… 510

  附录 同题异文(一九一七年四月一日) ……………………… 511

复徐统雄函(一九一七年四月二日) …………………………………… 511

致邓泽如函(一九一七年四月二十五日) ……………………………… 512

致邓泽如函(一九一七年四月二十八日) ……………………………… 513

致民友会同人函(一九一七年五月四日) ……………………………… 513

复段祺瑞函(一九一七年五月十二日) ………………………………… 514

致参议院众议院议员函(一九一七年五月二十日) …………………… 516

复李宗黄函(一九一七年五月二十三日) ……………………………… 517

致邓泽如函(一九一七年五月二十九日) ……………………………… 518

致谢无量函(一九一七年六月六日) …………………………………… 519

复陈蕙堂函(一九一七年六月十日) …………………………………… 519

致旧金山《少年中国报》股东函(一九一七年六月十六日) …………… 520

致原敬函(一九一七年六月十八日) …………………………………… 520

致加藤男爵函(译文)(一九一七年六月十八日) ……………………… 521

通告中华革命党海外各支部同志函(一九一七年六月十九日) ……… 521

复余荣函(一九一七年六月二十三日) …………………………… 522
致程璧光函(一九一七年六月二十三日) ………………………… 523
致日本首相寺内正毅函(一九一七年六月) ……………………… 523
复卢慕贞函(一九一七年六月) …………………………………… 525
致聂伟臣函(一九一七年七月至八月间) ………………………… 526
致仲衡函(一九一七年七月至八月间) …………………………… 526
致中华革命党南洋分部同志函(一九一七年八月十日) ………… 527
致邓泽如函(一九一七年八月十日) ……………………………… 527
致曾允明等函二件(一九一七年八月三十一日) ………………… 529
致赵平鸣函(一九一七年八月) …………………………………… 530
致国会议员就职公函(一九一七年九月七日) …………………… 531
复叶独醒函(一九一七年九月七日) ……………………………… 531
致唐继尧函(一九一七年九月十二日) …………………………… 532
致邓泽如等函(一九一七年九月十二日) ………………………… 532
致吴景濂函(一九一七年九月十三日) …………………………… 533
致邓泽如函(一九一七年九月十四日) …………………………… 533
致中华革命党各支分部长及筹饷局长函(一九一七年九月十四日) …… 534
致士敏土厂总办函(一九一七年九月十五日) …………………… 535
致国会非常会议函(一九一七年九月二十二日) ………………… 535
致菲律宾同志函(一九一七年九月二十三日) …………………… 536
复徐统雄函(一九一七年九月二十三日) ………………………… 537
致叶香石函(一九一七年九月二十四日) ………………………… 537
致唐继虞函(一九一七年九月二十四日) ………………………… 538
复唐继尧函(一九一七年九月二十四日) ………………………… 538
复叶独醒函(一九一七年九月三十日) …………………………… 539
复邓泽如函(一九一七年九月三十日) …………………………… 540
复谭人凤函(一九一七年十月二日) ……………………………… 540
致岑春煊函(一九一七年十月二日) ……………………………… 541

致饶潜川等函(一九一七年十月三日) …………………………………… 542

致唐继尧函(一九一七年十月四日) ……………………………………… 543

致南洋挂罗庇朥埠商会函(一九一七年十月十日) ……………………… 543

致邓泽如函(一九一七年十月十日) ……………………………………… 544

致仰光支部函(一九一七年十月十日) …………………………………… 545

致李宗黄函(一九一七年十月十一日) …………………………………… 546

致简琴石函(一九一七年十月十一日) …………………………………… 546

致岑春煊函(一九一七年十月十二日) …………………………………… 547

复唐继虞函(一九一七年十月十四日) …………………………………… 548

致徐绍桢函(一九一七年十月十五日) …………………………………… 548

复徐统雄函(一九一七年十月十五日) …………………………………… 549

复张耀曾函(一九一七年十月十八日) …………………………………… 549

致周子贞函(一九一七年十月三十日) …………………………………… 550

致陆石泉函(一九一七年十月三十日) …………………………………… 550

复卢慕贞函(一九一七年十月) …………………………………………… 551

致李烈钧函(一九一七年十一月二日) …………………………………… 551

复张伯烈函(一九一七年十一月六日) …………………………………… 552

致邓泽如等函(一九一七年十一月二十二日) …………………………… 552

复叶独醒等函(一九一七年十一月二十七日) …………………………… 553

复刘建藩函(一九一七年十二月一日) …………………………………… 554

致中华革命党仰光支部同志函(一九一七年十二月六日) ……………… 554

致王珩瑄郑渭江函(一九一七年十二月十八日) ………………………… 555

致刘祖武等函(一九一七年十二月二十七日) …………………………… 556

致莫荣新函(一九一七年十二月) ………………………………………… 557

致邓泽如函(一九一七年) ………………………………………………… 557

致康德黎简(译文)①

(一八九六年十月十七日)

致覃文街四十六号詹姆斯·康德黎博士:

我在星期天被绑架到中国公使馆,将要从英国偷偷运回中国处死。祈尽快营救我!

中国使馆已租下一艘船,以便把我递解回中国,而整个途中我将被关锁起来,禁止和任何人联系。唉!我真不幸!

请照顾目前这个帮我送信的人;他很穷,将会因为替我效劳而失去他的职业。

> 据罗家伦著《中山先生伦敦被难史料考订》(上海商务印书馆一九三〇年版)影印王宠惠藏英文原简(黄彦译),转录自广东省社会科学院历史研究室等合编《孙中山全集》第一卷(中华书局一九八一年版)

致康德黎简(译文)②

(一八九六年十月十九日)

十月十一日,星期天,我在离中国公使馆门口不远的街上,被两个中国

---

① 此小简系孙中山写在两张名片上,密托使馆清洁工柯尔(G. Cole)带交康德黎(James Cantlie,后面各篇又有译作康特黎、简地利、间地利、简大利、简大理、坎特立。英国医生,原香港西医书院教务长),次日送达。

② 此小简写在孙中山的名片上。底本未说明它用何种方式送出及是否送达康德黎手中。

人拉入使馆。还没有进去之前,他们各在左右挟住我的一只手,竭力怂恿我入内和他们谈谈。当我进入后,他们把正门锁上,并强迫我上楼,推进一个房间,从那天起便将我关锁起来。如果他们做得到,就打算将我从英国偷偷运走;不然的话,也会在使馆里用别的方法杀害我。

我出生于香港,四五岁时才回到中国内地。你能不能把我当作一名合法的英国人民帮助我脱险?①

> 据柯文南寄赠伦敦国家档案局藏英国外交部档案(打字件)影印件——英国内务部致外交部公函(一八九六年十一月十六日收到)附件——一八九六年十一月十二日卡夫(H. Cuffe)致内务部报告中转录孙逸仙英文简(黄彦译),转录自广东省社会科学院历史研究室等合编《孙中山全集》第一卷(中华书局一九八一年版)

谢英政府及报界书(译文)

(一八九六年十月二十四日)

予此次被幽于中国公使馆,赖英政府之力,得蒙省释,并承报界共表同情,及时援助。予于英人之崇尚公德,力持正义,素所钦仰,身受其惠,益堪征信。且予从此益知立宪政体及文明国人之真价值,敢不益竭其愚,以谋我祖国之进步,并谋所以开通我横被压抑之亲受同胞乎?爰驰寸简,敬鸣谢悃。

孙文 缄于波德兰区覃文省街四十六号

> 据胡汉民编《总理全集》第三集(上海民智书局一九三〇年版)

---

① 此句原译本为"把我当作一名合法的英国臣民,你能不能用这种办法来使我脱险?"

致区凤墀函①

（一八九六年十一月）②

启者：弟被诱擒于伦顿，牢于清使馆十有余日，拟将弟捆绑乘夜下船，私运出境，船已赁备，惟候机宜。初六七日内无人知觉，弟身在牢中，自分必死，无再生之望，穷则呼天，痛痒则呼父母，人之情也。弟此时惟有痛心忏悔，恳切祈祷而已。一连六七日，日夜不绝祈祷，愈祈愈切。至第七日，心中忽然安慰，全无忧色，不期然而然，自云此祈祷有应，蒙神施恩矣。然究在牢中，生死关头，尽在能传消息于外与否耳。但日夜三四人看守，窗户俱闭，严密异常，惟有洋役二人日入房中一二次，传递食物各件。然前已托之传书，已为所卖，将书交与衙内之人，密事俱俾知之，防范更为加密。而可为我传消息者，终必赖其人。今既蒙上帝施恩，接我祈祷，使我安慰，当必能感动其人，使肯为我传书。次早他入房中，适防守偶疏，得乘间与他关说，果得允肯。然此时笔墨纸料俱被搜去，幸前时将名帖写定数言，未曾搜出，即交此传出外，与简地利、万臣两师。他等一闻此事，着力异常，即报捕房，即禀外部。而初时尚无人信，捕房以此二人为癫狂者，使馆全推并无其事。他等初一二日，自出暗差，自出防守，恐溜夜运往别处。初报馆亦不甚信，迨后彼二人力证其事之不诬，报馆始为传扬，而全国震动，欧洲震动，天下各国亦然，想香港当时亦必传扬其事。伦顿几乎鼓噪，有街坊欲号召人拆平清使衙门者。沙侯③行文着即释放，不然则将使臣人等逐出英境，使馆始惧而放我。此十余日间，使馆与北京电报来往不绝，我数十斤肉任彼千方百计而谋耳。幸天心有意，人谋不臧，虽清房阴谋，终无我何，适足以扬其无道残暴而已。虏朝之名，从兹尽丧矣！

---

① 此函寄往香港道济会堂。区凤墀(1847—1914)，基督教华人传教士。
② 原函无日期，时间为编者酌定。
③ 沙侯，指沙利斯堡侯爵。

弟现拟暂住数月，以交此地贤豪。弟遭此大故，如荡子还家，亡羊复获，此皆天父大恩。敬望先生进之以道，常赐教言，俾从神道而入治道，则弟幸甚，苍生幸甚。

据《孙中山先生遗墨之一》（上海真光杂志社一九二七年版）影印麦梅生藏原函

复伏尔霍夫斯基函(译文)①

（一八九七年三月十五日）

亲爱的伏尔霍夫斯基先生：

在回复你的请求时，我必须承认，即没有一位朋友的帮助，我将不能用纯熟的英文写出任何东西。在文字工作上帮助我的人，近几天恰巧不在首都。因此，对于论述法国和俄国在中国的文章，我无法向你提供一篇自己写的关于这个题目的评论。但就我个人的意见而言，我与它的作者完全一致。所有的陈述是完全正确的。如果我有什么要说的话，我只能再次强调文章中已经提出的同样的意见。

忠实于你的孙逸仙
一八九七年三月十五日于霍尔庞区葛兰旅店街

据薛君度寄赠的英文原函影印件②（陈斯骏译），转录自广东省社会科学院历史研究室等合编《孙中山全集》第一卷（中华书局一九八一年版）

---

① 受信人伏尔霍夫斯基（F. Volkhovzky），俄文原名 Ф. В. Волховский，是俄国民粹派分子和著名诗人，因反对沙皇而流亡国外，当时为伦敦"俄国自由之友社"和"自由俄罗斯福利基金会"的领导人之一，并担任《自由俄国》杂志编辑。

② 本函英文原件存美国斯坦福大学胡佛图书馆。

致伦敦《地球报》函（译文）

（一八九七年六月二十九日）

启者：

承贵报历来关注鄙人之福祉，礼应向贵报与广大读者辞行。鄙人将于七月一日星期四乘远洋汽轮船从利物浦出发往远东，途经大西洋及美洲。对于贵报在鄙人被清朝公使馆囚禁期间，曾迅速采取行动，将永志不忘。

您忠实的孙逸仙

西区钵兰大街覃文省街四十六号

六月二十九日

据黄宇和著《孙逸仙在伦敦，一八九六——一八九七：三民主义思想探源》（台北联经出版事业股份有限公司二〇〇七年版）

致赵某函[①]（译文）

（一八九七年七月十二日）

亲爱的赵：

我在赴云高华[②]及远东途中，今天上午抵达这里。我们的活动进展神速。我受诸同志之嘱，东返与他们共同制订今后的行动计划。你近况如何？你能否在波士顿、纽约与我们的同志一起，对我们在国内有所帮助？

我将在云高华逗留到八月二日，希望在这之前能收到你的来函。

此刻我无法将地址奉告，来函可寄：care of Mr. Walter N. Fong, 916

---

① 此函寄往波士顿，受信人 Chew，过去被译为"丘"或"周"，现据粤语音译，改作"赵"。原姓名待考。

② 云高华，又译云哥华，今译温哥华。

Washington St., San Francisco①。

当他得悉我在云高华的地址后,将会转交给我。至于我们今后的行动,目前无可奉告,待我有所决定时一定告诉你。

孙逸仙　一八九七年七月十二日于满地可②

据《中山先生伦敦被难史料考订》英文函(转录王宠惠藏司赖特侦探社报告抄件)译,转录自广东省社会科学院历史研究室等合编《孙中山全集》第一卷(中华书局一九八一年版)

致邝华汰函③(译文)

(一八九七年七月十二日)

亲爱的华汰:

我在从英国前往云高华及远东途中,今天上午抵达这里。在英居留期间我并没有做出什么重要的事情,而国内同志却已完成了大量工作,他们催促我回去共同制订今后的行动计划。

你和旧金山诸同志的近况如何?你们能否对我们在国内有所帮助?

盼望得到你的来信。明天早晨我将动身去云高华,并打算在那里逗留到八月二日,然后搭乘印度皇后轮船赴横滨。

我抵达云高华后将即寄上我的地址,这样,我们就可以当我在那里逗留时通几次信。

孙逸仙　一八九七年七月十二日于满地可

据《中山先生伦敦被难史料考订》英文函(转录王宠惠藏司赖特侦探社报告抄件)译,转录自广东省社会科学院历史研究室等合编《孙中山全集》第一卷(中华书局一九八一年版)

---

① 中译文为:旧金山华盛顿街九一六号邝华汰先生转。
② 满地可(Montreal),又译满地好,今译蒙特利尔。
③ 孙中山于是月二日离开伦敦,取道加拿大东归。此函寄往旧金山,受信人Walter N. Fong,过去被误译为"冯华脱"或"冯华德",今予更正。

致洛克哈特函(译文)①

(一八九七年八月至九月间)②

亲爱的洛克哈特先生：

据若干可靠消息说，由于我试图把我那悲惨的同胞从鞑靼的桎梏下解救出来，香港政府已剥夺了我的居留权利。我曾询问在伦敦的许多英国朋友，是否确有其事。他们说，英国法律及惯例都并无此做法。但是，我在香港的中国朋友却对这一疑问作出了肯定的回答。请你告诉我，此事是否属实？果真如此，我就将诉诸英国公众和文明世界。

永远忠实于你的孙逸仙(签名)
于日本横滨山下町五十三番地文经商店③

据柯文南寄赠伦敦国家档案局藏英国殖民部档案(英文打字件)影印件——1898年5月18日香港总督卜力(H. A. Blake)致英国外相张伯伦(J. Chamberlain)函附件一(丘权政译)，转录自广东省社会科学院历史研究室等合编《孙中山全集》第一卷(中华书局一九八一年版)

---

① 洛克哈特(J. H. Stewart Lockhart)，时任英国香港政府辅政司。他于1897年10月14日复函孙中山，重申上年(3月4日)港英当局发布的对孙中山的驱逐令仍然有效，声称孙如到港则予逮捕。

② 原函未署日期，但标明发函地址，今据孙中山抵达横滨及洛克哈特复函时间酌定。

③ 原文为 F. Kingsell&Co. ,53 Main Street, Yokohama, Japan。F. Kingsell 是侨商冯镜如的英文名，他所办店号中译名称为"经塞尔公司"，即文经商店。

复犬养毅[①]函

（一八九七年十月十八日）

木堂先生足下：

奉读来示，领悉一切，感激与惭愧同深。人生得一知己可以无憾，弟于先生见之矣！谨拟于廿二日午间到贵邸面谈各节。此致，即候

大安不一

弟文谨启　十月十八日

据吴相湘《国父传记新史料》影印原函，载《传记文学》第
三十六卷第三期(台北一九八〇年三月一日)

复宫崎寅藏函

（一八九九年三月二日）

滔天兄鉴：

兄果知其人[②]诚实，可请于明日午后五时来见可也。此复。

孙文　三月二日

据中国社会科学院近代史研究所藏原函影印件

---

　①　犬养毅(1855—1932)，号木堂，日本众议院议员，进步党领袖之一，后任日本第29任首相。孙中山是年9月在东京与他结识。

　②　其人，指戊戌政变后流亡日本的某维新派人士，一说为梁启超。下篇"某君"同。

复宫崎寅藏函

（一八九九年四月一日）

滔天兄鉴：

　　弟病气已消，今日已出外游行，以吸清气而抒体魄。某君前日来见时，弟已应言尽言，倘能如弟言去办，则于中国前途大有补益也。余则非弟力所能及，似可毋容再见。此复，即候

大安

中山敬复　四月一日

据中国社会科学院近代史研究所藏原函影印件

致犬养毅函①

（一八九九年八月二十八日）

木堂先生足下：

　　今晚与刘学询会谈，彼欲于后日（三十日）朝八时来拜会先生，并欲顺候大隈伯，托弟先为转达先生，祈先达大隈伯可也。弟明朝有事复回横滨，晚当再来京，投宿先生家，次早一同会谈也。此候

大安不一

弟中山　八月廿八

据《孙文先生与日本关系画史》（日本印刷株式会社印行，一九六六年版）影印原函

---

①　广州富绅刘学询受清政府派遣，于上月到日本活动。孙中山与他会晤多次，并引见犬养毅及其他日本名流。

致平山周函

（一九○○年六月二十二日）

　　弟于六月廿一日已安抵西贡，现下尚未能定行止，并定往何地，且候广东之事消息。刻已缮一电报去问刘氏①，各件如何，俟彼回电，自当知一二也。弟现住在西贡 Grand Hotel②，此地之望势亦甚好，然要数日之后方能决之，事决之后，当能将我之行向及日期告诸君。

　　福本、平山二君③与杨、陈二君④在香港所图之事如何？弟料如能一一照法行之，当亦有可望也。今日者乃分头办事之时，想一月之后便可通盘计算，以观成就之多少，而定行事之方针矣。诸君宜一面努力办事，一面静候弟之好音可也。此致，即候

大安不一

弟樵启　六月廿二日

据中国国民党中央文化传播委员会党史馆藏一般档案 049/47

---

① 刘氏，指刘学询，上年底李鸿章督粤后，任李幕僚。
② 中文意为"大旅馆"。
③ 福本、平山二君，指福本诚（又名福本日南）和平山周。
④ 杨、陈二君，指杨衢云和陈少白。

致平山周函

（一九〇〇年六月至七月间）①

平山兄足下：

　　前托足下到香港所办之件，今事略变，郑兄②不能行前所拟之法矣。如足下说合之事无成则已矣，由他自行其是，吾行吾人之事可也。

　　兹福本君随后到港，第联络港中富商以资臂助，其行事之法，已尽授意杨兄衢云。福本君到之日，望足下合同福本君、杨兄三人，照弟意妥策善法施行可也。此致，即候

大安不一

弟孙文谨启

据平山周编著、商务印书馆编译所译订《中国秘密社会史》（商务印书馆一九一二年版）

致平山周函③

（一九〇〇年七月二十四日）

平公足下：

　　临行之夕，各事已决，望足下与原公④等务要毅然行之，不可中止为幸。至于日友旅费一节，已托足下向福君⑤款内支取。遗下郑君之数不多，彼有

---

① 原函未署时间，今据函中内容和提及的人物行止酌定。
② 郑兄，指郑士良。
③ 此函发自日本神户，寄往香港。
④ 原公，指原祯（即近藤五郎）。
⑤ 福君，指福本诚。

无数要事,用费极繁,弟深恐有不敷支应之忧,故未入内地之前,若足下或有向郑君求费,而郑君或有不能应者,务望足下谅之,不可因此而中沮不行,是为切祷。

  前日议决之事,惟衢哥①入内地一节,略不相宜。彼在港较为大用,已致函于弼②、衢二君,改此一议。此后衢君仍留住香港,为招集商人之用,着弼君觅李君香某代之,较为人地相宜也。此致,即候
筹安

弟樵启　七月廿四日

原公并各同事统此候好。

据《孙文先生与日本关系画史》(日本印刷株式会社印行,
一九六六年版)影印原函

致平山周函③

（一九〇〇年八月三十一日）

平山兄足下:

  今日托交前途④之信,该人已经妥收,亦已如约来船会面矣。又订明早(九月一日)九时,请足下再到该人之家,取一要信来。弟恳足下明早如期再往为祷,多劳多谢！

中山樵　八月卅一晚

据中国国民党中央委员会党史委员会编《〈总理年谱长编
初稿〉各方签注汇编》第二册《平山周签注意见》(南京一
九三三年油印)

---

①　衢哥,指杨衢云。
②　弼,指郑士良,号弼臣。
③　孙中山于28日偕平山周等抵上海,得知唐才常领导的自立军起事已失败,遂于9月1日离沪返日。在沪期间,曾与随李鸿章北上而留沪的刘学询联系。
④　前途,指刘学询。

致内田良平函

(一九〇〇年九月十七日)

最终回国之情不可遏制,违背各位之劝告,不日将踏上归途。

> 据《福冈县报》明治三十三年九月二十二日(日本外务省档案高秘第九七一号),转录自陈锡祺主编《孙中山年谱长编》(中华书局一九九一年版)

致犬养毅函

(一九〇〇年九月十九日)

木堂先生足下:

前委谋之件,已与友人商之,因近日金融太紧,彼有之资又出贷他人,恐不能一时收回,故无所决。彼原可出得余资一二万,而又带侠气,故弟留一介绍书于他,托彼于事决之时则持来见先生,而交涉如事,然彼来否未可必,若来,则望先生随机而勉之,或可令之出一万也。弟今日起程赴神港①待船,前途如何,若有好音,立行飞报。此致,即候

大安不一

弟孙文拜启　九月十九日

> 据杨天石《犬养毅纪念馆所见孙中山、康有为等人手迹》影印原函,载《历史档案》一九八六年第一期

---

① 神港,指神户。

致内田良平函(译文)①

(一九〇〇年十月三日)

今尚在基隆停留,约请华南同志,观察华南局势。目前英国当局在华南沿海警戒甚严,不易找到立足之地,预定暂住于此。现在香港的岛田经一经孙许可近期将赴基隆。此外出发之际,在马关由于平冈浩太郎之劝告,与添田寿一、后藤新平二人会见数次,表明必须尽力剿平土匪之意向。该人因而大受欢迎,极受优待。因一身地位安全,颇喜得到大伸骥足之良机。

据《福冈县报》明治三十三年十月十四日(日本外务省档案,高秘第一〇五三号),转录自陈锡祺主编《孙中山年谱长编》(中华书局一九九一年版)

致陈少白函

(一九〇〇年十月中旬)

杨衢云有信给我,力劝接纳和议。现在我们不要去理他,只照已定办法去办,但要谨防他,勿使有意外的动作。

附上杨衢云给我劝和的信,看毕可即烧去,以存忠厚。

据陈少白《兴中会革命史要》(单行本一九三五年版)

---

① 此函系孙中山命清藤幸七郎代笔致内田良平,告知在台湾的行动。

致犬养毅函①

（一九〇〇年十月二十一日）

木堂先生足下：

十月六日郑军起惠州，前经电达，想得尊览。自起事以来，连获胜利，所向无敌，势如破竹。今已据有惠州，为进取之地。此外，陈军起海丰、陆丰，而进取潮、嘉二州；吴君②起香山、顺德二县，而进迫广东省城，以牵制清兵；史君③起西江，以窥梧州、肇庆；邓君④起阳江、阳春，而据高、雷等府。清兵处处败北，吾徒人心大振。

惟当草创之初，百事未备。徒手奋起，铳炮弹药皆从清兵夺来而用，初未尝如他人之有资财数十万而运用之也，所恃者人心勇敢而已。敌兵败后，举国兴师，南省大兵已陆续云集。清朝虽颓，犹俨然一大帝国；北地虽糜烂，而南部尚金汤无缺。广州城内之铳炮弹药，犹有取不尽而用不竭之多。吾徒人心虽勇，而兵器弹药尚乏接济之源。久持非计，不得不先作未雨之筹谋〔绸缪〕。敢乞先生一为尽力，游说政府，为吾人借一臂之助。若今得洋铳万杆、野炮十门，则取广州省城如反掌之易耳。广州既得，则长江以南为吾人囊中物也。时不再来，机不可失，支那兴亡，在此一举。贵政府如允济弱扶危，则各物可从台湾密送，文当画一切施行之策，可保无虞。如何之处，务乞早示佳音。专此谨托，即候

道安不备

弟孙文拜启　十月廿一日书

据广东省社会科学院藏原函影印件

---

① 孙中山于1900年9月28日至台湾。此函寄往东京。
② 吴君，似指吴羲如。
③ 史君，指史坚如。
④ 邓君，指邓荫南。

致郑士良函①

（一九〇〇年十月二十二日）

政情忽变，外援难期；即至厦门，亦无所为。军中之事，请司令自决进止。

据宫崎寅藏《三十三年落花梦》（上海群学社一九〇五年版）

致菅原传函②

（一九〇〇年十月二十三日）

菅原君足下：

近以事急离京，未及告别，良用为憾。然日前相约之事，想不忘怀也。今者闻贵同志已握政权，而吾人义兵亦起，此真适逢其会，千古一时也。举旗至今十余日，连克大敌，数破坚城，军威大振，人心附从，从来举事成功之速，未有及此也。惟现下万事草创，人才、兵械多形不足，今特托足下代转求贵同志政府暗助一臂之力，借我以士官，供我以兵械，则迅日可以扫除清朝腐政，而另设汉家新猷矣！务望向伊候星君③等力为言之。如蒙允诺暗助，即望移驾到横滨海岸九番地佛国邮船会社，通知同志黎焕墀君，托他即用电

---

① 1900年10月孙中山为惠州起义在台湾筹运军械，并内渡指挥。当时日本政局忽变，组成新内阁，反对中国革命，禁止日人参加起义军。孙乃派日人山田良政于22日持函至山多祝交起义军首领郑士良。

② 菅原传为基督教会牧师，1894年冬在檀香山与孙中山结识。他又是日本政友会会员，该会于10月19日组成新内阁，伊藤博文出任总理大臣。

③ 伊候星君，指伊藤博文。

报通传为幸。此祷,即候

大安不一

弟孙文谨启　十月廿三

幸祈将此信秘密,切勿登报。

据佚名编《总理遗墨》(印行时间不详,广东省社会科学院藏)影印原函

致刘学询函①

(一九〇〇年十月下旬)②

耦耕主人③足下:

前次会议已决行事之法,一为车驾回京之办法,一为车驾西迁之办法;今据明文,迁都已实,则惟有其后之办法耳。数月以前,已令部下分途起事,先占外府,以分省城兵力;并令城内外正军一俟兵力稍单,则乘机袭城,以为基本。袭城之道,亦分二法:一为部下日前布置之法。据报城内外各要地已种烈雷,一燃可陷官军八九,但此法伤残太甚,因知所种之物,"大拿米"已有四万余磅,银粉亦有百余磅,若一燃之,则恐羊城虽大,片瓦无存也。此又焉能藉为基本之地哉?故力戒勿行,且饬俟便陆续起回,免以自伤,未审能照命而行否。其二为弟亲率大队,从乡间进迫省城,在内部众同时起应。此法较为妥善,今已约部下待命矣。今惠军已起,日内则肇、高、北江等处必继之,省城之兵不能不外调,城中不能不单薄,一击必下,计属万全矣。弟已与镜海④当道密商,已蒙许借其道地为进取之途矣。今拟日间乘邮下南洋荷

---

① 此函未送达刘学询手中。
② 原函署九月,为阴历,但无日期。惠州起义在是年公历10月22日失败。据函中所述,孙中山似未悉其败讯,且史坚如在广州谋炸粤督德寿事(10月28日)尚未发,此函当写于阴历九月初,即阳历10月下旬。
③ 耦耕主人,指刘学询,号耦耕。
④ 镜海,指澳门。

属,另雇轮直至镜海也。未行之前,欲先将内外局面布置妥当,以为万全中之万全也。

今特遣深信人周君平山来见足下,面托足下主持内局,先立一暂时政府,以权理政务。政府之格式,先以五人足矣:主政一人,或称总统,或称帝王,弟决奉足下当之,故称谓由足下裁决。其余内政一人,外政一人,财政一人,此三人由足下择人当之。弟意以杨君文①优当财政,李君伯〔柏〕②优当外政(未知此人与公同气否?),盛宣君③足当内政,兵政一人弟自当之。先行攻取土地,然后请公等来会也。外局则宜先发代理使职人于外国,此等人弟自能择之,如何、容④皆可各当一面也。

今日事机已发,祸福之间不容发,万无可犹预,且清廷和战之术俱穷,四百州之地、四百兆之人有坐待瓜分之势,是可忍,孰不可忍?是以毅然命众发之。今欲计出万全,转祸为福,第一要著为厚雄资财,速办外局之事。欲保全苍生,瓦存羊石⑤,则欲速雇舟直渡内地,以慰众心,而一众志。否则玉石俱焚,生灵涂炭,列强瓜剖,华夏陆沈,弟固蒙不仁之名,足下亦恐难逃奇祸。故求足下及杨、李同志等,即速代筹资百万交周君汇带弟处,以便即行设法挽回大局,而再造中华也。勿以斯言为河汉,幸甚幸甚!

又主政一节,初欲托足下央李相⑥为之,惟彼已拜全权和使之命,恐未必肯从吾请,且于理不便,故决推足下当之。已传语反正军中,俟到可扬布之日,则照扬布之矣。

江、鄂两督⑦趣意如何?如不以此举为不是,可致意力守,遏外人侵入;如不以此举为然,则弟取粤之后,即当亲来吴楚与彼军一见也。内局布置妥当之后,足下宜预备行装回粤相会可也。

---

① 杨君文,指杨衢云。
② 李君柏,指李纪堂,名柏。
③ 盛宣君,指盛宣怀。
④ 何、容,指何启、容闳。
⑤ 羊石,指广州。
⑥ 李相,指李鸿章。
⑦ 江、鄂两督,指两江总督刘坤一、湖广总督张之洞。

余事不尽,周君面述之。此致,即候

筹安不一

弟长雄①谨启　明治三十三年九月于台北

据冯自由著《革命逸史》初集(商务印书馆一九三九年版)

致平山周函

(一九〇〇年十一月十六日)

平山兄足下：

　　弟已平安到东京,得见各同志矣。兹改议着宫崎兄前去上海,因彼与前途相善,便于商量各件也。前交足下带去上海之信,望即由书留邮便寄来横滨,交黎炳墀②兄收入,转交与弟可也。

　　余事尚未能决,俟待后报。此致,即候

大安不一

弟文谨启　十一月十六日书

据《孙文先生与日本关系画史》(日本印刷株式会社印行,一九六六年版)影印原函

复南方熊楠函(译文)③

(一九〇〇年十二月十一日)

南方先生足下：

　　昨日收阅先生寄横滨大函。欣悉先生重归国土。弟望尽快能与先生畅

---

① 长雄,即高野长雄,孙中山在日本使用的化名之一。
② 黎炳垣,字焕墀,此处笔误。
③ 原函为英文。南方熊楠,日本本州和歌山县人。

叙近况。上月弟甫自台湾归来,不久即将远离,先生如不克在弟离去之前来东京,弟拟移樽就教。

孙逸仙谨启

据秦孝仪主编《国父全集》第四册(台北近代中国出版社一九八九年版)

致南方熊楠函

(一九〇一年二月六日)

南方熊楠先生足下:

弟拟日内来访足下,未知足下仍在和歌山否?特发此函询问,如得回示,弟即起程而来。谨此奉达,即候

大安不一

弟孙文谨启　二月六日

据秦孝仪主编《国父全集》第四册(台北近代中国出版社一九八九年版)

致南方熊楠函[①]

(一九〇一年二月上中旬)

南方熊楠先生足下:

数日前致一函,询问先生现时尚在和歌山否?欲于得接复示之日,即行前来一谒先生之仪范,乃静候至今,犹未得示。恐前函或未达尊鉴,抑大驾他出,故再发函上问。如收此函,望即赐一教,以决行止,幸甚,幸甚。

---

① 原函未署日期。函中称"数日前致一函",即指2月6日函,据此酌定时间。

此致,并候

尊安不一

弟孙文逸仙谨启

和歌山市凑绀屋町一丁目

　　南方常楠方

　南方熊楠先生

　横滨山下町百廿一番 C3 中山

据秦孝仪主编《国父全集》第四册(台北近代中国出版社一九八九年版)

致谢缵泰函

(一九〇一年二月十三日)

康如①仁兄足下:

启者,先友杨君在港遇害之事②,弟得接电音,即向同志周知,弟与各同志皆深为惋惜,哀悼之情,有非笔墨所能尽者矣!是以中历本月初七夕,邀众聚集,特为杨君举哀。同志尤君③起而演说,将杨君生平、出处、志气大略表明众听,且为之设论纪念,俾同志永远不忘。众皆伤悼,现于颜色。弟乘此机即出捐柬,言明为杨君善后之用,众皆踊跃捐助,共题得银数约一千有余元。尤君又复当众代杨宅道谢同志厚情、存殁均感之话,然后散众。此则弟在横滨埠为杨君略尽手足之义之情形也。至于捐款,不日便可收清,当即汇港中国报馆,交与足下诸君为之安置。闻说港中亦筹善后,未审捐款可得若干?念甚念甚。弟今出名为杨君具一讣音,自日本以东各处之同志或戚友,经已由弟寄去。但杨君交游甚广,足下亦知之最深,哀恸之情,彼此自不

---

① 康如,即谢缵泰,号康如。
② 杨君,即杨衢云,于1月10日在香港被清政府派人暗杀。
③ 尤君,指尤列。

言而喻。兹将讣音付上二百份,所有杨君之友,自香港南北以及西方各路,请足下作主代寄为望。书难尽言,伏维惠照不宣。

弟孙文谨启　西二月十三日

星俦①兄处,已由弟付伊讣音一百份,驾往言之更妥。

据冯自由著《中华民国开国前革命史》上编(上海革命史编辑社一九二八年版)影印原函

致南方熊楠函②

(一九〇一年二月十六日)

南方先生足下:

　　和歌山叙旧,欢洽生平,独惜时日所限,不能久留,多聆教益,为可撼〔憾〕耳。别后于翌日已到横滨,兹如命草就一书付上,以为介绍于犬养木堂君,幸为察收可也。温炳臣亦寄语问候先生并贵昆季安好。此致,即候大安不一

弟孙文谨启　二月十六日

横滨山下町百廿一番中山樵

据秦孝仪主编《国父全集》第四册(台北近代中国出版社一九八九年版)

---

①　星俦,即何汝铭,字星俦,香港保罗书院院长。
②　孙中山于2月13日偕温炳臣赴和歌山探访南方,这是他返横滨后当天发出的信。

致犬养毅函①

（一九〇一年二月十六日）

　　介绍
　　南方熊楠君
　　犬养木堂先生
　　从和歌山县孙文拜械

木堂先生足下：

　　弟尝与先生谈及昔年在英京获交一贵国奇人南方熊楠君，今因闻君返里，特来和歌山县访之，相见甚欢，流连忘返。纵谈间，弟道及先生为忘形之交，君本熟耳先生盛名，而以弟之故，更思一识先生，拟二月后上京拜谒，弟特托寸纸以为介绍。君游学欧米将廿年，博通数国语言文字，其哲学理学之精深，虽泰西专门名家，每为惊倒；而于植物学一门尤为造诣。君无心名利，苦志于学，独立特行，十余年如一日，诚非人可及也。先生见之，想必有相见恨晚之慨也。此致，并候

大安不一

弟孙文谨启　二月十六

据秦孝仪主编《国父全集》第四册（台北近代中国出版社一九八九年版）

---

① 此函与上函同时寄给南方熊楠，但南方熊楠后来并未往见犬养毅，故未送达犬养毅手中。

复南方熊楠函

（一九〇一年三月十八日）

南方熊楠先生足下：

　　来示已得收读，领闻一切矣。弟尚未发途，因有事阻迟也。今日已如命致意于佐藤虎次郎君，期会俟他回示，当亲往一见就是。诸蒙关切，不胜感激之至。此致，即候

大安不一

弟孙文谨启　三月十八日

据秦孝仪主编《国父全集》第四册（台北近代中国出版社一九八九年版）

复南方熊楠函

（一九〇一年四月三日）

南方熊楠先生足下：

　　三月廿九来函，经已收读，因连日事忙，未暇作复。弟已见过佐藤君二次，与之畅论天下时事，大慰生平，斯人真奇男子也。弟今已决定于此月九日作布哇之行，时日已促，不能走谒话别，良用怅然。大约二个月之左右可重返贵邦，以期后会。谨此告达，即候

大安不一

弟孙文谨启　四月三日

和歌山市凑绀屋町一丁目
　　南方常楠方
南方熊楠殿

据秦孝仪主编《国父全集》第四册（台北近代中国出版社一九八九年版）

致南方熊楠函

（一九○一年六月中下旬）①

南方先生足下：

不见数月，未审近状何似？弟自四月九日往布哇岛，已于六月十七日复至横滨。在岛时摘得石苣一片，兹用寄赠先生，知无足奇异，聊以志思慕之忱耳。

弟月间又将南行矣，拟道出神户时约先生一会也。此致，即候
大安不一

弟孙文谨启

和歌山市凑绀屋町一丁目
　　南方常楠方
南方熊楠殿
　　横滨山下町百廿一番中山樵

据秦孝仪主编《国父全集》第四册（台北近代中国出版社一九八九年版）

复南方熊楠函（译文）②

（一九○一年七月一日）

南方熊楠先生足下：

六月一日来示，早经收悉，以事忙，迟复为歉。目前弟尚无法奉告何时

---

① 原函未署时间，本函称6月17日抵横滨后寄石苣，下篇7月1日函又称已寄石苣，时间据此酌定。

② 原函为英文，译者不详。

可经过神户。如果弟之原计划有望实现,将再详为奉告一切。关于弟所寄奉之石茵,乃系长于溪流傍侧岩石上,覆盖于浓密之热带植物中。溪谷两侧断崖绝壁,雨水甚多。各类植物丛生该处。石茵较大者甚多,惟以形状不佳,且摘取不易,甚或毁损,故特选择此一中型而形状较好且易于采摘者寄奉。弟所知者,仅此而已。先生何时来东京?两个月内能来否?甚望能在东京面领教益。

孙逸仙谨启

附记:有便时请代问候道格拉斯(Douglas)教授。

据秦孝仪主编《国父全集》第四册(台北近代中国出版社一九八九年版)

致平山周函

(一九〇二年七月三十日)

平山仁兄足下:

弟尚不能成行,为之奈何?兄有何良法,幸为指教。弟欲日内来京,兄何时回着,望为示知。此致,即候

大安不一

弟樵启　七月三十日

据《孙文先生与日本关系画史》(日本印刷株式会社印行,一九六六年版)影印原函

致宫崎寅藏函[①]

（一九○三年八月一日）

宫崎先生大人足下：

弟到横滨十日矣。乘佛船 Yarra[②] 来。此船直往神户，不寄泊长崎。前日接先生来电询，已托黎君[③]电复。弟本欲早致书问候，因初到各事纷纭，无片刻之暇，故迟至今日。弟游南洋各地，尚无甚大作，故欲往布哇以省亲旧，顺道经过日本也。

先生近况何似？极为念念。在东京只见得吞宇[④]君一人，余皆四散，真不禁大有今昔之感也。弟拟于本月八日发横滨向布哇，若不及则后一渡必行矣。此致，即候

大安不一

诸故人统此问安。

弟中山樵启　八月一日

据[日]宫崎龙介、小野川秀美编《宫崎滔天全集》（东京平凡社一九七一年至一九七六年出版）第五卷附录近藤秀树编《宫崎滔天年谱稿》

---

① 孙中山于上年12月离日本往越南、暹罗（今泰国）等地，本年7月又抵日本。
② 中译文为亚拉号。
③ 黎君，指黎炳垣。
④ 吞宇，指清藤幸七郎。

致平山周函

（一九〇三年十一月六日）

平山仁兄足下：

　　昨日接到横滨友转寄足下一函到此地，始知足下之所在地。弟于七月尾从安南到日本，在滨、京滞留约二月之久。至九月廿六日，始发程来布哇岛。到此以来，已足一个月矣。

　　弟到东京时，遍觅旧同志，无一见者，心殊怅怅。故有一走九州之意，又以资不足，不果。临行之前，曾发数信于宫崎君，未见答。未知他近况如何？诸同志在九州如何？殊为念念。

　　弟在此间，近闻日、露之风云甚急，将不免于一战乎？果出于战，公等未知能否运动政府兼图南局，一助吾人之事也？弟在此间无甚所事，然以经济困难，退守此以待时机耳。东亚局面究竟如何，望为时时示悉，俾知各情为望。此致，即候

大安不一

　　各同人祈为问好。

弟中山启　十一月六日

据《孙文先生与日本关系画史》（日本印刷株式会社印行，一九六六年版）影印原函

致麦克高雷夫人[①]函（译文）

（一九〇三年十二月九日）

亲爱的欧：

余起程来夏威夷之前，曾寄上有关中国及中国人之书籍一册，谅已收到无误。阁下对于举世人口最众历时最久之帝国有何感想？每一精明观察之人士，莫不认为倘此方兴之国家与其人民，如能自知有其力量与资源，并能加以适当之利用，则将来自成为最大之强国也。

阁下告余以身具中国血统，而且引以自豪，是则阁下自当参与唤醒中国人民之工作，使其由久眠中醒来，进入现代之进步途程。阁下现从事于教育青年，则中国将较阁下所处之岛为更广大之天地，阁下亦有意于中国任中国学子之英文教习乎？余认为阁下在彼处之贡献将更受人尊重，而其成功亦将无止境。

未悉何时驾临檀香山，余亟乐于相晤。倘有见教之处，余欣于聆闻也。

     孙逸仙启 一九〇三年十二月九日于檀香山

再者：余现住杨格旅馆三楼二十四号，阁下抵本城时，请莅临会晤。

> 据秦孝仪主编《国父全集》第四册（台北近代中国出版社一九八九年版），参校中国国民党中央文化传播委员会党史馆藏一般档案049/297

[①] 麦克高雷夫人（Mrs. Aoe McGregor），是居住在夏威夷的华裔美国人。

复某友人函

（一九〇三年十二月十七日）

□□先生足下：

九月初六日来书已照收到，读悉各节。

所询社会主义，乃弟所极思不能须臾忘者。弟所主张在于平均地权，此为吾国今日可以切实施行之事。近来欧美已有试行之者，然彼国势已为积重难返，其地主之权直与国家相埒，未易一蹴改革。若吾国，既未以机器施于地，作生财之力尚恃人功，而不尽操于业主之手，故贫富之悬隔，不似欧美之富者富可敌国，贫者贫无立锥，则我之措施当较彼为易也。夫欧美演此悬绝之惨境，他日必有大冲突，以图适剂于平。盖天下万事万物无不为平均而设，如教育所以平均知识，宫室衣服所以平均身体之热度，推之万事，莫不皆然。则欧美今日之不平均，他时必有大冲突，以趋剂于平均，可断言也。然则今日吾国言改革，何故不为贫富不均计，而留此一重罪业，以待他日更衍惨境乎？此固仁者所不忍出也。故弟欲于革命时一齐做起，吾誓词中已列此为四大事之一。今将誓词录鉴，以见一斑。

词曰："联盟革命人□□□，当天发誓，同心协力，驱除鞑虏，恢复中华，创立国民，平均地权①。矢信矢忠，如有异心，任众罪罚。"

行誓之仪，发誓者举右手，向天当众宣读誓词；施誓之人，面发誓者立，亦举右手为仪。若发誓者不识字，则施誓者宣读誓词，而发誓者随之读。公等既为同志，自可不拘形式。但其余有志者，愿协力相助，即请以此形式收为吾党。

弟今在檀香山，已将向时"党"字改为"军"字。今后同志当自称为军，所以记□□②之功也。去〔今〕岁来檀时携有一书，此书感动皆捷，其功效真

---

① 此十六字，有两处与孙中山在别处所用不同，一是"驱除鞑虏"本作"驱除鞑虏"；二是"创立国民"本作"创立民国"。这可能是由于笔误或排错，也可能是上海《警钟日报》编者出于当时环境的考虑而故意改动的。

② □□，指邹容，著有《革命军》。那时邹容被囚于上海租界牢中，当是《警钟日报》编者有意将名字略去。

不可胜量。近者求索纷纷,而行箧已罄。欢迎如此,旅檀之人心可知。即昔日无国家种界观念者,亦因之而激动历史上民族之感慨矣。

顷保皇党出大阻力,以搤弟之行事。彼所用之术,不言保皇,乃言欲革命,名实乖舛,可为傫笑。惟彼辈头领,多施诈术以愚人,谓保皇不过借名,实亦革命,故深中康毒者多盲从之。弟今与彼辈在此作战,所持以为战具者,即用康之政见书以证其名实之离。康尚有坦白处,梁甚狡诈,彼见风潮已动,亦满口革命,故金山之保皇党俨然革命党,且以此竞称于人前。吁!真奇幻而莫测其端倪矣。弟以今日之计,必先破其戾谬,方有下手。梁闻弟在檀,即不敢过此,而于暗中授意此地之《新中国报》及金山《文兴日报》,以肆排击。但人一见,皆能明其隐慝,知其为妒弟而发。故弟于檀香山,四岛已肃清二岛,其余二岛不日亦当收服。书此,即候
大安

弟中山谨启　西历十二月十七日
据上海《警钟日报》一九〇四年四月二十六日《投函》

复黄宗仰①函

(一九〇三年十二月)②

中央上人英鉴:

横滨来函,已得拜读。弟刻在檀岛与保皇大战,四大岛中已肃清其二,余二岛想不日可以就功,非将此毒铲除,断不能做事。但彼党佼怍〔狡诈〕非常,见今日革命风潮大盛,彼在此地则曰借名保皇,实则革命;在美洲则竟自称其保皇会为革命党,欺人实甚矣。旅外华人真伪莫辨,多受其惑,此计

---

① 黄宗仰(1865—1921),僧人,原名中央,上海中国教育会领导人之一,是年夏天因"苏报案"走避日本,在横滨与孙中山结交。
② 原函未署时间。底本标为1903年。函中称"四大岛中已肃清其二,余二岛想不日可以就功",与上篇12月17日函篇末内容相同,酌定为同月所写。

比之直白保皇如康怪者尤毒,梁酋之计佼〔狡〕矣！闻在金山各地已捡〔敛〕财百余万,此财大半出自有心革命倒满之人。梁借革命之名,谝〔骗〕得此财,以行其保皇立宪,欲率中国四万万人永为满洲之奴隶,罪通于天矣,可胜诛哉！弟等同志向来专心致志于兴师一事,未暇谋及海外之运动,遂使保皇纵横如此,亦咎有不能辞也。今当乘此余暇,尽力扫除此毒,以一民心;民心一,则财力可以无忧也。

务望在沪同志,亦遥作声援。如有新书新报,务要设法多寄往美洲及檀香山分售,使人人知所适从,并当竭力大击保皇毒焰于各地也。匆匆草此,即候大安

弟中山谨启

寄信地址：
  Dr. Y. S. Sun
    c/o Mr. Ho Fon
      Bishoh Bank
        Honolulu H. Ⅰ.

据中国国民党中央文化传播委员会党史馆藏一般档案 049/30

致伍盘照函[①]

（一九〇四年五月）

现有十万急要事待商,请即来木屋相见,勿延。

据罗香林《国父与喜嘉理牧师》,转录自陈旭麓、郝盛潮主编,王耿雄等编《孙中山集外集》(上海人民出版社一九九〇年版)

[①] 1904年4月6日,孙中山由檀香山抵美国旧金山。因受保皇党徒及驻旧金山清领事指控,为当地移民局拘留于木屋(移民候审所)多天,孙致函伍求救,得留美侨胞援助,始获准入境。

复黄宗仰函

（一九〇四年六月十日）

中央上人大鉴：

顷接来函，敬悉一切。深惜同志近日困穷如此，不禁浩叹。

弟近在苦战之中，以图扫灭在美国之保党，已到过五六处，俱称得手①。今拟通游美地有华人之处，次第扫之，大约三四个月后当可就功。保毒当梁贼在此之时，极为兴盛，今已渐渐冷淡矣，扫之想为不难。惟是当发始之初，而保党不无多少反动之力，因此有一二康徒极恐彼党一散，则于彼个人之利益大有损失，故极力造谣生事，以阻吾人之前途。所幸此地洪门之势力极大，但散涣不集，今已与各大佬商妥，设法先行联络各地洪家成为一气，然后可以再图其他也。故现时正在青黄不接之秋，尚无从为力以兼顾日东之局面也，大约数月之后当有转机也。幸致慰在东国同志，暂为坚守，以待好机之来。除洪家之外，弟更有数路可以有望以图集力者，惟成败未可必耳。

前挪上人之项，今尚无从归赵，请宽以月内之期，想能付还也。已另有函致黎公②矣，意亦同。

上海同志近来境况、志气如何？东京留学又如何？闻陈梦坡③已在横滨立一馆地，欲联络各处志士，此意甚美，未知现办成如何？能与此地致公堂通消息，互相照应，则来往船上之人，尽可招集也。上人在东有暇，亦望与此处致公堂并大同报馆通消息，以鼓舞人心，则更可增多热力也。此致，即候

大安不一

      弟孙文谨启　西六月十号加科利〔利科〕你省发

---

① 5月以后，孙中山偕旧金山致公堂大佬黄三德两度往美国各埠，对洪门会众举行总注册并演说革命，反对保皇势力。

② 黎公，指黎炳垣。

③ 陈梦坡，即陈范，字梦坡。

大同日报馆
  Tai Tung Yok Bo
    713 Commercial Street
      San Francisco
        California
          U. S. A. ①

致公堂列位先生
  Chee Kung Tong
    32 Spofford Alley
      San Francisco
        California
          U. S. A. ②

弟信亦寄此转致便妥。

据广东翠亨村孙中山故居藏原件照片

致麦克威廉士③函(译文)

（一九〇四年七月二十二日）

威廉士先生：

　　我是洛杉矶黄三德先生的一个朋友。黄先生你也很熟识的。我和他一路从加里福尼亚旅行前往纽约。但他有事要在亚历桑那和德克萨斯各城停留。因此，我就直接径来纽约。黄先生建议我到此后立即就往拜会你，并将我们旅行全美的目的告诉你。我前几天刚到此地，极为高兴想会见你。你什么时候在你的住处会见我最为方便？我一接到你的回信就会

---

① 中文意为：美国加利福尼亚州旧金山矜美顺街713号《大同日报》。
② 中文意为：美国加利福尼亚州旧金山新吕宋巷32号致公堂。
③ 受信人原名为 C. E. McWilliams，系孙中山在美国纽约的友人。

来看你。

　　　　　　　　孙逸仙　一九○四年七月二十二日　纽约
　　　　　　　　　　　　　　　　　（于纽约西街廿六号）
据(中国台湾)"国史馆"专藏史料《国父墨宝》所附译文

致麦克威廉士函(译文)

（一九○四年八月三十一日）

威廉士先生：

　　在我返回纽约的途中，耽搁的时间过长。而且一直都很忙。你所要我写的那篇文章，今天早晨才写好，并随信寄上给你，以便复〔付〕印。但是在复印之前仍希详为校正润饰一番。我请你特别注意最后的五页，这五页乃完全由我所写。其他部分则由王先生和我共同执笔。假使你认为有必要签我的名字的话，就代我签一个名好了。

　　我将和黄三德先生于明日早上相偕离此，首途前往东部，我们将在沿途各城市停留。两星期后，我们或可抵达纽约。

　　此问近好并请俪安

　　　　　　　　孙逸仙　一九○四年八月三十一日　圣路易斯
据(中国台湾)"国史馆"专藏史料《国父墨宝》所附译文

致麦克威廉士函(译文)

（一九○四年九月六日）

威廉士先生：

　　我们于昨夜抵此，将在这里停留几天，然后再转往华盛顿和纽约。你收到我从圣路易斯寄给你的那篇文章没有？你是否认为在我们出版单行本之前,先把文章寄到杂志上发表,假使你也以为然,则请打一份送给《北美论坛》(NORTH AMERICAN REVIEW),希望能在下期的该杂志上刊出。

孙逸仙　一九〇四年九月六日
据(中国台湾)"国史馆"专藏史料《国父墨宝》所附译文

致麦克威廉士函(译文)

(一九〇四年九月十五日)

威廉士先生:

我们因入党典礼工作而于星期日在匹兹堡稍事停留,于昨夜方行抵此。我们在此至少停留数日。该单行本已出版否?如已出版,则请寄十二本给我。地址如下:

孙逸仙

TSUE LUNG

318 PENN AVEN

WASHINGTON D. C.

孙逸仙　一九〇四年九月十五日　华盛顿 D. C.
据(中国台湾)"国史馆"专藏史料《国父墨宝》所附译文

复麦克威廉士函（译文）

（一九〇四年九月二十六日）

威廉士先生：

二十四日的来信收悉。你建议在该单行本的封面上应该写几个中国字，这意见非常之好。但是如写致公堂三字则是否有些同志不会反对，我未敢断言。且致公堂三字只是在这个国家中使用的地区性名字，不能适用于一般的革命团体。我以为用革命军三字比较好些。所以我就写了三个革命军这样的中国字，以用于该单行本的封面题字上。这三字在中国一般都知道是目前这运动的称呼。我想这名字较适合这本单行本，且本地的会员们当也无人会反对这样的用法。

我们将乘明日下午开行的火车离此。且将尽快去拜访你。

孙逸仙　一九〇四年九月二十六日

据（中国台湾）"国史馆"专藏史料《国父墨宝》所附译文

致留德留比学生函①

（一九〇五年二月初）

若有悔心，曷不明言？纵欲收回盟据，亦应好说，何须用此卑劣手段？

据朱和中遗稿《欧洲同盟会纪实》，载《辛亥革命回忆录》第六集（中华书局一九六三年版）

---

① 留德学生王发科、王相楚二人加盟，后颇感后悔，遂潜往巴黎，约集在法加盟的汤芗铭、向国华四人窃去盟据及法国政府致越南总督信件。孙中山归旅馆，见皮包被割，物品失窃，疑留学生全体均叛，乃函责留德、留比学生。

致愤亚函[①]

（一九○五年三月二十一日）

愤亚仁兄大人：

足下示悉。所言开会办法各节，欲免生阻力，必当如此，祈随尊见行之可也。该友之房屋，非借一期两期之谓也，所谓暂借者，亦非指年数而言也。必期此会之长成发达，将来学生过多，经费充裕，其地不能容，自可另觅宽旷之处。该友不独借其房屋，亦且请此都之有体面人而留心中国时事者，以助成之。此友名 James Cantlie，苏格伦人，其新迁之房屋，现忘其号数，容再告闻可也。德国朱君来信云，足下日内来伦敦，未知是否最好足下到时，弟当亲行介绍吾友以后，足下可直接往来，而商办会馆之事也。马君住址 50 St. Georges Road, S. W. London. 此致。即候

学安不一

弟中山谨启　西三月廿一号

据刘维开《中山文物真迹大展所见〈国父全集〉未刊文件》，载《近代中国》第一二五期（原件藏南京博物院）

[①] 原函为孙中山亲笔，无年代。据吴稚晖"民前七年日记" 3 月 24 日所记："孙、马海润、张□来。（按：据 4 月 26 日记，'马海润'应为'马德润'；'张□'应为'张九维'）五十，圣局区街，维都利亚车站。"愤亚不知为何人。朱君为朱和中，马君为马德润，均为留欧同学、欧洲同盟会之创始会员。

复宫崎寅藏函

（一九〇五年六月四日）

宫崎先生大人足下：

　　日前寄英国之书，久已收读，欣闻各节。所以迟迟不答，盖因早欲东归，诸事拟作面谈也。不期旅资告乏，阻滞穷途，欲行不得，遂致久留至于今也。

　　兹定于六月十一日从佛国马些港①乘 Tonkin 号②佛邮船回东，过南洋之日，或少作勾留未定。否则，必于七月十九日可以到横滨矣。相见在迩，不日可复与先生低〔抵〕掌而谈天下大事也。谨此先布，幸少待焉。

　　余容面述，即候

大安不一

　　各同志并祈问好。

弟中山谨启　六月四日写于佛京巴黎旅馆
据中国社会科学院近代史研究所藏原函影印件

致陈楚楠函③

（一九〇五年七月七日）

楚楠仁兄大人足下：

　　星洲④一会，欣慰生平，惜为时匆匆，不能畅叙一切为憾。弟今不停西贡，直往日本，先查探东方机局，以定方针。方针一定，再来南地以招集同

---

①　马些港，指马赛港。
②　中文意为：东京号。东京是越南北部地区旧名。
③　孙中山在从欧洲赴日本途中，于本月初船经新加坡时与侨商陈楚楠等结识。次年新加坡成立同盟会分会时，陈被选为会长；后改任副会长。
④　星洲，即新加坡，当时是英属海峡殖民地的一个州。后文有星、星加坡、星坡、星岛、新加波等，均为新加坡的别名或其他译名。

志,合成大团,以图早日发动。今日时机已熟,若再不发,恐时不我待,则千古一时之会恐不再来也。日前所言林氏之亲戚,祈将其姓氏住址详开寄我,以得有便或请他来会,或派人往见他,以联合闽广,而共大事。有信寄横滨如下之住址便妥：

  Dr. Y. S. Sun
   c/o B. W. Lai
    P. O. Box 261
     Yokohama
      Japan①

西贡人心亦大开,已有同志欲创一报馆于此,以联络各埠之声气。惟不知办法,及欠缺人员。弟今许助补此两缺点,大约二三个月后由东洋南回,则此事可以成矣。此亦一可喜之事也。

匆匆不尽,余俟再报。此致,即候

大安不一

  各位同志统此问好不另。

弟中山谨启 七月七日 西贡发

据张永福编《南洋与创立民国》(上海中华书局一九三三年版)影印原函

复陈楚楠函

（一九〇五年九月三十日）

楚楠仁兄大人足下：

来示敬悉。弟现与同志在东京创办一杂志,名曰《民报》,不日可以出版,自当请足下为星洲之总理也。

近日吾党在学界中已联络成就一极有精彩之团体,以实力行革命之事。

---

① 中文意为：日本横滨邮政信箱261号黎炳垣转孙逸仙医生。

现舍身任事者已有三四百人矣,皆学问充实、志气坚锐、魄力雄厚之辈,文武才技俱有之。现已各人分门认担一事,有立即起程赴内地各省,以联络同志及考察各情者。现时同志已有十七省之人,惟甘肃省无之,盖该省无人在此留学也。各省中,以广东、湖南、湖北、四川人为最多,其次则广西、安徽、福建、浙江、江苏,再次则江西、云、贵、山、陕、河南、直隶等省。此团体为秘密之团,所知者尚少,然如来投者陆续加多,将来总可得学界之大半;有此等饱学人才,中国前途诚为有望矣。

在吾党中之留学生,有比宁①、咩华等地之富家子弟者,今有数人不日拟回南洋商之其父兄,请出大资财以助革命者。此事亦甚有望,如此则革命之举不日可再起矣。

弟于西十月七号由此发程去西贡,与彼中大商商办举行债券筹款一事。拟筹足二百万,以为革命之资。由南洋各埠富商认借,每券千元,实收二百五十员,大事成功,还本利千元,由起事之日始,限五年内还清。西贡、咩华、比宁已有富商之子弟认股,将来又说其父兄,倘能答应,则二百万之款不日可以筹足。未知贵埠有无富商认借,此亦觅大利之一道也,望足下图之。欲知详细,请来西贡面商可也。东京留学界团体不日必有公函前来,星洲同志自后望常与通消息,以联两地之谊为幸。

近有冒充革命者□□□,在东京为众所不容,遁回香港又被人所弃,今闻已去南洋,未知是否去贵埠?如此人到来,务要力为拒绝,不然则将来为害不浅。彼原长于文字,惟行为极坏,往年在香港、澳门二地教馆,俱犯出□□之案,为学户所斥逐。彼本为康之学生,初为康党所不容而充革命,大攻保皇;今因所求不遂,又大攻革命。此真人面兽心,只知为利,稍有不遂,又立刻反噬。如有到来,切不可以其能文而招惹之也,至紧。此致。

弟文启　西九月卅日

据张永福编《南洋与创立民国》(上海中华书局一九三三年版)影印原函

---

① 比宁(Penang),又译庇能、庇宁、槟榔屿、槟城,当时是英属海峡殖民地槟榔屿州首府。

致菅原传函（译文）

（一九〇六年五月九日）

菅原君：

我刚返日本不久，很快又将离开。我希望在下周初的某日往见你及平田先生。未悉你们于何时何地晤见我较为方便？

谨致以最良好的祝愿。

非常忠实于你的孙逸仙　一九〇六年五月九日
于横滨山下町一百廿一番 C.3

据胡汉民编《总理全集》第四集（上海民智书局一九三〇年版）影印英文原函（陆玉译）

致苏汉忠函（译文）

（一九〇六年九月二十六日）

汉忠先生：

自与先生见面后，深感阁下之爱国热忱，先生对吾国革命运动之赞助，更令余敬佩不已，如吾国更多如先生者，则国家定不致沦于满州统治如此之久。现值垂危鞑虏，将为我汉族驱出之时机，否则中国不久将成瓜分之局。此项救国工作虽属伟大，但非艰难，因满族已处衰落及败亡之境，彼等将无功久居中土，如吾等不起而驱其出境，则其他国家将代吾等采取行动，届时我汉族必沦为另一统治民族之奴隶。

先生如能唤起爪哇之华侨爱国意识，并促其与吾党合作，共图救国义举，则先生将为革命运动建立大功。目前最重要者，乃战争之经费，一旦得此帮助，吾人将可随时驱除暴政。而军费之来源，端赖富有地区如爪哇之供给,先生之工作将属壮举,而吾国命运则视此举之成败而定。尚请勇往直前,义无返顾。敬祝成功。

孙逸仙　九月二十六日于西贡

据秦孝仪主编《国父全集》第四卷(台北近代中国出版社一九八九年版),参校中国国民党中央文化传播委员会党史馆藏一般档案049/162

致张永福函①

(一九〇六年十月十六日)

祝华盟兄大人足下:

握别后藉福一路平善,于西十月九日抵日本。已与各同志相见,得悉日东机局之进步,较前益甚。自弟离日本以来,会员增多千余人,各省运动布置亦大进步,无怪清政府迩来之惊惶若此也。

海外各地日来亦多进步,托东京印《革命军》者有数处。兹将河内同志所印就者寄上一本。照此版式,每万本印费三百四十元,二千本印费九十元。前贵地同志已集款欲印,未知款已收齐否?若已收齐,宜从速印之,分派各处,必能大动人心,他日必收好果。

南洋各埠现下风气初开,必要先觉之同志多用工夫,竭力鼓吹,不避劳苦,从此日进,不久风气可以大开,则助力者当有多人,而革命之事容易进行矣。以弟见内地各省及日本东京留学之进步,若南洋能有如此,则大事不难成矣。南洋今日初得风潮,进步不速,若再有公等鼓吹之,使风潮普及,则人非木石,想他日之进步亦不逊他方也。惟望公等努力图之,幸甚。匆匆草达,即候

大安

---

① 张永福,字祝华,中国同盟会新加坡分会副会长。他的别墅晚晴园是孙中山在新加坡的下榻处,又是南洋革命党人的主要活动场所。

各同盟统此候好。

弟孙文谨启　西十月十六日

据张永福编《南洋与创立民国》(上海中华书局一九三三年版)影印原函

致鲁塞尔①函(译文)

(一九〇六年十一月八日)

敬爱的先生：

我很满意地拜读了您的有趣的文章《中国之谜》，它给我很深刻的印象。您的思想卓越，您的胸襟宽阔。在西方代表人物中，我很少见到像您这样能为中国的复兴和实际保证中国千百万受苦受难居民生存条件的思想主持正义的人。但是，您相信在您再三对他们提出这些号召的美国资本家和专家中间，会有许多能被劝说来参加这一高尚事业的人吗？

我深恐中国问题是绝不能引起欧美人士注意的，但是我希望由于您的善意号召，全世界大公无私的人们将会逐渐理解：占世界人口四分之一的国家的复兴，将是全人类的福音。

致以最崇高的敬礼和真诚的祝贺。

孙逸仙　一九〇六年十一月八日于东京

据[苏]赫菲茨(А. Н. Хейфец)著、郑之光译《二十世纪初俄中两国人民之间的革命联系》(Революционные связи народов России и Китая в начале XX века，原载苏联《历史问题》一九五六年第十二期，自苏联国立中央十月革命与社会主义建设档案馆所藏英文打字原函影印件译成俄文)，载《史学译丛》一九五七年第五期

---

① 鲁塞尔(Руссель)，原名苏济洛夫斯基(Н. К. Судзиловский)，是侨居日本的俄国民粹主义组织"民意派"在长崎创办的杂志《民意报》(Воля，又译为《意志报》)主编。孙中山于上年10月在长崎与他结识。

复张永福林义顺函①

（一九〇六年十一月二十二日）

永福、义顺仁兄大人足下：

寄来两函并巴黎电报，妥收，幸勿为念。以后寄信，仍寄至《民报》编辑部便妥。有急电，可寄 Minpao, Tokyo②，如此便能交到，且可省电费也。

此间现拟设一大事务所在东京，为各省会员交通之地，每月经费数百元，皆由会员担任，可见人心之踊跃也。《民报》于下月二号开一年纪元祝典，租一大会堂为庆祝所，想到时来会者当必有数千人也。

李竹痴兄近已回星洲否？前彼约在西贡打票五百元，以邱八兄而取此项，由西贡寄来日本。今到此已月余，尚未见此款寄到，又不见竹兄有信来，未知邱兄有应其票否？祈为询之复示为望。

吉隆、槟城两地之票有沽去否？弟已发信着他即行止绝，将未沽之票尽行寄回足下代收；如有寄到，务望收存为荷。其数几何，祈为示知，以待发落可也。又两地如已沽去若干，其钱务代催他尽数寄来日本弟收可也。

到日本以来，已谋得数路，有可筹款之望。惟何日可以到手，仍未能决。此事一得，便可大开拳。清廷现在恐慌非常，到处械〔戒〕严，然断无如吾人何也！领事之如此干涉吾党之事，固为欧贼③之怂动，而亦为清政府之号令也。各省督抚亦如是。由北京运动以去其位，现近日恐无从得其机，然想彼亦不能为吾人之大碍也。若能去欧贼，诸事无妨矣。

弟离贵地以后，同志进步如何？外间舆论如何？甚念，务望时时示悉。所询章程批好否，当查干事，另当公函复答也。此致，即候

---

① 此函收信人名字被涂去，据底本中张永福注明："所阙文即永福、义顺两名。"林义顺是新加坡同盟会分会交际干事。

② 中译文为：东京《民报》。

③ 欧贼，指欧架甲。

大安不一

弟高野谨启　十一月二十二日

各同志统此问好不另。

据张永福编《南洋与创立民国》(上海中华书局一九三三年版)影印原函

复鲁塞尔函(译文)

(一九〇六年十一月二十六日)

敬爱的先生：

几天前收悉您本月十六日函,因为太忙未能及早奉复。

也许我没能正确理解您向美国资本家发出的呼吁,不过,如果不计纯粹利他主义的立场,那么我认为这种呼吁纯属徒劳。他们不至于愚蠢到为帮助中国拥有自己的工业实力并成为独立国家,而肯于自毁商业的地步。我坚信,只要我们稍微流露出走这条道路的意向,整个欧美资本主义世界就会惊慌叫嚷着所谓工业的"黄祸"来了。因此,他们关心的首先是让中国永远充当工业落后的牺牲品,这是显而易见并且不难理解的。

但是我和我的同志们自从事革命运动伊始,就致力于扩大这一运动的社会范围。

进而言之,与西方同仁相比,我们在解决社会问题时有着更多的有利条件。从现代文明的发展来看,我们还处于启蒙阶段,还没有出现自己的金融寡头,所以在我们的道路上并不存在现代文明高度发达国家所遇到的那些重大障碍。

中国是一个一穷二白的国家,大多数人生活贫困,……①任何有望改善生活条件的东西肯定会受到普遍拥护。直到近几年,新时代的进程还没有

---

① 赫菲茨原注:档案中有几个字不可辨认。——译者

触及中国,至今我们既没有尝到它的甜头,也没有尝到它的苦头。而且我们在本国社会生活中确立新时代的进程时,有可能选择我们愿意接受的东西。不管我们多么需要援助,只要它是出自纯粹利他主义的动机,我们就不指望这种援助①。

既然您希望中国的新生最终加速欧美的社会革命,那么对于这种趋势,还是让资本家尽可能少了解为好,更不要说不该向他们乞求援助来完成这一番事业了,因后者最终会损及他们的利益。

一些人因引进新政和发明创造而受到惩罚,您谴责这种做法是正确的②。不过自从中国打开门户同外部世界交往以来,这种状况已经趋于缓和了。至于那些传教士的声明,我不敢断定其是否正确,因为我并不掌握任何真实证据。

毫无疑义,近期中国革命运动是纯粹的政治性运动,而不是经济运动。但它将为我们未来的经济发展奠定基础。

我没有出版过您提到的《社会主义报》(Шихуэйжуай③),也不知道在这里的我国同胞中是否有该报传播④。我的同志们出版的月刊叫做《民报》,"民"者,"人民"是也。此刊只出中文版。

我将非常高兴随时得到您的消息。致以真诚的祝愿!

您忠实的孙文
一九〇六年十一月二十六日于东京

据[苏]赫菲茨:《二十世纪初俄中人民的革命联系》,载苏联《历史问题》一九五六年第十二期,英文原函藏苏联国立中央十月革命与社会主义建设档案馆(А. Н. Хейфец, "Революционные связи народов России и Китая в начале XX века", Вопросы Истории, No. 12, 1956, Москва)(李玉贞译)

---

① 原文如此。——译者
② 原文如此。——译者
③ 应为 Шехуйчжуи。——译者
④ 赫菲茨原注:此处一字模糊。——译者

致张永福陈楚楠函①

（一九〇七年四月至五月间）②

永福、楚楠我兄鉴：

抵此曾上乙函，谅已达览。不审尊处同人有无知弟行踪者？有之，切宜嘱以秘密，因弟此间亦严守秘密主义也。惟法京使馆随员张人杰君，有事相约，闻近将返国，若过星坡，定访兄等，则宜告知以弟之近踪，并通电之处为望。手此，敬请

义安

弟高野谨启

有电来照此：
Chantung Hanoi③

《中兴报》已开办否？《天声报》能否合并？分会改章后，同人热力定增，所举新职员几人？均望示知。又及。

据张永福编《南洋与创立民国》（上海中华书局一九三三年版）影印原函

致陈楚楠张永福函

（一九〇七年五月一日）

楚楠、永福我兄大人足下：

抵此间曾上乙函，尚未得复。贵埠团体进步若何？至以为念。

---

① 孙中山于3月离日，经香港、新加坡、西贡，约于4月抵河内，建立筹划粤、桂、滇起义的总机关。
② 此函未署日期。以它与下篇5月1日函比较，首句内容相仿，语气上又似略早。它还询及"尊处同人有无知弟行踪"，据此，酌定为4至5月间所写。
③ 中文意为：河内陈同。陈同是胡汉民化名。

兹有恳者:弟前与李水龙兄约办北海之事,今此事已有人办理,水龙兄可不必来。惟港中需材至亟,水龙兄若仍复有心,望即速往港,相助为理,请两兄代为致意,俾其早定行止。专此,敬请

义安

弟高野谨启　五月一日　第九号

据张永福编《南洋与创立民国》(上海中华书局一九三三年版)影印原函

复张永福①

(一九〇七年六月五日)

永福仁兄大人足下:

昨接惠书敬悉。日来潮起于东,钦廉应于西,全省风动。尚有数路,次第俱发。当合广、韶、惠、潮、钦、廉诸军,以联为一气,则粤事机局宏远,大有可为也!各埠同志闻此消息,皆非常踊跃。星埠声气较捷,团体较大,望兄导掖诸人,力任义务,以相协助,是所至望。

李水龙君于数日前偕林干廷及一人来。弟前只约李君一人来此,今渠竟偕他友二人同来,已为失约,而林干廷又不足信,故弟避而不见,托人推称已往香港。现林等二人复赴香港,弟已函告港中同志设法善处之。李君尚留此间,大约再数日必归星坡,兄如见之,亦告以弟已离河内可也。

河内同志已成立分会,诸会员多热心之士,办事认真。惟弟居此,严守秘密,除三四办事之人外,无知弟在此者。兄处如有书信至河内分会,不可提及弟之所在。其与弟往复信件,若系公函,可寄至香港转交。若系兄等秘密函件,则寄来此处。因现在有事之时,较诸平日更当机密,方便于筹策。兄对于星坡同志亦望坚守此秘密为要。专复,敬候

---

① 此函是在潮州黄冈起义和惠州七女湖起义相继发动后所写。

义安

弟高野谨启　六月五日　第三十五号
据张永福编《南洋与创立民国》（上海中华书局一九三三年版）影印原函

致星洲同志函

（一九〇七年七月至八月间）①

中兴报已开办否？天声报能否合并？分会改章后，同人热力定增，所举新职员几人？均望示知，又及。

据张永福编《南洋与创立民国》（上海中华书局一九三三年版）影印原函

致萱野长知函

（一九〇七年夏秋间）②

萱野仁兄足下：

今东军③将起，欲得于军事上有学问经验之人以为顾问。弟念我兄雄武过人，谨以东军顾问之任相托，望襄助都督，以建伟业；并恳延揽同志，以资臂助。兄之热诚，弟所深信，望珍重。此请

义安

弟孙文谨启
据胡汉民编《总理全集》第四集（上海民智书局一九三〇年版）影印原函

---

① 原函未署时间，据函中所述内容推断，当在1907年7月至8月间。
② 原函未署时间，今参照萱野长知所著《中华民国革命秘笈》酌定。
③ 东军，指广东革命军。

复张永福陈楚楠函

(一九〇七年八月二十三日)

永福、楚楠仁兄大人阁下：

顷接来书，敬悉一切，复言如下①：

(一)黄君燕南，弟所素识。庚子年有人介绍见弟于台湾，介绍人盛称其才，而黄亦厚自期许，以为海陆丰一带渠力大可发起。当时弟给以三千元，使往办事。黄去后，杳无信息，事固未起，而运动之情形、开销之数目亦并未报告。自兹以来，其人之踪迹久不闻矣。今接来信，乃始知在星坡也。如兄以为可用，望与商榷，嘱其尽力以谋力所能为之事。弟行止未定，不必来见也。

(二)许雪秋兄再办潮事，深望各同志竭力扶助。前次雪兄办潮事，子瑜兄办惠事，皆能发起。弟谋运动军火以为接济，惜潮、惠皆一起即蹶，其散太骤，故不能应手。今者运动得手，可得大宗军火，已与雪兄定议，如潮事发起，当拨新式快枪数千，弹百数十万以应之，则此次军力充实，必非前比。惟雪兄尚缺运动费，前在星坡得各同志捐助三千元，其数实不敷用。弟已筹备军火，则运动之费不能不望之于他同志。以星坡会员之众，风气之开，而又气雄力厚，诚能奋发义侠，所得必不止三千元之数。前月广西边界有会党七八十人，谋潜行入边，经清朝官吏知觉，密告法国官吏，称为劫盗，法国官吏捕获之。讯供皆称实欲回广西举义，并非行劫。法国官吏以其系犯国事，一概开释，不允交回清朝。旋又以诸人皆无身税，不能逗留境内，欲逼令离境。河内分会大动侠义，立聚会员酿资，前后得二千金，代诸人缴齐身税并赠以盘费，使各寻乐地以安其身。当时法国官吏见其侠义，多所优容；法兰西人义会亦为之助。以百余人之分会，而救七八十人于危难之中，不独此七八十人感激涕零，即会外人亦感动，多有因此纷纷入会者。夫河内之地风气未

---

① 原文为"如左"，今依排版方式酌改为"如下"。下同。

开,商务未振,会员皆业小生意,财力不宏,而能于数日之间集款二千,为善后用;星坡魄力伟于河内何止十倍,而仅获此区区之数,非所望也。事在人为,望有志者极力提倡之! 潮事只欠运动费,若能得数千元之数专为潮用,更得数千元交子瑜兄再举于惠州,以谋牵制,则东路之师必大盛。此万余元之运动费,不能不望之星坡同志也。至于西路之师,豫备厚实,旦夕可举,勿劳诸君忧矣。

(三)《中兴报》旦夕开张①,贺甚之! 此后星坡又多一文明导线,企予望之。

(四)林干廷前来河内时,行迹可疑,河内会员有建议欲使其长留于此地者。弟以其时特疑林之为人未有确实之证据,故禁止之,令勿轻动。今则林之反侧已有确据,而河内有志之士,地方隔阂,情形不熟,故未果也。专此,敬请义安

并候各同志,均此不另。

弟高野谨启　八月二十三日　第七十九号

据张永福编《南洋与创立民国》(上海中华书局一九三三年版)影印原函

致张永福陈楚楠函

(一九〇七年八月二十九日)

永福、楚楠仁兄大人足下:

兹有梁兰泉(又名梁秀春)由河内西贡来星加坡,此人作恶多端,负义反噬,河内同志人人切齿,今将其恶迹详述于下:

梁兰泉本广西武官,平日纵勇殃民,无所不至。及为岑春煊所查办,乃逃来河内,郁郁不得志,始有作反思想,河内同志见其久在边防带兵,且多招游勇为咕哩,于军界及会党中颇有势力,虽知其心术不端,而以为才尚可用,

---

① 《中兴日报》是新加坡同盟会分会机关报,是月20日创刊。

遂招入会。及弟来河内时，本欲不令兰泉知觉，继因须在此办事，不能不用人，兰泉人虽不端，而结识有用之人尚多，则见之以用其所荐引之人，亦是一策。且兰泉牙爪既多，弟在此间既欲用人谋事，必被其探觉。兰泉前时屡有信来，求备任使，若来此而不见之，则彼绝望之余，或生异志，潜谋反侧，后患甚多，故遂决然见之。

兰泉来见后，屡告奋勇，惟其人贪而多忌，愚而自私，实非可信之人。弟一面接见其所引荐之人，择其可用者而用之；一面许任兰泉谋事，以防其心变。然兰泉揽权自利之见甚重，见其所引荐之人多被任用，心怀嫉妒，屡欲破坏，弟严责而宽容之，且密防其为变，兰泉始不敢动。且其为人毫无血诚，手下之人亦不乐为用，不过无缘见弟，不得不求兰泉介绍，既来见后，倾心听令，兰泉虽欲破坏亦无如何也。惟弟既许兰泉以谋事，自不能食言，前后给以五千元，令其运动谋事。乃兰泉反覆失约，其初命之入三那，既受命矣而又失约不去；其继命之入海滨占一地点以接军火，既受命矣而又失约不去，改期数次，均无行意。渠前只求给三千元，带随身侍护人二十人入内地，约众举事；乃弟前后给以五千元，渠仍不行，惟多招咕哩来装门面，共招至数百人，多未纳身税，骚扰喧阗。有七八十人行至边界，为法国所捕获，牵涉兰泉，拘留之于警察署数日，得巴黎电令其释放，始得归家。而被获之七八十人，亦由河内分会集资救出（即前函所述）。此时众人皆谓兰泉谋事不忠，今又借众人之力以免于难，应知感愧无复异心矣。故《中国报》亦扬言梁兰泉实革命党，盖以绝兰泉之投降清朝之路，并为外交上立论也。乃兰泉狼子野心，嗜利无耻，见河内分会因集资救此七八十人，集得二千金，欲攘之为己有，公然对分会中人言此金应由彼手分派。分会拒其请，兰泉口出恶言，竟谓："我此时不能为公众之利，亦能为公众之害，如不从吾言，则吾将派人行刺高达生①，今试看高达生家前后左右均有人埋伏"云云。及傍晚，果有十余人来弟寓围绕，其意欲宣扬弟之秘密，以为挟诈之计，用心险毒，反噬之形已露。同志人人愤怒，争欲处以重罚。弟以西事诸路皆已布置妥当，兰泉跳梁小丑，不能为恶，不当以与之争持之故，致坏大局，故始终和平处之。现在

---

① 高达生为孙中山在越南的化名。

兰泉手下人等均已由分会给资遣散,而兰泉之鄙贱狡恶,为同志所不齿。此次龙州官吏列明兰泉在边防时种种贪恶凡十余款,移请法国提解,法国以其官犯不能包庇,而前此既已释放,不欲再为提解,故遣之由西贡入星加坡。兰泉临行时,本欲求书介绍见星坡分会中人,河内同志告以弟已他往,渠今又哀求河内同志作书介绍,其意欲到星坡后,又出其棍骗手段也。

  兰泉之行为大略如此,负义反噬,罪不容诛。弟在此间谋事,除防清朝之外,兼防此人,西事棘手多因此故,已被其破坏不少。今日所布置诸路,皆由密防慎谋,始不为兰泉所误。律以自私偾事之咎,亦罪不容诛。此人来时,各同志切不可与之往来。弟此书所言皆秘密之事,两兄及子瑜①兄等可共阅之(凡有责任之职员不妨与阅)。至于对于一般之同志,则当告以梁兰泉乃广西著名恶弁,纵勇殃民,避罪河内,冒革命之名棍骗财物,私立堂号,擅造盟书以收人入会,敛取入会费甚伙,为河内同志所不容,今因广西移请法国提解,遁至星坡,又欲荧惑同志,宜一律抵制,不可为所陷害。如清朝与星加坡政府交涉提解此人,不必助之。如同志之力能除此人,则大善;不能,亦须声其罪恶,使彼无立足地。又须密访其在星坡如何作为,报告弟处,至以为望。专此奉告,敬请义安

弟高野谨启　八月二十九日　第八十三号

据张永福编《南洋与创立民国》(上海中华书局一九三三年版)影印原函

致宫崎寅藏函

(一九〇七年九月十三日)

宫崎先生足下:

  久未作书,以事方进行,无以告慰也。萱野②君归国把晤,当可畅谈

---

① 子瑜,指邓子瑜。
② 萱野,指萱野长知。萱野长知(1874—1947),日本高知县人,退职军人。1900年加入兴中会,1905年参加同盟会。

一切。

近日西军已发,一举破防城县,众数千人,极得民心。现已全军北趋,以取南宁。黄君兴于同〈志〉方面,结合得一新势力,此时尚持重,俟机乃发。如一发则两军合并,广西不难定也。南来苦意经营数月,始得此结果。此军初起,而势力甚固,地位甚稳,专俟一取南宁,则革命军之基础已成,广东、长江等响应之师相继而起,事可大有为也。现弟欲急筹妥军饷、军械、外交等事,始入内督师。

关于日本之运动,弟在东京时曾托足下全权办理,而足下谦让固辞。及弟去东京后,闻平山、北、和田①诸人与足下冲突,当时弟意以为诸人意见不合,非有大故,故于来书所述欲得全权办理之事,虑平山、北、和田等既挟意见,不能和衷,故第五十四号函中有"于各人才力所及之范围内,各有全权"之语。不料平山、北、和田等不顾公义,为弟之所不及料,非惟无以维持团体之精神、增进团体之势力,且立意欲破坏团体,既将日本人的方面破坏无余,且进而侵入内部,几致全局为之瓦解。前托萱野君回国购械,与足下谋议,事已垂成,而机泄于此数人之手,凡此皆不法之举动、公义之蠹也。弟以后不复信任此数人,其关于日本之运动,当托足下全权办理。宜秘密行事,不特平山、北、和田数子不可使之闻知,即本部中人及民报社中人亦不必与之商议。专托足下一人力任其难,如有所商酌,可直接函电弟处。其在日本之助力,以犬养毅君为最适宜,今缮一函致犬养毅君,祈即转交,相与谋议。现时最急者军饷、军械两大宗,望悉力筹划,以相接济。钦州海面已为吾党势力所及,输运军械较前容易矣。专此奉托,即请

侠安

弟孙文谨启　九月十三日　八十八号

萱野君想已到东②,祈转告西军已发,东军之事③望速经营,至以为望。

据中国社会科学院近代史研究所藏原函微缩底片

---

① 平山、北、和田,指平山周、北一辉(北辉次郎)、和田三郎。
② 到东,指到日本。
③ 东军之事,指购运兵械接济广东革命军的计划。

致何佩琼函

（一九〇七年十月一日）

佩琼同志仁兄大人鉴：

握别后以所事方在进行中，未得揭晓，故久阙音问。今者革命军已起，自七月廿六日（中历）①一举破防城后，已进入广西，尽据南宁、百色一带之大山险隘，有众二万余人，枪械精利，其势可以长驱进取；继以长江、两湖、东三省之同志方豫备响应，拟一齐并进。又以义军屡破虏兵，清朝尽调广东、广西之兵来战，我军虽勇，惟军火粮饷尚须源源添足。初起之际必须持重，故据险固守，日日操练，以成精兵，专候各省之响应及海外同志之接济，两者有一能如意，则长驱以定两广，出师湘鄂，革命前途大有可望也！

今特派汪精卫（《民报》主笔，偕弟南来参与机密）、黄龙生（河内殷商，热心任事）、刘岐山（海防殷商，热心任事）三人来西、堤两埠②，与各同志面商，设法速筹巨款，接济军需。惟必须埠中平日热诚重望之人尽力担任，然后众人有所率循，故函托我兄，望不辞艰巨，为国民肩此重任，至望至望。余事精卫君等面详。此请

大安

弟孙文谨启　八月二十四日③

据中国国民党中央文化传播委员会党史馆藏一般档案049/105

---

① 此处孙中山记述不确。是年9月钦防起义，攻占防城是在农历七月二十八（公历9月5日）。
② 西、堤两埠，指西贡和堤岸。
③ 此函写于攻破防城之后，故不可能是写于阳历8月24日，此处日期应为阴历。

致邓泽如①等函

（一九〇七年十月八日）

泽如兄暨同志诸君惠鉴：

五月七日曾发第十八号函，想已收到。比维文明进步，忧国思潮与时俱长，为慰。弟前函云：数月以来，两广革命军已竖旗起义，破城略地，电报纷传。想我同志诸兄闻其慨〔概〕矣，今更以详情一一述之。

弟自南来，即欲经营大军，在钦廉发起，以东西兼顾，沛然进取。躬自经营者数月有余，又得海外同志之协力，联合好义敢死之士，输运新式枪械，百事俱备，乃于中历七月二十四日与虏兵战于钦州之王光山，大破之。《法兰西新闻》论之曰："此处革命军不知用何战术，能一战而去敌兵四分之三，可称奇捷"云云。可见革命军之名誉矣。

二十七日乘胜进攻防城县，一鼓破城，生擒知县等官，责其不知大义，身为汉奸，尽诛之。安抚居民，秋毫无犯。民心大悦，酿金备烧猪、炮竹以欢迎义军，各乡之民携械从军者万余人。即晚全军出城，进取钦州，虚围其城，以诱虏兵来救。八月初三日全军直趋灵山，初五六两日连破横州、永淳两县（皆广西省南宁府属）。十日之内，全军二万余人连破数城，军威甚壮，虏兵不战而降，或一战而溃。

现在全军进取南宁府城，以南宁为广西之中心点，得南宁则北取桂林以出湖南，东取梧州以出广东，革命之基础可固。惟虏廷亦十分提防，现尽调广西之兵往救南宁，又调广东之重兵以驻钦廉，欲以两广之全力与革命军决战。我革命军亦尽锐相持，以决胜负，若能破其救兵，则南宁可得；南宁既得，则两广易定。因现时两广之兵皆聚于南宁一带，若南宁既破，则前无强

---

① 邓泽如是英属马来联邦森美兰州挂罗庇朥埠侨商，是年12月该埠成立同盟会分会后，任会长。

敌,大军所至,迎刃而解矣。此为胜负之关头,革命军第一级之着手处也。今日接电报,虏廷既已调湖北军来会战。夫以新起之革命军敌三省之兵,闻者或代为忧虑;然弟已夙计及此,早为豫备,不日广东将有义〈军〉起而响应,使虏朝东西不能兼顾。至于湖北之兵,恐长江有事不敢遽来;若其果来,则长江义师乘虚而起,愈为得手,此可无足忧虑者。今之所急,惟在尽力帮助攻取南宁之革命军,使得早日破敌耳。

夫虏廷既合两广之兵力以救南宁,我同志亦必合全群之力以接济南宁之革命军,然后可以必胜。现今革命军好义有勇,人心坚定,固可以进取无前;惟必须接济军需,使其军械足用,军饷不缺,然后声威大振,势力增加,如此为目前最要之事。披坚执锐血战千里者,内地同志之责也;合力筹款以济革命者,海外同志之任也。今内地同志既为国民出死力以求自由,切望同志诸兄慷慨仗义,筹款接济,以充拓革命军之实力,使得一战破敌,斯则同志诸兄之责任,而国民之所属望者也。弟已与各国枪炮厂约定,新式枪炮随时可以购买;而近日革命军已占领钦州沿海岸,随时可以运送军械。今所缺者,为购械之款耳。

望我同志诸兄接此信后,即照弟前函所言,由同志中举出妥员专任运动筹款之事。当此义声霆震之际,不独同志踊跃尽力,即平日来当联合之人亦必乐于助义,宜不分畛域,以期迅集巨款。能于信到后七八日内筹得以济军需,则革命军知海外同志之热心公义,且卫顾同盟兄弟如手足之相救、唇齿之相依,必然勇气百倍,奋力立功,以慰海外同胞期望之殷。而且军需既裕,则兵精粮足,必能打破此胜败关头;虏兵既破,南宁既得,则两广指日可定。有两广以为根本,治军北上,长江南北及黄河南北诸同志必齐起响应,成恢复之大功,立文明之政体,在此一举。我同志诸兄筹饷之功,必与身临前敌者共垂千古而不朽矣!

南宁破后,弟即于该处建立军政府,使各道革命军有所统系,届时必详定章程:凡捐资助款者,计期必厚利偿还,从丰报酬;其助饷尤巨者,并于国中开浚各种利源时优给以权利。弟知同志诸兄急公好义,必不因报酬之有无以为轻重,惟报施之道本宜如此,且亦可对外而劝捐。请兄举定妥员后,凡捐资助饷者皆由经理员给回收条,电汇香港上环德辅道三百零一《中国日报》胡展堂①收,即由胡君一面发回收条,一面电汇弟处,将来军政府成立后即照总收条以为报酬,皆可预为对同志诸兄告者此也。

附呈两广革命军《布告海外之同胞》多张,祈即广布各埠华商,以资观感。当兹国民革命已睹萌芽,祈同志诸兄鼎力同心,以慰国民之望,坚革命军之志,不胜盼切。专此奉托,敬请

公安

弟孙文谨启　九月二日②

据邓泽如编《孙中山先生廿年来手札》(台北文海出版社一九六六年版)影印原函

复张永福等函

(一九〇七年十月十五日)

永福、楚南〔楠〕、义信〔顺〕三位仁兄大人足下:

来函领悉。厘安呢君约往法京一事,现值军事旁午之际,不能应命,已亲函直复厘安呢君矣。杜郎君果任安南总督,则于吾等之事颇为方便,望其事之不虚也。

此间之事,机局甚佳,日内又必有惊人之事,不久则大局可定矣。此处与西贡商人甚踊跃提倡捐助义军军需,大约可得十余万。星洲弟已有信去林文庆先生,托彼力任其事,出来提倡商人以助军费,见面时祈为劝之出力。今日之事,无论会内会外,皆当尽力,以完国民之义务也。海防一埠华侨工商不过三千人,一晚捐资得万余元;河内一埠华侨不满千人,所捐亦八千余元。此二埠之富万不及星洲,且弟到此以来皆隐居,并未与各人一交接,彼

---

① 胡汉民,字展堂。
② 此处日期为阴历。因为函中提到破防城后"十日之内,全军二万余人连破数城",为阳历9月中旬事,而此函显然写于其时之后,当为阴历九月二日,即阳历10月8日。

等一闻义师之起,则争先恐后,从军者有人,出钱者有人。若南洋各埠有如此踊跃,则革命军之进步不知若何矣。望兄等以身提倡,鼓励国民,使人人尽其义务,幸甚。此致,即候

大安不一

弟高野谨启　十月十五号

据张永福编《南洋与创立民国》(上海中华书局一九三三年版)影印原函

致张永福陈楚楠函

(一九〇七年十月)①

永福、楚楠仁兄均鉴:

西军之事,屡已函告,近来日有进步。兹特派汪精卫(《民报》主笔,偕弟南来参与机密)、黄龙生(河内殷商,热心任事)来星加坡,与足下有所商议。所有弟所欲言者,统托精卫等面达;足下有所见,亦望与酌议为祷。专此,敬候

近安

弟孙文谨启

据张永福编《南洋与创立民国》(上海中华书局一九三三年版)影印原函

---

① 原函未署日期。汪精卫等于10月初受孙中山委派到西贡筹款,赴新加坡也是10月间事,本函发出时间即据此酌定。

致张永福函

(一九○七年十一月五日)

永福仁兄大人足下：

近因查考列国政事，需用本年英文政治年鉴一部，此地无买，香港书店亦刚沽尽，今特托足下在坡向英书店代购一本，其英名列下①。该价多少，请先代支，并祈示悉，自当奉上。

此间机局日佳，惟所谋尚未揭晓，故此时无由告闻，到时当另详报足下并各同志知之也。此候
大安不一

弟高野谨启　西十一月五号

据张永福编《南洋与创立民国》（上海中华书局一九三三年版）影印原函

致张永福函

(一九○七年十一月二十九日)

永福兄阁下台鉴：

比得精卫兄来信，言至坡备蒙照拂，曷胜感慰。不审坡众同志热力如何？能倾助义饷若干？大抵凡事贵有提倡，兄前兹固已尽力，然苟能为助之处，尚望当仁不让也。

兹有要信一函系与精卫者，请为转交。如信到时精卫君已离叻，且已定不再来叻者（若暂往他埠仍归叻者则留交），则望兄即立将此函寄回弟处，

---

① 所列英文书名，底本未影印。

因函中紧要秘密之故,费神至谢。专此,即请

仁安

弟孙文谨启　十一月二十九日

据张永福编《南洋与创立民国》(上海中华书局一九三三年版)影印原函

致后藤新平函

（一九〇七年十二月十四日）①

后藤男爵大人阁下：

　　睽别十年,但闻阁下之勋业与誉望雀起,为东亚伟人,回忆曩年下走起事粤东,阁下曾赐非常之助力,后乃辜负期望,洵足惭歉。虽然,晚近数年,支那民族思想丕变,革命风潮大盛,较之五年前,其气象不止十倍。下走今者由贵国南行,专为南清,革命运动发端于两粤广东、广西,其基础已觉可恃。盖内力之养成,良非偶尔,然东望友邦求如阁下曩日之肯赐助者,则已无其人也。阁下之热心支那革新事业,而又见南清今日事势之可为,必其不懈初志。若阁下能复相助如曩日之事,则支那革命可成,此非下走一人私言,度阁下高明,亦能洞见其机局也。贵国人池亨吉君相与结托有年,今年下走督师攻克镇南关时,池君亦与共事,今使进谒阁下②,若欲知下走最近所图事势之详,池君当能道之。专肃,敬询

起居万福

孙文逸仙谨启　十二月十四日

据《孙中山致后藤新平函》,载《近代史资料》总五十七号(中国社会科学出版社一九八五年版)

---

① 此函未署年份,据函中云:"今者由贵国南行……革命运动发端于两粤",又云:"今年下走督师攻克镇南关",当指1907年3月孙中山由日本南行,发动广东潮、惠、钦、廉起义,是年12月又亲自督师镇南关起义。据此,发信年份应是1907年。至于函中"睽别十年"云云,恐系笔误。

② 1907年12月12日,孙中山给池亨吉证明书"授予全权执行为中国革命事业筹款",并"募集粮秣和军需品"往日本,要求后藤新平"能复相助"。

致邓泽如函

（一九○七年十二月十六日）①

泽畬同志仁兄大人足下：

久未相见，敬维文明福祉为慰。

弟经营两广革命军事，自七月廿六日破防城以来，声势甚盛，各报登载想兄必已览及周知，故未驰书奉告。今者义军崛起已阅五月，根据坚定，屡破清兵，满洲政府倾两省重兵聚于一隅，而皆不能与义军敌，则革命军之势力可知矣。弟谋事十余年，以为如此机会，实不易再得。今革命军尽心戮力，已足以对国民，所望者各省之响应与海外之接济耳。各省同志皆已实力预备，乘机继起，以为响应，海外同志度必热心属望其成功。

弟前派汪精卫兄（《民报》主笔，偕弟南来参画革命军事）赴河内、海防、西贡、星加坡、暹罗各埠会见同志，报告军事，劝募军需；各同志多慷慨仗义，筹资汇济。今精卫兄由暹回星，弟特函约邓子瑜兄与精卫兄同赴庇能、吉隆坡及各州府，与诸同志面商，设法速筹巨款，接济军需。子瑜兄于庚子惠州之役及今年惠州之役，皆为主谋尽力之人，与精卫兄同为弟所信任，祈与同志诸兄尽心商榷，同筹善法，以慰国民之望，坚革命军之心，是所切盼。专此，敬请

义安

弟孙文谨启

据邓泽如编《孙中山先生廿年来手札》（台北文海出版社一九六六年版）影印原函

---

① 原函未署日期，今据邓泽如《中国国民党二十年史迹》一书所载标出。

致张永福函

（一九〇七年十二月二十三日）

永福我兄阁下：

兹有寄沈联芳、陈梦桃二君之信，望费神交去。闻雪秋兄言，二君允肯捐助义款，惟须得弟言为征，故作书与之。言以人重，兄能助为催劝，使速交电汇尤感；因西事日有进步（破南关①后，复破水口关及思州），而待款至殷也（函中已开汇寄收银之地址，若伊或托兄，则乞为办理）。

精卫现在何处？运动之消息佳否？此间新军得占南关，大战七日，杀敌数百。既而乘势进与钦州军合攻上思州，又战数日，虽以子弹不充，未能即奏大功，然虏兵将惊魂已破（其统领陆荣廷负重伤，营官死者二人，哨官死者多人）。又自南关用师，外人颇知我军宗旨，大为信用（法国报纸为我左袒尤力），此皆足为我同志一道者。专此，即请

近安

弟孙文谨启　十二月廿三日

各信请看过，封口送交为荷。另一信交雪秋兄，亦乞代达。

再：前托买英文年鉴，今已近年底，可不必买一九〇七②者。书店若有新到，必系一九〇八之物，买之可也。

据张永福编《南洋与创立民国》（上海中华书局一九三三年版）影印原函

---

① 破南关，指是月2日爆发的镇南关起义。
② 指1907年，下文"一九〇八"同指年份。

致萱野长知函

（一九〇七年十二月二十六日）

萱野先生阁下：

前月闻驾经港归日本，因有书寄三上君并与阁下述械事，谅已达览矣。

比顷得精卫兄来书，乃知阁下以关于东事①曾以西十一月廿六电问，而此间回电不明，阁下有不释然之点云云。查西十一月廿六得精卫电，其文云："暹电已收否？昨到②，当偕邓③往各地运动。今乃居无聊，且未得回书，欲回东，如何办法？祈详电。"当接此电时，以为精卫自述在星无聊，不指他人。而十一月十二日此间曾致一电与精卫，其文云："日本来函必欲派一人回东，以维报局，而固人心。已与克、展兄详议，电复公等勉支报事。精卫准西年底回东筹款，如何？电复。"故廿六日电所谓回东如何办法，亦即解为精卫问伊自己回东理整〔整理〕报事、维持东京团体如何办法。遂复电与精卫云："收。偕往及得款回，可再商回东事。近事复杂，无关运动，故未回书（其时亦得精卫星坡书未回）。德事略滞，待款急。"所谓近事复杂、无关运动者，乃指在西所图之事，复杂变幻，而进步甚少，无能有益于精卫之经济的运动，故未与精卫书也。今得精卫最近来书，乃知前电系为阁下而问，原电有"萱久居无聊，且未得回书，欲回东"云云。"萱久"二字误电作今乃，词意不明，遂致两俱误解，殊出意料之外。此间若不接精卫此次来书，尚不明此电为阁下而发，而精卫至今亦当尚未明此处之电之意也。

至于此间得阁下倩精卫代作之书，其时已了然于东事之失败，其责任全

---

① 东事，指10月12日，萱野长知自日本所购枪械运抵广东海丰县汕尾港，由许雪秋接应，因被清巡舰发现，卸械未成。
② 昨到，指前一日到新加坡。
③ 邓，指邓子瑜。

在许雪秋一人。夫阁下之任务,以能使军械载迅运送至目的〈地〉,即为完全无阙。而许氏乃遇事仓皇,侦候不明(不知有兵舰),预备不周(不能雇备大船),报告不实(指李子蔚之报告日船),以致虽已运送到目的地之军械,而仍不得其用,故曰其责任全在雪秋一人也。而且雪秋关于潮事,至此已三度失败矣。伊自乏条理,而其左右如李子蔚、林鹤松辈才尤劣下,故此后各事,不敢复信用于雪秋。而军械处置问题及其他各事,则弟实欲阁下一来河内面商其办法,故致电精卫:"暹款及万,当邀萱、邓同来。"即系欲邀阁下商办东械各事。而所以待款者,则因阁下来函述及吉田等回东之措置及再来之方法,均非得有数千金以上之款则各节问题均难解决之故。弟见精卫在西贡运动颇称得手,以为暹亦易得手,而万元之款不难,款一得而邀阁下同来,则可相议东事之办法,而军械可得其着落。讵精卫到暹筹款不多,自暹返过星加坡寄来十一月廿六日之电,此间以为精卫自言归东,既复电,后二日精卫再来一电云:"萱得电,决即回东。"此得电云云,犹疑为阁下别得东京之电,而不悟为得此间之复电也。是以此间于前得阁下星加坡书时,未作复者,以为各事非面商不能妥善,而渴待精卫之筹款于暹有获;且以为精卫自暹必经星加坡而复返河内,则良晤不远,无待复书。及精卫于暹所获不多,归星加坡不数日而遂得阁下归日之电,尚以为于日本东京或神户有电催阁下归,故始作书寄三上及阁下。而前此未尝复书者,则纯以以上之理由,而绝无所疑于阁下之行事者也。雪秋权责在于接收军械,而举军于惠潮;阁下之权责,则在于运输军械至于目的地。雪既不能接械,而其所经营之地点亦复不能再举,则事实上其权责已归消灭。阁下运输至目的地,责任无亏;然以运回日本之故,因而更生新之权责,但解决如何输入日本及如何领收之问题,非弟智能所及,惟有听阁下次度之报告。而弟所急欲商者,为军械再来及东方①举事之问题,此则决非面语不能明瞭也。

许氏委任状,闻展堂兄言,则谓其自交还冯サン②;或者冯向许索之而

---

① 东方,指广东。
② 中文意为:先生。下同。

许交还,胡サン不知耶?实则冯亦徒多此一举耳。至阁下与许偕行,则闻胡、冯始皆相阻,而许氏坚邀,阁下亦听之。又其介绍书,乃阁下与胡言之再三,胡以许行既不可阻,又必强邀阁下去,因虑许氏言不践实(许濒行谓"到星加坡,萱野君一切费用我均任之",而胡不信也),故为阁下作书致张、陈①等,使为东道主。其书因言阁下系与许氏同来筹款云云,亦不得已也,使阁下与许氏之行事前弟得闻知。

总之,潮事之失败,弟认为全非阁下之过误(雪秋有过,足下无过,两不相关连也);而后此运械之事,则仍以属诸阁下之全权。今虽未能与阁下面商后此如何之详细办法,但急欲知军械输入、领收之安全与否。至若既得安全领收,则乞以电报知。现时经济问题虽未解决,然欲商为由日本运至澳门附近之海面,由他人请负转运至目的地,如此则日船之再度运来,无何等之危险,其事较易。今虽未商定何〈处〉之海面地点为中途第一次接收之处,然望一得日本之消息,电知弟等,俾易于商量为如何再求他举之计划。而后兹所倚托于阁下之事正多,愿阁下更为鼎力赐助是幸。专此,即叩
侠安

弟孙文谨启　十二月廿六日

据[日]萱野长知著《中华民国革命秘笈》(东京帝国地方行政学会一九四〇年版)影印原函

致三上丰夷②函

(一九〇八年一月三日)

三上先生阁下惠鉴:

前月曾上两书,并有请交萱野君二书,想均达到矣。萱野君现在何处?

---

① 张、陈,指张永福、陈楚楠。
② 受信人是三上合资贸易公司经理,当时正和萱野长知等帮助孙中山在日本购运军火,以供起义之用。

今复有一函与之，敬请转致。如萱野君尚未归日本，阁下亦当知其所在地，亦乞代为寄交。此函乃关于军械事，请其与阁下妥商办理善后之法也。专此，即请

义安

弟孙文谨启　西一月三日

据秦孝仪主编《国父全集》第四册（台北近代中国出版社一九八九年版）

致萱野长知函

（一九〇八年一月三日）

萱野先生阁下惠鉴：

去西历十一月中旬闻阁下经港归日，即有书由三上君奉交。十二月廿六日得精卫报告，知前此电报两方误会，因再有长函具述阁下在星来书未答之故；及关于惠州失败之事，认为非阁下之过误；又后此船械之问题，其事权仍属之阁下。此函亦由三上君转达，不知已入览否？

比得东京何天炯兄及林时塽兄来函，具言滞留神户之械，当时有名古屋商贷出银三千五百元（系宫崎与蒲生立契约），已到期限，迫索至力，势将诉诸裁判。宫崎已为所困，东京如何サン等则勉强羁縻之，使稍缓以待命而已。今若能迅筹数千之款以理债务，则此物尚可暂时保存。然已为警察所知，三上之船亦碍难再为积载，以林サン计之，则不如卖却，一以塞警察之耳目，使谋事之人可稍得自由行动；二则可免名古屋商之严索，兴起诉讼。弟得东京信后，当与黄サン等熟商，计此械再来，办济债务及为再度运送之费最少亦在万五千元以上，而收接此械之地点如何经营预备，其费用尚不在内。而此间经济困难，精卫于南洋各处之运动俱无大获，故不特欲筹巨万之款为卷土重来之计划不能如意，即欲别筹数千之款以清名古屋商等之债务亦不可得。是经济问题为第一之原因，虽明知卖却之多所损失，亦不能不出

此下策,惟此事始终为阁下经理,故谨将此情奉告。阁下此时或已返东,或尚留上海(传闻阁下尚留上海未归),均乞即速为办理,将此械卖却,为办济债务之用。其如何分别缓急先后以次办济,及同时尚有何等最紧急之需费,皆由阁下酌定支出可也。

此番之事,使阁下徒劳无功,加以经济困难,无法救济,以致得如此结果,令人慨然。惟思阁下志气壮锐,度越寻常,必不因一度之失败而为之挫折。至弟之相信,则具如上月廿六日书所言。今械事之结果虽如是,然使弟所图果有大进步,或经济有得,大约不难再举;而于此之时,仍望阁下肩任不辞也。

自南关役后,机局未始无进步,然以经济问题不能解决,故作事不能快意。知为廑念,顺此附及。即候
起居

弟孙文谨启　西一月三日

据[日]萱野长知著《中华民国革命秘笈》(东京帝国地方行政学会一九四〇年版)影印原函

致流石同盟会员函

(一九〇八年二月二日)

流石①列位同志公鉴:

昨日精卫、子瑜两君回,报告贵处同志热心公义,闻之甚慰。又晤黄甲元、曾壬龙、曾连庆、温昌基诸君,知各同志协力筹款以助革命军之用,并由甲元君等面交贵处同志义捐及收单存底,皆已妥收矣。各同志之慷慨好义如此,洵足为国民前途庆,深望始终勿懈,益求进步。凡团体之成,贵诸人同

---

① 流石(Batoe Rosa),又译留石,荷属东印度的苏门答腊岛一埠名。

抱热诚,而各以公心任事,和衷共济,则一日千里。贵处有曾、蓝①、黄诸君之维持,复有诸同志之协力,想必能固结团体,以申大义,此则非惟弟所厚望,亦一般同志所厚望者也。专此,敬候
公安

弟孙文谨启　二月初二日

据中国国民党中央文化传播委员会党史馆藏一般档案049/333

复池亨吉函(译文节略)

（一九〇八年二月八日）

　　(上略)一月十五日来翰敬悉。但兄于归途中由长崎投寄之函尚未收到,恐在弟已离河内后始寄达该处。英人□□氏急电,前此已收悉。对兄的厚意,深为感谢。如兄得便晤见□□男爵,烦代达弟在远方欣喜之情,并致问候。

　　□□的状态较兄与弟等同居时更为□□。兄赴东京后不久,河内的秘密住所即被满洲政府的走狗所侦悉。北京当局立即点出甘必达街六十一号住所,向巴黎政府指控,许以重酬,要求将弟逐出安南。事已至此,弟不愿为法国总督带来烦扰,遂与印度支那暂别,更觅自由的新天地。于是飘然离开河内,重过沧落天涯的亡命生活。但留黄兴及胡氏兄弟,委以当地及广西一带的筹划事宜。黄兴君更为奋发,已进入某地点。尤以云南军着着准备,照其预定计划开展工作;但何时起事,现尚难以奉告。

　　(中略)今闻一有趣之事,即北京政府比较日、英、法三国,以英为最强硬国家而抱畏惧,以法为强且智的国家而示尊敬,独以日本为易与且为最易受骗的国家而欺之,其理由实甚滑稽。北京政府认为孙文如在英属各地,不论使用何种手段对英政府提出要求,英政府亦将保护亡命客而拒之不理,故

---

①　蓝,指蓝瑞元。

为最强硬的国家。法国则初表强硬,但如许以重酬,便渐可接受要求,如非强且智者断不能玩弄此等外交权术。日本则最易对付,只需我们一启口,它便不提任何条件,立将孙文驱逐,此非其外交拙劣,即为当局愚钝,兵力虽强,又何足惧!由此可见,以弟区区五尺贱躯,适成为比较世界三大列强的最好准尺,实不胜荣幸之至,一笑。(下略)

据日文本《支那革命实见记》(译自英文函)、参校中译本《中国革命实地见闻录》(何若钧译)

致邓泽如函

(一九〇八年三月七日)

泽如同志仁兄足下:

去腊星加坡同志汇来兄所捐军费一千元,已收。续得精卫、子瑜两君之报告书,备悉兄之热心好义,实深感慰。

弟自攻破镇南关之后,默察广西全局大有可为,月来所图较前极有进步。盖我军苦战八月,未尝少挫,军心坚定,无虑涣散。而各乡人民,视革命军如亲友;不独乡民为然,即各处团练亦多暗附。以军心民心而论,诚可无忧,盖革命军之根本已立矣。

而目前更有千载一时之机会,则以广西边兵多暗约来降也。自军兴以来,虏廷调两广之兵聚于钦州、南宁、龙州三处,兵数虽近六万,而能战者甚鲜。客兵既不习战,巡防各营则久已有心归附。其能任战者,惟陆荣廷部下四千人而已。此四千人者皆百战悍卒,屯驻边防。昔日我军破镇南关之时,陆荣廷倾其部下之众来战,时我军仅数百人,而陆军共四千人,相持七昼夜,我军死者二人,敌兵伤亡数百。其后我军赴钦廉革命军之约,趋往十万大山以相会合,共取南宁;而陆荣廷军遂得借口,以言复关。自经此役之后,无论广西各营兵,闻风胆寒,即陆军亦心折我军之坚劲。而我军中人多有与陆军将士为旧时兄弟,以是之故,我军百端运动,陆军将士逐渐倾心。且虏朝待人无信,当我军攻破镇南关时,虏下令广西巡抚、提督及诸统领,谓:"十日内不能复关,一律斩首;如能克复,当有重赏。"乃我军血战七昼夜后弃关前进,陆军收复,所有前此花红重赏一概不与,以致全军怨望。而陆荣廷诸将尤怨虏之滥刑吝赏,故我军中将士得以乘间而运动奏效。现时陆荣廷部下之兵多来约降,弟许以若每人携枪及子码来降,破龙州、南宁后每人予赏一百元。而各兵则谓来降之时,即求赏三十元,俟破龙州、南宁再领厚赏云云,其所要求亦不为奢。弟料此军来降,则龙州、南宁确可以必破,因现时除此军外实无他军足以任战也。惟来降之初每人给三十元,以四千人计之,为费当在十余万以上。夫费十余万之款,而能兵不血刃以取南宁、龙州为革命军之根据地,可谓难得之机会;无如军饷奇绌,末由立集此数,故弟没意来星加坡一行,即专为此事而来也。现时陆军已有约降之意,则内地一二月内可无须恶战,故弟决抽暇来此一行。倘能得款二十万或十余万,则大事之成已在把握中矣。语云:"为山九仞,功亏一篑。"今革命军苦战八月,始得造成今日之机局,无异九仞之山,所望者南洋同志不吝一篑之劳耳!

　　兄素抱热诚,祈为我筹之。陆弼臣①翁前曾与弟晤谈数次,与语革命之事,弼臣翁极为赞成;惟以须先立根据,乃可从事,故劝弟宜先营矿务等等,厚集资财而后用之。今者革命军转战如是之久,兵力如是之劲,可云根据已立矣,而又有千载一时之机会,如此烦兄晤陆弼臣翁时,可善为说辞,以观其意;倘弼臣翁有赞成之心,祈即电知,弟可来会。此外兄可以为力之处,祈不惮劳瘁,以底大业于成,是所切望。以后如有回音或电报,祈照下开住址②发来为要。此上,专请

义安

弟孙文谨启　西三月七号

据邓泽如编《孙中山先生廿年来手札》(台北文海出版社一九六六年版)影印原函

---

① 陆弼臣,指陆祐,字弼臣,吉隆坡大侨商。
② 所附住址,底本未影印。

致苏汉忠函(译文)

(一九〇八年三月十七日)

汉忠先生台鉴：

敬启者：昨晤 Lianchye①，知先生欲见余一面，余心殊感。此周有暇，请来波利梯路张永福先生之花园，当能相叙也。此请

台安

　　　　　　　　弟孙逸仙上　一九〇八年三月十七日星加坡

据中国国民党中央文化传播委员会党史馆藏一般档案049/161

致林义顺函

(一九〇八年四月上中旬)②

刻河内之电云："摩角、水口两营约十二杀官反，蓝军同起。红及饷三千。乞电。"摩角、水口在广西龙州城附近，蓝军乃在边界之军，刻要花红及饷三千元。望足下即走商各同志，立即设法筹此数救急，免失机。此电为未来之事，今尚须秘密，不能发表。弟今晚当另拟他电登报，高见以为如何？

并有两电，一复河内，一发精卫，着速筹款。望即时代发。

义顺兄鉴

　　　　　　　　　　　　　　　　　中山

据张永福编《南洋与创立民国》(上海中华书局一九三三年版)影印原函

---

① Lianchye，似为李凌溪。
② 原函未署月日。函中言运动广西边防营勇反正，以下两函亦提及，当为钦廉之役，事在当年4月。本函称"约十二杀官反"，该日期似指阴历三月十二日，即阳历4月12日。孙中山接河内之电应在是日以前，而致函林义顺时间则稍后，据此，酌定为上中旬所发。

致邓泽如函

（一九〇八年四月十七日）

泽如同志仁兄鉴：

刻接精卫、应培两同志函，备述足下热心革命，力任筹饷，以济军需，钦佩无极。

现下我西路义师在钦廉连战大胜，声势大张，广西边防营勇之思反正以为义师内应者甚众。今有数营已经定约与我广西别军同时起事，急需花红并月饷万元。精卫来函谓足下处力能筹五千，如此当可克期集事。务望足下早日筹便付来，以便转汇军前，令立行事。若于此时广西能大活动，以为钦廉义师之声援，则西路大局可定，而东路惠潮亦可预备再举矣。云南之局亦有布置，广西得手，则云南之师亦可随之而动。如此则两广、云、贵可期恢复，而革命军之根本固矣。全局关键系于广西边防营勇之响应，而响应之迟速又系于筹款之成否。今得足下力任一臂，事可无忧矣！惟机局之来难得而易失，今诚千载一时之机，若不致迟延错过，则南方基础可定，而破竹之形〔势〕成矣。恳为留意，幸甚。

得款请汇星加坡张永福兄代收便妥。张兄住址列下：

Mr. Teo Eng Hock 105 Beach Road Singapore①

此致，即候

义安不一

各同志统此问好不另。

弟孙文谨启　西四月十七日发

据邓泽如编《孙中山先生廿年来手札》（台北文海出版社一九六六年版）影印原函

---

① 中文意为：新加坡美芝津105号张永福先生。

致挂罗庇朥同盟会员函

（一九〇八年四月二十二日）

庇朥①同盟列位义兄大人均鉴：

邓彬兄来星，带到泽如兄一函，盟表二十张，军费银一千元，俱已收妥。据彬兄等称述，各同志极热心爱国，现已竭力推广势力，以为陆续筹款以助革命军之地步。闻风钦佩，感慰无量，大为汉族前途贺矣！弟此次南来筹款，已得三数埠同志捐集不少，故钦军得有近日之活动，连战大捷，军威为之一振。今又得贵埠及芙蓉各同志赞成，前途更有大望矣！

现时广西边防营勇已约降，而云南之布置又已妥当，可随时发起，所待者款耳。刻下有最急之需而不容缓者，有广西营勇约降之花红及饷需万余元，有云南待举之接济需万余元，有钦军之加补子弹需二万余元，此三宗统计不过五六万元耳。若能立得此数，则两粤、云南三省相连数千里之地可以同时活动，则虏兵虽有百万之众亦必难首尾兼顾矣，况彼虏倾国不过十余万之弱卒耶！广西、云南两省一起，则钦军无后顾之忧，可以长驱进取，而东路惠潮之义师可以再起，福建漳泉可以响应，如是则南七省之局定矣。此时则北军必可起于燕齐，中军必可起于吴楚，此弟数年之计划也。无如财力不充，每不能为所欲为，加以近日用兵钦廉、广西等穷荒之地为时既久，所费过巨，昔时同志已成强弩之末，所以有今日青黄不接之忧，而区区五六万之款亦无从挹注也。今幸得公等之新力，则九刃之功或不致亏于一篑矣。顾今日之得失成败，在于能速得此款否耳！得此款，则吾军之势力可立增十倍；达此目的，则基础可固，乃能持久；一能持久，则军政府可以成立；军政府一成立，便可因粮于内地，借债于外国。此时自可左右逢源，虽数千万、数万万之军饷，国用可以无忧矣。惟当此得失之交，为吾汉族存亡所关，不能不望

---

① 庇朥，指挂罗庇朥（Kuala Pilah），另译瓜剌比朥，今译瓜拉比拉。

公等竭其能力，以任此急需也。

　　公等之力再能担任几何？乞为预示，以备打算。并恳将续集之款早日汇来，以便赶付军前应急，至紧至紧。革命军定章：凡出资助饷者，军政〈府〉成立之后，一年期内四倍偿还，即万元还四万元也，并给以国内各等路矿商业优先利权，及列为为国立功者，与战士勋劳一体表彰。公等为义而起，自不以此为计，然军政府酬庸之典则尔也。公等从此向各地劝励殷商助力，皆可以此为则。若更有大财力者，愿得他种之特别利权，弟亦有权可以允许定约，顺此并及。望公等力任其难，为国立功，是为祷祝。此致，即候义安不一

弟孙文谨启　西四月廿二日

据邓泽如编《孙中山先生廿年来手札》（台北文海出版社一九六六年版）影印原函

复邓泽如函

（一九〇八年四月三十日）

泽如仁兄同志足下：

　　前接复函，诵悉一切。粥臣翁处，弟意欲专托吾兄为我善为说辞，今有致粥臣翁书一封，祈兄拨冗专为此事一行，以热诚感之，以大利许之，或能有效也。最好在说粥臣翁函邀弟来访，更易说话。来书论许以利权各节，诚为有见，弟书先问其欲得何等之利权，俟其回答如何，再为商量。此事总望费神，非异人所能任也。弟不日复遣精卫君来芙蓉，与兄相会，面筹一切。先此奉复。敬候义安

弟孙文谨启　四月一日[①]通三十八号

据邓泽如编《孙中山先生廿年来手札》（台北文海出版社一九六六年版）影印原函

---

① "四月一日"应为阴历，即公历4月30日。

复邓泽如函

(一九〇八年五月十二日)

泽如盟兄大人鉴：

四月五日来示，并则单千元及谭德栋①翁信一函，一概收妥。随复一电，想已达览。兹付上收据两张，并谭翁信一函，祈为代交。

日来我云南军所至皆捷，清兵之归降者已盈四千有余。每日粮食、军火甚巨，必当源源接济，至破云南省城之后乃能自给。现正待济甚急之时，弟前日连有函电询及弼翁肯否助力，未审如何？此翁一诺，则大事成事〔矣〕。方今吾军正在声威大振之时，望足下与心持兄竭力动之，如能成就，则足下等之造于革命军功德实无量也。前所谋加补钦廉军火及招纳广西营勇两事，皆以云南之急，未有余款兼顾，实大滞动机。如款项足以招呼三处同时大活动，则清虏之灭易如反掌矣！望为图之，并祈赐复。此致，即候

大安不一

列位同志统此候好不另。

弟孙文谨启　西五月十二

据邓泽如编《孙中山先生廿年来手札》（台北文海出版社一九六六年版）影印原函

---

① 谭扬，字德栋。

致邓泽如黄心持函

（一九〇八年五月）①

泽如、心持盟兄鉴：

吾党财政之困难，真为十余年来所未有，前各函电已屡述之。自云南义师起后，更急如星火。兹得河内总机关处来函，更知非急得十万之款，则不能进取裕如。今将原函抄来一阅，便知其详矣。

惟此十万大款，将从何得？其能为力者，舍弼翁，实无其人。日来函电相托游说之，俱未获复示，想事未易入手也。惟持之以坚忍，出之以至诚而恳求之，则终未有不动心者。若屡求而屡却，而求者之望仍不失，则终必有应之时也。但前者兄等之竭力以助革命军，实出于热血、出于大义耳；若问革命前途有何把握，则兄等自问，亦茫然也。今有河内来函，读之必瞭而〔若〕观火，从此兄等之出而说人必更有把握矣。既有此详细事实以为运动之资料，弟是以有更望兄等接此信时，再三向弼翁游说，必得承诺而后已也。盖此事所关非小，吾党今日成败得失则在于此，此实为数千年祖国四万万同胞一线生机之所系也，故必欲兄等再三四而图之，必抵于成而后已也。

惟运动之方面必随时而变，先当动之以大义，不成矣必再动之以大利。想此两方法，兄等必已试之而无验；然更有一法，则当动之以情谊。兄等与弼翁相往来有年，交谊自然而深，用此为游说之具，或比二者为尤有力也。惟用此法，必得多人合力，方易成事。于此弟想陆秋杰君必可合力，惟此又必要先得陆君之深信此事之有把握，彼乃肯合力以说他人及自出力以助革命军。弟素闻陆君老诚持重，不轻然诺，若一得彼之诺，彼必言出惟行。今于革命之事，吾知陆君非无其心，惟不详知革命事业之内容。闻日来吾党所传布云南革命军之事，彼亦不大深信，盖以西报不多论其事也。而不知云南

---

① 原函未署日期，现据邓泽如《中国国民党二十年史迹》一书所载标出。

与此地关系甚少,故英报不甚注意。又西报之言中国事者,其新闻多传自北京;今清政府力禁云南之事外传,故西报少知也。自云南起事后北京只传过一电,系西五月五日由北京发往上海者,言清军已复回河口,此后则无言矣。复回河口一事乃滇督虚报,因当时吾党尚未大进兵,故滇督犹可欺蒙也;而北京政府只报胜而不报败,故各国之西报寂然无闻也。惟安南法报《密迹》故多论云南革命军,然英报不译也(大约无法文之译者亦未定)。惟香港《南清早报》(英字报)有特派访员在河内,其五月十二号新闻有访函(五〈月〉九号来函)言云南军事颇详,盛称吾党之文明。河内离河口不过十二点钟火车,电报息息相通,北京五号之电言复回河口,而河内访员五月九号函犹言革命军一面守河口,一面分兵攻蛮耗、蒙自等处(今蛮耗亦已破矣),此访较之北京尤确,而且日子更迟。兹将五月五号北京报收复河口之西字新闻,并五月九号河内访员报香港之新闻二纸寄上,请代呈陆君一看,使彼先信云南之革命军已起,确有其事,不是虚传。然后请将河内来函以彼一观,使彼深知革命军今日之局面,有如此把握,乃可望之协力也。若秋君或弼翁肯任此十万,当酬以云南全省之矿权专利十年也。望如法先说肯秋杰君,然后同彼协力以说弼翁,事当有成也。

祈早示复,幸甚。此致,即候

义安不一

弟孙文谨启

据邓泽如编《孙中山先生廿年来手札》(台北文海出版社一九六六年版)影印原函

致邓泽如等函

(一九〇八年六月九日)

泽如兄暨列位同志公鉴:

寄来二千元,已得收到。云南军事,以人多饷少,不能进步。前月二十四日大胜一仗之后,即行收队,不守铁路、河口等处。此弟前日函电已详言成败之机系乎接济,所以有托兄等力说弼翁之举也。今事已如此,不禁为之痛惜。夫以十万元便能取得云南全省,吾人之力犹不能办,此尚复何言?!今后之计,惟有各埠合力另创善法,先集备大款,然后举事,乃可乘胜趋利;若如已举事后方筹款接济,莫讲筹不得,即使筹得,亦多迟延失机也。所幸云南之事,自破河口至收队入山,一月以来,伤亡极少。河口又于退后三日清兵乃至,元气毫无所伤,大款一得,再举甚易也。惟刻下办善后事宜,尚需款二万元乃可集事。夫当吾军大胜之时,筹款已如此其艰,今事不成则必更难矣。贵埠同志将何以教我?书不尽言。此致,即候

大安不一

弟孙文谨启　西六月九号

据邓泽如编《孙中山先生廿年来手札》(台北文海出版社一九六六年版)影印原函

复邓泽如函

（一九〇八年六月十三日）

泽如先生大鉴：

来书敬悉。赤兄①汇来千元,收到后即照来单所列写回凭据,今早由邮局担保寄去。该件收到,望为示复,有无遗失易于查察。军情详细,具于前函。专此,敬颂

义安

弟孙文谨启　西历六月十三

据邓泽如编《孙中山先生廿年来手札》(台北文海出版社一九六六年版)影印原函

---

① 赤兄,指朱赤霓。

致池亨吉函(译文)

(一九〇八年六月)

关于我们云南革命军起事占领河口的经过,得在某地胡参谋的报告① 如下,嘱为寄上,俾使天下人确知我们的行动。

孙　文

中山先生大鉴:

云南国民军光复河口、蛮浩各等情形,除经电报外,谨详述之。

初国民军之图河口也,潜师于边界者百余人,其散布于车路一带装为苦力者二百人,清军暗约反正投降者日众。顾我军以河口原屯重兵,除警察、汛兵外,则有督办亲带二营,黄元贞管带一营,岑德桂管带一营。黄元贞素通情于我,而督办则顽固老物,岑德桂更懵无知识者也。督办部下熊守备勇而有谋,自愿以身当督办,而以其部从我;相约已二旬,督办得告密者言,颇为备。及黄元贞已有调省之信,督办辞职之文书亦将回复,熊守备、黄元贞二人乃决意速举。有清谍者,侦知法界有我军指挥者数名寓焉,竟诬以劫案,请法吏拘留之(即黎仲实等八人也)。弟闻此事,急催我军首领黄明堂、关仁甫、张德卿速发,遂以廿九晚二时举兵。警察兵闻号即响应,自杀其管带蔡某,而我约束之使勿动,巡视河界如常;盖河口与老街相隔仅一河,惧有扰也。旋攻汛营,汛官某逃而报督办处,黄元贞部下二哨先降,余二哨随黄驻山顶,犹相攻击。既而三腰、那扒各处分驻之兵闻风皆至,战至翼〔翌〕(西三十,中四月初一)早八时,我军暂休憩,九时复猛攻之。是时督办亲督队,力战不却,而黄元贞已降,皆反戈助战。至四时,督办亦使人约降,我军知其顽强,未敢信。因派王槐廷带兵二人并一法人(于河口经商者,偕通事来观战,睹其情,亦知督〈办〉已力竭,故愿与我军人同往),往说之降。既至

---

① 胡参谋指胡汉民,原名衍鸿。此报告于5月8日自河内寄至新加坡。

前，则督办不应。王槐廷起身告行，督办突挥刀斩王，王仆，旋以短枪轰我一兵（法人幸无伤）。熊守备急举枪拟督办，其部下从所指，督办遂伏诛，举督办之营降。岑德桂潜逃匿民舍，其营亦解甲。河口地面遂归于我军光复占领。收各营之枪千余，除身佩之子弹外，另得贮存之子弹七万，河口四炮台亦归我有。于是下令安民，并派兵保护领事、税关洋人，送往法界，居民大悦（法报认我军之举动尚能依于国际法而行，颂扬备至）。一面点收军实，编正队伍；一面论功行赏，商议进兵。

黄元贞既降，则自为书劝铁路上李兰亭及黄茂兰反正。初四①晚，李亲率全营来降，缴枪二百余枝，子弹三万，谷一百担。黄茂兰部下二哨，亦已闻风而来。初三，关仁甫引众四百进攻蛮浩，宁大引偏师上南西河（此为攻蒙自军之偏师，而德兴〔卿〕则正兵也）。黄茂兰亦复书于黄元贞言（黄茂兰所驻较李兰亭为远，李在二十几条基劳，黄在七十八条基劳，故李先至），我军到日，自当率全营投降。初四，关仁甫兵上至南溪，适有胡华甫之营一哨来降，他一哨官王玉珠亦相约响应。我军更前行抵新街，柯积臣（蛮浩管带也）带兵二百人登山放卡，我军攻之。时已入夜，敌军不战而走，投降数十人。初五日，张德卿亲督大队（千五百余人）进行七十八条基劳，收黄茂兰之兵，然后合兵攻蒙自。关仁甫之兵亦拟由蛮浩上个旧，合周文祥之兵（是日闻临安已发动）合攻蒙自。初六日，探卒来报言：白金柱带清兵四营到八寨。八寨离开化城八十里，于是张德卿拟分兵数百袭攻古林菁，以牵白金柱之卒；更侦白之所向，而与大军合攻之。初七日，更挑选精兵二百名，兼程上蒙自助战。此自上月廿九日起占领河口，暨连日进攻，以次克敌收降之大概情形也。

此次德兴〔卿〕、仁甫跃踊用兵，发愤进取；而发难之始，则功在黄明堂。然而黄元贞内应之功实大：反正以后即立作书招降，而李兰亭听信其言，全营来降，以至黄茂兰等亦相率先后而来，皆黄〈元〉贞之力也。

初四日弟得克兄电，知已抵先安，即电告知。旋奉电，令克到即上督滇

---

① 《胡汉民先生文集》第一册中作"初二"。

师。初六晚车克由海防入河内，今晨以早车上老街，往河口督师。弟亦已将河口各将士之才干及进行之近情，备细告知。克兄精神完足，殊无鞍马劳顿之状。濒行谓："云南敌兵若不能为我患，则或取广西之兵自救，宜于其间更谋出一路兵于归顺，以牵制之"云。想克兄亲行督师，士气更当百倍也。德卿濒行谓："此行攻战之事可必克，以我力充而敌势脆弱，又会党相通，其士卒莫为彼虏用命也。"

惟是自河口以上，粮食极贵，每日每人至少须发伙食三毛。现在我兵已三千余人（河口原有之义师三百人，在河口投降者警察、汛营及巡防四营，李兰亭来降一营，黄茂兰来降二哨，胡华甫一哨，王玉珠一哨，其余新街、蛮浩尚有降者），每日用银，粮食一项亦几及千元。收复河口即就地征收义捐，得银三千五百元。惟发难时，杀督办之花红二千元，占山上炮台及哨官首级献者大小花红又二千八百，共花红四千八百（其得河口后来降者即皆不给赏，但发伙食而已）。初二日，弟交甄吉亭带款二千二百元上，次日关仁甫之队行。初四日，弟交黄龙生带款二千二百元上，次日张德卿之队起程。初六晚，吉亭归河内，细述情形，知德卿之队仅持三日之粮，非立加接济，兼办多粮食运送供给，便虑为行军之窒碍。是时铺户之捐已难于为继，而兵起河口占领逾一周，不见外洋大款接济，士心虽固，不为摇动，然若粮食不周，则情见事绌，外恐见笑于邻国，内亦恐降者之裹足。盖降者之来，感于情谊者三，而动于声势者七。由此数日之情势度之，则彼敌望风奔附，而我军无阻，以是而收取全滇也不难。若饷绌之故，使来者闻知，不肯踊跃来附。而由河口进兵，我军得利，正在有越地供给之后援；足食而进兵，则所至所向，能战能攻。河内同志力竭于前，先生所知；弟见吉亭之报告，遂再电星州告危。是日复接河口来电，言降者见粮食困乏，颇有一二不安，弟尤为焦急。旋得星州先生复电，三日有款，略为欣慰。然仍无以济两日内之困急，勉强就商于梁成泰之子梁秋，使由伊捐款三千，而约以无论何时星州款至立即归还。梁秋前日已为我党捐款二千（前信已告知），此番实得其助力。

以弟观云南大局，确有把握。哥老会之纠合，息息相通，如黄元贞之营降，而降者相继，此其验也。周文祥曾破临安，云南最有声名者今亦皆为我国民军,而起转会党而为革命党。凡滇省之兵,前者俱会党,今则不难立变为革命党,而服从于我国民军矣!此云南全局可图者一大端也。蒙自、开化藏枪各数千(藏置为招募新军者),而守兵各不过两三营,合其附近可取救援之兵亦不过各得二千人而止。以我朝起之锐气,攻彼腐败之营兵,且又有会党相通之妙用,一可敌十,何况彼力之尚有不如我者耶!此云南全局可图者二大端也。云南近越边一带,粮食既昂,河口之兵正以饷食不周为倒戈降我之原因。若我有后援,粮食充足,则彼敌降者恐后,盖以彼卒伍常饥之故。此云南全局可图者三大端也。黄明堂、关仁甫为旧日会党首领,张德卿亦著名于广西,今皆聚而为我用,各尽其能。黄元贞新降,极意立功,且熟悉全滇情形。今又有黄克强兄之学识经验,而为统筹。人才众多,此云南全局可图者四大端也。

云南各营之枪系于前年一律换为德国毛瑟者,器械可用,非如钦州集合地方兵团之械参差不伦者可比。现下子弹充足,亦可供数大战之用。惟降者日众,则饷食日增,河内一隅(河内已捐款千余,力已竭矣)焉能仰给?必有大款,方堪接济。若得十万金,分半先为粮食之用,分半预为子弹之补充,则大军所至,势如破竹,攻城略地无后顾之忧。若以现在情形论之,则开化、蒙自在我军掌握,惟两城既得,骤办因粮,必不能给(蒙自等虽非河口之比,然既得大城,则军费浩繁,亦非现在可比。因粮之事必徐设办法而后有功,若朝得城池,夕办因粮,势之难也。故必预筹款项,以为临时之用)。是以不能不先仰外洋之接济,粮食第一,子药之补充次之。(底波洋行私约,如得蒙,伊有洋行在彼,军器亦可以任取。艮行大班私语孖膻养云:"若有占领蒙自消息,请党人告我,我有大好意相酬。"蒙自领事闻我占领河口,即归蒙自语人云:"我素助革命党,或恐党军攻蒙自,他法人有误会,故须归为通情意。"大抵若得蒙自,弟在河内亦可运动,使得种种之裨助。然第一级之工夫则尚未做到,而惟望先生与星坡名埠诸同志之大力相助。)十万不能骤得,亦必筹济五六万之款。法报纸之言曰:"革命军此次乃真有革命之力矣,然何其经济之困乏耶?以数千金,而用数千人,何其神也!"又有:"以革命军之所〈为〉,当无有能御者,吾人何敢量其力之所至;然须就地以筹军用,则岂无外力之大助耶?"(在河口征税,法人亦知之。)盖我革命党之艰难,于平日非外人所得知也。今云南之机局实所谓非常之遇,虽有智慧,不如乘势。况我祖国之沦替于异族人之手已二百余年,今何幸而河口至蒙自之间已归汉人光复占领,开化、蒙自不日底定,全滇在我范围。虏则惊魂丧魄;我同胞当于喜慰之余,转生感喟。而内外有血气者,同心协力,各尽义务,斯岂徒奋力行间者之希望,我同胞实有其责任也!

至如何统筹全局,指示机宜,及延请海内英才以襄各务,提纲挈领是在先生。弟此次一人独任要职,自河口克复以来,笔舌无半时之停,而策应为谋又皆出于一人;拙虑素体孱薄,尤恐弗胜,若幸以喜奋愉快之故,振起精神,尚能勉强从事耳!专此,即请

大安

余事续告,捷音电闻。

弟胡衍鸿

据《支那革命实见记》日文转译(何若钧译);所附胡汉民致孙中山函据同书中文照录,并参校中国国民党中央文化传播委员会党史馆藏一般档案349/7

致张永福函

（一九〇八年七月十三日）

永福我兄鉴:

今日所看之屋,请兄向屋主定实租赁,并着屋主修好水喉各件及问明何时可以入屋。诸多劳谢。此候

晚安

弟高野谨启　七月十三号

据张永福编《南洋与创立民国》(上海中华书局一九三三年版)影印原函

复邓泽如函

(一九〇八年八月一日)

泽如仁兄同志鉴：

前接来电,悉汇银五百元,并麻坡①认银二百元。今日接手书并银则一帧,经收妥。紧急之际,得兄助我一臂,感慰无似！

第所虑者,星坡同志现无可设法,而河内银行日内到期,欠款共五千元之多,虽不能全还,至少亦须还其半数,方足以再求展限；今所筹者尚未足半数,焦急何似！兄书中有云："如蓉埠②各同志再竭力筹得多少,随即汇来。"则尚有一线之望。烦转语蓉埠诸同志,为大局辛苦,设法挪借二千元以济眉急,准于年内筹还。现时仰光埠大势可以筹款,特不能急；若有同志先借出二千元以还急债,而于年内筹还之,想必可办到。祈为注意,至望。此上,即请

公安

弟孙文谨启　八月一号

据邓泽如编《孙中山先生廿年来手札》(台北文海出版社一九六六年版)影印原函

---

① 麻坡(Muar),埠名,今又称马哈腊尼港,当时为英属海峡殖民地马六甲州辖地。
② 蓉埠,指芙蓉。

致林义顺函[①]

（一九〇八年八月十三日）

义顺我兄大鉴：

阅《总汇报》，三□书于八号，依例倘八日不回，则作为败讼，将来便不免名誉赔偿之事，弟甚为忧之。今已期迫，望兄即速对付，盖至过期而坐令彼党占胜，所失极大，且其损害兄实先受之也。兹事请于明日即与状师办妥为要，幸勿再迟。专此，即颂

晚安

弟孙文谨启　八月十三号

据张永福编《南洋与创立民国》（上海中华书局一九三三年版）影印原函

致蓝瑞元[②]函

（一九〇八年八月）

瑞元兄同志足下：

素闻吾兄办事精实，能使团体日有进步，深以为慰。

弟自滇事后，统筹全局，已决议如将来再起，必以一军发于惠、潮、嘉。因思文岛各港[③]为惠、潮、嘉人侨寓之所，且同志日多，将来军起之时，不可

[①] 此函内容，系指新加坡保皇会《南洋总汇报》著文诋毁孙中山为盗，孙拟诉诸法律。此函因此而发。后该报托人向孙道歉，此事才了结。

[②] 蓝瑞元，中国同盟会流石分会会长。

[③] 文岛（Muntok），今又译门托克，荷属东印度邦加岛上一埠名。此处所说的"文岛各港"，指邦加岛各港埠。

无特别保护,故豫刻革命军安民局护照,凡旅居外洋之人,平时藏此护照,及闻兵起,即可将此护照寄回家中,军行所过,有得特别保护之利益。此护照不惟同志可以领收,凡一切人等,不论贫富,如能赞成革命,欲得此护照者,皆可领收;每给一张,取星加坡银二元;如此既可以护平民,又可以济军用。适同志曾连庆君热心游视各埠,弟因给与文凭,交其携带护照多张,命其所到之处,如未有分会者,可全权处理;其已有分会者,则通告会长,由会长量度,可以给发若干张,向曾君收取,存会长处,以便给发,而曾君亦自有权发给。凡发去护照若干,随时报告弟处;收得银若干,随时汇寄张永福君处,住址前已寄上。此举关系甚重,各宜实力施行,保全秘密,以裨益大局也。

流石之事,向由吾兄办理,此事敬以相托。且连庆兄曾言生平办事,极佩服吾兄,深望吾兄与之同行,庶遇事参详,可以得益,弟亦甚以为然。如吾兄能抽暇与连庆兄同行,则至为好事。望自酌度,回信通知,至嘱。此上,即请大安

弟孙文谨启　八月

据中国国民党中央文化传播委员会党史馆藏一般档案049/335

致曾壬龙函[①]

（一九〇八年八月）

壬龙仁兄同志足下:

自滇事后,弟统筹全局,已决议如将来再起,必以一军发于惠、潮、嘉。因思文岛各港为惠、潮、嘉人旅居之地,且同志日多,将来军起之时,不可无特别保护,故预刊革命军安民局护照,凡旅居外洋之人,平时藏此护照,及闻兵起,即可将此护照寄回家中,军行所过,有特别保护之利益。此护

---

① 曾壬龙,同盟会员。此函寄往荷属东印度邦加州首府槟港（Pangkal Pinang）。

照不惟同志可以领收,凡一切人等,不论贫富,如能赞成革命,欲得此护照者,皆可领收,每发一张,取回星坡银二元,如此既可护平民,又可以济军用。适曾连庆君热心游说各埠,弟因给与文凭,交其携带护照多张,命其于所到之处,如未有分会者,可全权办理;其已有分会者,则通告会长,由会长量度,可以发给若干张,向曾君取出。(例如会长处一千张,则向曾君取千张,存放会长处,随时填发,不敷再取,权在会长。而连庆兄亦自有权给发,自为分权办理。)凡发出护照若干,随时报告弟处;收得银若干,随时汇寄张永福君处。此举关系甚重,望各同志和衷共济,秘密实行。我兄为同办大事之人,关于此事,弟承认兄亦有发给护照之权。如要若干张,祈向连庆兄取出;祈与庆武①兄、南昌兄(两君处已有)同心协力,以期普及,至托至托。此候

近安

弟孙文谨启

张永福君住址如下②。(略)收得发给护照之银后,即照此住址汇来便妥。

据中国国民党中央文化传播委员会党史馆藏一般档案 049/233

复蓝瑞元函

(一九〇八年九月十三日)

瑞元兄同志大鉴:

顷得读九月初七手书,藉悉一是。兄之热心公务,所深感也。尊恙如何?至为系念。连庆君邀兄同行,自为其运动所事利便;兄既有恙,自难强行。护照一节,据地〔他〕埠来书,亦云窒碍难行,现时可暂停止不办,俟他

---

① 庆武,指温庆武。
② 所附住址,底本未录。

日党事更大进行时,再议之亦可也。此复,即颂

大安

弟孙文谨启　九月十三日

据中国国民党中央文化传播委员会党史馆藏一般档案049/334

复邓泽如函

（一九〇八年九月二十二日）

泽如我兄同志大鉴：

　　来书已悉。承问西书中有记述满洲入关时代脓血历史者,此等书即英文亦阙如。近有友人方欲专为此等著作,俟其书成,可译以英文及马来文,将来可以奉寄,以饷某君。至前日弟所寄入之原书,即请寄回,因弟处未抄其英文名字也。草草即复,并候

时安

弟孙文谨启

　　寄上比胜、芙蓉收单二纸,迄为交妥。麻坡处已另寄寿山①兄矣。

西九月二十二

据邓泽如编《孙中山先生廿年来手札》（台北文海出版社一九六六年版）影印原函

---

① 寿山,指汤寿山。

复邓泽如函

(一九〇八年十月十日)

泽如我兄同志鉴：

来示已读。名表十纸已收，前函一时遗忘未及之耳。《中兴报》酌议旧股拨归新东、盈亏不与之说，系当时欲求有一人出而以全力担任，故为此奖励之法。随后仅由陆秋露入股三千，故前议并未作实（并请通知各股友，现时股本虽加三千，尚未充足；能量力再添股本，尤为扶助之要务）。现时新旧股东及权利，尚一律平等无异也。专此即复，并请
义安

弟孙文谨启　西十月十号

据邓泽如编《孙中山先生廿年来手札》（台北文海出版社一九六六年版）影印原函

致林义顺函①

(一九〇八年十月十一日)

义顺仁兄鉴：

今朝有数人（革命军人）到此，云心田②今日不交伙食。数人中有病者，有欲回香港者，有欲速往做石山工者，纷纷扰〈抚〉。弟见其情状十分可怜，然亦无可如何，且不堪烦恼。山石〔石山〕之事诚非速办不可，盖一日不安置彼等，则各同志多一日之费，而弟多一日之烦忧。若过数日后尚不能安置，而心田又不给米饭，恐彼等不堪饥饿，必有野蛮之举。数日前已见过一

---

① 河口起义失败后，600多名起义者先后被印度支那法国殖民当局遣送到新加坡。函中所谈，即为讨论如何安置他们。
② 心田，指何心田。

次,有十余人到《中兴报》讨伙食,其势汹汹,殊不雅观。后得慕汉①以好言安慰,并交银心田发给伙食,始得平静数日。今早已有数人来此,自后必日日有人来滋扰,彼等将以施之《中兴报》者(此计或心田教之)对待弟处矣。如此之事,弟实所难堪。足下爱我特厚,想必能听弟之求,而速行设法开设石山之局,以便他等安身,弟实感恩不浅也。特此恳求,不胜愧慊,并望谅之。此致,即候

大安不一

弟孙文谨启　西十月十一日早

据张永福编《南洋与创立民国》(上海中华书局一九三三年版)影印原函

致张永福函

(一九〇八年十月十三日)

永福仁兄鉴:

　　今晚刘辉廷来云:此斑〔班〕人中无一晓做木者,必要另请一木匠同去指点规矩,各人乃能有所取则,否则茫然无所措手足,必难盖成一棚厂也。

　　又云:心田识一人能做木者,未知合用否?如兄知有其人,祈发之同去为妥。

　　又:欲去预备棚厂之人,已不止二十人,或有三十人不定,盖皆欲争先去做工,不欲久住生病也。请问刘几人?望照给车费可也。

　　又:刘欲向兄先支工银多少以买杂物,可否?祈兄酌给之。此致,即候

大安

弟孙文谨启　西十月十三日

据张永福编《南洋与创立民国》(上海中华书局一九三三年版)影印原函

---

① 慕汉,指邓慕韩。

致吴悟叟函

（一九〇八年十月二十日）

悟叟仁兄鉴：

今日由港到有同志二人，一为四川留学法属学生卢伯兰君，一为河内华人帮长杨寿彭君，弟寓床铺不足，故使之暂寓中兴报馆，祈知照司理人招待为荷。

昨闻义顺兄云，中兴报馆近流寓闲杂人甚多；但除关仁甫外，弟一概不知。则关仁甫亦不宜任他久住于中兴报，盖此人近有不听号令之行，恐日久必生是非，望着司理人叫他迁寓他处。其余各人之去留，请兄裁酌可也。

周华今日由石山出来，云地址已整好，求足下速打发一工匠去盖厂。周今日访足下数次未寓〔遇〕。周又要多买些杂物，及多叫十人同去帮工云云。此致。

弟文启　十月二十号

据张永福编《南洋与创立民国》（上海中华书局一九三三年版）影印原函

致林义顺函

（一九〇八年秋）①

义顺仁兄鉴：

昨日托代买电光灯两枝，一吊灯，一台灯；今不要台灯。如今日有便去买，通买两枝吊灯乃合。此致，即候

---

① 原函未署年月，今据《〈总理全集〉补遗初辑》（二）转录林义顺所注时间。

大安不一

弟文谨启　六号

据张永福编《南洋与创立民国》（上海中华书局一九三三年版）影印原函

复邓泽如等函

（一九〇八年十一月三日）

泽如、心持、赤霓我兄同志大鉴：

弟等于昨日由吉隆坡来巴罗①，以下午五点半钟到埠。在吉隆坡已收到芙蓉转来之信，乞勿介念。该要件弟已与陆秋杰兄面商，秋杰兄亦极赞成，以为欲大事之易举，非此不办；即关于许与外人之利益，渠亦无甚疑义。惟预出数千款项一节，则彼自云现在窘乡，经济之困难有非外人所喻者。其各伢之饷无所出，已将物业押于王家，而月付九厘息；又其花园亦以支持为难，已拟出租。故此事为彼心意所极赞成，而彼力量则有所不副云云。在吉隆坡，人亦颇有知秋杰窘状者，其所言当非藉词推诿。故此事尚不能得良好之结果于吉隆坡。闻心持兄日间亲至吉隆，弟亦与秋杰道及，或心持兄别有良法以处，此只可俟与他埠同志再商之，或有一当耳。

现时弟经行之埠，以诸君子之勇毅，芙蓉新气自不待言。吉隆坡虽亦有热心之人，而团体散漫，弟已与各同志谋其改良扩充，以求其进步。至巴罗则远胜吉隆，其进步殊速，论其精神尚可并驾于芙蓉也。

匆匆先白，余事续陈。即颂

公安

弟孙文谨启　西十一月三日

据邓泽如编《孙中山先生廿年来手札》（台北文海出版社一九六六年版）影印原函

---

① 巴罗，即壩罗（Ipoh），又译怡保，当时是英属马来联邦吡叻（又译霹雳）州首府。

致邓泽如函

(一九〇八年十一月四日)

泽如我兄同志大鉴：

弟等抵巴罗后，曾将在吉隆坡时情形函告，想已阅悉矣。巴罗小驻三夜，即往庇能。昨日下午五点钟到埠，在此处拟驻三日，即回星洲也。

在巴罗时，接星洲来函云：曾发电至芙蓉，托心持兄转交。此电今未递到，惟函内已详言之。续又得星洲来电，言河内收藏军火之事，洋行须立交一千五百元，即速电汇云云。电内并言已电芙蓉心持兄转交。想心持兄处连得二电，必已辗转寄来，故今未得收到也。该千五百元之件，弟已与螺生、源水①兄等熟商，并告以收藏军火之紧要，螺生兄等已慨允担任，日内如筹得即行电汇。故与法人商借一千万之件，虽与螺生兄等商量，但只询其意见，并未嘱其担任盘费。因螺生兄等景况非裕，既竭蹶以应千五百元之急需，势难再有余力，以顾他事也。容与庇能同志谋之，成否再复。

后日精卫、隆生搭船赴仰光。弟与汉民亦拟后日搭船回星加坡也。余事续陈。专此，敬请
大安

弟孙文谨启　戊申十月十一日

据邓泽如编《孙中山先生廿年来手札》(台北文海出版社一九六六年版)影印原函

致邓泽如等函

(一九〇八年十一月十日)

泽如、心持、赤霓三兄公鉴：

在庇能曾将到壩罗情形，略告一切，想已入览。

---

① 螺生、源水，分别指郑螺生、李源水。

庇能同志亦甚热心,惟运动联络之人不及芙蓉、壩罗。弟因另派定主持各人为推广团体事,将来可企发达。至于捐款之件,则吴势〔世〕荣、黄金庆二君皆以生意十分支绌,无力担任,自是实情(其经济困难之状,弟等所目睹)。适得暹罗同志书,招往彼埠,又星洲同志陈君武烈亦适往暹罗(陈于暹罗极有势力),大约此件须于暹图之。因该埠生意无何等之牵动,热心而有实力者不乏其人,数千之项筹措可得,亦在意中。弟于星洲尚有事未了(如与《总汇报》涉讼等事),将令汉民兄先往,兼挈带尊处所已筹得之款而行。一因在暹罗一筹足数,即可同汇越南,免于周折;二因既有得半之数,则对于彼方同志可示信,而愈坚其心也。故专函奉白,望兄等见信,即将惠诺之项速汇来星,俾汉民得以即发到暹,速成其事,不胜感幸。

〈精卫、龙生已于〉八号由庇能往仰光。闻该处会党私斗颇烈,惟粤人皆渴望精卫到彼,想运动自是易事。知关廑注,附及。专此,即请

公安

并祈复示。

弟孙文谨启　西十一月十号

据邓泽如编《孙中山先生廿年来手札》(台北文海出版社一九六六年版)影印原函

复邓泽如等函

(一九〇八年十一月二十日)

泽如、心持、赤霓三兄公鉴:

复书已读。前议之件,蒙兄等坚持力任,勉为其难,必践所得,佩甚!感甚!

虏主子母①相继死亡,人心必大动,时局可为;惜财力不足赴之于目前,

---

① 虏主子母,指光绪帝和慈禧太后。

想人等亦为扼腕而叹。弟现欲急于从事,适得暹罗消息,知机会甚佳,遂定于今午四点偕汉民兄弟往暹(闻徐勤以递解出境往暹,惟想彼逋逃之余,陈景华已足对待之,不足摇惑人心也),想必得一当。到暹款事如何,当以电告。如有与弟之要信,可寄暹罗《华暹新报》陈景华转交于弟。至关于团体通常之事,则弟留同志邓慕韩在星,亦能料理。

日昨以保党联高全领事邀人罢工志哀房帝,而吾党则反对之。上午何心田开店,遽被烂人无数扰乱,并投石伤其妻女,警察捕去多人。然华文〔民〕为保党所惑,辅政司又以吾人势力大、党徒多,以为有心挑拨感情,转为地方妨害,乃要弟弹压所部,使无有举动。弟辞以在坡人众,口说为劳,惟有出训示告之。警察长亦唯唯认可。今日已着人印刷多张,公然宣布(张永福兄亦被知为吾党任事之人,辅政司兼责成之,而弟适要动身往暹,故使永福兄用其名义印布),亦一奇事。想保党及满奴见之,转为骇然。英政府既认弟为有在星管束团体之力,则吾人势力多有可借此而谋扩充者。弟行匆匆,未及发挥,要可将来利用耳。附及。顺叩

义安

弟孙文谨启　十一月二十号

China Siamese News

   35 Birth Day Bridge New Road

     Bangkok

       Siam①

上为《华暹报》地址,电码号到另达。

据邓泽如编《孙中山先生廿年来手札》(台北文海出版社一九六六年版)影印原函

---

① 中文意为:暹罗槟角生日桥新街35号《华暹日报》。槟角当时又译盘網咯,今译曼谷。

致符树兰等函[①]

（一九〇八年十二月十五日）

树兰、琼南、瑞和、格兰我兄及海南各位同志公鉴：

弟于昨午已安抵星洲，勿念。

内地各省因虏家母子俱死，人心动摇，各处同志争欲举事，各派专员来星，听候进止。弟以时机虽好，而财力未充，仍嘱稍为缓候，以俟同时大举，弟思人心如此，前途大有可望。至琼州[②]形势，最有可为，而又得诸兄伟力合持，为本地方之领袖，将来粤省他〔地〕方大动，琼州为之后援，则尤为事半功倍。兹弟以各省同志踊跃如此，不得不急为经济之大运动，拟俟星洲事务稍理，即往法国，由欧而美。法国之件，已略有端倪，可以就商，须得亲往与开谈判；如未得手，则转往美洲各埠，定有大成。然欧美之行，必有运动之经费，所事既不容缓，则请兄等速将所筹备之项（此项经费，弟行后以兄等之提倡，当多所推广增益）汇至星坡，俾弟速以成行。大款既早日可筹，即早有以慰各省人心之渴望，此今日之首务也。

其次，一面联成海南同志，扩充团体，亦是要务。使斧军[③]兄行事，而兄等为鼓吹诱掖之人。团体既大，则将来行事益易矣。专此，即请
公安

　　　　　　　　　　　　　　弟孙文谨启　　西十二月十五

汇银到星，现改地址、人名如别纸所录，此较旧开之地址为更妥也。

现时一月内外，俱可用（1）号地址通信；汇银银单当照第（2）号写；通电则仍照旧用（3）号。

再如在暹罗欲秘密不使人知，则汇银可由查打银行，则不识弟名。如不

---

① 此函寄往槟榔，受信人均为海南籍同盟会员。
② 琼州，指海南岛。
③ 斧军，指王斧，别号斧军。

须在暹十分秘密,则上海银行、法银行皆可。

(1) Chung San

111 Orchard Road

　　Singapore

(2) Chung San or bearer

(3) Enghock Singapore

据中国国民党中央文化传播委员会党史馆藏一般档案049/360

致邓泽如函

（一九〇八年十二月十九日）

泽如仁兄同志大鉴：

弟在暹得收兄寄款后,当有书报告一切。弟偕汉民以十四号归星加坡,连日冗忙,故未暇修柬。该件谈判在进行中,效果尚未能决定。

各省同志因庞家子母之死,各派专员来星洲,以取进止。弟以机局固佳,然吾人财力未充,此次当为大举,为一劳永逸之计,吾人仍要养足实力以待之。且此时海内人心已大动摇,惟彼庞亦自张皇戒备,倘稍迟半载,则吾人蓄锐方周,而彼庞戒严已懈,益易图也。

《中兴报》可望支持过年,然来岁则拟为扩充股份之办法。因今年资本不足,屡次临渴掘井,故报务甚为支绌；非得资本较充,不能从事于改良进步。今年文章议论颇惬人心,而经理则多不善,扩充之举想兄亦必赞成,俟订好规则,再为寄上。专此,即请

大安

弟孙文谨启　西十二月十九号

据邓泽如编《孙中山先生廿年来手札》(台北文海出版社一九六六年版)影印原函

复庄银安函[①]

（一九〇九年一月五日）

吉甫我兄同志大鉴：

　　精卫兄归星，得读手示，祗悉；并收到会底半额，银四百盾及公费银二百盾矣。久闻贵处团体已达五百人之数，循此进步，前途不量也！关于吾党之事，尚望时以手教报知。

　　专此作复，余事由精卫函详述。祗颂

义安

弟孙文谨启　西正月五日

据张永福编《南洋与创立民国》（上海中华书局一九三三年版）影印原函

致沈文光函（译文）

（一九〇九年一月九日）

沈文光阁下：

　　谨向阁下介绍参加潮州之役的任先生与陈先生[②]，此外，尚有其他人士前来星加坡，听取余的意见。余已经告诉他们，等待其他各处完成准备，然后可以全体同时开始。因为阁下将来有意前往领导潮州人士，这些人士可作为阁下办理征召工作的最佳人选，同时阁下可向他们查询当地的一切情形。

孙逸仙　一月九日

据秦孝仪主编《国父全集》第四册（台北近代中国出版社一九八九年版），参校中国国民党中央文化传播委员会党史馆藏一般档案049/272

---

① 庄银安，字吉甫，中国同盟会缅甸分会会长。该会成立于上年4月。
② 任、陈二君，原文为Jim, Tan，据潮州话音译，原姓名待考。

复王斧①函

（一九〇九年三月二日）

斧兄足下：

二月初四来函，已得收读。保党又在暹组织商会，吁！彼党做事何其勇，而吾辈何其怯耶！日前各同志所认之款，弟预为指定为办某事之用，到时函电数催，皆不见答，而事已为延误。弟回此以来，百务交逼，星洲同志财力俱穷，遂致弟坐困重围。此犹未已，乃日来忽遭横祸，敌党诬陷吾党由越送来之战士为劫盗，前日警吏竟到吾人所开之石山拿去廿一人。而战士之避难于此者四百余人，尚有百余无处安身。今辩护之费、安置余人谋生活之费，在在需钱，刻不容缓，望足下代向前时认款之同志切实问明，能否践约，速决一言，免弟悬望也。

弟现实处于得失之交点，倘日内能解决经济问题，得以妥办各事，早日成行，为欧美之经济大计划，弟所谋一通，则全局活动。倘以后亦仍如近月之情势，则恐诸事误失，机不再来，则吾党之前途真有不堪设想之悲态也！幸为向同志力言之。若彼等不欲扶植吾党之势力则已，否则此时为得失进退之秋，必不能稍容一刻之坐视也。西二月廿四打一电去佛公②告急，请救困厄，乃为暹罗电局阻拦不交，真属贻误不浅矣。

汉民已于西二月廿四号往仰光，弟则欲行而不得，真有日坐愁城之慨也。不尽欲言。此致，并候

列位同志近安

弟孙文谨启　西三月二号

据中国国民党中央文化传播委员会党史馆藏一般档案 049/175

---

① 王斧，中国同盟会暹罗分会负责人，《华暹日报》主笔。
② 佛公，指萧佛成。

致宫崎寅藏函

(一九〇九年三月二日)

滔天先生足下：

久未通问，梦想为劳。比接克强兄来书，述足下近况穷困非常，然而警吏欲贿足下，足下反迎头痛击之。克兄谓足下为血性男子，固穷不滥，廉节可风，要弟作书慰谢。弟素知此种行为，固是足下天性，无足为异；然足下为他人国事，坚贞自操，艰苦备尝如此，吾人自问，惭愧何如！弟以此事宣之同志，人人皆为感激奋励。则此足下天性流露之微，已有造于吾人多矣，弟安能已于言佩谢耶！

自与足下握别之后，事变万端，革命军曾于防城、南关、河口三举，皆未能一达目的，无非财力之不逮，布置之未周。故自河口以后，已决不再为轻举，欲暂养回元气，方图再发。乃自虏丧帝后之后，各省人心为之一变，无不跃跃欲动，几有不可终日之势。惟遇吾人财力极乏，不能乘时而起，殊为可惜！

弟近接欧洲一名商来信，云经济计划有机可图，问弟何时可到欧洲商议其事，此言想非欺我。弟本欲早日就道，苦以旅费无着，难以成行，刻已四向张罗，日间或望有一路得手。倘弟欧洲之经济计划可通，则其他问题可以迎刃而解，而吾人穷苦一生之愿力亦有日能酬矣。此想足下所乐闻，弟敢预为告慰也。此致，即候
大安

弟孙文谨启　三月二日

据中国社会科学院近代史研究所藏原函影印件

致庄银安函

（一九〇九年三月五日）

吉甫仁兄鉴：

兹有日本人同志岛让次君，去年与小室君受干崖土司刀公①之聘，为之理各务。今由干崖来星，再由星返干。其人尚未入同盟，今欲由弟处联盟。弟思彼既在云办事，则当与公等相识，彼此可一气照应，故特介绍前来，请收之入盟可也。其宗旨之解释，可请汉民兄或日本留学诸兄为之皆可。此致，即候

大安

弟孙文谨启　西三月五日

据张永福编《南洋与创立民国》（上海中华书局一九三三年版）影印原函

复庄银安函

（一九〇九年三月八日）

吉甫仁兄大鉴：

花月初六日并押初七日两函，已经收到。汉民兄想已到抵多日，当有一翻鼓振矣。来信云会底金不能改章，此事可与汉民详商，通融办理就是。

振天声②初到南洋，为保党造谣，欲破坏。故到吉隆之日，则有意到庇宁，演后就近来贵埠。乃到芙蓉埠之后，同志大为欢迎，其所演之戏本亦为

---

① 小室，指小室友次郎。刀公，指刀安仁。
② 振天声，指广州粤剧团，上年曾到新加坡演出，演员职工集体加入同盟会。

见所未见。故各埠从此争相欢迎,留演至今,尚在太平、霹雳各处开台,仍未到庇宁。到庇宁之后,则必出星加坡,以应振武善社延请之期。现闻西贡亦欲请往。故该班虽不到贵埠,亦可略达目的矣。顺此通告,俾知吾党同人所在无往不利,可为之浮一大白也。此致,即候
大安

弟孙文谨启　三月八日

据张永福编《南洋与创立民国》(上海中华书局一九三三年版)影印原函

致何香凝函(译文)

(一九○九年三月九日)

亲爱的何香凝女士:

在前去欧洲和美国之前,我急需资金来解决香港和新加坡的一些问题。因为巴黎和纽约的大商人已经多次催促我,我想迟早动身。我认为在彼处的筹款计划不日将竟成。但是我想当我在曼谷时,你和其他答应给我捐款的人尽快把款项寄来,这是开展事业必要条件。时间宝贵,请勿耽搁。如果浪费时间,将一事无成。

一周前我曾急电 Hoad Sang 应立即行动,但是目前还未知他是否已采取行动。如果他仍未有举动,我希望你召集海南的朋友,告知我目前的紧急状况,尽其所能地展开行动,因为任何一笔款项都可在某种程度上解决目前的窘境。希望你立即给曼谷、新加坡发电报。

先谢谢你了。

孙逸仙
新加坡　一九○九年三月九日

据张金超《孙中山致何香凝函》,载《广东社会科学》二○○八年第二期

致邓泽如等函

（一九〇九年三月十七日）

泽如、心持、赤霓我兄大鉴：

弟定于十九号离星往欧洲一游，此行以财政、外交为两大注意问题。英、法、荷等国各种外交，俱必于彼祖国政府运动，方能得力。至于财政问题，即前日借款要件，前途催往共商，为日已久，不能复缓也。

弟行后，仍望公等以热力鼓吹同志，增进团体，为一日千里之象。南洋支部，弟托诸汉民君经理，各事均可如常通知商办。近旬日内汉民有要事暂往香港，想未几即能返星；或伊有未暇兼顾之时，嘱托人代理，亦属汉民君之权责。为此专告。即颂

公安

弟孙文谨启

另有一书致谭乐亭，乞为转交，并嘱小心加慎为荷。

三月十七日

据邓泽如编《孙中山先生廿年来手札》（台北文海出版社一九六六年版）影印原函

致张永福陈楚楠函

（一九〇九年三月二十五日）

永福、楚楠两兄大鉴：

敬启者，各埠股东皆望《中兴报》早日注册，成立有限公司，从新改良一切。其如何办法，各人皆愿由两兄全权办理。请为从速施行，以慰各同志之

望可也。此致,即请

大安不一

弟孙文谨启　西三月廿五号

据张永福编《南洋与创立民国》(上海中华书局一九三三年版)影印原函

致张永福函

（一九〇九年四月六日）

永福仁兄大鉴：

　　弟久欲早日离星,免至坐困,乃以旅费无着,未能成行。近接暹罗来信云：前认之款,日内当竭力筹交。而仰光又有信云：该地积有公款千余盾可以调用,今更向同志再集,集就当并交汉民兄带回等语。有此两地之预约款,弟行期有日矣。但兄亦拟日间往游日本,则在此地相见之日无多。弟有多事欲谈,并今日有特别紧急事件,请兄即日赐驾来此一叙,幸甚。此致,即候

大安

弟孙文谨启　四月六号早发

据张永福编《南洋与创立民国》(上海中华书局一九三三年版)影印原函

致邓泽如函

（一九〇九年四月六日）

泽如仁兄鉴：

　　《中兴报》前由弟代请汤伯令君来坡,办理改良备务。乃伯令君到坡

后,因意见与永福君不合,致小有冲突,伯令遂决然辞去,而永〈福〉亦有推却一切责任之事。惟《中兴报》于大局甚为有关,不能不竭力维持。弟今再代请本坡林义顺君出来司理一切,而吴悟叟副之,日内已开办注册事务。惟各地所认之股多未交来,而《中兴报》前日用了后日钱,前贵处寄到之千元为债务及日需已用尽,今又告急矣!各埠散股,非待注妥册成为有限公司,当出股票,未易收也。未知贵处能否再将其余股分千元速行寄来,以应燃眉之急?《中兴报》若能过了此次之关头,便可无忧矣。盖注册后拟即制就股票四千张,前已有股者即行发给,此次认股者亦给股票收银,所余者即托各同志散买,如此则股本可立集矣。而目下之急,望贵处先行设法维持,幸甚。

又弟久欲速往欧洲决夺重要问题,以暹罗所承任之旅费尚未寄到,故不能成行。其所以迟迟之故,只因一领袖同志以米较生意不前,几有破产之忧,故牵动一切。日前此款几使弟失望,故着汉民向仰光同志筹之。前礼拜再得暹罗来函云,日内当竭力筹交。文得仰光来信云,该处已有公款千余盾,可以随时拨用。今另向同志加筹,筹就一并交汉民带来。有此两路之预约款,则欧洲之行或不致久延,而误绝大之机会也。惟现在本坡百务交迫,各同志皆陷于穷境,多有自顾不暇之势,故弟处已绝粮矣。而办事要人,尚有十余人在此相依。而日内又有安徽省与熊成基起事之同志、炮队营管带洪承典等来星,皆不能不招呼。故暹、仰二款未到之前,尚须三百元乃足支月内之用,此又不得不恳足下等供给一月之费,以待接济之至也。

以上二事,皆属紧急,而以弟之日给为尤甚。公等如能两事并办最佳,否则请从速筹三百元汇来,以解在陈之困。可直汇至弟处,单写"Chung San or bearer",即随人可收,乃便捷也。汇单信可担保寄如下之地:

  Mr. Chung San

   111 Orchard Road

    Singapore

此处地步〔址〕可用至西四月尾,过此月则勿用,特此声明。

又，中兴股银，可直汇《中兴报》名义收。惟汇单亦宜寄此处，以便弟亲自交托一切。

前因劫案及尤列事，被拿去石山工人同志廿一人，日来弟出头与华民① 交涉，或可望省释也。安南送来之人极杂，非尽属革命军人，亦有极坏者在其中，破坏人家治安之事所不能免，今惟设法别其良莠耳。此致，即候
大安

弟孙文谨启　四月六号

据邓泽如编《孙中山先生廿年来手札》（台北文海出版社一九六六年版）影印原函

致暹罗同盟会员函

（一九○九年四月七日）

同志公鉴：

前闻关仁甫来贵埠，已发一函，详言其人之劣迹及在军队失机误事等情；后关不来，闻六遽②兄未将此信宣布，以存忠厚。今关又闻至暹。此人自出安南之后，在星坡、香港等处皆闻有破坏人国治安之事。在星尚有彼同类五六人，日以行劫为事，致累及他之无辜同志廿一人，现尚系狱待审，后来结果未知如何。弟今不得已，只得向本坡政府交涉，指出真犯，求彼省释无辜。昨晚已拿得一真行劫之人，其假而被疑之同志或有释放之日矣。

此类不安分之人，其最著名者为关仁甫、何海荣、杨冠英、陈三等人，率其手下五六人，串合本处之匪徒，日与劫相为生。自彼等到坡以后，则劫案频闻；关回香港之后，港地亦复如是。今彼来暹，想是香港声气紧，立

---

① 华民，指英国殖民当局华民护卫司。
② 六遽，指陈景华，字陆遽。

脚不住,故逃来暹也。吾恐彼到不日,亦有串合本地匪徒以行不法之事,故当拒绝其人;否则他日彼做出不法之事,必有累及公等,及有辱吾党之名也。此等广西败类素在穷乡僻壤,一出外埠,见市上之繁华富庶,则欲念顿炽,爱财忘命,无所不至。此等之徒与广府捞家大有分别:广府捞家平日靠收行水,而出外亦有人为之代收付出,故在外常多安分;而广西捞家既无此可靠,又不务正业,故贼性到处不改也。自彼等到星,吾党前程,几为之累,幸早设法分别良莠,今此间政府亦略明白,将来或可尽释嫌疑也。关既到暹,不日在星企不住之徒亦必逃暹归之,彼党羽既众,将亦无恶不作,故不止要拒绝之,更当设法防之。如知彼等有不法之实据,宜指证拿之,以警其余,庶全体或不致为彼所累,否则其害有不胜言也!望为留意。此致,即候

大安不一

弟孙文谨启　四月七号

据中国国民党中央文化传播委员会党史馆藏一般档案 049/177

致曾壬龙函

(一九〇九年四月上中旬)①

壬龙我兄同志大鉴:

兹为维持《中兴报》计,加报股本一万二千元,每股五元。由星加坡同志担任三分之二〔一〕;其余八千,须望外埠同志协力。特派罗节军前来劝招,其详情已具招股节略内。此于南洋吾党前途关系至大,不待赘言,望我兄提倡,与各同志勖力。认股有成,即由兄与庆武兄举人集收汇出。

---

① 原函未署具体时间。新加坡《中兴报》自4月初开始向外埠扩大招股,而本函似较后文4月27日致曾壬龙函中提及的4月19日函稍前,故酌定为上中旬。

专此,即请

教安

弟孙文谨启

据黄季陆主编《总理全集》下册(成都近芬书屋一九四四年版)

复邓泽如函

(一九〇九年四月十二日)

泽如仁兄鉴:

　　来函并盟书廿一张、汇票一纸,已即着入收妥矣。

　　南洋近况如此,真为大事进行之大阻滞也。幸尚有热血如兄者,否则吾等不免有坐困此地之虞矣。

　　底号并此付上,祈为照授是荷。此请

大安

弟孙文谨启　四月十二号

据邓泽如编《孙中山先生廿年来手札》(台北文海出版社一九六六年版)影印原函

致庄银安等函

(一九〇九年四月二十日)

吉甫仁兄并列位同志公鉴:

　　应培①兄到星,得悉贵埠人心近日愈有进步,且定立自治章程,以维持

---

① 应培,指吴应培。

团体于久远；洵为法良意美，深为喜慰。

弟以刻下人心、机局皆有可图，而吾人不能乘时而起者，只以财政难题无从解决，故每每坐失时机，殊堪痛惜！此方暂时既无法可设，弟不能不思图远举，欲往运动于欧美之大资本家；乃以经费无着，故汉民兄来仰时特以此奉商。今蒙以贵埠之优先捐拨为此用，何快如之！弟今以速行，望公等即行收集交汉民兄速带来星，以得早日起程。他日大事有成，皆公等之力也。此候

义安不一

弟孙文启　西历一九〇九年四月二十日

据张永福编《南洋与创立民国》（上海中华书局一九三三年版）

致曾壬龙函

（一九〇九年四月二十七日）

壬龙仁兄鉴：

四月十九号曾致一书，但未合船期，想亦与此书齐到也。前函云：筹得款电汇加剌巴，由加剌〈巴〉电汇新加坡；后闻有人说文岛与巴城亦无银行可通电汇，只由信馆可汇小款，大款恐有不便，反为延滞云云，未知是否？果如此，则筹得款后不如仍由人带出新加坡，更为妥速矣。昨日甲元①兄已着人带到五千余盾，今日即电汇前途应急。如能陆续源源接济，则军事必能一跃千丈也。此致，即候

筹安不一

弟孙文谨启　四月二十七号

曾壬龙先生收启

---

① 甲元，指黄甲元。

Mr. Tjen Ngim Lioeng
Pangkalpinang
Banka
Teo Eng Hock
105 Beach Road
Singapore

据中国国民党中央文化传播委员会党史馆藏一般档案 049/192

致邓泽如函

（一九〇九年五月十二日）

泽如仁兄鉴：

盟据十八及邮票五十元俱收。汉民兄昨日已搭船回港，弟亦拟十九号启程。日前在本坡被拘之十九人已释放，于前日搭船往暹罗矣。

《中兴报》闻注册事已经妥当，日内可发给有限公司股票云。现吴悟叟经理较前差好，亦略可称意。南洋大局，望兄等及各同志维持励进为幸。此候大安不一

弟孙文谨启　西五月十二号

据邓泽如编《孙中山先生廿年来手札》（台北文海出版社一九六六年版）影印原函

复邓泽如函

（一九〇九年五月十八日）

泽如我兄大鉴：

示悉。兹如命书就一函，请代交戟门①兄为荷。

弟以明日起程，南洋大局深望公等维持扩张。《中兴报》注册成立有限公司，已办妥。刻制印股票，日内制妥，当再遣人往各埠交给，并催收未交之股及发买余股。如有人到，望为赞助一切，幸甚。此致，即候

大安不一

弟孙文谨启

各同志统此问好不另。

西五月十八号

据邓泽如编《孙中山先生廿年来手札》（台北文海出版社一九六六年版）影印原函

复吴稚晖函②

（一九〇九年六月二十四日）

稚晖先生足下：

来示读悉。以旅次无着，故未即行奉复。别后事故，千绪万端，非笔墨所能罄，当俟迟日到伦敦面谈一切。尊夫人等此时想已安抵英京矣，从马赛港张兄曾托令郎带上一函，当已达览。便请将在留英国各同志详情相示

---

① 戟门，指朱戟门。
② 孙中山于是月20日抵法国。吴稚晖此时为巴黎《新世纪》周刊主办人之一，于是年加入同盟会。此函发自巴黎，寄往伦敦。

为望。

　　故人 Mulkern① 君亦数年未有通信,未知迩来先生有与会面否？彼仍在伦敦否？并近况如何？亦望示知。此致,即候
大安不一

弟孙文谨启　六月廿四日

　　再：弟现在秘密行动中,无论中西各友如已知弟到欧者,务望转致请为勿扬,并切不可使报馆知之为要。

据胡汉民编《总理全集》第四集(上海民智书局一九三〇年版)影印原函

复王鸿猷函②

（一九〇九年七月上中旬）③

子匡我兄鉴：

　　六月廿五日来函,已接读多日,以此间诸事尚未得要领,无从见复。曹亚伯兄向兄等所议集款,为美国行资,此事现尚未甚急,待弟到贵处议之,犹未迟也。弟今次到欧,有数事与兄等筹议,故有同志多人所在之地,皆欲一到,亲见各同志面谈一切也。此致,即候
大安不一

　　各同志统此候好。贺、史④二函亦收,统此致意不另。

弟孙文谨启
据中国国家博物馆藏原函

---

① Mulkern：摩根。
② 王鸿猷,字子匡,同盟会员。此函寄往布鲁塞尔。
③ 原函未署时间。函中称"六月廿五来函,已接读多日",又称"待弟到贵处议之,犹未迟也",而7月17日复王子匡函中称计划去比利时未果。今据以酌定日期。
④ 贺、史,分别指贺之才、史青。

复王鸿猷函

(一九〇九年七月十七日)

子匡我兄鉴：

示悉。弟初拟七月十九号来比，但是日尚约会一重要政家，故当改期廿一号乃来，已照函达丹池矣。余待面谈。此致，即候

大安不一

弟文谨启　七月十七号

据中国国家博物馆藏原函

致吴稚晖函①

(一九〇九年八月二日)

稚晖先生足下：

巴黎事机颇有可望，惟非立刻可以成功，必待暑令后各富者回城，搭路人一一见之，然后乃能实复。地步已至此级，弟毋须再留巴黎等候，已于礼拜六日来比京，同志八九人相见甚欢。弟大约于此礼拜之内，可以来伦敦相晤也。闻曹君亚伯已经迁寓，惟未得其新地址，故托一函先生转交。此致，即候

大安

府上各位统此问好。

弟孙文谨启　八月二号

据胡汉民编《总理全集》第四集(上海民智书局一九三〇年版)影印原函

---

① 孙中山于7月抵比利时，此函发自布鲁塞尔，寄往伦敦。

致吴稚晖函

（一九○九年八月六日）①

稚晖先生大鉴：

弟定期明午由比京来伦敦，明晚（即七号晚）十时可到 Charing Cross② 车站。八号午后，当来贵寓详谈。如八号或有阻不能到，九号午后必到。此两日之午后务请先生留寓一待也。弟住伦敦想不过四五日，有船便往美矣。然到伦敦后乃与他方通电，或有意外之逢，则非此时所能知；如有此，则或暂留亦未可定。

余俟面谈。此致，即候

大安不一

弟孙文谨启　六号发

据胡汉民编《总理全集》第四集（上海民智书局一九三○年版）影印原函

致王鸿猷函③

（一九○九年十月八日）

子匡我兄鉴：

得读致蘅兄④函片，敬悉一切。

柏林王亮畴博士宠惠处，弟今午已写信去，请他出名担任报事，想彼必

---

① 原函未署月份，但孙中山乃于8月7日抵伦敦，并参照上函内容，可知为8月所发。
② 当时人译为"卡令克乐司"，伦敦广场名。
③ 此函发自伦敦。
④ 蘅兄，指石瑛，字蘅青。

乐成其事也。彼于本月杪当往巴黎。此事如何办法，从何集资，请兄可直接与亮畴兄商量也。彼若肯出名，吾党各同志可各就其地运动，请公使助资；公使肯出资，将来必肯代为介绍行销内地，如此销场一广，则运展可灵。此报将来可作交通内地有心人之机关，又可作联络欧洲学界之枢纽。其言论表面当主平和，以不触满政府之忌，而暗中曲折，引人入革命之思想。蘜兄主于报外另印单张，专言激烈之事以动人；别出他名，按照看报者之地址以分寄。此亦甚为可行。今日已与蘜兄商酌，可名曰《学报》，中可言科学、政理及欧洲时事（此门便可多引革命之事实）等等各大端，可由兄等随后妥酌而行。

巴黎张君翼枢，号骥先，曾与Maybon君商量，欲刊华、法两文，如此乃可销于法人之留心东方时事者，并可招徕法商广告，以补助报资。张君与Maybon君更拟在巴黎设一机关，以为联络法国有心人以助中国之革命；如土耳其人之得法人之助者，亦因有机关在巴黎，乃得如此好结果也。此事请足下到巴时与张君详商，协力相助为望。张兄曾与弟同入镇南关，亲冒弹雨；其人聪敏有办事才，滇粤起兵时，与法人办交涉皆多彼之力，甚有成效。将来巴黎一地，有足下、亮畴及张兄同聚一处，吾信兄等必能商筹妥善之法，以联络法人而得其助力也。望兄留心图之，幸甚。此致。

比京同志统此不另。

弟孙文谨启　西十月八日

王君住址：

  Dr. C. H. Wang

    Knesebeek Str. 22 hpt. 1.

      Charlottenbury

        Berlin[①]

张君住址：

  Mon. Tchang Itchou

---

① 中文意为：柏林夏洛滕布里区克内泽贝克街22号王宠惠博士。

18 Rue de la Sonbonne

Paris①

据中国国家博物馆藏原函

致王鸿猷函

（一九〇九年十月二十二日）

子匡我兄鉴：

　　昨日笃生②兄来谈通信社事，弟甚赞同其意。此事关于吾党之利便者确多，将来或可藉为大用，亦未可定。兄宜共同担任之，切勿避嫌。盖吾人若不理之，必致落于他人之手，则此物又可为吾人之害也。幸为留意图之。弟现仍候一处之回音，故尚未能定期往美，大约下礼〈拜〉当可知其详细，礼拜六或可动程也。

　　近接美洲来信，谓有人托同盟会之名致书各埠，大加诋毁于弟，不留余地，该处人心颇为所惑云。此事于联络华侨一方面，大有阻碍矣。为此事者乃陶成章。陶去年到南洋，责弟为他筹款五万元，回浙办事。弟推以近日南洋经济恐慌，自顾不暇，断难办到。彼失望而归，故今大肆攻击也。东京留学界之不满意于弟者，亦有为之推波。故从外人视之，吾党亦成内乱之势。人心如此，真革命前途之大不幸也，可为浩叹！

　　巴黎同志张翼枢兄，号骥先，近因旅费不支，欲谋一官费，故拟先入学堂，尚缺学费百余佛郎。弟已许担任代筹，惟久住此间，所备往美旅费亦已用入多少，故恐难为力。贵处同志能否合力集一二百佛郎寄往，以为彼用乎？望为谋之。筹得直寄往巴黎张兄收入可也。闻彼已有与兄通信，彼之住址想已悉也。此致，即候

---

① 中文意为：巴黎松邦街18号张翼枢先生。

② 笃生，指杨笃生。

大安

比京同志统此候好不另。

弟孙文谨启　西十月廿二号
据中国国家博物馆藏原函

致布鲁塞尔同盟会员函

（一九〇九年十月二十九日）

比京同志公鉴：

弟明日动程往美。此行于联络华侨恐难有效，因陶成章造谣攻击，人心颇有疑惑，一时未易入手也。惟于美国有势之人，有数路可通，不可不一往，以观机局如何也。如有佳遇，当即详报。

欧洲联络同志，推广势力，望同志竭力谋之，幸甚。此问

大安不一

弟孙文谨启　西十月廿九号

鸟约①通信处如下：

　Y. S. Sun

　　c/o W. Kaikee Ho

　　49 Mott Street

　　New York

　　U. S. A. ②

据中国国家博物馆藏原函

---

① 鸟约，即纽约，当时又译牛育。
② 中文意为：美国纽约勿街49号黄溪记转孙逸仙。

致南洋同盟会员函

（一九〇九年十月二十九日）

同志公鉴：

弟自抵欧以来，竭力经营筹划，以期辅同志之望。然所谋至今尚未就绪，因在南洋时所得前途所拟之条件（即在芙蓉呈览之件），乃经手人欲从中渔利，非资本家之意也。弟察悉此情，即行婉却经手之人，而托政界上有势力之韬美君（即前任安南总督）帮同运动资本家。韬美君满意赞成，将有成议矣，乃不意法国政府忽然更变新内阁，大臣比利仁不赞成此事，而资本家故有迟疑。而韬美君仍欲与外部大臣再商，欲由彼以动新内阁大臣，因法资本家非得政府之许可，断不肯投巨资也。即由前之经手人交涉，结果亦必如此。前经手人一见吾人河口之事实，则出条件以示吾人者，彼盖忖知前内阁居利文梳①必能许可，故投机而来也。而内阁之变更实为意外之事，否则无论何人说合，皆可成事也。韬美君游说外务之事，至数日前始有回实音，云："现在事不能求，请迟以有待"等语。弟一得此信，即于西十月三十号起程往美，因该处亦颇有望，故一往以观机局如何也。

在英京亦找得一路，惟现尚未有眉目，故未敢详报。此路之件条〔条件〕甚属便宜，利息亦照通常算法，并不要求特别之利权，惟须吾党各埠同志出名担保一事耳。英路之介绍人现往美国，弟到美时当与他再商，如得实音，当另行详报。但关于出名担保一节，弟已思得一法，想当可行，俟得实音，则并奉闻，以请大教。

前借之款，现尚无由归赵，求为宽限，以待此事之揭晓，当再报命。此致，敬候
大安

弟孙文谨启

---

① 居利文梳（G. Clemenceau），今译克里孟梭，上届法国内阁总理。

再:戟门兄五月初三日来示已得收读,统此复候,恕不另函。

西十月二十九号　英京发

据邓泽如编《孙中山先生廿年来手札》(台北文海出版社一九六六年版)影印原函

致吴稚晖函

（一九○九年十月下旬）①

吴先生鉴：

　　昨日先生之意，以为宜将此事和盘托出，以解第三者之惑，而表世界之公道。弟再思之，先生之言甚是。而世人之所见疑人者，多以用钱一事着眼，故将弟所发起之三次革命所得于外助之财，开列清楚。然此适表出以前助者之寡，殊令吾人气短。然由前三次推之，则一次多一次矣。若明明白白表示于人前，使新得革命思想者无此疑惑，安知下次不更得多助乎？前二次助者无几，无甚可对人报销之事。前年第三次之款多由外助，而出款之人如南洋各埠，则零星合集数万金，当为千数百人之所出也，弟此处未有详细数目。然各款收入与支出，弟在安南时多自经手，弟离安南后则汉民经手。而受款分给各处用者，则河内之五家字号经手，以用于钦廉、广西、云南三地；其潮惠之款，则由香港同志经手；日本办械、租船之款，则由日本殷实商人经手：皆有数目列明。除所入各款，尚支长万余元（即河内之欠债）。弟所开各处之入款是大约之数，因不记详细，所报皆过多面〔而〕从无报少也。收款多由精卫，支款则我与汉民也。此事弄清，则可破疑惑矣。除三人经手之外，知各款之来路去路者尚有多数共事之同志，即今巴黎之张骥先亦其一

---

①　原函未署时间。底本影印吴稚晖附注，误为1910年在巴黎所发。据前后诸函及其他史料，孙中山在欧洲获得陶成章对他的攻击并谋反驳，系1907年10月后的事。孙中山于1909年10月30日离伦敦赴美前，26日至29日曾与吴稚晖晤谈多次，某次晤谈的翌日请吴文帮助澄清事实；但孙中山是30日上午离开伦敦的，函中仍约吴"今晚有暇请到寓一叙"，则此函不可能写于30日。

也。请先生为长文一编,加以公道之评判,则各地新开通之人心自然释疑,而弟从事于运动乃有成效也。

所言事实皆当作第三者之言,则较弟自言者更为有力也。留此以作面谈,今晚有暇请到寓一叙为望。

弟文字

所攻者,以我"得名"、以我"攫利"为言。

而不知我之经营革命在甲午以前,此时固无留学生为我吹嘘也。而乙未广州之事失败,则中国举国之人,无不以我为大逆不道,为乱臣贼子,为匪徒海盗。当时如有陶成章,想亦不欲得此等之名辞也!今日风气渐开,留学之士以革命为大光荣之事业,而陶辈始妒人之得名。然我之初意只在赴大义、行宗旨,而与共事之同志亦无不如此。不期今日乃有以名而始谈革命者,此故固属风气之开,而亦道德之退化也!

以我为"攫利",而不知我于未革命以前,在社会上所处之经济界中固优胜之地位也。若不革命,则我之地位必不失,而世人所欲图之快乐我无不得之,革命"攫利"云胡哉?且当日图广州之革命以资财赞助者,固无几人也。所得助者,香港一二人出资数千,檀香山人出资数千,合共不过万余耳。而数年之经营,数省之联络,及于羊城失事时所发现之实迹,已非万余金所能办者也,则人人皆知也。其余之财何自来乎?皆我兄及我所出也。又庚子惠州起兵及他方经营接济,所费不下十余万元,所得助者只香港李君①出二万余元,及一日本义侠出五千元,其余则我一人之筹获而来也。自此吾一人之财力已尽,而缓急皆赖家兄之接济,而妻子俯蓄亦家兄任之。是从事革命十余年以来,所费资财多我兄弟二人任之,所得同国人及日本人之助者前后统共不过四五万元耳。若谓我以十余年之时间,而借革命以攫取他人四五万之资,则我前此以卖药行医每年所得亦不止万余元,此固港粤人人所共知共见也,而其他之事业投机取利者犹过于此也。若为图利计,我亦何乐于革命而致失我谋生之地位,去我固有之资财,折我兄已立之桓〔恒〕产耶!

---

① 李君,指李纪堂。

（两年前家兄在檀已报穷破产，其原因皆以资助革命运动之用。浮钱已尽，则以桓〔恒〕产作按，借贷到期无偿，为债主拍买其业，今迁居香港，寄人篱下，以耕种为活。而近因租价未完，又将为地主所逐。乃陶更诬以在九龙建洋楼，夫家兄本为地主实业家者，非我从事革命以耗折之，则建洋楼亦寻常事，陶等何得多言。）此庚子以前，我从事革命事业关于一人得失之结果也。

自庚子以后，中国内外人心思想日开，革命风潮日涨。忽而萍乡之事起，人心大为欢迎。时我在日本，财力甚窘，运掉〔调〕不灵，乃忽有他方一同志许助五万金，始从事派人通达湖湘消息，而萍乡军已以无械而散矣（此事不过乘一时矿工之变而起，初未谋定而动，故动，他方同志多不及助，是以不支也）。惟有此刺激，人心已不可止，故定计南行，得日人资万四千元及前述所许五万元，以谋起义。初从事潮惠，潮黄冈以未期而动，事遂不成；惠七女湖怆悴应之，亦属无功。吾人遂转向钦廉，与该处军队相约，遂破防城，围灵山。惟此时所有之资以买械而尽，而安南同志虽陆续集款以助军需，精卫又亲往南洋筹资，惟所得不多；钦军统领终以资少不肯如约反正，钦事遂不成。吾人转破镇南关炮台，以促钦军之动，事又不成。我遂出关而入安南，过文渊，为清侦探所悉。广西官吏托龙州法领事到安南查我踪迹，知我寓某街洋楼，密告清政府，与法政府交涉，逼我退出安南。我遂往星加坡。我到星加坡后则河口之事起，占据四炮台，诛彼边防督办，收降清兵陆营。本可进取，据有全滇，惜当时指挥无人，粮食不继遂退。自潮州、惠州、钦廉、镇南、河口五役及办械、运动各费，统共所用将近二十万元。此款则半为南洋各地同志所出，为革命军初次向南洋筹款者。今计开：由精卫向荷属所筹者约三万余元，向英属所筹者万余元，共约四万元；向安南、东京及暹罗所筹者约五六万元。我手得于上述之同志五万元，得于日本人万四千元，河内欠责万余元。此各项之开支，皆有数目，皆有经手。除梁秀春自行骗去五千及累去船械费数万，又一人谝去千余及陶成章用去一百，此外之钱皆无甚柱费。自我一人于此两年之内，除住食旅费之外，几无一钱之花费，此同事之人所共知共见也。而此期之内，我名下之钱拨于公用者一万四千元，家人私蓄及首饰之拨入公用者亦在千数百元。此我"攫利"之实迹，固可昭示于天下也！

又以东京同志以官费折作按贷钱,责我不代筹,此诚我罪矣。然家兄亦因以家产作按而致今日之破产,亦我罪也。河内五家作保之万余元至今犹未还,亦同为我之罪也。然此时则无如之何之际,闻陶现在南洋托革命之名以捡〔敛〕钱亦为不少,当有还此等债之责也,何不为之!

又谓在南洋有出保护票之事,此乃荷属一隅同志所发起行之,本属自由行动,至成效如何我全未闻之,亦无从代受责任也。而陶成章亦在南印发票布,四处捡〔敛〕钱,且有冒托我名为彼核数,其不为棍谝乎?其无流弊乎?问陶成章当自知之,今乃责人而不自责。

据胡汉民编《总理全集》第四集(上海民智书局一九三〇年版)影印原函

致吴稚晖函

(一九〇九年十一月十二日)①

稚晖先生鉴:

西十一月八号早晨行抵鸟约,登岸时亦幸无阻难,可为告慰。到埠后已见得二三旧交,相谈颇欢。惟同志尚未多见,能否从事联络,尚不得而知。美国政客现皆在华盛顿、鸟约,所欲见者二人,一已于两月前作古,一于前礼拜往欧,故只见其代理者二人,虽甚欢接,然未能深谈也。

闻美西金山等处华人思想颇开,惟被陶布散传单之后,新得革命思想之人对于弟之感情大不善,非多少时日未易解释此种疑惑。最妙莫如由《新世纪》用同人字样作一函致美西四报馆即《大同》、《美洲少年》、《中西》及云哥华之《华英》,及檀香山三报馆《自由》、《民生》、《大声》,作为同业互通消息之谊,将陶信内忌功、争名、争利及煽人行杀于弟之口声之无理处指出,

---

① 此函及以下致吴稚晖数函,底本影印吴所注为1910年,皆误。因当时孙中山在南洋,并未到欧美。而据各函所记孙中山的行踪及情事,均发生于1909年。今予以订正。

并下以公平之评判；当较《新世纪》已言者略详；及劝报中同业不可误听一面之词，如外间有人疑惑当按公理解释、维持人道等语。此函当由巴黎寄发及盖《新世纪》之印据，如此则必为力甚大。倘各报馆能维持公论，则诽语不能摇惑也。有《新世纪》报论，更有专函，则此事可以销释，弟不用自解矣。请先生费神为之！

弟现住鸟约，久暂尚不能决。如有赐教，请函寄如下，此处较前之收信处更为秘密妥当也。

  Dr. Sun Yat Sen
   c/o Phong Fat Ho
    6 West 22nd Street
     New York City
      New York①

此致，即候

大安

弟孙文谨启　西十一月十二日

据胡汉民编《总理全集》第四集（上海民智书局一九三〇年版）影印原函

复张继②函

（一九〇九年十一月十二日前后）③

溥泉吾兄鉴：

弟于西十一月八号行抵美国，登岸亦幸无阻。由英发途时，吴先生④送

---

① 中文意为：纽约州纽约市西第22街6号丰发号转孙逸仙医生。
② 张继（字溥泉）是同盟会员。
③ 此函未署日期。但据底本影印吴稚晖附注，谓"此书在前书之函中附来"，前书系指11月12日孙中山致吴函，据此，复张继函可能为同一日所写。
④ 吴先生，指吴稚晖。

于车场,带交兄之手书。所云从新组织团体,弟在南洋已有行之,是以南洋之组织与东京同盟会不为同物,此陶所攻击之一端也。至兄所示之二策:一、退隐深山。此时为革命最衰微之时,非成功兴盛之候,是为弟冒艰危、茹困苦以进取之时代,非退隐之时代也。二、布告天下,辞退同盟会总理。弟被举为总理,未有布告天下始受之,辞退亦断未有布告天下之理。弟之退总理已在要求同盟会及章太炎认不是之时,同盟会及太炎至今未有认过,则弟已不承为彼等之总理者久矣。前、去两年,两广、云南之起兵,皆奉革命党本部之名义,并未一用同盟会名义也。

弟孙文复
据中国国家博物馆藏原函照片

复吴稚晖函

（一九〇九年十一月二十五日）

稚晖先生鉴:

到美后已奉一函,想已收到。先生来示,并转寄来之港函,已得收到,有劳多谢。《新世纪》尚未见寄到,未知已出版否？美洲东方一带,自弟抵埠以来,似觉渐有动机,或能有渐入佳境之望也。学生中,亦有十数人赞成革命事业者。弟拟从新组织团体,若有成效,当另详报,以便在欧洲亦可仿行而扩张势力也。此致,即候

大安不一

弟孙文谨启　西十一月廿五号鸟约发
据胡汉民编《总理全集》第四集(上海民智书局一九三〇年版)影印原函

致比利时同盟会员函

（一九〇九年十一月二十六日）

比国同志公鉴：

弟抵美已三礼拜，于华侨商界学界已陆续相见，人心颇有动机。学界有十余人大约不日可以附入吾党团体，俟事成后，当再奉闻。请务与此处互通消息，以广声气，而励新进之志。至于美国人，现尚未得多见，因各政家不在鸟约而在华盛顿京城也。故就此方面之运动，尚无头绪，必待他日到美京后，乃能知前途机局如何也。

此处各埠向为保党之巢穴，今因康梁等所集银行商务等资本数百万全无着落，人心大为瓦解。康梁知人心已去，将陷穷途，故尽力运动北京满人，以图诏还。闻此次良揆出外游历，特访康梁。若彼二丑得回北京，则彼党之人心亦可挽回一二，或有死灰复燃之患也。如能有法，当于北京之满人预用离间之计以防之，及在荫昌、良揆之前怂以危言，使满人忌之。彼二丑一日不得回北京，则无从为患于革命党也。望各同志相机谋之。此致，即候

大安不一

弟孙文谨启　西十一月廿六号

通信如下：

  Dr. Y. S. Sun

   c/o W. Kai Kee Ho

    49 Mort〔Mott〕Street

    New York

据中国国家博物馆藏原函

致孙昌函

（一九〇九年十一月三十日）

昌侄知悉：

　　叔到鸟约已有三礼拜之久，因不知你在金山之住址，故无从寄信于你。今托许斗垣兄代寄此信，收到时，望你将在金山之住址寄与叔知。并你及你母亲并侄妇侄孙各人如何？都望一一详达叔知可也。此示。

叔德明①字　西十一月卅号

　　　Dr. Y. S. Sun

　　　　c/o Phong Fat Ho

　　　　6 West 22nd Street

　　　　New York City

　　　　New York

据《建国月刊》第四卷第五期（南京一九三一年三月）影印原函

致英国金融家函（译文）

（一九〇九年十一月）②

亲爱的某先生：

　　非常遗憾我未能实现我们在伦敦俱乐部所商定的会面计划，我来得太

---

① 德明，指孙中山，字德明。
② 原函未署时间。按：孙中山于1909年8月7日抵伦敦，10月29日致函南洋同盟会员称"在英京亦找得一路……英路之介绍人现往美国，弟到美时当与他再商"。但孙中山因延迟行程失约，待11月8日抵纽约后，便发函致歉。内情与此函相符，故酌定时间为1909年11月。

迟以至于未能在纽约见到你。关于为发动清国革命而用海外华商资产担保以募集政治贷款事,我已找到了愿意提供担保的一家清国银行、三家在暹罗曼谷的米厂、一些新加坡商人以及马来亚的三个煤矿主。他们的资产合计共两千万美元,折合四百万英镑。

为了确保成功,我们需要五十万英镑贷款以完善我们的组织,使我们能够在第一次突然行动中就夺取到至少两个富裕的省份。当脚跟站稳后,我们将建立一个临时政府。如果寻求到更多的贷款,我们就能给这次民族革命予以更重要的保证,以扩大我们的行动直至取得全面的胜利。

我们希望你积极寻求愿为我们提供资金的金融家。如果他们愿意提供上述贷款的话,请尽快通知我们,他们愿意以什么条件和什么方式成交。一旦从贵处确知细节,我即按照这些金融家的意愿展开工作。

尽快赐复为盼,不胜感激。

此致

崇高的敬意

您无限真诚的孙逸仙

据郑曦原编,李方惠、胡书源、郑曦原译《帝国的回忆:〈纽约时报〉晚清观察记(1854—1911)》(当代中国出版社二〇〇七年版)

复吴稚晖函

(一九〇九年十二月四日)

稚晖先生鉴:

十一月廿二及廿六两函,并港信及《新世纪》,已得收到。《新世纪》所评陶言甚当,而公见者当无不明白,可以毋容再发专函于报馆矣。且东京同盟会近已有一公函致各报馆,想此亦足以解各人之惑矣。

近得东京来信,章太炎又发狂攻击,其所言之事较陶更为卑劣,真不足辩。陶之志犹在巨款,不得,乃行反噬,而章之欲则不过在数千,不得,乃以罪人。陶乃以同盟会为中国,而章则以民报社为中国,以《民报》之编辑为彼一人万世一系之帝统,故供应不周,则为莫大之罪;《民报》复刊,不以彼为编辑,则为"伪《民报》"。兹将章太炎《检举状》寄上一观,此真卑劣人种之口声也!闻太炎此状一出,则寓东京之人士,无党内党外皆非之云。此足见公道尚存于人心也。可否再下公评于《新世纪》,一听高见裁之。

际此胡氛黑暗,党有内哄,诚为至艰危困苦之时代,即为吾人当努力进取之时代也。倘有少数人毅力不屈,奋勇向前,支撑得过此厄运,则以后必有反动之佳境来也。静观美国华侨之人心,自保党瓦解,人有趋向革命之势;惟所阻碍者,即各埠先觉之士皆受陶谣,一时不免疑惑,故不能骤得彼等之协助耳。俟此恶潮一过,则人心必能再合。此邦尚有华侨七八万,可引导而从革命者当有一半,此亦不无可为也。此地一有基础,则加拿他①、中美、南美、古巴等处之华侨必有望风来付〔附〕者也。为今之计,欲从渐以蓄养革命党之势力,舍此必无他法矣。如有进步再报。

弟文启　西十二月四号

据胡汉民编《总理全集》第四集(上海民智书局一九三〇年版)影印原函

致吴稚晖函

（一九〇九年十二月十三日）

稚晖先生鉴：

前寄上一函,并附入太炎之《日华新报》论文一偏〔篇〕,询先生可否再下公评。今得星加坡来信云,太炎此论已登于保党之《南洋总汇报》,且大加痛击,此其立心破坏党事已不留余地,自不能不与之辩论是非矣。请先生

---

① 加拿他,即加拿大。

务于下期《新世纪》再加傍观之评论,使人一见晓然,不为所惑为好。因太炎向负盛名,且有上海下狱一事为世所重,彼所立言若不有匡正其失,则惑人必众也。请先生裁之。此致,即候

大安不一

弟孙文谨启　十二月十三号鸟约发

据胡汉民编《总理全集》第四集(上海民智书局一九三〇年版)影印原函

致吴稚晖函

(一九〇九年十二月十六日)

稚晖先生鉴:

前寄上太炎登《日华新报》之《检举状》一则,想已加公评于《新世纪》矣。近见星洲来信云,此文又登于星洲保党之《南洋总汇报》,如此则太炎欲破坏党势之心已不留余地,想不日美洲各保党报必有照登,不可不有以抵之。如先生前未理会此文,望于来期《新世纪》全录之,而加公评,指出其谬,以解人惑。又弟于〔所〕到各处,如遇有人质问,必历言太炎为人之状以对。并望先生将刘光汉发露太炎同谋通奸之笔迹照片寄与弟用,以证明太炎之所为,庶足以破其言之效力。因海外革命志士,多以太炎为吾党之泰山北斗也;非有实据以证彼之非,则类于相忌之攻击,弟不欲为也。

并附上重行一信及信封一个,祈为转交。此致,即候

大安不一

弟孙文谨启　十二月十六号波士顿发

据胡汉民编《总理全集》第四集(上海民智书局一九三〇年版)影印原函

致吴稚晖函

（一九〇九年十二月十六日）

稚晖先生鉴：

今日发一函，请将太炎与刘光汉同谋之拍影笔迹寄与弟用，一时未有提及寄至何地，恐照信面地址寄至波士顿则不对也。故再草此，请先生将此件寄往金山大埠留交便可，住址另列。

弟于礼拜一即十二月廿一号，则从波士顿反〔返〕鸟约，在鸟约顶多再住一礼〈拜〉，便往华盛顿都，住一礼拜，便当直往金山大埠矣。此候
大安不一

弟孙文谨启　十二月十六号晚

    The Youths Weekly
     649 Learny Street
      San Francisco
       California
        U. S. A. ①

《美洲少年报》黄伯耀先生转交孙逸仙收入便妥。

据胡汉民编《总理全集》第四集（上海民智书局一九三〇年版）影印原函

---

① 中文意为：美国加利福尼亚州旧金山乾尼街649号《少年周报》。

复王鸿猷函

（一九〇九年十二月二十五日）

子匡我兄鉴：

弟前礼拜往波士顿，至昨日（西十二月廿四号）始回，乃得接读西十二月九日来书。此间连络之事，商界已算得手，惟学界未有眉目。因初有粤省学生二人，甚有勇往之精神，介绍弟以见各学生，共计廿余人，各省皆有。大多数皆乐闻革命之主义，惟粤省学生则赞成、反对皆有。其赞成者之勇往，与反对者之顽强，有同等比例。后以粤省之勇进学生适有事他往，其余各省学生虽有一二极热心者，然为人谨慎，其力不敌粤省学生之反对，故皆退缩不前，以致学界之联络无从下手。然此事虽不成，无甚关碍前途；商界有路入手，则目的亦可达矣。今晚再与此地商人会议组织团体之事，俟组织完备之后当再详报，并将其地址寄上，以便互相通信联络。足下公函，今晚当向众宣布，想必大加鼓励之力也。

承询抵制美货之事，今晚当代查访，并搜求小册寄来便是。按抵制乃发起于千九百零四、五年之交，而盛行于五、六两年之内。今得足下所查之表，美货之陡增适与此事相反，弟亦不解其理由。或出于表之错误乎？弟当出外查考之。英文书有"Statesmen's Year Book"①，考据确实，请向书楼检查对证之。

余容再报。此复，即候

大安

各同志祈代问好。

弟孙文谨启　西十二月廿五日
据中国国家博物馆藏原函

---

① 中译名为：《政治家年鉴》。

复英国金融家函(译文)

(一九〇九年十二月)①

亲爱的"某某某":

现在请允许我来答复你们提出的问题。

恕我直言:

首先,来看看清国陆军和海军的支持。新军师团正在形成中。扬子江以南的清国新军,大部分已由革命党人指挥和操纵,一旦扬子江流域的四个新编师团形成建制,他们就会倒向我们这边。武昌,隔江相对的汉口,以及南京这些城市,有着强烈的革命倾向。我们和他们已经取得共识,一旦革命军在南方立足,他们就会立即加入进来。

北京周围的七个师是由直隶总督袁世凯创立的。因为他新近被北京政府贬黜,所以,这些部队对北京政府的忠诚度被大大打了折扣。虽然在他们与我们之间并未达成任何约定,但我们坚信他们不会为满清政府卖命。在满洲,另有一师新军是由一位参加革命党的将军指挥,我们可以信赖他们。到时候,我们可以依靠他们的合作来对抗北京。

由此,你们已经知道,用现代化方法训练出的清国新军总共由十二个完整的师组成,其中五个师已经准备支持革命事业,而只要有一个良好开端,另外七个师,由于新近他们的长官遭到贬黜,实际上也将保持中立。

至于海军,虽然迄今为止,我们在获得他们的支持方面尚未协调一致,但我们还是很容易能与他们达成默契的。清国海军仅仅包括四艘巡洋舰,其中最大的一艘只有四千吨级,其余三艘都只有二千九百吨级。海军中的大部分军官和水兵都是革命党人。

---

① 原函未署时间。孙中山于12月16日离开纽约,而此函当在离纽约赴波士顿前所作,故推定此件时间为1909年12月。

其次，在各地的革命前景上，整个南方都已经为一场全面的武装起义做好了准备。这在最近发生的事情上就已经清楚地显示出来了。最近满清政府与葡萄牙政府在有关澳门领土问题上发生纠纷，而华南地区的人民则对此事加以干涉。除了所有南方的人民都已经准备投入这场运动之外，革命党人还在广东、广西、湖南征募到了清国最富有战斗力的武装力量。这些省份的兵丁在清国国内是最出色的战士。

大清国目前改革运动的形势就好比是一座全部由干柴组成的森林。仅仅需要一点火花就能让这座森林燃起冲天的大火。而这火花就是我所要求的五十万英镑。

最后，革命领导者们的财产状况。我只能说他们现在都没有太多的财产，虽然他们中间有些人过去曾很富有。但是，他们都是非常有才干的人，在这方面，他们不输于世界上任何其他人。至于能为此项贷款提供担保的清国海外商人们的名字，我无法确切地告诉你们，因为自从我给你们发出上封信后，我又得到了一些愿意为此事提供担保的人选，所以我现在必须从他们中间做出选择。一旦我得到你们肯定的答复，即在一定前提下我可以得到这笔贷款，我就会在他们中间做出选择。

一旦到合适时候，确定了担保商人的名单，我会把他们所有人的姓名和财产状况都告诉你们。由于这项贷款是由财产状况良好的清国商人担保的，所以在这笔钱上不存在任何风险。因此，我们之间将来任何的协定仅仅取决于这些担保人是否同意担保了。

假如金融家们希望获得更多的利益，我们还有另外一种途径来进行这项计划。这就是，资本家可以参与到这项运动中来，方法是通过委派他们自己的人员来控制财政支出以及与我们的领导者合作。当然，这样做金融家需要承担额外风险。总之，如果我们能获得发动革命所需要的资金，那么革命的成功是相当肯定的。一旦我们夺取了像广州这样的一座大城市的话，我们就能偿还比贷款额高出数倍的钱。此外，我们承诺，如果这笔交易只在革命党领袖和银行团之间达成的话，我们也将同意使用其他方面的抵押品。

我希望，你们能够替我们找出在你们那边愿意考虑这项交易的金融家，并提出他们的贷款条件。请把详细情况告诉我。假如这项贷款能够通过我所建议的第二种方式解决,请告诉我,你们期望从我们这里获得什么样的补偿。

几天之内我将要从此地出发去加利福尼亚。不过,你们始终可以用我在纽约的同一地址与我本人保持联系。不管我在哪里,他们都将会把信件转寄给我。

此致
崇高的敬意

你们真诚的孙逸仙

据郑曦原编,李方惠、胡书源、郑曦原译《帝国的回忆:〈纽约时报〉晚清观察记(1854—1911)》(当代中国出版社二〇〇七年版)

复吴稚晖函

(一九一〇年一月三日)

稚晖先生鉴:

十二月廿一来函已得收读,领悉一切。据最近汉民兄来函,亦云章氏托疯癫以行其诈,近日之所为真属忍无可忍云。此可见与先生之意有不约而同矣。先生欲将彼之行为心术详为发覆,以正人心,甚善甚善。此文登报后,请各寄二三十份(前号驳陶之件亦请补寄)与纽约并波士顿两致公堂为望。两处地址如下:

  Chee Kung Tong
   18 Pell Street
    New York
     U. S. A[①]

[①] 中文意为:美国纽约披露街18号致公堂。

(纽约致分堂　雷玉池先生)
Chee Kung Tong
　6 Tyler Street
　　Boston
　　　U. S. A. ①
(波士顿公堂　甄吉堃先生)

美东人心大局渐有转机,倘得有人鼓吹之,必能成一大势力也。美西想亦有同此景象。惜一时有章、陶之流言,略有小阻耳。然无甚大碍,弟一到其地,必能扫清之。望先生同时在《新世纪》多发辟邪之言,以为助力。弟准此礼拜内往金山一带,因有西友电催速往与商大问题,或得意外奇逢,未可知也。到时再报。此候

大安不一

　重行兄同此候好。

　　　　　　　　　弟孙文谨启　西正月三日　纽约发
据胡汉民编《总理全集》第四集(上海民智书局一九三〇年版)影印原函

致王鸿猷函

(一九一〇年一月四日)

子匡我兄鉴:

　前承命找觅抵制美货小册,访问商店数家,俱云前曾有之,今找寻数日,皆不获一册,盖已散失不存矣。抵制日货,想内地大有影响,闻东三省及长江一带皆甚力行之,东粤、南洋固不再言矣。而近日闽省亦起首抵制之。无如房政府专代日本出力禁止,各省人民敢怒不敢言,此亦激动风潮之一

---

① 中文意为:美国波士顿差拉街6号致公堂。

助也。

弟抵美洲已将两月,曾往返于纽约及波士顿者两次。人心日有转机,若有人时时鼓吹,将来必能成一大助力也。

弟刻下接美西西友电催前往会商要件,故准期此礼拜之内,由纽约乘车直往加利科呢亚省。事件如何,未能预决,到时如有佳音,当再奉闻。此致,即候

大安

各同志统此问好。

弟孙文谨启　西正月四号
据中国国家博物馆藏原函

复萧雨滋函[①]

（一九一〇年一月十日）

雨滋先生大鉴:

得接来示,喜慰无量。近年贵埠人心进步如此,大可为中国前途贺也!弟现在纽约,因有要事未妥,尚未动程往金山大埠。日间事妥,当改道一过贵埠与诸君子相会,详筹光复大计也。此复,即请

道安不一

同志诸君子统此候好。

弟孙文谨启　西正月十号纽约发

来时当发电奉闻。再及。

据中国国民党中央文化传播委员会党史馆藏一般档案049/190

---

① 此函寄往芝加哥,萧雨滋是该埠基督教牧师。

致孙昌函(译文)

（一九一〇年二月十一日）

贤侄如晤：

叔已于阴历新年抵此，即往访汝母及家属人等，得一睹可爱之二子，十分欣喜，并深信汝父、祖母及香港全家，亦以一睹彼等为快。倘汝有便，请来此一晤为盼。此祝

年祺

叔逸仙字　二月十一日

据秦孝仪主编《国父全集》第四册(台北近代中国出版社一九八九年版)(译自中国国民党原党史会藏英文原函影印)

致容闳函

（一九一〇年二月十四日）

一、自美国银行借贷一百五十万至二百万美元，作活动经费；
二、成立一临时政府，任用有能力人士，以管理光复省区城市；
三、任用一有能力之人统率军队；
四、组织训练海军。

据吴相湘《孙逸仙先生传》上册(台北远东图书公司印行，一九八二年版)

致纽约同盟会员函

（一九一〇年二月十六日）

纽约同志公鉴：

我军已起，独惜事前款项大拙，于初二日尚欠款五千，故大队不能如期

进城,为一鼓而擒之计。初四日新军反正,刻尚苦战,胜负未决。急欲谋起外府之兵,以为援应,需款甚急,望各同志速向大众华侨筹捐,以救此急。接济及时,则成功可望;幸毋坐视,失此良机。倘省城一破,则大功告成矣。筹有多少,速电汇去香港,切祷切祷!火速火速!

弟于初一日行抵金山大埠,溪记①及周超付来之信,已得收到。如得捷立日〔音〕,当再报闻。此致,即请
年安不一

弟孙文谨启　庚戌正月七发

据胡汉民编《总理全集》第三集(上海民智书局一九三〇年版)

复赵公璧函②

（一九一〇年二月十六日）

公璧盟兄足下：

弟正月初一行抵金山大埠,足下寄来之信已得收读,知已汇款于香港矣。我军于初四日举义省城,新军六千反正,刻尚苦战,胜负未决。现港中同志另谋起各府县之兵以为响应,需款甚急,务望各同志竭力向大众筹款;盖今日事已发露,不必秘密矣。此役于事前款项太少,初二日尚欠款五千,波士项〔士顿〕所担任也。以未曾汇去,故党军大队不能如期进城,否则一鼓而下之,不必有今日之苦战矣。然吾军有新军六千,尚大有可为,若接济及时,则成功大有可望。救兵如救火,各宜努力为之,幸甚!

弟孙文谨启　庚戌正月七日

据胡汉民编《总理全集》第三集(上海民智书局一九三〇年版)

---

① 溪记,指黄溪记。
② 此函寄往纽约。赵公璧是同盟会员。纽约同盟会分会成立于上年12月下旬。函中所谈,是指本月12日在广州发生的新军起义。

致赵公璧函

（一九一〇年二月二十二日）

公璧盟兄大鉴：

今日得接来电，并未奉复，因省城之新军又归失败。此次之事不成，不过差五千之款，致会党军不能如期到省城。新军不得已而发动，动后又无款，不能在外起援兵以救之，惜哉！所幸二、三标尚能保全无恙，仍可留作后图。弟今拟久留美国，到各埠联络同志成大团体，以筹巨款。现下大埠加盟者甚盛，人心大有可为，良堪告慰。此致，即候

各同志大安

弟孙文谨启　庚戌正月十三日

据胡汉民编《总理全集》第三集（上海民智书局一九三〇年版）

致咸马里[①]函（译文）

（一九一〇年二月二十四日）

将军：

本月二十一日来函拜读。余在此间事毕，当尽速前往与阁下及布司会晤。行前数日，将驰函奉闻。阁下同情吾党革命运动，实深感谢。

孙逸仙　二月二十四日于旧金山

据秦孝仪主编《国父全集》第四册（台北近代中国出版社一九八九年版），参校（中国台湾）"国史馆"藏英文原函影印件

---

① 受信人原名为 Homer Lea，又译堪马李、荷马李等，本全集标题均译作"咸马里"，但正文依底本，多作荷马李，是美国军事研究家。以下各函同。

致邓泽如等函

（一九一〇年三月一日）

泽如仁兄并各同志均鉴：

弟由欧抵美已数月，所图之事尚未大就，然甚为有望，将来或有成就亦未可知。美洲华侨前时多附和保皇，今大为醒悟，渐有倾向革命之势，不日当可联成各埠为一大团体，以赞助吾党之事业也。弟今在美，拟一面谋所志之大目的，一面则联络华侨。现已在纽约、芝加古并金山大埠三处设立同盟同〔分〕会，人心甚为踊跃，他日进步必有可观，足为告慰者也。

兹有一事奉闻，请各同志留意谋之。如事在可行，务祈设法合办；如事不能行，亦请早复示。此即伩〔统〕揽华人所产之锡，自运销于美国。弟思马来半岛为出锡最多之区，而美国则为销锡之一大市场。然锡之转运向为伦敦商人所独揽，价格低昂，随彼所定。弟意以为华人若能将所产之锡，自运销于美国，中间不经伦敦商人之手，当可省一笔经纪之费，且价钱不致为伦敦商人所制，自当两有所益。弟在纽约曾遇一商场大经纪，与商此事，彼甚赞成担任销路，但必要大帮，倘能包揽马来半岛出产之大半或一半，彼能介绍于大资本家立预约合同，承销全年之出产或数年之出产皆可。兹将要略开列如下：

一、每年能包揽出产几何？

一、每担价钱几何（长年定价）？

一、交易之法如何？（此当两造妥议，然公等当可先发意见也。）

荷属出产亦甚多，但此已归荷政府包揽专卖，商人无从过问。惟马来半岛华人所产之锡，如能联合成一大公司，直与美人交易，当能赚回一笔甚大经手之费。如不能联成一公司，则先预定一价格，与各佛廊立长年合同亦可。总之，此中情节公等较弟为熟悉，此事可否施行，望为详查示复。有信

寄金山《大同日报》转交便妥。此致,并候

大安不一

弟孙文谨启　正月二十日金山发

  Y. S. Sun

   Tai Tung Yat Bo

    38 Spofford alley

     San Francisco

      Cal. U. S. A.①

    据邓泽如编《孙中山先生廿年来手札》(台北文海出版社一九六六年版)影印原函

复赵公璧函

(一九一〇年三月一日)

公璧盟兄足下：

  元月十三日来函,已得收读。省城军事之大略,已经奉公函布告,想早达览。贵埠同志如此关怀热心,真属难得。然此次之失败,实因于年底缺款五千。波士项〔士顿〕致公堂初许担任五千,所寄不过一千九百余元,因〈纽〉约致公堂许担任者一文未寄,遂致年初二党军亦以欠款而不能作应援之计,新军第一标遂不支退散。幸二、三标尚无恙,可留后图。

  弟今拟在美久留,遍到各埠以联络同志,藉集大款,然后迟谋再举。现下大埠人心极踊跃,经已成立同盟会,订妥章程；已抄一份至周超兄处,请他招集同志,宣布举行。弟拟在大埠立妥一完善机关,然后往他埠演说立会。但现在旅费告罄,此间新立团体,未便以此小故连累,未知贵埠同志尚能为力以筹小款为我行动之需否？西方一带立好团体,弟再来东方推广本会于

---

① 中文意为:美国加省(加州)旧金山新吕宋巷38号《大同日报》孙逸仙。

各处也。望足下并同志竭力推广已成之团体,务使汉人皆当负一份之责任,则事易为矣。此致,即候

大安不一

弟孙文谨启　庚戌正月二十日

据胡汉民编《总理全集》第三集(上海民智书局一九三〇年版)

致暹罗同盟会员函

（一九一〇年三月中）①

暹罗同志各位尊兄大鉴:

顷间得香港来电,言马兴顺②君经已释放,为之距跃三百,以喜以慰,想我在暹同志亦同此喜慰之情也!

徐贼③无赖,乃思以罗织之手段,快其残贼之心思。彼若得意,更可恣为虚词恫喝,以为革命党团体未必坚固,若中伤一人则余人自必退缩。而孰知吾人之坚毅不屈,出其揣测之外;而运动得宜,卒能出马君于险,是真足以张吾军而却敌千里者矣!此消息传来,吾知在同志中固必更加奋励,且图所以泄其冤愤者;即向仅表同情之人与夫中立之士,亦当了然于是非邪正之所在,而不迷于趋响;即中人以下瞻顾利害者,亦当坦然无疑。语有之:"不遇盘根错节,不知利器。"如马君所遇,即亦似之。一团体之树立,不能□其绝无风潮。而抗御之力还使□静,则结合愈坚,而进步弥□。弟闻马君消息,欣慰之余,并以□我同志相期精进不

---

① 函末所署日期缺一字,按是年农历二月初一至初十日,即为公历3月11日至20日,故标为3月中。

② 马兴顺,是旅暹同盟会员,因事返潮州原籍,被保皇党徐勤等人向清政府告发而入狱。后经旅暹同盟会员陈景华赴香港营救,终于获释。

③ 徐贼,指徐勤。

已。专此,即□

公安

弟孙文谨启　二月初□

据中国国民党中央文化传播委员会党史馆藏一般档案049/360

致布司函(译文)

(一九一〇年三月二十一日)

布司先生:

本月十九日来函及所附剪报均悉,深为感谢。余因途经贝克菲(Bakersfield)、罕福(Hanford)、及佛瑞士诺(Fresno)等地停留,故今晨始抵旧金山,明午将搭朝鲜轮赴檀香山。余在檀岛之通讯处为"夏威夷檀香山邮政一〇二〇信箱自由新报转孙逸仙收",电报挂号为夏威夷Losune。盼早获先生之佳音。此颂近祺。夫人及公子统此致候。

孙逸仙　三月二十一日于檀香山

据秦孝仪主编《国父全集》第四册(台北近代中国出版社一九八九年版)(译自中国国民党原党史会藏英文原函照片)

致康德黎夫妇函(译文)

(一九一〇年三月二十二日)

康德黎博士暨夫人:

余今日正从旧金山乘船赴檀香山途中,将在檀岛停留二或三月,然后将视情况之发展,可能返回远东,或再来美国。余在檀香山之通信处为:P. O. Box 1020, Honolulu, Hawaii,希望常见来示。

余到达美国以来,健康极为良好,且每到一处,皆蒙当地之华侨欢迎。

孙逸仙　三月二十二日于朝鲜轮

据秦孝仪主编《国父全集》第四册(台北近代中国出版社一九八九年版)(译自中国国民党原党史会藏英文原函照片)

致邓泽如函

（一九一〇年三月二十四日）

泽如我兄鉴：

　　西三月一日由金山寄上一担保函,言锡务收揽直接转买于美商一事,托足下查悉各节后复函寄至《大同日报》转交等语。弟今适有要务来檀,于西三月廿二号由金山动程,廿八号早可以抵埠,大约在檀有三两个月之住留,后此或再往美或回东方,现尚未决。前书未知足下已回示否？如尚未回示,即将函直寄檀香山(地址另列①),更为快捷,因近六七日路。如已回音,亦请多抄一函寄檀,因前寄往金山,往返若不遇船期,必定费得一月之久,则再寄一函或较前尤快也。

　　南洋近日人心若何？党势有进步否？甚望示悉。此候

大安不一

弟孙文谨启　三月廿四号舟中发

　　再：省事②又失败,殊为可惜。然弟在外之运动,日入佳境,不久必有成议。现在英美皆有甚有望之路,若英路先成,则弟再回南洋与各同志切实谋一办法；美事则另有办法,不用费神。再及。

据邓泽如编《孙中山先生廿年来手札》(台北文海出版社一九六六年版)影印原函

---

① 另列地址,底本未影印。
② 省事,指广州2月12日新军起义。

致咸马里函(译文)

(一九一〇年三月二十四日)

亲爱的将军:

前次函中我曾告知你,有人拥有某军事强国①一些极其重要的文件。恰在此次航行之前,我收到上述文件的一份目录,现附上此目录的译文。此目录仅列出十二项,但此外尚有其他项目,合计不下三十厚册之多。全部文件俱为该国参谋本部最近所拟制。我认为,这是任何敌对强国所能得到的最有价值的材料。你可否设法查明,某国②国防部是否想利用此一机会来取得这些秘密文件?

谨致以最良好的祝福。

    非常忠实于你的孙逸仙　一九一〇年三月二十四日于海上

目录:

1. 全日本现役陆海军动员令
2. 海岸防备令
3. 战时大本营条例
4. 战地电信条例
5. 战地卫生条例
6. 野炮条例
7. 电信总部条例
8. 重要计划
9. 现役军官细则
10. 教育总监部条例

---

① 某军事强国,指日本。
② 某国,指美国。

11. 交通线条例

12. 重炮和攻城炮令

除此之外，还有十种以上非常重要的军事材料。

据《咸马里与中国革命》转录美国斯坦福大学胡佛研究所藏英文原函（陈斯骏译），转录自广东省社会科学院历史研究室等合编《孙中山全集》第一卷（中华书局一九八一年版）

复庄文亚函

（一九一〇年三月三十日）

文亚仁兄大鉴：

示悉。昨晚细观弊〔敝〕友房屋，其最大之房长可十二步，广有八步，密坐可容五、六十八〔人〕有余，全立可容百多人也。其他更有小房数次〔间〕，俱可通用，勿虑。匆匆此复，即候

大安不一

弟中山字上　三月三十号

据刘大年主编《孙中山书信手迹选》（文物出版社一九八六年版）

致布司函（译文）

（一九一〇年四月五日）

布司先生：

三月二十四日大札，所附《纽约世界报》(New York World)、《拉福立兹报》(La Follettes)之剪报及 D. Y. 君①来函均悉。余读《纽约世界报》之文，

---

① D. Y. 君，指容闳。

甚觉兴趣,现将原件随书奉还。

余确曾以吾党会议事告知D.Y.君,但未详细言之。并谓阁下不日东往,俾将详情告彼。惟此事尚待阁下定夺。

小儿一切均好,刻在此间求学,期其异日得赴美国大陆,趋前叩候。此复,即候安好。

孙逸仙　四月五日于檀香山

据秦孝仪主编《国父全集》第四册(台北近代中国出版社一九八九年版)(译自中国国民党原党史会藏英文原函照片)

致孙昌函

（一九一〇年四月八日）

贤侄如悉：

叔已于一周前安抵此间,得欣晤诸老友,均属康宁。汝堂弟科现在圣路易斯学院求学,并在《自由日报》担任编译之职。彼之中文程度甚佳,而躯体亦渐高大,俨然一青年矣。叔近已开始筹款,藉供汝等回国之需,不料今日接到汝父电报,谓祖母病重,须立汇去银钱若干,因循其请,已先行遵照办理,拟于明日汇去港币一千元,故对于汝方所需,不得不稍延,因叔之经济能力不克同时负担也。

叔逸仙字　四月八日

据中国国民党中央文化传播委员会党史馆藏一般档案049/391

致纽约同盟会员函

（一九一〇年四月八日）

纽约同盟会列位义兄公鉴：

弟由金山往槟〔檀〕①，前已函达，想经入览。今抵槟〔檀〕埠，已逾一周。前礼拜日，同志假坐〔座〕埠中戏院大开欢迎会，到者二千余人，人心极为踊跃，大非昔日之比。自开欢迎会后，每晚在自由新报馆楼上开会联盟。惟地方有阻，故所请人每晚百数位，而到者皆乐于联盟，争先恐后，以足证人心之进步，可为革命前途贺也！

前同盟会各地所订章程盟书，皆当亲笔填写，其不能写字者，则由介绍人代写，本人签名，或盖指模为据。今于槟〔檀〕埠每晚来入盟者众，人人要亲笔填写，则用数点钟之时候尚不能写完，其一二晚竟有写盟书至一两点钟，故于工商各人殊为不便。是以变更办理，将盟书印就，联盟者只填写籍贯及其姓名日子，如此则人多亦能不阻时候。此办法一槟〔檀〕埠为创始，以一晚过百人入会，亦为他处向来所未有也。然今后人心进步日速，风潮一日千丈，将来各处亦必有如槟〔檀〕地者，故槟〔檀〕地之法亦可推行于他方也。前寄上盟书底数处，可任便照行也。槟〔檀〕会单创之初，各事未定，俟二三礼拜择举职员妥当之后，当有公函通告也。此请，即候

大安不一

弟孙文谨启　庚戌四月八日

据胡汉民编《总理全集》第三集（上海民智书局一九三〇年版）

---

① 据《国父年谱》，此时孙中山在檀香山，而非槟榔屿。

致咸马里函(译文)①

(一九一〇年四月十日)

亲爱的将军:

我抵此地已逾两周,且已获悉广州之事的消息。这次新军举事所以失败,原因在于第一标一些士兵过于躁急。约定起义的时间唯有双方少数领导人知道,其他人只是通知准备就绪便可发动,而确切的日期却不予告知。当这个日期到来时,由于我们款项短缺,致使大队武装人员不能如期进城。这时当局也略有所闻,严加防范,将新军所有子弹送回城内,且把枪机拆去,使得步枪无法使用。我们的人于是开会决定,将举义时间改为新年后的第六天,因为假期一过就正常办公,当局拟在当天发还枪机和子弹。届时我方人员均可步行进城,然后双方合作,胜券可操无疑。讵料新年那天,第二和第三标的一些士兵却同巡警发生冲突。第一标以为这是真的开始举事,要不就是误传消息,以为事机已被当局发现。于是他们全体进城,试图夺占军械库,取回枪机和子弹。但他们遭到巡防营的阻击,死伤二百余人。这是一场力量悬殊的战斗。全标官兵赤手空拳,不能还击,被迫退回营地,寻找废置的武器弹药。他们在靶场找到步枪几十支,子弹七万发,凭此在新年的第三天作了勉强的抵抗。第二和第三标由于枪械也被收缴,眼看自己的同志遭到巡防营屠杀而无能为力。尽管如此,还是有一些人个别地同第一标的同志站在一起,参与这场强弱悬殊的战斗。在十一个营新军中,加入战斗的有七个,其余四个来不及动作便被包围,所以没有参加。现在,广东民众对官方非常气愤,要求放回每一个

---

① 此函原为英文打印本,除了注明日期外,没有注明发自何处,落款处也没有孙中山的署名。据美国人尤金·安舍尔《咸马里、孙中山与中国革命》一书中称,此函为咸马里之继子 J. B. 鲍尔斯所赠,由斯坦福大学胡佛研究所收藏。

士兵,惩办进行屠杀的军队。据报,由于担心所有新军举行总起义,政府已对民众的要求作出让步。紧接广州举事之后,川、滇、桂等省多有兵变。政府现已下令广东在年内编练四师军队,因此我们将有更多的机会把自己的人员安插进去。

顷接华南来讯,我方人员在云南、广西交界的活动大有进展。当地兵民热心支持革命事业,认为他们现已作好一切准备,强烈要求我们迅即发起总行动。我已通知他们暂且等待,直至我们此间的事情办妥为止。

湖南目前发生风潮,但我对此一无所知。这件事表明,云南的士兵也准备采取行动。如果没有适当和加以指导的运动让其参加,他们将会参加现时任一偶发的有害之举,诸如广州所发生的情况那样。

我们的计划进展如何?布思先生何时能让我们听到明确的消息?

据符致兴《孙中山致荷马李函》,载北京《团结报》一九九〇年八月四日

致孙昌函(译文)

(一九一〇年四月二十五日)

昌侄入览:

自抵此间,迄未得信,不知何故?汝眷在巴克斯非文如何生活?念念。兹附来五百元汇票一纸,藉作汝全家渡海回国之用。此际叔已尽其全力所能及,汝接此信后,应即动身无延,因祖母病危,日夕盼汝等回国,俾得在死前一晤也。事应赶紧,无使祖母汝父及叔失望为要。叔费尽心力,得此一笔款,汝用此款,亦应如叔所期望,速搭自美或自坎离埠之第一班轮船回国。若动身前,必须偿还若干债务,此款亦足敷用,余债可与债主商妥,在最近当由叔代为偿付;惟须服从叔命,速整装回国而后可。汝父现在香港置有田产,生活较适,叔不久以助以一臂之力,购一宽舒之住宅,俾汝等得合家团聚也。倘你抵香港后,叔亦当尽力使汝升学香港大学,续作医药研究,速遵叔

命,切切毋违为要。

叔逸仙字　四月二十五日

据秦孝仪主编《国父全集》第四册(台北近代中国出版社一九八九年版)(译自中国国民党原党史会藏英文原函影印)

致侄媳函(译文)

(一九一〇年四月二十五日)

侄媳知悉:

刻已汇给昌侄大洋五百元,藉作汝等全家回国之旅费,此信到后,款亦随到,汝当力促成行,毋得稍延。因祖母病重,盼汝等回港一晤,汝翁亦有信来,命立促汝等动身,叔因尽力筹得此款,望汝等遵命也。

叔逸仙字　四月二十五日

据秦孝仪主编《国父全集》第四册(台北近代中国出版社一九八九年版)(译自中国国民党原党史会藏英文原函影印)

致孙昌函

(一九一〇年四月二十六日)

昌侄知悉:

今日由信局寄一担保函,内有银行汇单一纸,申银五百元。此单在碧家啡埠亦可支取。收银后,即与你母亲各人赶程回香港可也。至紧至紧!此示,并候

各人平安

叔德明字　西四月廿六号

据中国国民党中央文化传播委员会党史馆藏一般档案049/55

致梅培函①

（一九一〇年五月四日）

梅培盟兄大鉴：

三月十三日来示，已得收读。欣闻党势续有进步，现举萧雨滋先生为会长，可为得人贺也。贵埠新同志之盟书，可由贵埠会员暂为收存，因弟现下行方未定，待弟异他〔日〕到东京后再行通告请将盟书寄来，始可寄也。

近日吾党精卫君，身入虎口，到北京欲行大事，不幸事败被拿。昨日接到胡汉民君由港来电云"精永禁"，盖定为永远监禁也。虏不杀之，想有所顾忌而不敢也。然吾党失一文武全才之能员，殊深痛惜也！今后吾党同志之尚有生命者，应各竭其能力，从种种方面以助革命之进行，以期达最终之目的，方能酬先我而牺牲者之志也。请共勉之！

檀埠加盟者现已达八百多人，不日当可过千矣。人心思汉，天意亡胡，于此可见一斑矣！

匆匆不尽，余容再报。此致，即候

列位同志义安

弟孙文谨启　西五月四号

据中国国民党中央文化传播委员会党史馆藏一般档案049/191

---

① 此函寄往芝加哥，梅培是该埠同盟会员。

致纽约同盟会员函

（一九一〇年五月五日）

纽约同志列位仁兄公鉴：

唐麟兄四月二十号来函，已得收读，领悉一切。询长沙乱耗，此间所闻，亦由报纸所传，其未起事之前未有所闻也。此是一时暴动之事耳。然新军亦有附和，可见此等练军，所蓄之志，久有反对虏廷；故无论如何，总有利于吾党。

精卫君往北京，身入虎口，欲有所图，不幸事败被拿。昨日得接香港汉民君来电云"精永禁"，盖精卫君已被虏廷定为永远监禁也。虏不杀之，想有顾忌心〔忌〕心而不敢也。然吾党失一文武兼全之能员，殊深痛惜也！从此吾党同志如何自勉，以尽一己之份，而酬先我而牺牲者之志乎。请共勉之！

弟文顿　庚西五月五号

据胡汉民编《总理全集》第三集（上海民智书局一九三〇年版）

致咸马里函（译文）

（一九一〇年五月九日）

亲爱的将军：

我今日刚收到中国来讯，第一标余众约七千人已安全返抵家乡高州（Kanchow），该地在法国租借地广州湾附近。他们立即开展宣传，并已获得一万余人的信从。他们已从乡里收集到步枪约一千支，每支有子弹二百发。一标其余部分亦各自回籍。除高州人外，人数以返惠州府沿海两县海丰和陆丰为最多。他们亦在各自乡里活动,并获得一万余名追随者。高州人和惠州人随时皆可投入战斗。

广州新军未被遣散的两标兵将被派往高州府(Kanchowfu)驻防。他们至今尚未得到发还武器,但派出驻防时必定会将武器发还给他们。我们应善于利用这些人员和武器。

我党香港负责人胡先生①偕黄先生②、赵先生③(前任广州军队标统)最近已前往星加坡。

我遗憾地通知你,我的一名秘书汪精卫先生及另一些人在北京被捕,汪先生已被判监禁终身。现今他的唯一希望在于我军攻下北京。

我将于明午启程赴希炉,一周后重返此地。你拟于何时东行?

谨向你和鲍尔小姐致以最良好的祝愿。

非常忠实于你的孙逸仙　一九一〇年五月九日于火奴鲁鲁

据《咸马里与中国革命》转录美国斯坦福大学胡佛研究所藏英文原函(陈斯骏译),转录自广东省社会科学院历史研究室等合编《孙中山全集》第一卷(中华书局一九八一年版)

致布司函(译文)

(一九一〇年五月二十四日)

布司先生鉴:

余将于本月三十日乘蒙古轮离此赴日本,并拟在日本稍待时日,等候阁下之复示,同时将为日后之工作准备一切。余目前之通讯处为:Y. S. Sun, care of Mr. K. H. IKe, No. 10, Nakanocho, Akasaka, Tokyo, Japan。④ 一俟余抵

---

① 胡先生,指胡汉民。
② 黄先生,指黄兴。
③ 赵先生,指赵声。
④ 中文意为:日本东京赤坡中野町十番地池亨吉先生转孙逸仙。

达日本,当尽速另函奉告较为固定之地址。专此,敬祝

合府安好

孙逸仙　五月二十四日于檀香山

据秦孝仪主编《国父全集》第四册(台北近代中国出版社一九八九年版)(译自中国国民党原党史会藏英文原函照片)

致咸马里函(译文)

(一九一〇年五月二十四日)

亲爱的里将军:

我拟于本月三十日搭乘蒙古轮离本岛赴日本。我将在日稍作逗留,以待你的讯息,并尽力为未来计划进行准备。

我刚收到中国来讯,谓我党一些同志在获悉我们在此处提出的建议[①]之前,已采取措施从广州湾法国当局租地开垦。法国政府招人前往该处开发土地,凡申请租地者,每人可获得三英亩土地。但提出申请后需经三个月始可得到答复。

我还获悉香港某商号愿承担供应任何类型的武器,并保证可将订购武器的任何部分在广东省沿海交付。如此,则将减少我们自己运输军火的许多麻烦。如确定由此商号承购军火,付款前即可将货物运往我们所需的地点。此诚为最可靠而方便的途径。倘若我们在美国募款成功,望你在我们与旁人签订合约之前,先与该香港商号联系。我们或将该商号用作全部军火的供应者,或仅作为转运站,均无不可。因为该商号在远东各港口均拥有船只和仓库,获有合法装运军火到任何地点并在任何地点合法储存武器的特许证。

我在日本的临时地址为 Y. S. Sun, c/o Mr. K. H. Ike, No. 10, Nakanocho,

[①] 此指洛杉矶的长滩会议,曾计划在中国沿海某些租借地区建立训练起义者的营地。

Akasaka,Tokyo,Japan。我抵日后,当即写信给你。

谨向你和鲍尔小姐致以最良好的祝福。

非常忠实于你的孙逸仙
一九一〇年五月二十四日于火奴鲁鲁

据《咸马里与中国革命》转录美国斯坦福大学胡佛研究所藏英文原函(陈斯骏译),转录自广东省社会科学院历史研究室等合编《孙中山全集》第一卷(中华书局一九八一年版)

致纽约同盟会员函[①]

(一九一〇年五月二十五日)

纽约同盟列位仁兄公鉴:

弟自省城新军失事之后,本欲久留美国,遍到各埠联络人心,以赞助革命大业。以革命军近年举事,皆未曾得外埠同志之大助力故也,故每坐财政困乞〔乏〕之失。倘海外同志及洪门能联络为一团体以赞助革命,则以美洲而计,集合三五万人亦殊不难事;而有此数,则每人月任一元,一年之内亦可积款数十万也。有此一臂之助,不患大事不成矣。弟在金山大埠正开始经营此事,乃槟〔檀〕山同志有急电来催,故先往彼地,拟两月后回金。惟近复接东方来信,知中国内地各情更急,遂决于西五月三十号由槟〔檀〕往日本以会同志,商办善后事宜。若事妥有暇,弟必再到美洲,务期达联络之目的。若不能亲到,亦必派人来代行此事。如他日有人受弟〈托〉而来者,望各位权力助之,以成此联络之举。又来者必带有弟亲笔信函,方为真确;倘无此者,恐为冒托,无论何人须慎防之也。

现时美洲各埠华侨渐有归心革命之趋势,望各同志务要乘机鼓舞,使革命思潮日进不已,则将来联络之事自当易易也。省城军事,各位曾助力者,

---

① 此函发自檀香山,底本误作槟榔屿。

请将姓名即〔照〕数开列前来，以便发回凭据收报可也。有信暂仍槟〔檀〕山《自由新报》转致，俟到日本后有妥实地址寄到，乃可直寄也。

各情到东再报。此致，即候

筹安

弟孙文谨启　庚戌五月廿五日槟〔檀〕山发

再：铁夫兄及溪记近日各来一函，收妥。

据胡汉民编《总理全集》第三集（上海民智书局一九三〇年版）

致布司函（译文）

（一九一〇年六月二十二日）

布司先生：

五月十二日大札，恰在余离檀岛之日寄达。余抵日本已届两周，嗣后北京政府即不遗余力欲将余驱离日本，日本政府对余留此事，甚为困扰，外务大臣坚决反对余居留东京，但军部大臣独持异议。余抵此之日，日本内阁会议商此事，结果军部意见得逞，余乃获允居留，但是时尚在北京政府采取行动之前。目下，北京政府对日本外务省压力如此之重，余拟自动离境，以减轻此间政府之不安。

余抵此前，已有若干革命领袖来此欲与余会晤，余乃将阁下之意见转告彼等，中止一切不成熟之举动，彼等均表同意，并允通告各省同志，立刻停止活动。余意以为，此类举动可中止至本年冬季，故今后数月，可以和平方式进行革命工作。

余本欲离此，但军部友人促暂留旬日，故在此间计划难以确定，惟一俟定夺，当即奉告。

阁下之任务如在余联系前得以完成，尚请致电香港，赐示 Chungkokpo, Hongkong, Ahmi Settled，香港代理人将在余抵达时立刻转知。

各省代表签署之文件已备妥,不日即可奉上。

孙中山　六月二十二日于东京

据秦孝仪主编《国父全集》第四册(台北近代中国出版社一九八九年版)(译自中国国民党原党史会藏英文原函照片)

致纽约同盟会员函

(一九一○年六月二十二日)

纽约同志公鉴:

弟于西六月十[五]号由槟〔檀〕安抵日本,现寓东京数日。前有一长函寄槟〔檀〕,并托槟〔檀〕同志多抄一份,转寄贵埠同志公鉴。自该函发后,清政府用种种手段与日政府交涉,日本外务大臣殊苦其扰,大有不欲留弟久居之意。惟他大臣多不以为然。但此事全属外交问题,恐他大臣不便过为干涉,则弟或有不能久居亦未可知。一二日再开阁议,当有分晓。如何再报。此致,即候大安不一

再:前公璧兄函询长沙排外事件,此纯属饥民举动,不是革命党所为,此复。

弟孙文谨启　庚戌西六月二十二号

据胡汉民编《总理全集》第三集(上海民智书局一九三○年版)

致檀香山同盟会员函

(一九一○年六月)①

同志公鉴:

弟以秘密离檀,故未能与各同志一一握别,幸为原谅。弟由檀正埠乘

---

① 原函未署日期。

"蒙古"船,已于六月十号早平安抵日本,登岸无阻,可为告慰。兹将弟来日一事与日本政府交涉各情,详告如下:

近年清政府大为注意于弟一身。三四年前,用尽九牛二虎之力,以与日本政府交涉,必欲日本政府公然下令逐弟出境而后已。时弟尚居东京,日本政府一面迁就清政府之请,一面亦欲示好意于吾党,探得弟将有事于两广、云南,不日离日,其外务省转托私人送程仪,开饯宴,殷勤备至。及弟船出日本境外数日后,日本政府遂通告清政府云,已下令逐弟出境。惟日本政府在日本国内未有宣布此令,而清政府一得日本政府之通告立即宣布,故弟至香港之日,已见中外各报载有此事矣。在日本政府本欲两存好意,在清政府则云下令逐弟,而对吾党又示优容。惟各国政策无论如何文明,其对于与国必重于对民党,但日本政府有两方面皆存好意,几平等相待,必至离境之后乃通告清政府以逐客之事,此已属格外优待吾党矣。无如清政府以为得此,已属外交非常之胜利矣。

惟有经日清两政府交涉之后,则弟之再回日本,已属万难之事。弟往日有事于滇粤,固望一战成功,何遑及此? 惟至滇粤之事无成,而欲再图进取,非回日本就近策画,时多不便。故弟在英京之日,已就日本公使馆询问意见如何,据随员称答云:此实于日本外交有万难之处。弟再写信东京好友,向日本政府设法,彼回答云:改名亦可通融。故弟此回来日,实为冒险一行,且以验日政府待吾党政策之善恶。于离檀之日,已托卢先生①打电日友,此友当间接以达日政府;弟在船中更发一无线电与他友。故于未到埠前,日政府已知弟之将到矣。惟不欲下令于警察放行,故弟一到横滨之时,则彼水上警长认识,又或被清侦探看到,故于弟登岸未久,清公使则发电话问日本外务省弟是否到来,外务省答以不知。不意同时横滨警察长则行公事报告于内务大臣,云 Dokans 即孙逸仙,已由"蒙古"船到埠,请示如何处分。至此日本政府不能推委不知,只有或留或拒耳。遂开阁议,闻由十点至十二点,外务大臣则甚有难色,惟陆军大臣甚表同情,其他各大臣亦赞陆军大臣之意,遂

---

① 卢先生,指卢信。

准留。惟于对警察之公事上及对清廷之外交上，不能明表留意，故发令横滨警察长云：劝逸仙他去。此时警察长已暗晓政府之意，故再来行公事上劝弟出境。弟即时对警察长承认彼之劝意，定实明日他往；于翌日遂由横滨入东京，离了横滨警察所管之境域。横滨警长遂复禀内务大臣云：已劝令孙逸仙离境，孙逸仙今已他去矣。如此，警长算完了一件公事。而弟入东京，则改名为 Dr. Alaha。以后清政府如向日政府交涉，日政府只有对他云：孙逸仙于□月□日到日本，已由横滨警察长劝令他去，已离境矣；今在东京者乃 Dr. Alaha，为檀人耳，不知有孙逸仙也。如此想清政府亦无可如何矣！

此次日政府如此委曲优待，真出意料之外，诚为日本政府向来待革命党未有之奇典也。今后吾人在日本办事，必得种种之利便。故弟欲即行设立秘密机关于东京，以为联络及统一各省团体之行动，使归一致，免再有长沙等处排外无识之举，则他日大举必能收无量之效果也。惟设此机关，并派员入各省，每月至少需经费数千元。今欲檀埠同志每月至少接济美金一千元，能多则更妙。檀岛现有会员千余人，每月每人捐费一元，有力者多捐，想不难集合此款以为急用。此款必供应一年之久。如在一年之内大事已举，则不必再供；如过一年外尚未举事，则下年再办此机关与否，到时另议。而檀同志愿否继续再供接济，亦由檀同志自行决之。惟此时则在青黄不接之交，而遇此好机，不乘时开办此事，则恐有误机失事。想檀同志者，皆热心担任革命之事业，则此每月一元之区区，必能尽厥义务也。并望由檀同志发起，通告金山、纽约、芝加古三埠之同志协力相助、多多益善。每月所捐之款，可汇寄来檀，由檀按月一起转寄前来弟收，以济急用。接信之后，请集同志公议，能否照数接济，或现时尽各同志之能力，不过只能任若干，即望将款寄来，并示明以后每月接济若干，以便弟通盘算数。幸甚。

寄信与弟照此便妥：
日本东京小石川区原町三十一番地宫崎寅藏殿
  Mr. Miyasaki Tarago
   31 Sdacamachi
    Korshrgarvaku

Tokyo

Japan

无论担保或平常信,俱照上文,而内另加封,写转交孙逸仙收启。

据中国国民党中央文化传播委员会党史馆藏一般档案 049/256

致南洋各埠同盟会员函[①]

(一九一〇年七月十四日)

同志公鉴:

弟于七月十一号从日本抵星坡。自离此地一年有二月,适绕地球一周,所经五六国,所图之件尚未达最终之目的,惟进步较前甚多,将来总有大希望也。弟至美洲,颇蒙华侨欢迎,该地之保党已多归化革命。弟本欲久留该地一年半载,以经营团体之事。无如祖国情势日急,又遇精卫兄等失事于北京,故亟欲东回,就近亲筹一切。到日本住有两礼拜后,遇清政府大与日政府交涉,谅难久居,遂南来此地,殊非本意也。惟既来此,则欲从新整顿团体,以求吾党势力之进步,则于革命前途必有所补。贵埠同志热血过人,想必有良策以匡不逮,望为赐教。

弟现暂寓张君永福花园,不日当另觅屋而居。有信请寄新长美转交,或寄广忆昌客栈邓子瑜君处亦可。泽畲兄寄金山并檀埠各一函,俱已收到,该事容俟面谈。此候

义安

弟孙文谨启 七月十四号

据邓泽如编《孙中山先生廿年来手札》(台北文海出版社一九六六年版)

[①] 寄至各埠的信函文字稍有出入,此函采自致挂罗庇胜同盟会员函。

致布司函(译文)

(一九一〇年七月十五日)

布司先生：

余于六月底离开日本，两天前抵此。在留日及来此期间，曾走访上海及香港两地，会晤各地领导人，得悉彼等甚愿响应阁下之号召，并拟静待机缘，共襄义举。

目下尚无要事奉告，但可一谈者，乃有一曾任清廷海军巡防舰长之吾党同志，现已擢升为清廷海军之总指挥，一俟时机来临，余信彼即反正，而与吾党并肩作战。阁下方面之进展如何？乃赴纽约之行结果如何？余亟欲获悉阁下之具体消息。余目下在星岛之通讯处如下：

  Y. S. Sun
    c/o Kong Ye Chiong
   77 Cecil Street
    Singapore
    Straits Settlernents

电报挂号请致 Enghock Singapore

孙逸仙　七月十五日于星加坡

附及：余在今后数月内，可能前往马尼拉，阁下可介绍余往访阁下在当地之友人？

拟请函央贵友——美国前驻菲将军——介绍余往访当地官员，未知当否？Kang Yu Wei 刻在星加坡停留，彼较余早两月即已抵此。

据秦孝仪主编《国父全集》第四册（台北近代中国出版社一九八九年版）（译自中国国民党原党史会藏英文原函照片）

致檀香山大埠和希炉同盟会员函[①]

（一九一〇年七月十九日）

大埠、希炉两埠同志公鉴：

前在日本曾致一函，想已达览。弟初欲久驻日本，以联络北、中各省为一气，后因清政府太向日本政府骚扰，以致居住无一刻之宁，故于七月终舍日而南图，现已到星加坡矣。此地联络北省，则不及日本之便，然可安居无扰，亦各有所长。今初到是地，各事未定，因前约往日本会商之同志，一时不能与之偕来。今当待各省同志陆续到齐，详商各节，然后方能定进行之方针也。

前函请转美同志按月接济经费，以为秘密机关之用，今既南渡，则此款更为急要，未知同志能允如所请否？必待实复，方能量力举办各事也。幸为留意。此致，即候

大安不一

弟孙文谨启　七月十九号

据中国国民党中央文化传播委员会党史馆藏一般档案 049/358

致吴稚晖函

（一九一〇年七月二十日）[②]

稚晖先生鉴：

久未致候，遥想旅况多佳。弟自抵美西及檀香山二地，大蒙华侨欢

---

① 此函起首的"大埠"，是指檀香山正埠，不是指旧金山，底本标题误作旧金山，今予订正。

② 底本影印吴稚晖附注，谓此函写于 1911 年，实误。按 1911 年 7 月孙中山在美国旧金山，而此函所述行踪并自称现居槟榔屿，皆为 1910 年事，兹予订正。

迎，此皆多《新世纪》、先生辩护之力也。弟在该二地已联络团体约有千四五百人，将来大可进步。弟本欲久留该处，以图党势之发达，乃以祖国情势日急，恐再蹈羊城覆辙，故急于东回。在日本住有两礼拜，旋于西六月廿五日离日本，七月十一号抵星加坡，十九号由星乘德邮船往槟榔屿，会同志谋议要件。大约一二礼拜当回星埠，作略久之寄寓，请先生时时赐教为幸。

　　吾党今日有一急要问题必须设法解决者，为谋救精卫之事。今外间已有担任之人，惟苦不详悉北京近情及精卫在囚之地，故先当调查确实，乃可行事。此必靠北京官场同志乃能为之。此间同志已各就所识，请为尽力。然犹恐耳目未周，今再〈请〉先生就欧洲同志密商，如各有所识可靠之人在北京者，皆望托之查探现在精卫被囚之法部衙门地方及看管之人详细情形如何，并请他等代为筹思有何妥法可以救出。如查得实在情形及想出妙法，望即函示弟知并香港展堂君知为祷。此候

大安不一

　　李君、褚君①统此不另。

弟高野谨启　七月二十号

星埠通信处：

　　Mr. Teng Tse Yee

　　　21 Stanlay Street

　　　　Singapore

　　　　　Straits Settlements②

（内加封，交高野）

香港通信处：

　　Mr. K. W. Chan

　　　c/o Wijk Co.

---

① 李君、褚君，分别指李石曾、褚民谊。
② 中文意为：海峡殖民地新加坡士丹利街21号邓子瑜先生。

25 Des Voeux Road

Hongkong

（香港德辅道廿五号惠记洋行陈景华先生转交胡展堂先生收入）

据胡汉民编《总理全集》第四集（上海民智书局一九三〇年版）影印原函

致宫崎寅藏萱野长知函

（一九一〇年七月中旬）①

宫崎、萱野二先生鉴：

弟已于七月十一日平安到新加波，现拟在此暂寓，以候先生之运动结果。

自弟离日本后，各事如何，望详细示知，幸甚。弟刻下尚无事可告，若他日有事，自当再行报闻也。有信寄弟，请照下文：

Mr. Y. S. Sun

c/o Kong Ye Chiong

77 Cecil Street

Singapore

此候

大安

弟孙文谨启

据中国社会科学院近代史研究所藏原函微缩底片

---

① 原函未署时间。孙中山于是年7月11日抵新加坡，19日赴槟榔屿，而此函自新发出，时间即据此酌定。

致孙昌函(译文)

(一九一〇年七月二十一日)

贤侄如晤：

六月四日经由檀香山转来一信，已阅悉。惟五月十四日一信，尚未收到，或系失误，亦未可知。叔目下不克另行汇来洋三百元，以后数月中或可办到，然亦不敢必也。汝父耐心盼望汝等，而汝不能立刻回家，深觉怅然。此复，并祝合家吉羊。

叔逸仙字　七月二十一日

据秦孝仪主编《国父全集》第四册(台北近代中国出版社一九八九年版)(译自中国国民党原党史会藏英文原函影印)

致黄甲元函[①]

(一九一〇年七月二十四日)[②]

甲元吾兄大鉴：

弟数日前以槟城同志电招，即日起程，是以无暇告别。初以到槟一二礼拜便可回星，乃今有他故，或要留槟三几月也。

今日吾党在南洋之极急务，弟欲与足下详商者，即设法维持《中兴报》是也。日前在永福兄山园曾略及此事，而足下云难以分身兼顾，弟又想不出妥当之人。盖《中兴报》之缺点全在不得其人，今欲维持，若不物〈色〉得可靠之人，虽加万金资本，仍无济于事；若有其人，虽三数千便可挽回危

[①] 此函寄往新加坡。黄甲元原是邦加岛烈港(Sungai Liat，今又译双溪利亚)同盟会员。

[②] 底本说明此函写于1907年，实误。按1907年7月孙中山在越南河内，而此函自称现居槟榔屿，且其第一段内容又与前后各函所述一致，应为1910年事，兹予订正。

局矣。兹有同志新军队官张伟吾兄,具文武才,勇于任事,力愿担任维持《中兴报》之责,彼可主持笔政兼摄司理,但不欲管理财政,云若有三千金便可置《中兴报》于不败之地。彼亲见报馆一切事情,持之有故,言之成理,弟亦信彼能坐言起行也。今既得其人,只欠三千之资本耳。足下关心大局,想必肯筹此三千,并自择一人以管财政,而以报中用人、行政一切事权授之张兄,则《中兴报》从此必能发展巩固也。其应如何整顿种种详细情形,张兄当能为足下一一详道之。望足下一尽力焉,幸甚。此致,即候

大安不一

弟孙文谨启　西七月廿四号

据《中央党务月刊》第六十七期(南京一九三四年二月)影印原函

致符树兰等函①

（一九一〇年八月二日）

树兰、竹亭②并海南同志列位仁兄公鉴：

　　弟近由欧美回南洋,暂寓槟城,得与格兰③兄相遇。格兰兄本欲与林海山兄入云南,弟劝之不如返琼州,调查一切风土人情,并布置各件,以为他日响应两粤之地。格兰兄甚以为然,日间返盘谷与公等妥商,然后回海南运动云。图海南一事,本由弟前在盘谷建议而公等赞成者,尝以大款未集,不能举行。今有格兰兄愿先往查考各情,自当见一着做一着,布置于先机。倘不日集款可成,便能立速举事,甚为利便也。望公等协力赞助,俾格兰兄得以快捷行事,而为革命军一臂之助也,幸甚。

---

① 此函寄往槟角(盘谷)。受信人均海南籍同盟会员。
② 竹亭,指云竹亭。
③ 格兰,指林格兰。

此致,即候

义安不一

弟孙文谨启　中六月廿七日

据中国国民党中央文化传播委员会党史馆藏一般档案049/360

复咸马里函(译文)

（一九一〇年八月十一日）

亲爱的将军：

六月十八日来函,昨日收到无误。目前已将受委任的军官召回部队,以训练广东军队的两镇新兵,训练工作务须于一年内完成。现除少数几名特殊人物与我同在一处外,大部分军官俱已返回部队。我们必能迅速恢复在广州军队中的地位,而且力量将比前远为壮大。海丰、陆丰等县的党人数量与日俱增,故我无法向你提供其确切数字。但是,我们可能征募所有能干的成年男子加入革命运动,这一点是相当确切无疑的。在海陆丰东面的潮州府和嘉应州各县更皆准备加入。广东省的这一地区向来涌现优秀的军人。他们的人数以百万计。一八六〇年英法联军侵犯北京之役,潮州人一度受雇于英法联军,事实已表明他们的良好战斗素质。大沽即在这些潮州人猛攻之下陷落。

在香港、虎门、惠州之间三角形地带的乡村,已以其所有的全部武器进行充分武装,人数至少有三万。但仍须向他们提供弹药。

当我在日本居留时,曾制止长江流域即将爆发的起义,在日时,我已就此事去函奉告。他们原只应诺将起义日期延至今冬,但我现能劝使其作更久的等待,直至我们的募款计划成功为止。因此,你可继续执行我们原定的计划。

目前,云南省出现某些动乱,上周我已派出一人,从此处取道缅甸前往阻止。我想他能使那些人在一段时间内静待时机。请赐赠一二本你的近作《无知之勇》(The Valor of Ignorancy),因我原有的一本已被友人取去。

我拟在此地居留二三月,此期间来函可寄:

Mr. Chung San

 c/o Tek Cheang

  197 Beach Street

   Penang

    Straits Settlements①

谨向你和鲍尔小姐致以最良好的祝愿。

非常忠实于你的孙逸仙
一九一〇年八月十一日于槟榔屿

据《咸马里与中国革命》转录美国斯坦福大学胡佛研究所藏英文原函(陈斯骏译),转录自广东省社会科学院历史研究室等合编《孙中山全集》第一卷(中华书局一九八一年版)

复邓泽如函

(一九一〇年八月十一日)

泽如同志仁兄大鉴:

  六月廿九日来示接悉,现下以议改新章各事未定,故迟于奉复。然足下处所收盟表既为日已久,则请寄槟城缎罗申街得昌号黄金庆君转交,由弟暂存给号便是。以后新章欲一概不收入会费,支部办事费拟由会员随缘乐捐,庶免新进者之畏难退缩。未知足下及各同志以为如何?此致,并候

义安不一

弟中山谨启　西八月十一号

据邓泽如编《孙中山先生廿年来手札》(台北文海出版社一九六六年版)影印原函

---

① 中文意为:海峡殖民地槟榔屿缎罗申街197号得昌号转中山先生。

致张永福函

（一九一〇年八月十三日）

永福吾兄鉴：

　　前奉一函，请足下将托存之铁箱寄来槟城，想已得达。大约四姑来后未遇妥人，故尚未寄到也。兹有同志曾秀兄，现寓子瑜处，弟欲彼来此地一会，请足下将铁箱交与子瑜，托他带来便妥。

　　转寄来吴世荣兄代交之信，已得收妥。有劳，感谢。此致，即候
大安不一

弟中山谨启　八月十三号

据张永福编《南洋与创立民国》（上海中华书局一九三三年版）影印原函

致邓泽如函

（一九一〇年八月十六日）

泽如仁兄鉴：

　　兹得贵埠人寄来英文信一通，称为托足下代寄者，然审内外皆一人之笔迹，并无足下一言。今将原函付上一观，如足下识其人为妥当，则请代弟面复之。彼所欲得英文纸、英文书，弟现无其物。又彼欲知革命之总方针，除非彼已为会员而愿出而任职者，否则不能相告也；或彼欲知者为革命之宗旨，则请足下将所知而告之也。彼究为何如人？望足下详为复示，幸甚。此致，即候
大安不一

　　各位同志祈为问好。

弟孙文谨启　西八月十六号

据邓泽如编《孙中山先生廿年来手札》（台北文海出版社一九六六年版）影印原函

复邓泽如函

（一九一〇年八月二十四日）

泽如同志仁兄大鉴：

来函并盟表卅张、汇票一纸，已得接到。兹将底号寄上，乞为分给。至于盟书之改良，则殊非舍重就轻，乃再加严密耳。其前之中间四语，今改为三语，各包一主义，以完其说。其前之"中国同盟会会员"字样，今改为"中华革命党党员"，以得名实相符，且可避南洋各殖民地政府之干涉。盖各殖民地有例严禁私会，而法英两殖民地前年已公认革命党为政治之团体，法安南送党人出境，而英殖民地收纳之是也。若同盟会之名，在各殖民地皆未注册，彼官吏可视为私会，非如革命党之名有案可稽也，故盟书用之为宜（美洲、檀岛已一律用之矣）。至团体与团体之往还，两者俱可并用，随人择之。并付上盟书底稿一张，祈为察照施行。

又，照新订分会总章，以后免收入会费，而多举主盟人，以广招徕。至地方会所之费，由会员均分担任。而本部及各地支部，前者办法多未妥善，今拟重新组织之。重要办事之员，议给一定薪水，俟将来组织妥当时，当定预算表。其本部每年经费若干，由各地分会分任，向各会员捐助至足数为度。其支部经费若干，则由所属地之分会如前法捐助。

至月捐一节，槟城同志现已举行，每股月捐五角，认股多少随各人惟力是视。每月收齐贮于行银〔银行〕，用慈善名誉选六人管之。他等党事亦不得提用，只关于起革命军者乃能提用。俟此地办有头绪之后，必将办法通告他地同志也。此致，即候

列位同志大安

弟孙文谨启　八月廿四号

据邓泽如编《孙中山先生廿年来手札》（台北文海出版社一九六六年版）影印原函

致檀香山同盟会员函

（一九一〇年八月二十九日）

国民盟长并列位同志仁兄钧鉴：

近日内地党势进步之速，大有一日千丈之概。省城军界之破坏，今亦已恢复如初，而彼中同志近且从事运动于巡防营及警察两敌军，将来机局必更胜于未失败以前也。如是则前途之望势不为不佳矣。惟财政之困难较前倍甚，香港之支部已难支持矣。此地甚为握要，为南方各省之总交通地，派员运动、同志往来各等所需，用款甚巨。弟前在日本已有公函，请各埠同志合力筹款一笔，为长年经费，以设秘密机关于东京，为交通北〈方〉各省之用，未知已举行否？惟以现下情形计之，南省更紧要于北省，香港更紧要于东京。今南省已不能顾，奚暇及于北省？盖行事先当从其所急也。前请筹款以为东京机关之用，今请改归香港之用。如已筹就，请从速汇回香港胡展堂君收（英文详列另纸①）；如尚未筹，请即从速开办，以救目前之急。不能稍缓，否则各事因之阻滞，而前途大有窒碍矣。倘公等能暂救此困局于一时，则迟迟弟当另有法以解决吾党一切财政问题也。公等团体新成，朝气方锐，非似南洋、香港之同志已成强弩之末可比，故望之独殷也。务期各尽义务，惟力是视，无论集就多少，即行电汇，方无迟误也。

弟现到南洋庇宁埠暂寓，以待一大问题之消息。如事有成议，即吾党之事可以迎刃而解矣；如事有不谐，则弟或当再往美洲一行，未可定也。必俟得有实音之后，方能再定行止，到时再报。此致，即请
义安不一

弟孙文谨启　西八月二十九号

再：香港、南洋各埠同志现已竭力捐资营救精卫君，檀地同志如有表同

---

① 另列英文地址，底本未影印。

情于此事者,亦请竭力相助。盖此事非数万金不办,现在尚欠甚巨,然事已开手进行矣。无论捐得多少,须声明为营救精卫君之款,亦汇展堂君收。

据佚名编《总理遗墨》(印行时间不详,广东省社会科学院藏)影印原函

致布司函(译文)

(一九一〇年九月四日)

布司先生:

六月二十五日大札,甫于昨日自纽约寄达,得悉阁下东部之行极为成功,深感兴奋。阁下寄往夏威夷函件,则于余在日本勾留时拜读,并曾一一作答。此外,余于离日前,曾致书阁下及李将军,谈及阁下所提及之谣传。

在前信中,余曾奉告阁下及李将军,余在日期间已及时制止在长江流域及华南之一切不成熟革命行动。中国各地革命领袖,均同意余之意见,以待吾党在美国之目标告成以后方始行动。

余应允搜集之签名录,已自横滨挂号寄上,想阁下必早已收到。

目前一切,想已解决,后果则不得而知,无论如何,余盼及早得悉结果,俾日后采取独立措施。

如阁下认为筹款事将必有成,而最终之解决仅为时间问题,则盼在阁下之帐户内,先行汇寄五万美元,以资助准备工作。因该笔款项可助余之大部分准备工作;若延迟数月,十倍于此之金钱未必能达成相同之任务。如阁下认为此法可行,则筹款事成后,所垫之数,将可加倍收回,以补风险。

在今年冬季之前,长江流域及华南将无革命事件发生,故在此一期间内,亦将无烦扰阁下之事。

二、三月之内,余将赴槟榔屿,故在此段时日无法往晤阁下,除非上开之五万美元得以先行汇达。

自上次事败后,吾党在广东新军中之处境,业已恢复旧观,且将在极短

时日内,益增强大。清廷其他新军之态度亦复如是,均在日趋热望行动令下全面举义。

最近新疆之新军曾爆发革命,此系早先所安排之今夏起义之一,但长江流域经余依阁下之意见,在日本时加以有效制止。新疆远在中国西陲,联系不易,且吾等无法利用政府之电报线路,故通知未能及时送达。

孙中山　九月四日　于槟榔屿

又及:阁下在洛杉矶所赐之电码(269)不适合吾等使用。余意认为使用最新版之A、B、C电码较佳,惟需自行修改方可。余建议每一数字加269发报,收报时则减去之再译出。余在此之通讯处为:Chungsan, c/o Tek Cheang, 197 Beach Street, Penang, Straits Settlements

电报挂号为:Tekcheang, Penang

据秦孝仪主编《国父全集》第四册(台北近代中国出版社一九八九年版)(译自中国国民党原党史会藏英文原函照片)

致咸马里函(译文)

（一九一〇年九月五日）

李将军：

布司先生六月二十五日自纽约来函,方始接获。函中有令人振奋之消息,但嗣后将军及布司先生迄未赐示,余在日本奉书将军亦曾言及此事。余恐布司先生之筹款计划业经失败或已展缓,余曾复函央布司先生暂垫五万美元——如认为募款事必可成功,一俟事成,将加倍偿还,以补其所蒙风险。因余亟需此款进行准备工作,如目前接获此款,则可完成在数月后十倍与此同数款项所能进行之工作。

前函曾奉告中国各地令人振奋之消息。在广东沿海甚多地区,吾党可得热烈之响应。吾党能以较当初在长堤旅社所拟者更简易更快速之方法,发起一次革命,而所费亦将大减。

余确信,广州市可于起事之初即予以占领,因可自城内突然举义攻取之,故可免除自城外进攻之一切麻烦。掌握此城,即可获得至少十万枝新式步枪,及充足之弹药,数百门新式大炮、兵工厂,乃至大量现款及庞大之物资补给。绝大多数革命领袖,均欲一举攻占广州,余亦有同感,因先取此城与后攻此城,其难易有天壤之别。且此举所需之金钱。远较吾等在美所拟之其他计划为少。

如布司先生在纽约之计划失败,则请将军循其他途径,赐拨五十万金元,仅作广州举事之用,而将其他计划搁置,俾达成吾党之首要目标,未知将军能否于最短期筹得此笔款项?如一时无法募得,则请即刻汇寄五万元,以利准备事宜。

余既已制止今夏在长江流域及华南之各项革命,以符将军之忠告,故吾等一切之希望,均寄托于在美国筹款之计划。余切盼获知将军与布司先生双方面之计划,是否均已落空?如能见告,则毋任感激,余亦可另想办法以应未来。此祝福绥,并候包尔小姐安好。

孙中山　九月五日于槟榔屿

来函请寄: Chung San, c/o Tek Cheang, 197 Beach Street, Penang, Straits Settlements

电报挂号:Tekcheang,Penang

又及:如汇款亦请赐寄上址,拍电则按最新版之 A、B、C 电码,并在每字之后加269,收报时则减去之译出。再者,广州起事之前,吾等须得英国政府之充分谅解。欲达成此目的,将军与余均须亲赴伦敦共同工作。如在美筹款事成,五万元适时寄达,余即能促使其他同志展开工作,余亦可赶赴伦敦会晤将军,以便在攻取广州之前,将诸事安排妥当。

如筹款落空,则请尽量撰写介绍函件寄下,俾余得以前往马尼拉接洽。

据秦孝仪主编《国父全集》第四册(台北近代中国出版社一九八九年版)(译自中国国民党原党史会藏英文原函照片)

致萱野长知函

（一九一〇年九月七日）

萱野君英鉴：

别后未审近况何似？所谋之事能否成就？甚以为念。弟与某处交涉中之问题，尚未达最终之目的，现时在槟榔闲居，以待君及某处之消息。君事之进行如何？并东京近事如何？政情如何？请君时时告我，幸甚。此致，即候

侠安不一

弟孙文谨启　九月七日

Address:
　　Mr. Chung San
　　　c/o Tek Cheang
　　　197 Beach Street
　　　　Penang
　　　Straits Settlements

（英领海峡殖民地槟榔屿得昌号收）

据［日］萱野长知著《中华民国革命秘笈》（东京帝国行政学会一九四〇年版）影印原函

复邓泽如函

（一九一〇年九月七日）

泽如仁兄鉴：

得接初七日来函，并银喷一帧，凡一千元，收悉。各同志捐款名单已即

收存,俟缮好凭单,即当寄呈检收。兹因凭单簿已用完,须再刻,故须稍迟也。至于吾兄前汇之一千元,是兄独力所捐?抑是各同志集捐?亦祈示知,以便缮发凭单,是所切盼。余俟续陈。此上,即请

大安

弟孙文谨启　西九月七号

据邓泽如编《孙中山先生廿年来手札》(台北文海出版社一九六六年版)影印原函

致三藩市同盟会函

(一九一〇年九月十二日)

三藩市同盟会列位同志公鉴:

弟近到南洋之槟城即庇宁埠,已将两月。连日事繁,未暇致书,幸勿为罪。吾党自省城军界失败以来,各实行之同志更振刷精神,分途从种种方面下手运动,迄今已大得成效。广东军界势力,不独早已恢复如初,并且吸引巡防营、警察两敌军,多来归诚向化,他日必不为反对矣。而他省之军界、学界进步亦较前倍增。今日时机可谓诚〔成〕熟矣!惟惜财力犹困,未能策划自如。弟谋开一路,若能成就则数百万可以立致。惟日久尚无实音,诚恐或有中变。纵使日后有成,而久待费时失机,则求人固不如求自己。若乘近日之好机,则举事不需多款;今年之内可得十万港银,则必可集事矣。美洲各埠近日革命思潮初至,锐气方新,且人数逾十万。倘得十分之一赞成,则有一万人;人任五元,则事可集。若能人任十元,则五千人之力可以举之。又使有力者多任,其最少者亦任十元,则一二千人亦足举之。况美洲洪门不下六七万人,除一二大埠人心涣散,其美西各坑上及美国东南各华人无多之埠之洪门人士,皆甚热心赞成革命,倘能引导有方,则无不鼓舞向前也。弟今欲我同盟会同志于见信之日,即发起开捐军费,随捐随收,贮入银行,并公举同盟内之洪门人往各坑、各埠劝捐。各地

择妥人代收,收齐汇寄大埠,或直寄回革命军筹饷局亦可。任各埠随便而行,并请大埠同人选择妥人,或行信到纽约、芝加古两埠同盟会商量,请他照行,自行发起开捐,并向附近洪门劝捐。金山则办美西、美南各埠;芝加古办美中、美北各埠;纽约则办美东各埠。至中历十月尾,则将全美所已捐或认捐之数,统计若干报告前来弟处。若为数已足举事之用,弟即着筹饷照数制发凭据,付来交收;若为数尚不足,则暂由各埠管存,以待他日调用。以上所言十万,乃以至少之数而言;若能筹过于此,则做事更易矣。今日之事,正所谓万事俱备,只欠东风耳。望同志各尽义务,则革命前途幸甚。

弟孙文谨启　西九月十二号

据凌波《孙中山旅居南洋信札》,载《民国春秋》一九八七年第五期

复吴稚晖函

（一九一〇年九月二十七日）

稚晖先生大鉴:

八月廿三日来函,已得收读。所谋之事尚未大得头绪,下手之处犹费踌躇也。闻石贞君现在北,先生未知可否与他通信,托他一为调查其方法乎?弟现居留槟榔屿,得有好消息请即通信示知。弟之住址如下:

（槟城得昌号转交中山收入）

　　　　Chung San

　　　　　c/o Tek Cheang

　　　　　　197 Beach Street

　　　　　　　Penang

　　　　　　　　Straits Settlements

近日粤地及南洋党势颇有进步,闻美洲亦有进步,循是而前,他日必有

好结果也。此致,敬候

大安不一

　　夫人、令媛、令郎统此问好。

弟孙文谨启　九月廿七日

据胡汉民编《总理全集》第四集(上海民智书局一九三〇年版)影印原函

复咸马里函(译文)

（一九一〇年九月二十九日）

亲爱的将军:

　　你八月七日寄往香港一函已收到,此后不必寄至香港地址,可直接寄来此处。

　　关于B先生被委任为我党财务代表一事,如筹款计划未能成功,则此项委任不得不予以撤销,党人已向我要求退回此职务的委任书。

　　望你进行我们前曾谈及的另一计划,尽快为我党筹集若干款项。在目前情况下,我以为有二十五万金元便可敷全部费用,即使少于此数,亦足以助我们创造某些奇迹。

　　我自返远东后,常试图制止中国各地不成熟的起义,其条件为我将提供今冬举事的资金。假如我不能履行此一条件,我的信誉将受到巨大打击。希望你敦促B先生按我在前函所提的数目从他账下将款项寄来。唯此,我的信誉始不致受到损害。如他所寄能稍多于此一数目,则全部计划的推行可获良好结果。

　　目前,我正在等候你的介绍,以便前往马尼拉。你的介绍书已寄出否?很久以前我即曾致函提及此事。现时此处各事尚如此混乱,我认为我目下无法再次抽身赴美。此外,我担心由于缺乏资金而无力制止今冬将发生的起义,尽管我仍试图这样做。如能延迟今冬起义,则我将在年底由马尼拉赴美一行。

非常忠实于你的中山
一九一〇年九月二十九日于槟榔屿

通讯处：c/o Tek Cheang, 197 Beach Street, Penang, Straits Settlements.

> 据《咸马里与中国革命》转录美国斯坦福大学胡佛研究所藏英文原函（陈斯骏译），转录自广东省社会科学院历史研究室等合编《孙中山全集》第一卷（中华书局一九八一年版）

致邓泽如等函

（一九一〇年十月十四日）

泽如仁兄并列位同志大鉴：

　　近日内地因钉门牌、收梁税，各处人心不服，皆思反抗，机局大有可为，吾党不可不乘时图大举。惟弟所谋欧美之路，皆尚未成就。倘今有革命军起，则事亦立可成议也。且现时民心、军心皆变，亦不须大款，已可举事。若有十万为事前之预备费，便可敷策划而计成功矣。弟现已发函各埠，询问各可担任几何。若合各埠可筹足此数固佳；否则略少，亦可冒险一发也。贵埠能担任多少？并另有何法向他处筹资，以助成此举？请为示知。弟事略安顿后，当来与各位面商也。此致，即候

大安不一

弟孙文［不一］　西十月十四号

> 据邓泽如编《孙中山先生廿年来手札》（台北文海出版社一九六六年版）影印原函

复张永福等三人函

（一九一〇年十月十五日）

永福、楚南〔楠〕、义信〔顺〕三位仁兄大人足下：

来函颂悉。厘安呢君约往法京一事，现值军事傍午之际，不能应命，已亲函直复厘安呢君矣。杜郎君果任安南总督，则于吾等之事颇为方便，望其事之不虚也。

此间之事，机局甚佳，日内又必有惊人之事，不久则大局可定矣。此处与西贡商人甚踊跃提倡捐助义军军需，大约可得十余万，星洲弟已有信去林文庆先生，托彼力任其事，出来提倡商人以助军费，见面时祈为劝之出力。今日之事，无论会内会外，皆当尽力以完国民之义务也。海防一埠，华侨工商不过三千人，一晚捐资得万余元；河内一埠，华侨不满千人，所捐亦八千余元，此二埠之富，万不及星洲，且弟到此以来，皆隐居，并未与各人一交接，彼等一闻义师之起，则争先恐后，从军者有人，出钱者有人，若南洋各埠有如此踊跃，则革命军之进步不知若何矣。望兄等以身提倡，鼓励国民，使人人尽其义务，幸甚。此致，即候
大安不一

弟高野谨启　十月十五号

据全国政协文史资料研究委员会、中国革命博物馆编《孙中山先生画册》（中国文史出版社一九八六年版）影印原函

致檀香山同盟会员函

（一九一〇年十月十六日）①

国民盟长并列位同志仁兄大鉴：

敬启者，前上一函，请各同志筹款接济香港机关为长流经费，以得办事无滞，想已达览施行矣。

乃者时机日逼，外而高丽既灭，满洲亦分，中国命运悬于一线；内而有钉门牌，收梁税，民心大变，时有反抗。吾等新军之运动，已普及于云南、广西、三江、两湖，机局已算成熟。加之党中财政日困，虽香港一隅或得檀埠同志之接济，而他方则仍无法可设也。且长贫难顾，久待非策。弟今承内地各地同志之催促，并有办事领袖人员到此商议，已决策定计，不久再举。此次机局较前尤佳，且有弟就近指挥策划，一举必可成功，决无疑义也。

惟预备之费当要十万元，乃足布置周密，而出万全。今欲合南洋、檀、美各地同志之力，在此一两月之内筹足此数。但南洋各埠华人虽多，而风气闭塞，所有之同志前曾屡次尽力，几成强弩之末。此次之款，总望檀、美同志担任一大分也。弟提倡革命以来，至今日为第一好机，民心归向，军士倒戈，所缺乏者只此区区之财力十万元，不过檀银四五万耳。若檀山同志出钱能似内地同志舍命之勇，则此区区之数，檀地同志亦能独力任之而有余，无待弟更向他求也。

见信之日，务望向众宣布，即日举行开捐，事前预备军费。无论会员、非会员，凡我汉人，皆当助成此事。有力者多尽力，无力者亦尽其所能，众志成城，众擎易举。如能筹足此数，则决无失败之虞也。故此次事之利钝，则全

---

① 底本以1908年编次，实误，因此函发自槟榔屿，而该年是时孙中山居新加坡，仅在11月3日至槟小住三天即返。函中称"前上一函"，据其内容乃指1910年8月29日函；又提及满洲亦分（指日俄再次密约分享东三省特权）、钉门牌以及他与领袖人员商议筹款再举等，亦皆1910年事，故予订正。

视乎海外同志之尽力与否耳,内地同志既不惜身命,苦心焦虑,竭尽其力,乃能达至此地步。今只待海外同志一臂之助,则大功立可告成,如葡萄牙近日之伟业矣。望为勉力以竟全功,幸甚幸甚。

信到之日,限两个月期内筹集收齐,汇出大埠支部理财员汇汇弟收。暂由理财员发给收条,俟汇到弟处,弟即着筹饷局人员发给凭据收执,以昭大信。兹付上筹饷局约章乙纸,请侊〔统〕为宣布于众是荷。此候
义安不一

弟孙文谨启　西十月十六日　槟城发

据胡汉民编《总理全集》第四集(上海民智书局一九三〇年版)影印原函

致邓泽如函

（一九一〇年十月二十八日）

泽如同志仁兄大鉴:

贵伴李君并民铎社员杨君①到槟,接读来示并二君所言,得悉各节。足下关切大局之深,良足钦感。往坤甸②一事,当俟汉民兄南来与杨君齐往,或有成效。杨君亦深以为然,且缓图之。

弟今另有所见,必须足下牺牲数礼拜之时日,亲来商助,则事望可成。见信之日,无论如何匆忙,必请早临为祷。至急!至要!余容面谈。此致,并候大安不一

列位同志统此问好。

弟孙文谨启　十月廿八号

据邓泽如编《孙中山先生廿年来手札》(台北文海出版社一九六六年版)影印原函

---

① 李君,指李梦生。杨君,指杨惜吾。
② 坤甸(Pontianak),又译庞提纳克,在荷属东印度般乌洲(Dutgh－Borneo)。

致邓泽如函

（一九一〇年十月中下旬）①

泽如同志仁兄大鉴：

梦生代笔信并盟书一百四十八名，已得妥收。兹编就底号付上，祈剪开分交各人可也。间有号数写不明白者，可按次补写唐字，以便收者易记，更佳。自改订新章，大小比朌已大收成效，单刺乞一埠，愿来加盟者甚众，现已收二百多人，闻不日可收至千人云。兹付上章程数张，祈为察入施行。最要者为十三款，务望切实举行，将新旧人员编为排列，则团体可以固结矣，否则仍如散沙也。

弟前在美所谋大款之路，近接彼地复实消息，谓不能速成（然非绝望）。故弟决意不再外求他人，而欲尽吾党之力，以图再举。按之现在时机之好，人心大变，军队亦从，可以不需大款，十万之数便可预备一发，弟亲行督师，事当无不济也。此十万之数，小吕宋一埠可望担任三四万之多，余分任于各埠。若各同志肯尽一分之义务，以众擎之力想不难集事也。贵埠同志能力任几何？若力尚不足，宜速行推广团体，以多数人而人各出少资，则易为力。此款冬间当要需用也，请与各同志预为设法。弟现候一地来信，一二月内当亲往小吕宋以集此资，或可多得，亦未可料也。幸协力谋之！此致，即候

大安不一

列位同志统此候好。

弟孙文谨启

据邓泽如编《孙中山先生廿年来手札》（台北文海出版社一九六六年版）影印原函

---

① 原函未署时间。函中谓近接美国消息，所谋大款不能速成，即指计划由布思向纽约财团贷款而未成，此事发生于 1910 年 9 月以后。函中提出要自行募款十万事，在 10 月 14 日致邓泽如等函、16 日致檀香山同盟会员函也曾提及，则估计此函当是在这前后所写。又此函与 14 日致邓等函一样，只是询问挂罗庇胜能担任多少款项，而在下篇 28 日复邓函中却称"另有所见"，约邓到槟榔屿面商，则估计此函当写于 28 日之前。标出时间主要根据上述情况酌定。

复李梦生邓泽如函

（一九一〇年十一月三日）

梦生、泽如两兄同志大鉴：

　　来书敬悉。所云泽如兄要一礼拜之后事妥方能惠临，此亦未为迟也。弟当待至此时就是。此复，即候

大安不一

弟孙文谨启　西十一月三号

据邓泽如编《孙中山先生廿年来手札》（台北文海出版社一九六六年版）影印原函

复咸马里函（译文）

（一九一〇年十一月七日）

亲爱的将军：

　　九月十八日来函及书刊均于数日前及时收到。不久又收到 B 先生来函，谓财团将于十月初开会。但十月已过，至今尚未见确实消息，故我对他已不存过多希望。望你能独力尽快为我党筹集资金。诚然，只要时机来临，我将不再等待。但如无必要资金，我们的事业将难有所成。我抵达此地后，已多方改进准备工作。现在，我们用远较我们最初所提数目为少的资金，即可争得完全的成功。我认为，原定款项的十分之一即敷使用。你是否能迅速筹得此款？我将试图在此地筹款，只要能募得仅足开始的资金，即使离成功的条件尚远，我也将立即行动。

　　至于大著的翻译一事，我将通知我的日本友人立即开始动笔。我认为，这样做我们将有所收获。至于中文译本，则无利可图，因为中国出版商对最

佳的译文只付以一千字三至五银元的报酬；在中国，版权是无效的。大著译竣约计十万字，译酬仅有五百银元或二百五十美元，但起码需一个人费时三个月始可完稿。但大著内容包括对现代中国人必不可少的宝贵知识。待日文版完成后，我将嘱人译成中文本。

至于你对飞机在战争中用途的见解，我已一再拜读，至为赞佩。你的所有论证均极正确。我完全同意你在第一部分的论述，但在第二部分"作为侦察手段"一节中，你忽略一事：飞机和飞船（可操纵气球）能作极好的摄影，有助于指挥官准确判断敌情。譬如在辽阳和沈阳战役中，俄军指挥官以为日军人数多于己方，但实际上日军人数要比他所设想的少三分之一。日军战线延伸达一百哩以上，使俄军的系留气球无法发现。假若俄军当时使用可操纵气球或飞机进行摄影，即可立即发现漫长战线上日军的数量。

再者，关于中国政府注意你在美国练兵之事，我认为这支军队如仍在你指挥之下，极可能是中国政府意欲接管这些军队，将之调回中国并加以消灭。正如中国政府前此对淞沪铁路之所为，初则伪装要管理该路而将其收买，但铁路甫经易手，即掘起铁轨，将其连同机车、车厢一并运往台湾，任其腐朽了之。而中国现政府要保留你所训练的四个团，按中国当前的情势实无可能。我认为，这一事件的后台乃是图谋私利的中国现任驻华盛顿公使张荫棠。请提防在美国与你接触的所有华人，至于我与你的关系则决不可向任何人透露。

盼能尽快得到你的佳音。

谨向你和鲍尔小姐致以最良好的祝愿。

非常忠实于你的孙逸仙
一九一〇年十一月七日于槟榔屿

据《咸马里与中国革命》转录美国斯坦福大学胡佛研究所藏英文原函（陈斯骏译），转录自广东省社会科学院历史研究室等合编《孙中山全集》第一卷（中华书局一九八一年版）

致布司函（译文）

（一九一〇年十一月八日）

布司先生：

九月二十六日大札奉悉，惟阁下所言之电报则未阅及，未知系拍往何处？

现今十月已过，联合会结果如何？迄今既无阁下之具体消息，余恐阁下虽大力助吾党革命，然纽约筹款事可能全盘落空，有无他法为吾党筹集经费。吾党目前所需金钱，并不若当初在贵处研拟之巨，因大部分准备工作自余抵此后，已告完成。余意以为仅需当初所拟者十分之一至五分之一，即足以执行整个任务而抵于成，亦即五十万金元足供吾党目前所需。数目较少之款项，必较巨额更易更快筹得，如阁下能于今后三月内筹得五十万元，则将可应吾等之需。三月之后，吾等将不再空待，而自行设法。假定在阁下拨来贷款之前，吾等能占据一永久性之立足点，则情况必将完全改观。如若吾党束手无策或努力失败，则情况则依然如吾等在洛杉矶所安排者。

中国境内之情况如昔，无可奉告。

对时机问题，余完全同意阁下之意见。

亟望早得佳音。

孙中山　十一月八日于槟榔屿

电报挂号：Tekcheang, Penang

据秦孝仪主编《国父全集》第四册（台北近代中国出版社一九八九年版）（译自中国国民党原党史会藏英文原函照片）

复王月洲①函

（一九一〇年十一月十日）

月洲仁兄大鉴：

得接来书已数日，以事忙，致稽还答，幸为原谅。近日确系改订新章，免收入会费，及更改盟书。兹付上新章一分，并盟书格式如下：

联盟人　省　府　县　（名），当天发誓：同心协力，废灭鞑虏清朝，创立中华民国，实行民生主义。矢信矢忠，有始有卒。如或渝此，任众处罚。

中华革命党党员　押

主盟人　　介绍人

天运　年　月　日立

中国内地事情诚为风云日急，有岌岌不可终日之势。然吾党此际奇穷，万事虽备，惟欠东风，亦不能乘机而动。故不得不就海外同志请求集款，欲众擎之易举也。日前已在槟城发起，颇有成效，不日欲推行于比叻各埠。现拟委托陆文辉兄办理比叻各埠筹款之事。俟文辉兄旬日后有闲，必当举行之，到时望各埠同志赞助之，幸甚。

至于欲回内地运动之事，想可不必。因各地机局人心似已成熟，不待运动而到处人心已跃跃欲动矣。且刻下再举，自当多赖新军之助，此事非有小款，无从布置联络各省为一气。故今日之急，以在外洋运动款项为第一要义。足下能助力于此事否？望为示复。

弟孙文谨启　西十一月十号

据佚名编《总理遗墨》（印行时间不详，广东省社会科学院藏）影印原函

---

① 王月洲是波赖埠同盟会分会负责人。

致李源水①函

（一九一〇年十一月二十日）

源水盟兄足下：

启者，泽如、梦生两兄来函，知我兄于此次之计划，极力赞助，并允出叻亲为劝捐，尤所深感。兄等既肯效包胥之苦计，弟敢不决鲁连之志以酬公等乎？

抑有进者：此番决心，系由得力各同人默察时机已熟，咸愿牺牲身命，以与虏拼；军界之人更为激烈。前岁土耳其之革命，上月葡萄牙之成功，主动力皆原于此。我今既具有此雄力，安忍听其躯肉相搏，不为预备，以丧我志士？此泽如兄等所为发慈悲、施愿力以为之者也。我兄洞明时局，尤切大义，知交既广，贸易亦隆，必能设法筹措巨款，以成此破釜沉舟之事。今试游法之巴黎，美之纽约、华盛顿等处，其铜像峨峨，高出云表，受后世国民之崇拜者，岂尽当日之疆场战士耶？当知其中为破弃财产以充军实者，居其大半。古语云："不有行者，谁捍社稷？不有居者，谁资糇粮？"今弟等为行者，自愿身当枪剑，惟赖兄等为居者有以提携之，则中国事大可为矣！千祈鼎力为幸。

叻埠之行，至期当再函约。沈联芳兄素热心党事，闻与兄交情最厚，兄若相劝，必可得其助力。特此先布，即请
大安

弟孙文谨启　西十一月二十号

据黄警顽编《南洋霹雳华侨革命墨迹》（上海文华美术图书公司一九三三年版）影印原函

---

① 李源水及后文的郑螺生，均为暹罗同盟会分会负责人。

复邓泽如李梦生函

（一九一〇年十一月二十日）

泽如、梦生两兄同鉴：

壒罗来信，已得收读。源水、秋露①二君如此踊跃，以谋助义军，实堪钦敬。各埠同志亦乐意赞成，想此次之举，必能达目的也。所嘱寄书各位，已如命行之，捐册亦已多印五十本。

兄等何日能出星洲？弟当同时前往。纳闽②有信来邓子瑜，足见该埠人心，多向革命，现已有同志百数十人，皆埠中之望者。未知兄之友尚官该地否？如在，则兄前去，必能大酬心愿也。

杨君锡五，据民铎社中人言，确未曾联盟，弟详查总册，亦未见其名。然未联盟而尽心力以助革命者，尝有其人，吾党亦不必拘拘于此。惟杨君自认其已在航苇③手行之，此以无作有，似为有意作伪，殊不可解。且闻之彼之同事，皆称彼平日人品平常，皆无为众所钦仰之行；而彼到贵埠，则为兄等所折服，如是恐有所为而为之。又据彼同事所言，坤甸之廖、李等君实热心表同情于全党，非对个人有特别感情，似较杨君所言亦有不符。此中情节，请兄等详审之，幸甚。盖世尝有伪君子之为患，较真小人尤甚也。

弟文顿　西十一月二十号

据邓泽如编《孙中山先生廿年来手札》（台北文海出版社一九六六年版）影印原函

---

① 秋露，指陆秋露。
② 纳闽（Labuan），今译拉布安，在英属婆罗洲。
③ 航苇，指林航苇。

复康德黎夫人函(译文)

(一九一〇年十一月二十日)

康德黎夫人:

九月二十二日来示,早经收到,得悉府上全体青年皆有长足之进步,不胜欣慰。

余近来非常忙碌,国内待办之事甚多,因此,何时能再来英国拜访,尚难确切奉告。

目前,余与家人同在此间。小儿仍在檀香山就读,将在明年夏修完大学。然后,他希望研究农业,不知英国是否有适当之学校?

孙逸仙　十一月二十日于槟榔屿

据秦孝仪主编《国父全集》第四册(台北近代中国出版社一九八九年版)(译自中国国民党原党史会藏英文原函照片)

致美洲同盟总会同志函

(一九一〇年十一月中下旬)[1]

前函所云需十万元,乃能布置周到,实收成功之效者,非待十万到齐后发动。刻下已开始陆续布置,在在需款矣!

此次之动,乃因日俄协约,时势甚急,岌岌不可终日;而内地革命风潮亦已普及,军心民心皆同归向;加以吾党久困奇穷,不能稍待。有此三者相迫

---

[1]　此函未署日期。据函中述及内容,知为是月13日在槟榔屿开会决定大举后所写。又据20日、24日致康德黎夫人两函,前一函尚无赴欧美计划,后一函则已决定远行,而孙中山远行的主要目的地为美国旧金山(即美洲同盟总会所在地),此函无一字提及,可知此函当写于24日以前。故酌定为中下旬。

而来，不得不发。故主动各人，决意为破釜沉舟之举，誓不反顾，与虏一搏。有十万元为事前之布置，固起；无之，亦必冒险而起也。况精位〔卫〕君已去，吾辈何忍徒生？若事不成，则宁为玉碎，不为瓦全也！弟亦决意到时潜入内地，亲与其事。故今日若得十万元，则出以安全；不得十万，则必出以冒险耳。此十万元不过一安全冒险之问题，非为起不起之问题也。今内地同志既有决死之心，亦何暇计其安险？但念海外同志必不忍内地同志独出冒险而不一援手，以拯之于安全之地位也。故欲各尽所能，以相有济。内地同志舍命，海外同志出财，庶免内地同志有轻掷宝贵性命如精位〔卫〕君者，则诚莫大之幸矣。弟望美洲各埠同志各尽义务，惟力是视，能筹足十万元固佳，否则多少亦望速速电汇，以应急需，是为至祷。中国与〔兴〕亡，在此一举，革命军尽此一役也！此询

义安

十一月由南洋　弟孙文谨启

据《广州三月二十九革命史》影印《美洲筹款通告》原件（印录孙中山函全文）

致康德黎夫人函（译文）

（一九一〇年十一月二十四日）

康德黎夫人：

数日前刚寄上一信，余当时丝毫未想到即将前来英国，但今即来英国及往美国办理若干事务，余将于两周内乘船启程，预期不久可到伦敦前来拜访。余之前来伦敦，请对中国公使馆保密。

余未到达之前，如有任何人以中山（Chungsan）之名义前来询问，则此人为余之朋友，府上可予信任。

孙逸仙　十一月二十四日于槟榔屿

据秦孝仪主编《国父全集》第四册（台北近代中国出版社一九八九年版）（译自中国国民党原党史会藏英文原函照片）

致李源水郑螺生函

（一九一〇年十一月二十六日）

源水、螺生两兄惠鉴：

　　前者本约弟到星洲与兄共为运动筹款之事，兹因有紧要问题，日间即须动程亲往欧美，故弟不能分身到星洲。前已电招汉民兄来此，已至槟埠，当令到壛罗，同出星坡协办一切。至弟往欧美，行动甚速，可及期返来。

　　今幸南洋筹款之事已有头绪，兄等力任其难，则成效必大。总之，光复之举在此时机，多一分经济，即能多一分预备。南洋人士，不乏热心，而普通人情必有感始动，精诚所至，即金石为开。纵有前兹曾经出力、今次不无弩末之虞者，然告以方今之事势既难缓图，内外同志宜作破釜沉舟之计，当亦为之奋然起也。

　　汉兄晤时，更详各节。专此，即颂
壮安

弟孙文谨启　西十一月廿六日

据黄警顽编《南洋霹雳华侨革命墨迹》（上海文华美术图书公司一九三三年版）影印原函

致邓泽如李梦生函

（一九一〇年十一月二十六日）

泽如、梦生两兄惠鉴：

　　弟近顷因有要务，日间即须动程遄赴欧美，此行至速，尚可及期返东。南洋筹款之事既有头绪，且得吾兄力任提倡，成效必大。日前弟电招汉民兄由港前来，兹已到庇能，此间各事即以付托。望兄等鼎力与筹，务至完善为祷。

时机既近,吾人决为破釜沉舟之计,经济多得一分,即预备多好一分。大局情形,洞若观火,个中得失,不烦赘述。吾党不乏热心之士,前此以力分而薄,且未能先事为备,每有临时筹款、掘井无以止渴之患。今此举全力以经营,正是鉴于前车。故事之济否,在于经济问题;然此问题之能解决与否,则在兄等之运动。负此仔肩,勉为其难,此海外贤者对于祖国第一之责任也。

前因弟尚勾留槟埠,故约请登同①兄等到埠叙商伊等之行动。兹则无暇及此,可止伊等不来。将来各事,自可就近与香港办事人切商方略也。专此,即颂

伟安

弟孙文谨启　西十一月廿六号

据邓泽如编《孙中山先生廿年来手札》(台北文海出版社一九六六年版)影印原函

复宫崎寅藏萱野长知函

(一九一〇年十一月二十七日)

滔天、萱野两先生鉴:

十月五日来书已接读,感谢吊慰②。

近日吾党穷极无聊,势难久待,不得不出大冒险之策,以为破釜沉舟而速图再举也。弟今重作欧美之行,以十二月六日发途,数月内当可东还,应期举事。北京军界近亦归化,大表同情于革命,故他日之举,决其有成也。

---

① 登同,指李福林,字登同。
② 指吊唁孙中山之母杨氏于7月在香港病逝事。

足下日本之运动如何？某有势力之当道，已归国否？能否援臂一助？务望速为搜实，以为预备之策划。如有好音，续为速示，寄信照别纸英文便可①。此致，即候
大安不一

弟孙文谨启　十一月二十七日
据中国国民党中央文化传播委员会党史馆藏一般档案 049/71

致邓泽如函

（一九一〇年十一月二十八日）

泽如我兄大鉴：

日昨有书上呈，谅已达览。螺生、源水，弟已有信寄去。秋露、贵子②，当别为英文书与之。纳闽一处，我兄友人依然服官，则往彼必能得力。星洲若得源水、秋露与汉民协力运动，成绩亦有可期。兄以知己无多，专志于纳闽，自是办法。兹查出该地同志姓名，并略为介绍书一通，乞察收。云涛为炭山土库，伟廷亦有势力者，惟兄更能得他之同情者则尤佳。兄往该埠见贵友时，不必提及捐款之事，而利用其交情，使人倾动则妙矣。关丹、林明、武叻俱有同志，而林明、武叻近日闻更有进步。梦生兄既有亲朋，则为公事一行尤佳。兹并将三埠介绍信附上，即乞梦生兄前往办理。汉民明日即往日厘，大约须一礼拜始至。由太平、壩罗往星途中，当诣芙蓉与兄叙晤。余事已详前函，文表等则交妥员。专此奉复，即颂
伟安

此书缮毕，与汉民论及关丹、林明、武叻同志久未通信，现时办事人名及

---

① 底本未录英文地址。
② 贵子，指李贵子。

机关所在,均须查悉,始付梦兄,而利运动。想梦兄稍待,俟汉民出星查得后,将介绍信寄呈,再往更佳也。又及。

弟孙文谨启　西十一月二十八号

据邓泽如编《孙中山先生廿年来手札》(台北文海出版社一九六六年版)影印原函

致新加坡同盟会员函

(一九一〇年十一月底十二月初)①

星坡同志诸兄足下:

　　弟月前过埠匆匆,不及多叙,至以为憾。此来竭力经营布置,所事已大有把握。机局之佳,尤属十数年来所未见。大抵数月间,大军即可发起,以应思汉之人心,而覆丑胡之政府正在此举。惟是发起之后,不能无外间之接济;事之成败,功之迟速,专视乎此。海内之壮士,既能不惜其身命以为同胞,则海外之同胞,于此时亦必能不惜其财力以助军旅。而兵事之接济,急于星火。为兹豫函告我同志,俟一得义师发起之电,即宜速力运动筹画,无复迟疑。凡我汉族,苟肯赞助义师,即属能尽义务。可就本埠同志举出妥员数人,专任运动筹款之事;其能出力者,不问其是否同会之人。集款略有成数,或派妥人提交,或以电信汇交,统以香港为中心点。弟特派同志胡展堂君经理,将来接济之款统交胡君手收(此书即胡君所代写,将来可认取笔迹)。其他人借名运动,则弟所不承认,而埠中同志亦毋轻为所惑。此即弟与诸同志之豫约也。专此,敬请

义安

弟孙文谨启　第十六号

---

①　本函及下函均未署时间。孙中山原计划于11月下旬自槟榔屿往新加坡,因英属海峡殖民地当局勒令他出境,下旬初遂决定赴欧美,并于12月6日成行。行前,以南洋筹款任务交付胡汉民。从两函述及内容,可知为孙中山行前所发,标出的时间即据此酌定。

来信寄香港《中国日报》胡展堂收。

据张永福编《南洋与创立民国》(上海中华书局一九三三年版)影印原函

致暹罗同盟会员函

(一九一〇年十一月底十二月初)

暹罗同志公鉴:

前已有函,请尊处存款不必汇滇,统请寄于香港。因吾党此次大举,其主要之目的地系在两粤,而粤东为尤重要,合内外之全力以谋之也。

兹弟赶赴美洲,南洋筹款之事则专托之汉民兄。其军事各情,汉民到埠时必能为兄等面述。吾党成败,在此一举,深望鼎力相助,于存款之外更为提倡协济,幸甚。此请

义安

弟孙文谨启

据中国国民党中央委员会党史史料编纂委员会编《〈总理全集〉补遗初辑》(二)(南京一九三一年油印)

复钟华雄函[①]

(一九一〇年十二月一日)

华雄仁兄大鉴:

接读来信,得悉兄等热心爱国,协力提倡大义,结合同胞,以赞成革命大业,钦佩莫名。

---

① 此函寄往香港。

家兄①现已回近内地,如有事情,可以就近与他相商。俟有成效,然后合力并作,事乃有成也。寄信家兄,可交与九龙廿四号转寄,便能妥到。弟不〈日〉有远行,不暇照料香港之事。曾秀兄如运动有效,亦请与家兄通销〔消〕息,联络一气,庶他日有事,可以呼应灵通也。此复,即候
义安不一

弟中山谨启　西十二月一号

据中国国民党中央文化传播委员会党史馆藏一般档案049/52

致邓泽如等函

（一九一〇年十二月十日）

泽如、梦生并列位同志仁兄大鉴:

弟以十二月六号发槟城,十号晚行抵高浪堡②埠,寄泊数时,既又动程西向。此后与南洋相隔,以日而远,中途或未便致书,必俟抵美或回华后,方能再通音问也。

弟之此行,以有特别之外交问题,须往英京。及预计南洋之款,恐难足十万,有误大举之期,故顺此赶速赴美,向华侨筹足此数,以应要需。此行想可达目的,因近半年来美之华侨开通颇众,而所筹之款为数不多,当易集事也。

此间之事,望兄等竭力图之,以收分途并进之效。汉民兄此时想已会面详筹一切矣。此致,并候
列位义安

弟孙文谨启　十二月十号

据邓泽如编《孙中山先生廿年来手札》(台北文海出版社一九六六年版)影印原函

---

① 家兄,指孙眉。
② 高浪堡(Colombo),又译可仑波,今译科伦坡。

致布司函（译文）

（一九一〇年十二月十六日）

布司先生：

十月二十一日及十一月一日大札，于余离槟榔屿之前数日拜读。阁下既未在来信之后拍电，故可推知吾等不能在此一方面成功。

目下吾等正自行设法在未来数月中大张义举，但吾等急需援助，不知阁下能否解囊相助？再汇数十万元，即可助吾等成事。惟不论有无资助，余深信吾党次一行动必可成功。

余系于十二月六日离槟榔屿前往欧洲，明日将入红海。余在欧洲事毕后，将前往美国，然后回中国。一俟抵达美国，当立刻与阁下联系。如能解囊相助，余将径赴洛杉矶会晤阁下。

孙中山　十二月十六日于鲁泽轮

据秦孝仪主编《国父全集》第四册（台北近代中国出版社一九八九年版）（译自中国国民党原党史会藏英文原函照片）

致孙娫孙婉函

（一九一〇年十二月二十日）

爱女娫、婉收看：

父今晚已行到第四个埠，即苏夷士运河①。再六日便到步〔埠〕②矣，可告两母亲③知之也。

---

① "苏夷士运河"，今译作"苏伊士运河"。
② 孙中山于12月6日离槟榔屿，经印度洋去欧洲，信中到埠是指巴黎，于12月28日抵巴黎。
③ 两母亲：一系卢慕贞夫人，一系陈粹芬夫人。

父今欲汝两姊〔妹〕同去影一相,影好后寄三四张去檀〈香〉山阿哥处①,叫他转寄来我可也。

另外寄来第二、第三两埠之风景画片数十幅,包为一札,托金庆先〈生〉转交。余事再示。并问候你
两母亲及各人平安

父字　西十二月二十号
据广东翠亨孙中山故居纪念馆藏原件

致温庆武函

（一九一〇年）

庆武同志仁兄足下：

前发一函,想已收览。文岛各港所以得有今日之效果者,皆足下主持之力。足下既负重望,又当大任,以后维持团体、扩充势力之事,皆惟足下是望。倘能先遍及于八港,次推广于荷属各地,则党势伟矣。足下建树之宏远,非他人所能任也。曾壬龙君热心有才,堪以共事,祈同志赞画,遇事协商,以底大业于成,是所厚望。余不多及。专此,即请
政安

弟孙文谨启
据黄季陆主编《总理全集》下册（成都近芬书屋一九四四年版）

---

① 阿哥指孙科,在檀香山读书。

致英国金融家函(译文)

(一九一〇年)

向世界上所有友好待我的国家和民族致意。

我们,整个中华民族的子民们,正在开展一场反对满清政权的战争,为的是通过推翻腐败的独裁统治,建立起一个共和政权,以彻底摆脱鞑靼统治者对我们的奴役。同时,为了维护世界和平和增进人类的幸福,我们愿意同世界上所有友好国家建立更密切的外交关系。为了让世人清楚地了解我们的立场和行动宗旨,现发表声明如下:

第一,于今天之前生效的、由满清政府与任何其他国家缔结的所有条约,将继续有效,直到条约期满之日为止。

第二,于今天之前由满清政府引入的任何外国贷款或由其招致的任何国家赔款,将继续被没有任何变更地承认,并按以前的规定由海关支付。

第三,于今天之前由满清政府批准生效的所有外国在华租界,将继续受到尊重。

第四,在革命军占领范围之内的所有外国人的人身和财产完全受到保护。

第五,于今天之后生效的、由满清政府和外国达成的任何条约、特权、贷款、赔款等,我们概不承认。

第六,不管具有任何外国国籍,只要其站在满清政府一边反对革命军,都将被视为敌人。

第七,由任何外国提供给满清政府的所有战争物资,一经缴获即全部没收充公。

据郑曦原编,李方惠、胡书源、郑曦原译《帝国的回忆:〈纽约时报〉晚清观察记(1854—1911)》(当代中国出版社二〇〇七年版)

致吴稚晖函

（一九一一年一月二十日）

稚晖先生鉴：

  弟已于十九号午安抵纽约。惟沿途海上风波甚恶，晕船殊苦，为向来所未遇，幸今已过。美地情形颇佳，目的想可达也。弟明日发程往西方，效果如何，容俟再报。匆匆此致，即候

大安

弟孙文谨启　正月二十号

据胡汉民编《总理全集》第四集（上海民智书局一九三〇年版）影印原函

致张继函①

（一九一一年一月二十一日）

溥泉我兄鉴：

  弟已于正月十九号行抵纽约。廿三号动程往金山。此间机局颇佳，筹款想可达目的也。有成当再报闻也。

  欧洲学界，兄宜出头收罗之入盟，不必计其精粗美恶，久之必能同化为精美也。此为革命党增长势力之第一法门，若不倡行之，则人人放弃责任，中国前途更无可为矣。望兄当仁不让，奋勇进前，则欧洲学界一臂之力，将必大有造于革命事业也，幸为勉之。此致，即候

大安不一

---

① 此函寄往巴黎。

各同志祈代问好。

弟孙文谨启　正月廿一号

据中国国民党中央文化传播委员会党史馆藏一般档案049/26

致宫崎寅藏函

（一九一一年二月三日）①

滔天先生大鉴：

弟于去夏到贵国，既不能居留，不得已而往南洋；然彼中无大可为，故再往米国，为革命之运动。此地甚自由，可以为所欲为也；惟有所不便者，则去中国太远，交通甚费时日耳。倘先生能设法向陆军大臣处运动，能得许我到日本居留，则于交通北洋陆军甚为利便，弟必即时回日本居住也。但恐贵国政策已变，既吞高丽，方欲并支那，自不愿留一革命党在国中也。如其不然，则陆相之运动必能有效也，弟将以此而占贵国之政策焉。接信望即赐回示，并时时将贵邦时事政情详示，俾知东方时局之变迁，幸甚。

前寄南洋慰母丧之信，已得拜读，感谢隆情。此致，即候
大安不一

萱野君统此问好。

弟孙文谨启

Address：
　　Dr. Y. S. Sun
　　　c/o Tai Tung Yat Bo
　　　38 Spofford alley

---

① 原函未署时间。据底本中所见信封邮戳，知此函为1911年2月3日发于美国旧金山。标出日期据发信时间。

San Francisco

California

U.S.A.①

Cable address:

Chungsan

San Francisco②

据中国社会科学院近代史研究所藏原函影印件

致孙昌函

（一九一一年二月四日）③

昌侄知悉：

叔已于正月初二日再到金山。今因有要事，准于初六晚八点钟往云哥华埠；数礼拜之后当再回金山。你现在光景如何？你母亲及侄妇、侄孙等，料皆平安康健也。闻此间同志云，你在北加啡埠亦甚出力为党事，殊为可喜。有信寄，在三礼〈拜〉内可寄云哥华《大汉报》，以后可寄金埠《少年中国报》交。

叔德明字　正月初六日

据《建国月刊》第四卷第三期（上海一九三一年一月）影印原函

---

① 中文意为：通讯地址：美国加利福尼亚州旧金山新昌宋巷38号大东亚分行转孙逸仙医生。

② 中文意为：电报挂号：旧金山中山。

③ 底本说明误作此函写于1910年，今予纠正。因据孙中山1910年2月11日致孙昌等函，该年抵达旧金山日期是农历正月初一，而此函说及正月初二到旧金山、初六晚启程赴加拿大，皆为1911年事（1910年春去檀香山，并未到加拿大）。

致旧金山致公总堂职员谢函

（一九一一年二月十日）

大埠致公总堂众位义兄大鉴：

离金门时行期匆迫，未暇应众手足初六晚之约，歉甚歉甚。

弟已于初八晚到云埠。蒙各手足非常欢迎，连日在公堂及戏院演说，听者二三千人，虽大雨淋漓，亦极踊跃，实为云埠未有之盛会。人心如此，革命成功可必矣！现加拿大公堂纷纷电邀弟在此数日，当即往各埠一游后，自满地好出美境周游各埠，以冀振兴我洪门党势力。不日当拟一告白寄上，请由总堂出名登报，布告各埠洪门手足，以便陆续前往演说运动。届时自当寄上也。匆匆，并候

洪安

弟孙文谨启　天运辛亥元月十二日

据司徒美堂著、司徒丙鹤编《祖国与华侨》上册（香港《文汇报》一九五六年版）

致吴稚晖函

（一九一一年二月十二日）

稚晖先生大鉴：

弟自离纽约入美西，以急于筹款接济军用之故，日不暇给，不能致书。前礼拜抵云哥华，则事更匆忙，至今日始有片时执笔。

兹有要事欲对先生言者：弟到金山大埠，此间少年之士多以《新世纪》为金科玉律，殷殷存问先生，弟以在英杜门著书对。而《少年中国报》切欲延致先生为之主笔，彼等想早已有信来请矣，而更托致书，必期先生之

惠临。弟思南、北、中美三地有华侨不下数十万人,近皆思想初开,多欢迎革命之理者,若得先生之笔以发挥之,必可一华侨之志也。此事关系于中国前途甚大,弟切望先生为大局一来美洲,千万勿却。《少年中国报》愿奉月修六十元美金,只欲先生主"论说"一门,日不过千余字,以先生顺手挥来,不过一打钟之时,其余尚有暇时以致力于著作也。此间居住于华人亦颇便,贵眷可以同来,于世兄等入学读书亦有适宜之地。先生何时能来?并需旅费若干?请详细示悉,《少年中国报》当为设法早日奉寄也。此致,即候
大安不一

弟孙文谨启　西二月十二号

  Dr. Y. S. Sun
   c/o Sing Fat Co.
    1127 Broadway
     New York City
      New York[①]

有信寄弟,以纽约为最便捷于转寄,因弟近日在美行踪无定,此地为欧美邮便中心点也。

据胡汉民编《总理全集》第四集(上海民智书局一九三〇年版)影印原函

---

① 中文意为:纽约州纽约市百老汇路1127号新发行转孙逸仙医生。

复宫崎寅藏函

(一九一一年二月十五日)

宫崎先生大鉴：

正月十八日来函并《东亚义会会则》一纸，接读之下，喜极欲狂。寺内① 陆相、陆军将校及民间人士，既如此表同情于支那革命之举，则吾事可无忧矣！

近者，英米两国政府、人民俱大表同情于吾党，有如佛国之态度；惟英米政府皆疑日本有大野心欲并吞支那者也。弟以贵国政府不容居留一事证之，亦不能不疑贵国之政策实在如是。今见东亚义会发起人多故交旧识，心稍释焉，惟未知民党之力能终胜政府之野心否？

弟甚欲再到横滨驻足，如能有法与政府交涉，得其允许，实为至幸。望先生及犬养、头山两翁②代为竭力图之，无限切祷。

弟在米所谋机局甚佳，不日当可达目的也。匆匆此致，即候

大安不一

犬养、头山两翁统此问好。

　　　　　　　　　　　　　　　　　　　弟孙文谨启　二月十五日

据中国社会科学院近代史研究所藏原函微缩底片

致布司函(译文)

(一九一一年三月六日)

布司先生：

早欲致候，惟以事忙，且对未来计划把握不定，迄始致函，歉甚！余将于

---

① 寺内，指寺内正毅。
② 犬养、头山两翁，指犬养毅和头山满。

周内离此,取道康帕拉(Kamloops)、加尔贾瑞(Galgary)、温尼伯(Winnipey)、多伦多(Toronto)、蒙得娄(Montreal),而至纽约,预定在一月内抵纽约。余在彼处之地址为:Y. S. Sun, Care of Sing Fat Co. 1127, Broadway, New York。同时通讯处亦可用 Tai Hon Yat Bo, Vancouver, B. C. 转达。

因阁下无法为吾等筹得及时所需之款项,故吾等势须自行设法,展开革命。目前,余正向华侨募款,且已募得所需半数以上之款,并盼在余东往途中,得以募足尾数。募款事既如此顺利,故吾党起义事将立刻展开。

阁下筹款之计划如何?是否仍有希望获得较原定略少之数?如属有望,则请立刻赐援。如在余抵纽约之前,阁下仍努力不果,则请将吾党同志签署之文件赐还,并请交上开地址,因余曾向同志保证,一旦筹款失败,则将签字书发还。

孙逸仙　三月六日于英属哥伦比亚温哥华城

据秦孝仪主编《国父全集》第四册(台北近代中国出版社一九八九年版)(译自中国国民党原党史会藏英文原函照片)

复吴稚晖函

（一九一一年三月二十日）

稚晖先生大鉴:

二月廿二日来函,已得收到。弟近在加拿大西隅之云高华、域多利两埠及附近数处经营筹款,一月有余,已得所需之半数。今尚差一半,当往加东各埠筹之。加属行完,则再入美国,大约一月之后,可再入纽约。飞岛之行,尚在无期,必俟美国经营之后乃能往也。

谢君言精卫之事,想是传闻。弟最近得胡展堂来信云:"近有人入狱见之,三人中精卫独宽镣锁,在内颇能自由。看管者大都可以利便,若有钱当不难设法逃脱。"云"现与精卫同事之人,已亲入北京设法"等语。观此,则精卫事尚有望也。

弟昨日由云埠东行,沿途停留,昨晚到 Kamloops。此地有华人四五百,甚热心赞成革命。弟拟停此一日,明早即往别地。今乘有片时之暇,草此数行奉白。并候
大安不一

弟孙文谨启　西三月二十日

据胡汉民编《总理全集》第四集(上海民智书局一九三〇年版)影印原函

致宫崎寅藏函

（一九一一年四月一日）

宫崎先生大鉴：

近闻先生贫而病,弟心殊为戚戚,然客途无力,爱莫能助也,故久缺音问。今仅奉寄日银百元,托横滨永新祥商店林清泉君代交,祈为察收。知杯水车薪,莫能济事,不过聊表区区而已,幸为爱照。

弟近日遍游加拿大,所到颇蒙华侨之欢迎,不日当能大达目的也,可为告慰。日本近事如何?请时时详示,俾得周知一切,幸甚。此致,即候
大安

夫人、公子各人并此问好。

弟孙文谨启　四月一日

Dr. Y. S. Sun
　P. O. Box 1958
　　Vancouver, B. C. ①

据中国社会科学院近代史研究所藏原函微缩底片

---

① 中译文为:英属哥伦比亚温哥华邮政信箱 1958 号孙逸仙医生。

致加拿大某埠同志函①

（一九一一年四月六日）

列位同志公鉴：

　　弟今晚由云尼辟埠前往杜郎度，礼拜一二便可由杜郎度前来贵埠，起程时当再从杜埠发电通知就是。到时宜稍秘密，不必太为张扬，各西报亦以不宜使知为合。余容面谈。此致，即候

义安不一

弟孙文谨启　西四月六号由云尼辟埠发

据广州中山大学孙中山纪念馆藏原函

复萧汉卫②函

（一九一一年四月十五日）

汉卫我兄大鉴：

　　来翰诵悉。知兄勇往任事，所提议筹款各法甚合机宜。债票初时印刷，为美官收押，后又批准印行，是以阻滞多时也。今既得准行，便可于美国卖买无碍矣。弟自接曹君③电，已即电金山着寄十元票万张到来，每张卖实价五元，万张该价五万元，想已照付矣。另弟已着朱君卓文带十元票万张来纽约，及百元、千元票尽数带来，明日彼当抵纽约矣。

　　时机甚急，恐不能久待，贵埠如有法能得款，宜先电港，然后再发债票，

---

① 原函未指明寄达地点。当时孙中山在加拿大境内筹款，系沿铁路线自西而东，从函中所列埠名的地理位置及孙中山不久后到达满地可的情况来看，极可能是寄往满地可。
② 萧汉卫是芝加哥同盟会员。
③ 曹君，指曹汤三。

乃不延误也。

　　电报乃报省城刺将军之事①，因金山、纽约俱有此密码，弟以贵埠亦曾有之，故用也。

　　弟礼〈拜〉一往纽约。此致，即候
列位同志大安

弟孙文谨启　四月十五号

据中国国民党中央文化传播委员会党史馆藏一般档案049/195

复芝加古②同盟会员函

（一九一一年四月十九日）

芝加古同志公鉴：

　　弟前日以汇款阻迟一日，至今早始抵纽约。到后接到萧兄一电，梅就兄、乔林兄、汤三兄③各一信，统悉。芝加古人心丕变，机会大佳，本当即日趋前领教；惟是纽约有紧要问题待解决，且此处致公堂、同盟会闻芝城已联络安良、协胜各堂合力以助革命军之进行，亦欲仿法行之，即晚已发人运动，故必欲留弟在此过礼拜也。如其议有成，则弟要下礼〈拜〉一乃能来也。
此候
义安不一

弟孙文谨启　西四月十九号晚发

据中国国民党中央文化传播委员会党史馆藏一般档案049/1

---

① 指4月8日同盟会员温生才在广州刺杀清署理广州将军孚琦的事件。
② 芝加古，即芝加哥。
③ 乔林兄、汤三兄，指梅乔林、曹汤三。

复 谢 秋① 函

（一九一一年五月七日）

谢秋兄大鉴：

来信读悉。近日省城之事失败，其原因皆金钱不足，故不能于杀将军之日起事。□□□严防，三月二十九日谋泄，迫动黄兴君亲率□千人，力破督署，转而攻军器局，势孤不克，力战出城。黄君受伤，幸安全出险，其他之将领，如胡君汉民、赵君声皆无恙，但伤亡士卒数十人。然敌之伤亡，十倍于此，闻李准亦死。此役□□□革军之敢勇英烈，为全球各国所□□□叹未曾有，革命之声威从此愈振，而人心更奋发矣！今日急务，必当筹足大款，乃能速收成效也。兄可不必急于回港，望到各处鼓励人心，使之同心协力，则大事易为也。

此次以限于资财，不能经营北方，只能就广州下手。但广州自去年新军事变之后，满政府加倍严防，收去新军之子弹枪器，并调李准之巡防营防守之。吾党计划，欲选敢死之士八百人入城劫督署、占军器，为打开城门俾新军入城取回子弹枪械，则必能制巡防营及旗满兵之死命矣。乃此八百人选定之后，以费用不足，不能早集，此弟与兄到卡加利之时，得接港电云："请于五日内筹电三万元，否则危。"则指此事也。弟当时接电，如何焦急，亦兄所知也。故舍各处小埠不到，而直往电厄〔云尼〕辟，冀有所得，岂料不过数百。及至杜郎度，则刺将军之事发矣；若此时有款，乘机而起，当可成事也。此事发现之后，始得杜郎度变卖公堂之万元，然后党〈军〉乃能陆续进城。然款犹未足，人犹未集，而被敌之严防，三月二十九日事泄人拿，不得不动，故此失败。自省城失败后，四处亦继起，此足见人心之可用。惟省城为主动军，已遭失败，各处偏师虽或得移，恐难持久矣。

---

① 谢秋为同盟会员，是年春曾随孙中山到加拿大各埠筹款。

此埠①发起一中华实业公司，欲筹资本百万元，专以供充革命军费，而收成功后之利权。刻已订立章程，不日可以印就发布，望兄回经各埠，顺以此事通告同志。此公司每股百元，以一万股为限，将来革命成功后，专承办开矿，专利十年，此一为侨民求利之一大法门也，望兄鼓吹之。

弟一二日内当再回纽约，事妥之后，乃顺路过各埠而回金山大埠，拟在彼地立一总机关，以联络美洲各埠华侨，实行担任革命之义务。此致，请代问各埠同志

义安

弟孙文谨启　西五月七号

据中国国民党中央文化传播委员会党史馆藏一般档案049/263

复萱野长知函

（一九一一年五月二十日）

萱野我兄大鉴：

正月二十二日来翰，早经收到。前数周弟道过芝加高，曾访贵亲戚大塚太郎，甚蒙欢迎。惟弟尚未谈及款事，因见彼甚为匆忙，无机言之。数周之后弟再过芝加高，到时如有机缘，当言之也。弟明日往米京，见彼外部大臣并一二元老及其他政界之有势力者。此间人士，渐留意于支那问题矣，想不日必能得其实力之助也。

弟回日本之问题，何时可以办到？现闻内阁已更变，其后之对支那政策如何？望足下详以告我。有信仍照前时地址寄来便妥。此候

大安不一

弟孙文谨启　五月二十日写

据佚名编《总理遗墨》（印行时间不详，广东省社会科学院藏）影印原函

---

① 此埠，指芝加哥。

致宫崎寅藏函

（一九一一年五月二十日）

宫崎先生大鉴：

前两月弟曾寄日银百元，托横滨永新祥商店林清泉君交来，未知得收到否？弟近日由加拿大到米国，明日往米京，专为见彼政界势力人士，想可得好结果也。

近闻东京内阁变更，未知对支那政策有改换否？弟入日本之问题，能否向新内阁再开谈判？迩来东亚大势如何？日本人心如何趋向？请时时详告，俾得有所取资决策。犬养、头山等公所发起之东亚义会，进行如何？附和者众否？亦望顺为示知。此致，即候

大安不一

弟孙文谨启　五月二十日写

据佚名编《总理遗墨》（印行时间不详，广东省社会科学院藏）影印原函

复李绮庵①函

（一九一一年五月三十一日）②

绮庵义兄大鉴：

来示并阮伦兄信，已得收读，敬悉一切。飞船习练一事，为吾党人材中

---

① 李绮庵是旧金山新闻记者，同盟会员，前不久往波士顿参观美国第一次飞机（当时又称飞船）比赛会。

② 底本中李绮庵的说明误以此函写于1910年，今予订正。因为该年这一天孙中山正航行于从檀香山赴日本的洋面上，而此函内容表明他正在美国东部，并且在美筹办"革命公司"为1911年事。

之不可无,其为用自有不能预计之处,不独暗杀已也。兄既有志此道,则宜努力图之。

上海敢死团之发现,想为愤激之士一时之感动耳,恐难长久。其宗旨内容,弟一概不知,惟以意推之,上海之发生团体向无能坚持长久者,料此团亦不能免蹈此弊。以上乃以上乘方面观察之之言也。若以下乘方面而观察之之言,则此等团体多属纯盗虚声、揣摩风气之士之所为,不是不久消灭,则是生出种种之怪象,幸勿造次通信,请静观其后效如何。

革命公司只认得数十分,则不必急于收股金,总要认及有半,乃可行之。急收则令人生疑,且阻进步;况股分未及半数,则收股金亦无济于事。故弟意,此时只宜猛力鼓吹,使多人乐认,俟认有成数,乃定期收银;庶可免人怀疑,且无流弊,幸为转告同志可也。

弟现时正谋借洋款,事甚有望,但何时能实收成效,未可知也。如弟谋可成,则亦无容革命公司之款矣。故拟倡此公司,乃预防洋款无着而为财政之后备耳。

此公司之事,现在正为鼓吹时代,须要由近及远,得全美各埠之多人赞成,乃始施之实事,则人心必勇往向前,而事乃易成也。

弟或于下礼〈拜〉一赶出西美未定。若果赶出,则恐无暇停留贵埠矣,顺望转告各同志周知。此致,即候

各同志义安

弟孙文谨启　西五月卅一号

据中国国民党中央执行委员会西南执行部编《总理逝世八周年纪念》(广州西南印书局一九三三年版)影印原函

致旧金山致公总堂职员函

（一九一一年六月九日）

致公堂列位叔父职员钧鉴：

近闻列位已有意实行赞助中华革命事业，殊深钦慰。弟昨日由纽约抵罗省①埠，礼拜或礼拜一当起程来大埠②，到时再行电达车期。诸事容俟面商。此致，并候

义安不一

弟孙文谨启　西六月九号

据司徒美堂《祖国与华侨》上册（香港《文汇报》一九五六年版）

致黄三德③函

（一九一一年六月九日）

三德大佬并列位手足钧鉴：

弟昨日由纽约抵罗省埠，有要事交涉。大约礼拜或礼〈拜〉一日，当能起程来大埠也，到时再行电达。余俟面商。此致，并候

义安不一

弟孙文谨启　西六月九月

据陈旭麓、郝盛潮主编，王耿雄等编《孙中山集外集》（上海人民出版社一九九○年版）影印原函

---

① 罗省（Los Angeles），即洛杉矶，又译罗安琪省、罗生忌利。
② 孙中山于发函次日即离洛杉矶抵旧金山。6月9日为星期六，10日为星期日。
③ 黄三德系美国旧金山致公堂大佬（会长之称）。

致江英华函[①]

（一九一一年七月五日）

英华我兄大鉴：

顷接四月初八日由广州湾来函，展诵之余，不胜喜慰。兄近来思想文字，一进至此，可钦可贺！所言起义计策，分方并举，弟甚赞同；且东归新一带，与英属为邻，交通利便，诚为发难之要点也。弟亦尝留意此地，惟自庚子三洲田起义之后，故旧散亡，至今尚未得其人以经营联络此地；今喜闻兄于三四年前已运动联络斯地，正所谓不约而同也。

弟今在外，已从事于筹款，以图再举，不久当可集事，然后东回，亲统各事，必期一举而成，到时必以东归新为一路，以进占虎门、惠州二地，以握羊城之吭也。兄既用工于其地，务望预先慎选可靠之人，使之详查各乡村之可用人数，以备到时可一招而集，则大事可成矣。此时并望开导各乡之父老子弟，使之深明革命大义，俾到时不致有生阻力，则事半功倍也。

以上各事，皆宜行之于机先，庶免临时束手也。幸为图之。此候
大安不一

弟孙文谨启　西七月五号

据《一页开国史料——记中山先生指示江英华密谋在穗发难书》，载《近代中国》双月刊第六十一期（一九八七年十月三十一日）

[①] 此函发自旧金山。江英华似系香港西医书院同学。

复宗方小太郎①函

（一九一一年七月十六日）

宗方君阁下：

得接六月念一日来书，如见故人颜色，喜不可言。公过檀香山时，弟失之交臂，不克重逢话旧，良属怅然。近日支那革命风潮飞腾千丈，大非昔年之比，实堪告慰于表同情者也。而弟所交游者以贵国人为多，则日本人之对于支那之革命事业必较他国人为更关切，为吾人喜慰者必更深也。他日唇齿之交，将基于是。弟之视日本，无异第二之母邦，独惜近日吾国少年志士，每多误会贵国之经营满洲为不利于支那，此种舆情殊非将来两国之福也。弟每辨〔辩〕解，莫释疑团。是以去年六月亲回日本，欲有所献议于贵国在野人士，以联两国民党之交，提携共图亚东之进步。乃甫抵江户②，则为贵国政府所挠，不克久居，有志未果，不胜浩叹！

弟既不能居留贵国，不得已远适欧美，以联络欧美之人士，并结合其舆情。故特设支那革命党机关部于美国之三藩市（San Francisco）、芝加高（Chicago）、纽约（New York）等地，并欧洲之伦敦（London）、巴黎（Paris）、柏林（Berlin）及布鲁些路（Brussels）等处。自各机关部设立以来，日与彼都人士往还，彼都人士之知支那实情者日多，而渐表同情，于是举者亦大有人矣。他日革命一起，可保无借端干涉者矣，此又吾人外交上之得手者也。

然犹有所憾者，则尚未得贵国政府之同情，此为弟每念而不能自安者也。此事必当仗我东方故人之力，乃能转移。君者吾故人之一也，深望结合所识名士，发起提倡日本、支那人民之联络，启导贵国之舆论，游说贵国之政府，使表同情于支那革命事业，俾支那能复立于世界之上，与列国平等，则吾

---

① 宗方小太郎是日本东亚同文会成员，1897年11月在东京与孙中山结识，后任上海东亚同文书院监督。

② 江户，指东京。

党受日本之赐多矣,汉族子孙百代必永志大德不忘也。幸为图之!

广东虽败,幸无大伤,而其影响于支那人心实有非常之大,虽败犹胜也。君以为时机尚早,弟亦谓然,再待数年则军心、民气皆可成熟,必能学步葡萄牙革命之伟烈也。

承询在上海同志,弟思居留上海实鲜其人,有之,亦暂过往者耳。弟之心腹同志,近年多入北洋陆军,故多未便相见。其间有来往外间者,则有前延吉都统吴禄贞君;如有过上海,君不妨以弟名见之。其他常来往上海者,则有现任海军提督程璧光君,皆昔年同谋之人也,亦可相见。惟皆当以谨慎出之,免招物议为荷。

弟今冬欲再到日本,公能为我设法使政府不阻挠否?如能得当,幸为示复。此候

大安不一

弟孙文谨启　七月十六日

　　881 Clay Street

　　　San Francisco Cal.

　　　U. S. A. ①

据中国社会科学院近代史研究所藏原函影印件

复邓泽如等函

（一九一一年七月十八日）

泽如仁兄并各同志均鉴:

三月廿六日来书,已得收读,足见苦心劳力,为国奔驰,钦佩无极也。按以来信之时计之,去省城失败之时不过三四日耳,追忆当日,何以为情?弟亦不胜万千感慨也!然事虽失败,而其为影响于全世界及海外华侨,实非常

---

① 中文意为:美国加利福尼亚州旧金山企李街881号。

之大，由此所得之效果，亦不可胜量。以区区十余万，而做出如此惊天动地之事，使吾党之声势飞腾千丈，亦甚值矣。弟敢决此次失败之因，必定生出他日成功之果也！从此之后，所谋内外款路，皆易入手。弟现在开始经营数路，想当有一可成，惟时之迟速不得而知耳。此足为告慰者也。

又经羊城一役之后，外交亦易入手。弟曾着人直说美国政府，皆大表同情。今已使人往英，以说彼中权要，想必能得当。法国政府，则向已有通情者也。如是吾党今日可决英、美、法三国政府必乐观吾党之成事，则再举之日，必无借端干涉之举，且必能力阻他国之干涉也。此又外交之路因羊城之影响而收效果者也。

金山致公总堂，虽系洪门，以反清复明为宗旨，然向多老朽顽锢，向无进取之气，故尝与吾党之少年勇进之辈积不相宁，数月之前犹大反对同盟会之筹饷。美国华侨十居八九为洪门之徒，致公总堂一反对筹饷，则虽热心革命者亦不敢前；故以美国华侨之数，所集不过万余港银，远不及加拿大少数华侨之捐款。乃至羊城一役之后，见吾党志士舍身赴义，英勇绝伦，则顽锢老朽之辈亦因而奋感。今致公总堂已发起筹饷，现已设立筹饷局以专责成，想不日必能大收效果也。此又羊城失败之影响也。兹付上致公堂筹饷章程一阅。弟于月内此处筹饷局规模大定之后，当再往东美，今冬或再往欧洲，以办外交要件，而回东之期尚未定也。

南洋人心，想亦必以此次之失败而愈增奋励也。望兄及各同志竭力维持已联之人心，并鼓吹初醒之民气，倘得合大群、集大力，以南洋、美洲华侨之财力以济内地同志之所需，自无不足，而成功之期决其不远也。幸共勉之！

弟家人住榔，家费向由榔城同志醵资供给，每月百元。自弟离榔之后，两女读书，家人多病，医药之费常有不给，故前后两次向港部请拨公款，然此殊属非宜，实不得已也。自港款拨后，则无向榔城同志取费，盖每月由金庆君散向同志收集，亦殊非易事，常有过期收不齐者，此亦长贫难顾之实情也。虽曰为天下者不顾家，然弟于万里奔驰之中，每见家书一至，亦不能置之度外，常以此萦扰心神、纷乱志气，于进取前途殊多窒碍。敢请兄于榔城外之各埠,邀合着实同志十余二十人,每月每人任五元或十元,按月协助家费,以纾弟内顾之忧,而减槟城同志之担任。以槟城同志之供给已过半载,未免疲劳,倘兄与他埠同志能分担,实为至感。此候
大安不一

弟孙文谨启　西七月十八号金山寄

据邓泽如编《孙中山先生廿年来手札》(台北文海出版社一九六六年版)影印原函

致李是男①函

（一九一一年七月二十二日）

是男兄鉴:

新筹饷局开办已有眉目,刻下已有交银者。据耀兄②云:"今日有一人来嘈,谓已交银三四日尚未得债票,大不满意,恐于筹饷前途有碍"云云。务望兄速将旧数清结,立即开办新局。此局亦兄为管库,然必新旧分清,切勿迟延为幸。此致,即候
大安不一

弟孙文谨启　七月二十二号晚

据秦孝仪主编《国父全集》第四册(台北近代中国出版社一九八九年版)

---

① 李是男(公侠)为筹饷局会计。
② 即黄伯耀,为筹饷局西文书记。

致刘易初①函

（一九一一年七月二十八日）

易初仁兄同志大鉴：

启者，弟自去年离南洋之后，由欧而美，万里奔驰，日不暇给，所以每欲致书驰候而不果。近想爱国热诚日进益上，不胜祝颂。

此回省城之事虽云失败，然其影响世界各国实非常之大，而我海内外之同胞，无不以此而大生奋感。且粤省不过一部分谋泄，迫动军界、会党，我之势力依然。同时如云南、四川等省当时约为响应者，粤东有失，不能遽起，然其力必更膨胀。故更思设法筹大款，为再举之计。弟由美东赶来美西之金山大埠以联络洪门，今由致公总堂发起设立筹饷局，一切经营已定，成效大有可观，数十万款当非所难。

想贵埠同志，人心亦必踊跃。比得胡汉民兄来电，知将往越南。汉民兄与弟同事最久，今春筹款，弟任美洲，汉民即任南洋，旋港后更与黄兴、赵声两君统筹军事。此次再来越南，系专筹划军费，故特寄书，倩其转交。以兄之少年英锐，踔厉不凡，其于大局之担任必不放废，且曾为越南同志领袖，应如何提倡为各同志之导，使一群协力，共襄大业，弟之望也！书不尽言，汉民相见自能详述一切。此致，即颂

义安

弟孙文谨启　西七月二十八号

据中国国民党中央委员会党史史料编纂委员会编《〈总理全集〉补遗初辑》（二）（南京一九三一年油印）（转录刘易初藏原函）

---

① 刘易初原为越南堤岸同盟会分会会长。

致孙昌函

(一九一一年八月一日)

昌侄知悉：

前曾寄一信，问及你母亲愿回唐山否，未见回音，未知何意？因你父近日在法国租界地方居住，设有店铺，欲你母亲回去料理家务也。今晚到报馆，见得有信一封寄你者，统此附来。你回〈信〉于林喜智，当写明你之地址，庶可容易寄到。此信若我不见到，则断不能寄到你处也。并问
合家老少平安

叔文字　八月一日

据中国国民党中央文化传播委员会党史馆藏一般档案049/57

复咸马里函(译文)

(一九一一年八月十日)

亲爱的将军：

你自华盛顿和威斯巴登(Wiesbaden)来函均已收到。得悉你在政府和国会的努力获得巨大成就，至为振奋；又悉你的眼疾大有起色，甚感欣慰。此一最新消息异常重要，使我如释重负。

接你自华盛顿来函后，我即致函国内党人，嘱其依此行动。但在敝函寄达之前，我又收到国内数封函电，据称在北京以外的新军有十镇以上确有把握，而首都的所有各镇亦皆大有希望。最近，我党同志吴禄贞将军已被任命为北京第六镇统制。此外，迄今在其他省份各镇军队中工作的直隶籍军官，目前已回北京陆军中任职，企图于起义发动时起而响应。你由此可知，他们

在获悉我们的计划之前,已为同一目标而从事艰苦的工作。我期望在这方面能迅速取得重大成就。

目前,无人愿与我分担权力,各省领导人均极欢迎我负责全面指挥,事实是他们唯恐我不接受此职。近日我收到大量来函,催促我尽快东返并从速发动起义。当前未办之唯一急务,仍在设法为起义筹集必要的资金。

关于英日同盟的续订对我党事业的影响,我认为它续订与否和我们毫无关系。英日续订同盟,表明日本迄今仍未作好准备,以在决定远东事务上采取适应自己目标的独立行动。当前,日本人民背负增税的重担,日本政府或许尚需十年时间来经营开发朝鲜和满洲,此时他们仍需要金钱与和平。因此,在新的征服者准备动手之前,我们尚有余裕改造中国。望你从速往访你的英国友人,以便取得为开展我们的工作所需的经费。

我即将离旧金山再次东行,将于十月底抵达纽约。

谨向你俩致以诚挚的祝福。

孙逸仙　一九一一年八月十日

据《咸马里与中国革命》转录美国斯坦福大学胡佛研究所藏英文原函(陈斯骏译),转录自广东省社会科学院历史研究室等合编《孙中山全集》第一卷(中华书局一九八一年版)

复郑泽生函[①]

(一九一一年八月十一日)

泽生同志仁兄大鉴:

来示敬悉。足下所言之二策,吾党久已行之,今将近收功之期矣。但以经营筹划于革命之事业,已二十年余于兹。其始则不患资财,而患人心之蔽塞,反对者八面皆是。今者人心颇开,表同情者日日加多,而吾辈之财力已

[①] 受信人为美国某埠同盟会员,一作梁泽生,待考。

竭。新表同情之辈,思想只进至助言,尚未进至助力。故当此之时,旧力已尽,新力未来,正所谓青黄不接之秋。故旧年八省新军约举,以广东新军为首,而广东新军则恃党人发难于外,而新军响应于内。乃党人以前年十二月欲筹数万金为盘费,且不能得,故不能及期进城。至旧年正月初一,新军独起,以响应之人而忽变为发难之人,所以无成。新军败后,党力愈穷,故不得不求于海外华侨之助。弟以今年初二抵大埠,欲速筹大款接应,然无路可通。遂以初六往云哥华,在彼三月余,筹集将有十万之数,然远不敷起事之用。故再入美国,欲筹大款,然后党人新军合力同举。乃不期三月廿九事机泄漏,迫于发动;而新军因去年之变,早被清政府疑忌严防,缴去枪机药弹,欲动不能,不得不作壁上观。而党人虽英勇,以力孤而败。(初本有四百人在城内,因事泄,于廿七日散去三百余人。尚留数十人,不能散,故决死一战,先攻督署,后攻军器局,欲夺取军器,以给新军。但只数十人,伤亡已半,不能济事。若不散去三百余,则力已足,事必可成也。)如此观之,吾党之兵力非不足,特欠军财耳。此所谓足下所言之二策,吾党久已行之。然事至今日,吾辈发起之人多已倾家舍命,其尚不死者已一贫如洗矣!

吾人不避艰险,出万死一生之计,力行此事二十余年,功夫已算完满,时机亦已成熟。今只听海外同胞之援助,筹集资财,以济军用。倘能人人协力,能集足发难之经费,则可一战成功也。现时各省民心之望革命军起,以救彼等脱离清朝之苛政者,已若大旱之望云霓。而十八省之新军,亦多欲倒戈相助。故此时只有财政一难题耳。能解决此难题,则其他有如破竹矣。吾党无论由何省下手,一得立足之地,则各省望风归向矣。今日之事,已无难矣。

大埠致公总堂已发起筹饷局,日内派人往各埠演说劝捐,弟与黄云甫〔苏〕君入砵仑,不日可绕道来贵埠。望足下纠合同志,竭力助资,以成众志成城、众擎易举之效,则革命幸甚!祖国幸甚!此复,并候

义安

各同志统此问好。

弟孙文谨启　西八月拾吉号

据佚名编《总理遗墨》(印行时间不详,广东省社会科学院藏)影印原函

致孙眉妻函

（一九一一年八月十九日）

家嫂知悉：

　　近接大哥来信，欲家嫂回唐山料理家务。叔前日已两次写信亚昌，未见回音。未知家嫂愿回来否？如欲回去，叔当在大埠托妥人一同带回也。如何？望即复一音，至紧至紧。此致，即问
合家大少〔小〕平安

叔德明字　西八月十九号

据《建国月刊》第五卷第一期（南京一九三一年五月）影印原函

复郑占南①函

（一九一一年八月二十八日）

占南仁兄大鉴：

　　七月初三来函已得读，付款一千五百元亦已收妥，感甚。兹另邮寄上相片一张，幸为惠存。

　　弟定期礼拜四即初九日动程往砵伦并东方一带，不日或由纽约往英京。此间大事，务望公等竭力维持，幸甚。此致，即候
义安不一

弟孙文谨启　初五日

据佚名编《总理遗墨》（印行时间不详，广东省社会科学院藏）影印原函

---

① 郑占南是葛仑同盟会分会负责人。

致林喜智函

（一九一一年八月二十九日）

喜智贤弟左右：

来信收悉。问致《大同日报》招牌纸，都可以不必。因兄定于本礼拜六离大埠而往东方各埠游行，或回大埠，或不回大埠，现尚未定也。此后可以不必寄信来大埠，如有要事欲达我知，可着舍侄亚昌通传于我可也。亚昌前在大埠医学堂学医，近又去做工，若想寻他，可以问士泽顿街门牌一千零十六号二楼头房，一问□□□便知也。我亦写落弟之地步〔址〕交亚昌，与弟通信息。

前日我与弟言，回唐须找些生意来做，庶不至坐吃山崩。近来日本货物颇可做，在近处则如石岐、澳门、香港等处，远则如广州湾、广西梧州等处皆可。我在日本有一朋友，系代人购□□货物者，今寄上信代〔袋〕一个，弟可以照此地步〔址〕，到日本横滨时，上岸去寻此人，同他商量，问他何等货合唐山销路，想火柴、毛布、毛巾、笠衫、绉布、漆器、磁〔瓷〕器等日本货销香港、澳门、广州湾□□□觅利也。此三埠系外国人地方，皆无入口税，做生意甚方便也。初可择定一地从少而做可也。此致。

兄孙德明

据《孙中山先生诞辰一二〇周年纪念专刊》，载《香山》一九八六年十一月，第十九至一百二十期合刊

复吴稚晖函

（一九一一年八月三十一日）

稚晖先生大鉴：

顷读来示并致伯耀君函，惊悉笃生君有投海之惨剧①，殊深悲悼。弟观笃生君尝具一种悲观恳挚之气，然不期生出此等结果也。夫人生世间，对于一己方面，此身似属我有，行动似可自由；然对于社会方面，此身即社会之一份子，亦不尽为我所有也，倘牺牲此身不有大造于社会者，决不应为也。杨君之死，弟实为之大憾焉！

自羊城失败后，黄君厪午②亦生一愤愤不平之气，决欲行个人主义，以与李、张等贼③拼命。吾党同人闻之，无不大惊失色，恐再演精卫君之悲剧，于是各埠函电纷驰，以劝阻之切勿行此。兹得黄君复电，谨录于下：

"少年学社及中山、致公堂并转芝加古：电函悉。弟行此，以粤事非先破坏，急难下手，且不足壮党气、酬死友。今遵谕，先组织四队，按次进行。惟设机关及养恤费甚巨。兹李准虽伤，须再接再励，恳助万五千元，电《中国报》收。乞复。兴。"

按此电先叙彼欲行个人主义之理由，次曰今遵谕，即允从各埠同志函电之劝阻也。盖黄君一身为同人之所望，亦革命成败之关键也。彼之职务，盖可为更大之事业，则此个人主义事非彼所宜为也。故未接此电之前，此间已有两同志赶回，欲代彼行此也。今彼欲组织四队，按次进行，大为同志所赞成。昨日已勉汇万元，尚差五千元。弟另发函檀香山请将余款电汇，大约可得千元。若石君蘅青能速电汇杨君遗款，则所差者不过三千元，便能足万五

---

① 旅英同盟会员杨笃生，闻广州起义失败，并愤于列强瓜分中国的危机，于上月8日在利物浦跳海自杀。

② 黄君厪午，即黄兴，字厪午。

③ 李、张等贼，指清广东水师提督李准、两广总督张鸣岐等。

千之数矣。黄君实仍居香港,惟此事当千万秘密为望。石君电款,可着他由伦敦直电香港《中国报》收,照如下之英文:

Chungkokpo

231 Hollywood Road

Hongkong①

电汇后宜即发一电报通之黄君,可用吾党之秘密 A 字电码发去。(此码弟过英时,似曾留下一本在先生处或石君处)如无此码,可用中国电报明码云"电某银行若干元,请交克强(勿用姓)收"便可。《中国报》电址照下:

Chungkokpo Hongkong

弟于西九月二号离金山往美之北、中各省,两月后可再抵纽约,通信请照上地址②寄便妥。

 Dr. Y. S. Sun

  c/o Sing Fat Co.

   1127 Broadway

    New York City

     U. S. A.

此候

大安不一

 石君蘅青统此不另。

弟孙文谨启　西八月卅一号

据胡汉民编《总理全集》第四集(上海民智书局一九三〇年版)影印原函

---

① 中译文为:香港荷里活道 231 号《中国报》。

② 下列英文地址,原写于信笺上端。

致宫崎寅藏函

（一九一一年九月十二日）

宫崎先生大鉴：

弟今由桑港到些路（Seattle）①港，将转而往米东，十月底可到牛育（New York）矣。其后或往欧，或遄回西米，俟到牛育后乃定也。

近闻日本已换内阁，西园寺②之政策如何？对于支那革命党取何方针？可详以告我否？并望再托木堂先生向新内阁重开交涉，请求弟能入日本之便宜。如蒙政府允肯，请先生速告我。我以后之通信处，如别纸所载，切盼好音。此致，即候

大安

  Dr. Y. S. Sun

    c/o Sing Fat Co.

     1127 Broadway

     New York

      U. S. A.

  电号：Tonglun, New York

弟孙文谨启 九月十二日

据《孙文先生与日本关系画史》（日本印刷株式会社印行，一九六六年版）影印原函

---

① 些路，又译舍路、西亚图，今译西雅图。
② 西园寺，指西园寺公望，上月30日组阁出任总理大臣。

复萧汉卫函

(一九一一年九月十四日)

汉卫仁兄大鉴：

来函诵悉。承问飞机一事，此事当无碍于各种方面，但以吾党所欲求以发难者，尚不敢望此耳。飞机一物，自是大利于行军，惟以无尺寸之地之党人，未有用武之地以用此耳，若欲以为发难之用，是犹凶年欲食肉糜之类也。如卓文①兄欲研求之为发难得地后之用，未尝不可也。

通约②之事，如此办法，实出弟意。因此时其奸据尚未露，然以其与领事来往之情节推之，无论其有心无心，皆必至流为侦探之结果，则势固然也。且其人文足以饰非，态足以惑众，就其恶未成而远之，则彼此俱受其利；若俟其恶成而除之，则为害恐不堪设想矣。故办法不得不如此。然如此办法尚有同志为之右者，若只暗中削去公权而不明正其罪，同志中自多不服，而彼之能为患于吾党之能力犹未除也。办报之事，弟与魂苏君已发途，不日可到贵处，俟到时从长商之可也。

近日祖国风云日急，四川已动，若能得手，则两广、云贵、三江、闽浙不得不急起而为之援应，到时弟或有不待筹款之成而立当回国也。余俟面谈。此致，即候

大安不一

弟孙文谨启　九月十四号

各同志统此候好不另。

据中国国民党中央文化传播委员会党史馆藏一般档案049/194

---

① 卓文，指朱卓文。

② 通约，指崔通约。

致希炉同志函①

（一九一一年九月十四日）

希炉同志列位仁兄公鉴：

八月廿一号来函已得收读，欣悉各同志对于革命，不计难易，毅力坚持，诚可为吾等前途贺也。弟于九月二日由金山大埠起程，绕游美北、美中而出美东，十月底当可到纽约埠。抵该埠然后再定方针，如往欧洲而回南洋，或再回西美取道檀山、日本而回东方，皆未可定。

刻下风云日急，日来四川已起事，其成败如何？未可得知。若四川得手，则两广、云、贵、三江、福建等省，不得不急起相应也。所以弟之回国缓急，皆未定也。望各同志努力前途，速合大群、集大力，以为进行之援助。是为切祷。他日事势如何，另行详报。此致，即候

大安不一

弟孙文谨启　西九月十四日

据刘大年主编《孙中山书信手迹选》（文物出版社一九八六年版）

复咸马里函（译文）

（一九一一年九月二十五日）

亲爱的将军：

八月二十九日来函于昨日收到，得悉你的眼疾渐愈，甚慰。

---

① 希炉，地名，在檀香山。此为孙中山在美国与黄芸苏等分南北两路，周游全美各埠，演说筹饷途中，给檀香山希炉同志的信。

如能找到经费,我仍拟在巴黎或伦敦建立总部。尚未安排黄将军①赴欧洲,因他在中国尚有大量事务待办。

近日四川省起大风潮,为民众与政府之间发生铁路争端所引起。我党在华南的总部诸君大为激动,因为谣传四川军队已卷入纷争。如所传属实,则我党人拟策动云南军队首先响应,而广东军队亦将继起。但我不相信此一传闻,因我们从未打算让四川军队在国民运动中起首倡作用,这方面它尚毫无准备。据官方报导,四川新军拒不服从总督的作战命令,但亦未加入民众一边,即持中立态度,我认为此与事实相符。

至于如何及何时何地可筹得必要的资金,我确难以作出决断。我仅希望越快越好。

结束纽约之行后,我将赴欧洲一行,看在英国、法国能否有所作为。

函寄 New York Address c/o Sing Fat Co. ,1127 Broadway。

谨向你俩致以最良好的祝福。

非常忠实于你的孙逸仙
一九一一年九月二十五日于爱达荷(Idaho)

据《咸马里与中国革命》转录美国斯坦福大学胡佛研究所藏英文原函(陈斯骏译),转录自广东省社会科学院历史研究室等合编《孙中山全集》第一卷(中华书局一九八一年版)

致李是男函

(一九一一年十月九日)

是男我兄大鉴:

别来所经各埠,见得人心渐有可为;筹饷一事之成就与否,多在局中之办理如何耳!此时想各埠已陆续有款付到,但未知除汇港急款之外,能收足

---

① 黄将军,指黄兴。

万元否?(连日前所支,一切经费在内。)如过万元,则务当照原议办理,将款用弟名付入银行。此事如须弟亲在大埠乃能办到,望兄从速示知,弟到纽约后当复回;如不须弟在亦可办到,则不必费此一行。又如各人或有异议,变更初时办法,更望兄速行示知。无论如何,总望兄坚持初议,庶免流弊。此事弟重托于兄,务期维持妥善,幸甚。

如此间事顺,不必弟再回金埠,则近日弟当往欧洲一行,以办重要之外交事件。昱堂翁①何时能到金埠?祈为示知。此致,即候

大安不一

杰亭、菊波②统此候好不另。

弟孙文谨启　十月九号

有信请付芝加古太和梅寿君转交。

　　Mr. Moy Chew
　　　Tai Wah Co.
　　　　437 S. Clark St.
　　　　　Chicago T11. ③

据南京市博物馆藏原函照片

致诺克斯④函

（一九一一年十月十八日）

我曾经于上次访华府时,尝试拜访你,但没有如愿。今冒昧再致信你希望和你作一秘密会晤。若你能允许给我这一要求,我将非常感谢。

据吴相湘《孙逸仙先生传》(台湾远东图书公司一九八二年版)

---

① 昱堂翁,指赵昱。
② 杰亭、菊波,指黄杰亭、刘菊波。
③ 中文意为:伊省(即伊利诺斯州)芝加哥南卡勒街437号太和号梅寿君。
④ 诺克斯(Philander C. Knox)时任美国国务卿。

致犬塚太郎函(译文)①

(一九一一年十月二十二日)

亲爱的犬塚先生:

萱野先生来电收到,至感。

非常忠实于你的孙逸仙
一九一一年十月二十二日于纽约

据[日]萱野长知著《中华民国革命秘笈》(东京帝国地方行政学会一九四〇年版)影印英文原函(陈斯骏译)

致吴稚晖函

(一九一一年十一月十一日)②

稚晖先生大鉴:

弟今午从美抵英,行动主极端秘密。今晚八点到访,闻先生与张君③出外,不遇为怅。明晚此时(八点)再来访,请留寓一候为幸。

近日中国之事,真是央央大国民之风,从此列强必当刮目相看,凡我同胞,自当喜而不寐也。今后之策,只有各省同德同心,协力于建设,则吾党所持民权、民生之目的,指日可达矣。

弟文谨启

据佚名编《总理遗墨》(印行时间不详,广东省社会科学院藏)影印原函

---

① 孙中山于是月20日抵纽约。此函寄往芝加哥。
② 原函未署时间。孙中山于是日抵伦敦,留函日期据此订定。
③ 张君,指张继。

致俄国外交大臣萨苏诺夫函(译文)

（一九一一年十一月二十三日）①

中华民国要干革命。中国有两个敌手：日本和俄国。我们永不能和日本人融洽相处。我们和俄国的分离只是由于目前中国外交界总是悬而未决的某些争端。只要俄国支持我们反抗日本，我们便答应以对俄国有利的方法去解决这些争端。

据[法]巴斯蒂《法国的影响及各国共和主义者团结一致：
论孙中山与法国政界的关系》，载中国孙中山研究学会编
《孙中山和他的时代》上册（中华书局一九八九年版）

致邓泽如函

（一九一一年十二月二十日）

泽如先生执事：

承远道出听一叙，感慰可知。惜话别匆匆，末由畅谈，颇以为憾。

国内情形，抵沪后当详细奉知。将来或有电请先生回国帮忙，幸勿吝玉。自接此信之后，祈即预备一切，随时可行为佳。

弟准明日过港，附此。即候

台安

各位同志均此，恕未另函。

弟孙文谨启　西十一年十二月廿号
据邓泽如编《孙中山先生廿年来手札》（台北文海出版社
一九六六年版）影印原函

---

① 此函系孙中山请法国文学家米尔转交正在途经巴黎的俄国外交大臣萨苏诺夫。米尔是在萨苏诺夫离开的那一天，把信件交给俄国外交大臣的。萨11月23日访问巴黎，孙11月24日离巴黎，时间酌定为23日。

致龙济光①函

（一九一一年十二月二十一日）②

子诚军门大鉴：

　　粤省光复，诸赖维持，吾党得公，胜下百城矣。文本拟亲诣羊城，一聆英论，惟船开在即，且各处电催赴沪，迫于星火，不许留连乡国，未能如愿，奈何奈何！

　　现在各国政府士大夫均望文速归，组织中央政府。此事一成，财政外交皆有头绪，此外问题亦因之迎刃而解。当今政策，莫大乎此。故强约汉民偕行，襄助一切。粤事，竞存、毅生、执信、君佩③诸兄支持，与汉民躬自执行无异。闻公有北伐雄心，此乃绝快大事。倘高、廉一带稍靖，务请督师至沪，共捣虏巢，文当亲率同志为公清道也。临颖神往，谨颂

义安

孙文谨启

据上海《天铎报》一九一二年一月三日《孙中山先生致龙济光函》

---

① 龙济光（字子诚）原是清朝广东提督、新军第二十五镇统制，广东光复后反正。
② 原函未署日期，按此函为孙中山过港时寄发，则为 21 日。
③ 竞存、毅生、执信、君佩，分别指陈炯明（字竞存）、胡毅生、朱执信、李文范（字君佩）。

复沈剑侯函①

（一九一一年十二月二十六日）

剑侯君英鉴：

来翰奖饰逾量，何以克当？学子莘莘，亦矢国民皆兵之义务，并得人为之管长，可望成劲旅无疑。明日张园之会，当谨托代表到聆伟论。敬复，即颂

壮安

弟孙文顿首　初七日晚

据上海《时报》一九一一年十二月二十九日《孙中山致中华民国学生军团书》

致陈炯明等函

（一九一一年十二月二十六日）②

竞存、执信、毅生先生同鉴：

现因赶往沪上，组织中央政府，非与展堂同行不可。诸事由仲恺面述。匆匆草此，即候

义安

弟孙文谨启

据香港《华字日报》一九一一年十二月二十六日

---

① 是月，上海部分大中学校学生成立中华民国学生军团，准备北上与清军作战，在开往杭州军事集训前夕，订于27日在张园召开演说大会，并函请孙中山到会演说。本函受信人是该军团负责人，未注明姓氏，据考证，应为沈剑侯。参见朱华、魏承恩《□剑侯即沈剑侯》，载《中山大学学报》1982年第1期。

② 此函所标注时间为报纸发表日期。

致中华民国学生军团函

（一九一一年十二月二十七日）

兹托陈君宽沅为弟代表赴会场，敬聆伟论。即颂学生军团万岁！

弟孙文启　初八日

据上海《时报》一九一一年十二月二十九日《孙中山致中华民国学生军团书》

致旅美同志函

（一九一一年）①

同志公鉴：

阮伦兄等谋设飞船队，极合现时之用，务期协力助成，以为国家出力，幸甚。此致，敬候

大安不一

弟孙文谨启

据中国国民党中央文化传播委员会党史馆藏一般档案 049/75

---

① 原函未署时间，今依底本作1911年。此函当写于是年5月31日复李绮庵函之后，可参阅该函。

致江亢虎①函

（一九一二年一月一日）

请广集同志，多译此种著作②，以输入新思想，若能建一学校研究斯学，尤所深望。

据上海《民立报》一九一二年一月二日《大总统与社会党（二）》

致秦毓鎏函③

（一九一二年一月四日）

毓鎏仁兄大人阁下：

敬启者。文以不才，谬膺重任，一切草创，待理孔多，非海内大贤，不惜臂助，何以可免于戾，夙仰阁下高才，硕学桀士之隽，敢以本府秘书之事相累。尚祈惠然肯来，是为至祷。肃此，敬请

任安

孙文顿首

元年正月四日

据刘维开《中山文物真迹大展所见〈国父全集〉未刊文件》，载《近代中国》第一二五期（原件藏南京博物院）

---

① 江亢虎为中国社会党本部长。
② 此种著作：孙中山就任临时大总统的第一日，特将自欧美携来之社会主义著作四种：一、《社会主义概论》，二、《社会主义发达史》，三、《社会主义之理论与实行》，四、《地税原论》，随函赠于中国社会党。
③ 原函为代笔。

致张謇函

（一九一二年一月五日）

季直先生大人大鉴：

　　昨承允任维持实业，民国之庆也。昨日晚间，陈澜生①（财政部）、蔡民友②（教育部）俱已到，王亮畴③（外交部）今日亦必来宁，惟内务程雪老④有病，司法秩公⑤议和。弟拟于今日先行各部委任礼，请先生于午后三时降府，幸甚。

　　蛰老⑥一信，请代致。

孙文叩　元年元月五日

据张孝若著《南通张季直先生传记》（上海中华书局一九三〇年版）

致阪谷芳郎函（译文）⑦

（一九一二年一月十日）

阪谷博士阁下：

　　谨以中华民国政府中央银行设立之件相托，本日已由电信奉闻。兹更

---

① 陈澜生，即陈锦涛。
② 蔡民友，即蔡元培。
③ 王亮畴，即王宠惠。
④ 程雪老，即程德全。
⑤ 秩公，即伍廷芳。
⑥ 蛰老，即汤寿潜，字蛰仙。
⑦ 原函系日文抄件，系日本大藏省财政史室藏《胜田主计文书》。

修书申告,阁下能即来南京一行,尤为厚幸。专此敬候。

孙　文
中华民国元年元月初十日

据王魁喜译《孙中山致日本人士未刊电函十五件》(原载《日本历史》杂志一九八七年八月号李廷江《孙文与日本人》),载《孙中山研究论丛》第五集(中山大学一九八七年版)

复蔡元培函

（一九一二年一月十二日）

孑民先生大鉴：

来示敬悉。关于内阁之设备及其组织用人之道,弟意亦如是,惟才能是称,不问其党与省也。但此时则不能不收罗海内名宿,来教所论甚明。然其间尚有当分别论者。康氏至今犹反对民国之旨,前登报之手迹,可见一班〔斑〕。倘合一炉而冶之,恐不足以服人心,且招天下之反对。至于太炎君等,则不过偶于友谊小嫌,决不能与反对民国者作比例。尊隆之道,在所必讲,弟无世俗睢盱之见也。专此,即颂

道安

并复。

孙文谨复　十二日

据中国第二历史档案馆藏《蔡元培个人档案》原件

致松方正义函(译文)①

（一九一二年一月十五日）

松方侯爵阁下：

中华民国政府设立中央银行之事，已嘱托阪谷博士、原口②博士。关于此件当望阁下鼎助，实为厚幸。专候。

孙　文

中华民国元年元月十五日

据王魁喜译《孙中山致日本人士未刊电函十五件》（原载《日本历史》杂志一九八七年八月号李廷江《孙文与日本人》），载《孙中山研究论丛》第五集（中山大学一九八七年版）

致蒋雁行③函

（一九一二年一月十九日）

雁行都督大鉴：

□君等来持示手书，谂政体多劳，以致微恙，系念之至。惟北房未平，江北尤为重要之地，执事身当前敌，勋望在人，为民国屏蔽，断不能以此时息肩，尚望黾勉从事，并加意珍摄为荷。专复，即颂
勋安

孙文　元月十九日

据上海《申报》一九一二年一月二十五日《大总统慰留蒋都督》

---

① 原函信纸用"中华民国公文用纸"，并盖有"中华民国临时大总统印"。现藏日本国会图书馆宪政资料室《松方正义文书》中。松方正义是日本政界元老，明治维新功勋之一，他从政数十年，两次组阁担任首相，六次出任大藏大臣，被誉为"松方财政"。
② 原口即原口要，是孙中山筹建中央银行同日本财界、政界建立联系的中介人。
③ 蒋雁行时任江北都督。

致康德黎函（译文）

（一九一二年一月二十一日）

亲爱的康德黎博士与夫人：

　　当你们接到此信,得知我已任中国临时政府大总统时,定会感到欣慰。我以无私的热情接受此一职务,是要借此将具有四万万人口的中国,从迫在眉睫的危殆和屈辱中拯救出来。我本应早写信给你们,但自我到达此地,尤其担任现在的职务以来,异常忙碌,总有各种事务妨碍我执笔,此情你们当能想象,亦能体谅。当我从现在的地位回顾已往的艰辛与苦斗,念及你们始终不渝、令人难忘的盛情厚谊时,使我更加感激你们。到目前为止,我能告诉你们的,就是南京诸事进步迅速,前途有望。我或许不能如我所希望的经常写信给你们,但你们可从报上不时看到我的活动。

　　请向你们所认识和遇到的我在伦敦的友人致意。谢谢。

　　谨致最良好的祝愿和最亲切的问候。

你们非常忠实的孙逸仙
一九一二年一月二十一日　南京

据康德黎与琼斯（James Cantlie and C. Sheridan Jones）；《孙逸仙与中国的觉醒》（Sun Yat-sen and The Awakening of China,伦敦一九一二年英文版）（林海译）,转录自中国社会科学院近代史研究所民国史研究室等合编《孙中山全集》第二卷（中华书局一九八二年版）

复丁义华①函

（一九一二年一月二十三日）②

敬复者：

辱承奖饰，惭感交并。先生尽瘁敝国之社会改良，历有年所，实所心敬。此时戎马倥偬，对于禁烟一事，不免松懈，至为遗憾。一俟大局稍定，即当尽全力划除此不良之毒物。当此过渡时期，法律制裁所未及者，尚望诸君子热诚诱导，以社会之感化力补其缺憾，是所至祷。专复，敬颂

时祺

孙文敬复

据上海《民立报》一九一二年一月二十三日《孙大总统致丁君义华书》

复国民协会函

（一九一二年一月二十四日）

国民协会诸执事鉴：

两函敬悉。所论组织国民参事院一节，自是正当办法。惟临时政府之职务，首在军事上之进行。方今氛未靖，战祸方延，执行政务，首贵敏速。若组织民选议事机关，必先定选举制度，及组织选举机关。而各地秩序未复，计即自今开办，至速非数月之久不能成立，揆之时势，似嫌太缓。参议院由各省都督派员组织，本一时权宜办法，而在此过渡时代，力取简易，不遑他

---

① 丁义华(Thwing Edward Waite)，美国北长老会教士，1887年来华，时任万国改良会会长，从事禁烟工作。

② 此函所标时间系上海《民立报》发表日期。

计也。若至时局大定,全国无烽,彼时临时政府当须改造,则参议院自在取消之列,而国民参事院之设,将为必行之要政,望诸君鉴谅此意,暂缓督促,一面协助政府力谋军事进行,是所盼祷。

一月二十四日

据上海《民立报》一九一二年一月二十五日《临时大总统复国民协会书》

复南京市民函

（一九一二年一月二十四日）

兵民相疑,实光复后最大恨事。吾民经济恐慌,苦痛已甚,况复流兵抢劫,时有所闻,战后人民,何以堪此？本总统就任后,首谋统一军队,近连日与陆军当局筹议办法,不日当可军纪一新,愿诸君转达市民,少忍以待。至都督常驻一节,来函所陈甚善,此间亦拟如此办理,不日当可发表。以后关于市政诸问题,如有所见,请随时径达内务部,民意所归,无不尽力也。

一月念四日

据"中央改造委员会"党史史料编纂委员会编《总理全书》（台北一九五〇年至一九五二年出版）之十《函札》上册

复女界共和协济会函

（一九一二年一月下半月）[①]

女界共和协济会公鉴：

　　来书具悉。天赋人权,男女本非悬殊,平等大公,心同此理。自共和民

[①] 据《神州女报》第一期《本社纪事》："民国元年正月既望,上书前总统孙先生,请款开办,蒙先生嘉许,拨款五千元。"此函当在1912年1月下半月。

国成立,将合全国以一致进行,女界多才,其入同盟会奔走国事百折不回者,已与各省志士媲美。至若勇往从戎,同仇北伐,或投身赤十字会,不辞艰险;或慷慨助饷,鼓吹舆论,振起国民精神,更彰彰在人耳目。女子将来之有参政权,盖事所必至。贵会员等才学优美,并不遽求参政,而谋联合全国女界,普及教育,研究法政,提倡实业,以协助国家进步,愿力宏大,志虑高远,深堪嘉尚。

所请开办女子法政学校,应由该社员等呈明教育部核夺办理,并由本处拨助五千元,为该会扩充公益之用。该社员等宜力行无倦,以光吾国,而促进步。至女子应否有参政权,定于何年实行,国会能否准女界设旁听席,皆当决诸公论,应咨送参议院议决可也。此复,并候
公益

孙　文

据《孙中山先生复本会书》,载《神州女报》第二期(上海一九一二年十二月)

致南洋侨胞函

（一九一二年一月）

侨居南洋各商埠中华大国民诸君公鉴：

自武汉义旗一举,汉室光复,海内外同胞莫不共庆昭苏,重睹天日。目下共和政府成立于南京,文以不德,被选为民国临时大总统,辱承海外各同志赐电贺劳,且感且惭;捐助军饷者,络绎不绝,共和前途,实嘉赖之,谨为汉族拜谢。

兹有巴达维亚埠同志金一清、黎先良来缄,言拟约集同志发起一电戏筹备善后补助会,自备资本,购办关于中国之电戏影画,前往南洋各埠开演,所得戏金,尽数汇交新政府财政部,以资筹办善后事宜等语。于筹款之中,兼可提倡爱国心,办法甚善,足见热心公益,不为营利起见。所历各埠,务望同

志诸君乐为臂助,以期有成,庶不负两君跋涉之苦衷,而祖国亦受其赐矣。肃此,顺请

日安

孙文顿首　一月

据"中央改造委员会"党史史料编纂委员会编《总理全书》
(台北一九五〇年至一九五二年出版)之十《函札》上册

复中华民国联合会书

（一九一二年一月）

来书敬悉,贵会主张组织民选参议院是诚图治之良规,为建立民国所当之事,且非此不足以达共和之实也。唯势有缓急、有先后,临时参议院由各省都督派员组织,原不过一时权宜,岂遂认为定判？目下光复各地,军政犹布,地方未靖,即欲召集省议会选举议员、机关,手续俱无从着手。必待民选告成,乃议立法,又非临时政府建设之意。且北伐之举,有进无退,江淮频警,楚氛甚恶,临时政府所枕戈不遑者,方在破虏一事。民选议会当俟北虏破灭后议之。在此时不特理有不可,盖于势有不能也,时局大定,全国无烽,临时政府且为改造,何有于参议会？此时所望于国中民党者,一面监督政府军队,勿使逾闲;一面当提倡有秩序之民气,维持社会之良惯,以养成共和国民之资格,则民国前途庶几有豸。

他山之谊,敢进一言。贵会有见,亦希不吝教言,匡其不逮,是为切祷。再顷复得贵会书,称报载本府卫士称禁卫军,此禁字自系警字之误。民国始创,拔除旧日弊制,常恐不及,岂有故袭帝名,自冒不韪乎？除登报更正外,随笔附及。

孙文复

据《中国革命记》第十六册(上海自由社一九一二年版)

再复中华民国联合会书

（一九一二年一月）

中华民国联合会鉴：

　　复书敬悉。所论限制参议会立法权及尊重都督权，均切中时弊。前者当加以致谨，后者已交部核施，联邦制度于中国将来为不可行；而今日则必赖各省都督有节度之权，然后可战可守。所谓军政统一，于此亦绝无矛盾也。至女子参政，自宜决之于众论，前日某女子来见，不过个人闲谈，而即据以登报，谓如何赞成。此等处亦难于一一纠正，慎言之箴，自当佩受。专此即复，并祈亮察。

孙文启

据《中国革命记》第十六册（上海自由社一九一二年版）

复 张 謇 函

（一九一二年一月至二月间）①

　　来教敬悉，铁矿合办诚有如所示之利害。惟度支困极，而民军待哺，日有哗溃之虞，譬犹寒天解衣裘付质库，急不能择也。此事克强兄提议，伊欲奉教于先生，故曾屡次请驾返宁……而该件急迫，已有成议，今追正无及……今日所见为独占无二者，他日当使竞争而并进。于众多矿中，分一矿利与日人，未见大害，否则以一大资本家如盛氏者专之，其为弊亦大。舆论于此，未必深察。先生一言，重于九鼎，匡救维持，使国人纵目光于远大，为将来计；而亦令政府迫于救患之苦衷，权宜之政策，免为众矢之的。

---

① 原函无月日，从函内"曾屡次请驾返宁"判断，当写于1月至2月间。

不胜厚望。

据张孝若著《南通张季直先生传记》（上海中华书局一九三〇年版）

复胡礼垣函①

（一九一二年一月至二月间）②

周宇传来言，知陶弘景必无能致之理。拜读华函，并大著三册③，崇论闳议，钦佩无已。此次南军崛起，朔庞败北，几月之间，使东南半壁，气象一新者，自是我族茹苦含辛，久困必亨之所致，文何功焉！所愿庞酋知机，及今逊位，不劳兵力，克底共和，还大汉之河山，免生民于涂炭，则文之志也。来教主张大同，尤其婆心济世，蒙虽未逮，敢不勉旃。

据《胡翼南先生全集》第五十九卷《书札》（香江胡氏书斋一九二〇年刊本，香港聚珍书楼印）

致井上馨函④

（一九一二年二月三日）

井上侯爵阁下：

由三井森君⑤处得闻阁下赞助之良意，感谢万千。今后新政府与日本

---

① 胡礼垣字荣懋，号翼南，广东三水人，中国近代改良派政论家。当时他闲居香港，写信向孙中山祝贺辛亥革命成功，并提出自己的"大同"主张。这是孙中山对胡来函的答复。

② 原函未署年月，据本函内容，以及胡《与孙中山书》中"民国军之起也，如春霆，如旭日……辛亥之岁，六龟已藏，如一剑然，横磨十年，以之屠豕，宜其有余也"之语，推断此信写于1912年1至2月间。

③ 大著三册，指胡随信寄给孙中山的《梨园娱老录》《伊藤叹诗卷》和《新汉乐府》三本书。

④ 此函系日本国会图书馆宪政资料室藏《井上馨文书》及三井文库《井上馨关系资料》。井上馨，日本政界元老，历任外务、农商务、内务、大藏大臣。

⑤ 森君，即森恪，系上海三井物产会社办事员。

财政上之关系,凡百当从于阁下之指导,必有统一之办法,以企最完满之结果。近日任命代表来谒贵邦,惟阁下有以教之。前以电信奉闻,今更函白诚意,区区不尽。伏祈亮察,仰仗鼎助,无任拜梼〔祷〕。

即颂起居。

山县、桂两公处亦乞代达鄙忱〔忱〕为荷。

孙文叩

再者,西园寺侯处未能直接通函,亦乞代为致意。

孙文叩　二月三日

据王魁喜译《孙中山致日本人士未刊电函十五件》(原载《日本历史》杂志,一九八七年八月号李廷江《孙文与日本人》),载《孙中山研究论丛》第五集(中山大学一九八七年版)

复中华国货维持会函

(一九一二年二月四日)①

径复者:

来书备悉。贵会对于易服问题,极力研求,思深虑远,具见关怀国计,与厪念民艰热忱,无量钦佩。礼服在所必更,常服听民自便,此为一定办法,可无疑虑。但人民屈服于专制淫威之下,疾首痛心,故乘此时机,欲尽去其旧染之污习。去辫之后,亟于易服,又急切不能得一适当之服式以需应之,于是争购呢绒,竟从西制,致使外货畅销,内货阻滞,极其流弊,诚有如来书所云者。

惟是政府新立,庶政待兴,益以戎马倥偬,日夕皇皇,力实未能兼顾及此。而礼服又实与国体攸关,未便轻率从事。且即以现时西式装服言之,鄙意以为尚有未尽合者。贵会研求有素,谅有心得,究应如何创作,抑或博采

---

① 此函所标时间系《临时政府公报》第七号出版日期。

西制，加以改良，即由贵会切实推求，拟定图式，详加说明，以备采择。此等衣式，其要点在适于卫生，便于动作，宜于经济，壮于观瞻。同时，又须丝业、农业各界力求改良，庶衣料仍不出国内产品，实有厚望焉。

今兹介绍二人，藉供贵会顾问：一为陈君少白（香港中国报馆），一为黄君龙生（广东省海防）。陈君平日究心服制，黄君则于西式装服制作甚精，并以奉白。藉颂

公安

据《临时政府公报》第七号（南京一九一二年二月四日）

致招商局函

（一九一二年二月六日）

招商局董事、股东公鉴：

政府因于军需、国用孔亟，非得巨款无以解决民国之困难。战士既不惮牺牲其生命，则我商民亦必致其力尽义务于国家。前者提出以招商局局产抵押借款之议，实于贵局之权利利益毫无所损。前日贵局董事、股东开会通过，而其间尚有不及周知情形不免误会者。兹已委任专员与贵局接洽妥商，更将债约草案及政府对于招商局之报酬办法大略条件呈达，敬乞速行酌夺示复为要。此颂

公安。

孙文顿首（亲签） 民国元年二月初六日

一、此项借款，其本利俱由中华民国政府担任偿还，不使招商局受丝毫之损害。

二、招商局如承认此次借款，中华民国当承认招商局为民国国家邮船公司。

三、扩张其外洋航路，予以相当之补助津贴，其详细办法可俟协商定之。

据《历史档案》一九八三年第三期

复高翼圣韦亚杰①函

（一九一二年二月六日）

　　来示具悉。政教分立，几为近世文明国家之公例。盖分立则信教传教皆得自由，不特政治上少纷扰之原因，且使教会得发挥其真美之宗旨。外国教士传教中国者，或有时溢出范围，涉及内政，此自满清法令不修、人民程度不高有以致之。即有一二野心之国，藉宗教为前驱之谍者，然不能举以拟政教分立之例也。今但听人民自由奉教，一切平等，即倾轧之见无自而生，而热心向道者亦能登峰造极，放大光明于尘世。若借国力以传教，恐信者未集，反对已起，于国于教，两均无益。至君等欲自立中国耶教会，此自为振兴真教起见，事属可行，好自为之，有厚望焉。

据《临时政府公报》第九号（南京一九一二年二月六日）《大总统复美以美会高翼圣、韦亚杰论中国自立耶教会函》

致王鸿猷函

（一九一二年二月七日）

子匡我兄大鉴：

　　明日下午四时，有美国参赞到府，并欲候见各部总次长。伊系密奉其政府命观光中国新政府人物者。敬此通知，请届时到府一会为荷。此颂

大安

孙文顿首　二月初七日

据中国国家博物馆藏原件

---

① 高翼圣、韦亚杰是教会人士，属上海基督教美以美会。

致宋教仁函

（一九一二年二月七日）

法制院长宋鉴：

关于现今应用之法制规则，可由贵院便宜拟订，以便提出参议院议决施行。

据上海《民立报》一九一二年二月八日

致王鸿猷函

（一九一二年二月九日）

子匡兄鉴：

兹有曹锡圭君屡次到府谒见，曾条陈多事，俱关于财政、军政者。此间事忙，无从细察，故特介绍前来，望兄详细谘询，如有可采，不妨施之实事。此致。

孙文　二月九日

据中国社会科学院近代史研究所藏影印原函

致王鸿猷函

（一九一二年二月九日）

子匡兄鉴：

杜次珊君，潮州人，云有法向上海潮商借款数十万元，然必由造币局会同银行出名，借为造币之用乃可。如何办法，请与详商为荷。

孙文　二月九日

据中国社会科学院近代史研究所藏影印原函

致赵凤昌函①

（一九一二年二月九日）

竹君②先生执事：

　　民国初基，余膻未洗，万方多故，正待经营。文以薄质，谬承重任，思力未精，丛脞堪虞，非有硕彦相为扶持，思负国人推选之意。素谂执事器识宏通，体用兼备，拟藉高远之识，以为切磋之资，敢奉屈为枢密顾问。执事智珠在握，天下为心，想为慨然惠顾，共济前途。

　　临楮驰心，毋任伫盻。即颂

兴居

　　惟希炤詧。

孙文谨肃（印）
据中国国家图书馆藏《赵凤昌藏札》第三十二册原函

致沈缦云函

（一九一二年二月十日）

缦云兄鉴：

　　前由兄代收之款，已忘记从何处汇来。兹乘陆文辉君出沪之便，特托其查问。并祈将入银部交他带回为荷。

孙　文
中华民国元年二月十日
据沈云荪藏原件，转录自陈旭麓、郝盛潮主编，王耿雄等编《孙中山集外集》（上海人民出版社一九九〇年版）

---

① 孙中山函聘赵凤昌为枢密顾问，赵辞不就。此件日期据原函旁注。
② 竹君，赵凤昌号竹君。

复女界协赞会函

（一九一二年二月十日）

女界协赞会公鉴：

展诵来函，并接见贵会代表张君昭汉、程君颖两女士，欣悉贵会员热心毅力，分途劝募，以助军需，前曾以五千余元缴存沪军都督府，指定为北伐购置枪炮之用，兹又集成万元，于沪上钱庄存储，请饬交财政部验收。集腋成裘，有此巨款，皆由贵会员不辞艰苦，沿门劝募所得，深用嘉尚。以此补助军饷，益可作三军之气，扫平索虏，女界亦与有功焉。闻贵会与神州女界共和协济社联合为一，扩充团体，自能相得益彰矣。复问公益不赐。

孙文顿

据《临时政府公报》第九号（南京一九一二年二月六日）

致章太炎函①

（一九一二年二月十一日）②

太炎先生执事：

自金轮失驭，诸夏沉沦，炎黄子姓，归于伧隶。天右〔佑〕厥衷，人神奋发，禹域所封，指顾奠安，实赖二三先达启牖之功，文亦得密勿以从于诸君子之后。惟日孜孜，犹多陨越，光复闳业，惧有蹉失。唯冀耆硕之士，为之匡襄，砥砺民德，纲维庶政，岂惟文一人有所絜矩，冠裳所及，实共赖之。执事目空五蕴，心殚九流，撷百家之精微，为并世之仪表，敢奉国民景仰之诚，屈

---

① 孙中山函聘章氏为枢密顾问，但章未到任。
② 此函所标时间系《临时政府公报》第十三号出版日期。

为枢密顾问，庶几顽懦闻风，英彦景附，昭大业于无穷，垂型范于九有。伫盼高风，无任向往，急惠轩车，以慰饥渴。

据《临时政府公报》第十三号（南京一九一二年二月十一日）《大总统敦聘章太炎先生为枢密顾问书》

复蔡元培函

（一九一二年二月十二日）①

孑民先生大鉴：

来示敬悉。关于内阁之设备及其组织用人之道，弟意亦如是。惟才能是称，不问其党与省也，但此时则不能不收罗海内名宿。来教所论甚明，然其间尚有当分别论者，康氏至今犹反对民国之旨，前登报之手迹，可见一班。倘合一炉而冶之，恐不足以服人心，且招天下之反对。至于太炎君等，则不过偶于友谊小嫌，决不能与反对民国者作比例。尊隆之道，在所必讲，弟无世俗睚眦之见也。专此，即颂

道安

并复。

孙文谨复　十二日

据秦孝仪主编《国父全集》第四册（台北近代中国出版社一九八九年版）

---

① 原函无年月，据函中内容，当在1912年2月。

复章太炎函

（一九一二年二月十三日）

太炎先生鉴：

　　手书敬悉。此事①弟非不知利权有外溢之处，其不敢爱惜声名，冒不韪而为之者，犹之寒天解衣付质，疗饥为急。先生等盖未知南京军队之现状也。每日到陆军部取饷者数十起，军事用票，非不可行，而现金太少，无以转换，虽强迫市人，亦复无益。年内无巨宗之收入，将且立踣，此种情形，寓宁者俱目见之。召盛②而使募债事，仍缓不济急，无论和战如何，军人无术使之枵腹。前敌之士，犹时有哗溃之势。弟坐视克兄③之困，而环观各省，又无一钱供给。以言借债，南北交相破坏，非有私产，无能为役。似此紧急无术之际，如何能各方面兼顾。且盛氏自行抵押，亦无法禁制。该矿借日人千万，今加借五百万，作为各有千五百万之资本。夫中国矿产甲于五洲，竞争发达，当期其必然。否则，专为盛氏数人之营业，亦非无害，此意当为时论扩之。至于急不择荫之实情，无有隐饰，则祈达人之我谅。

　　专复，即颂

大安

孙文叩

据中国国家图书馆藏《赵凤昌藏札》第一〇九册抄件

---

① 此事，指汉冶萍借款事。
② 盛，指盛宣怀。
③ 克兄，指黄克强，即黄兴。

致唐绍仪函

（一九一二年二月十六日）

少川先生大鉴：

　　清帝辞位，民国大定，而联合统一之手续犹未完全。兹谨请先生北行，一对外之事须与各外国公使交涉，故请为外交全权代表，并派外交次长魏宸组同往整理外交文书要件。二惟先生周知南北之情事，涂委专使欢迎项城袁公外，更企先生道达一切，务请袁公即日来南，以副众望，文亦得刻日卸肩，大局安全系于先生此行，不胜盼祷。专肃，即颂
起居

孙文叩　二月十六日

据上海图书馆编《孙中山先生遗札》（一九八六年版）影印原件

致唐绍仪函

（一九一二年二月十六日）

　　再启者：当先生来宁之夕，文已辞职，经参议院承诺，以新选临时大总统到宁受事日，为文辞职之期。旋定京都问题，参议院有主张在北者，军人即群起抗议，闽粤各省即以此电请解散参议院，故昨日参议院再议仍定南京。盖定新总统来宁受职，于未举袁公之时，早经参议院议决，而军人以京都地点移动，且有取消南京临时政府之嫌，愤激不堪，袁公若不速来，诚恐失各省及军人之信仰而枝节横生，从前种种调和，终致不良之结果，甚非文与袁公之本意。且在彼军众见清帝退位诏中，有全权组织政府之语，袁公不来南京，则以为实受满清之委任，而不认民国之选举。此一点终无由洗，于民国

历史亦为不光。勿论如何困难,袁公必有一处此也。前函意有未尽,故更申言,敬乞
鉴察

孙文再叩　二月十六日

据上海图书馆编《孙中山先生遗札》(一九八六年版)影印原件

致阪谷芳郎函(译文)①

(一九一二年二月十六日)②

阪谷博士台鉴:

前请鼎助关于中央银行一事,蒙荷热心,至为深感。惟以缔造之始,需用浩繁,金融机关,刻不能缓,久仪尊教,迫不及待,是以率先成立,因于事势使然,非倏变初议也。今中央银行虽建,惟巩固与否,尚未可知,异日如有困难,再当求助。谅阁下高怀宏识,必终不我遐弃。专此,即颂
起居

孙文叩

据王魁喜译《孙中山致日本人士未刊电函十五件》(原载《日本历史》杂志一九八七年八月号,李廷江《孙文与日本人》),载《孙中山研究论丛》第五集(中山大学一九八七年版)

---

① 此函为日本大藏省财政史室所藏的《胜田主计文书》。
② 原函未署时间,据《阪谷芳郎日记》载,孙中山发信日期为1912年2月16日,29日阪谷收到此函。

致袁世凯函

(一九一二年二月十八日)

慰廷先生鉴:

　　文服务竭蹶,艰大之任,旦夕望公。以文个人之初愿,本欲藉交代国务,薄游河朔。嗣以国民同意挽公南来,文遂亦以为公之此行,易新国之视听,副舆人之想望,所关颇巨。于是已申命所司,缮治馆舍,谨陈章绶,静待轩车。现在海内统一,南北皆有重要将帅为国民之心膂,维持秩序之任均有所委付,不必我辈簿书公仆躬亲督率。今所急要者,但以新国民暂时中央机关之所在,系乎中外之具瞻,勿任天下怀庙宫未改之嫌,而使官僚有城社尚存之感,则燕京暂置为闲邑,宁府首建为新都,非特公之与文必表同意于国民,即凡南北主张共和、疾首于旧日腐败官僚政治之群公,宁有间焉。至于异日久定之都会,地点之所宜,俟大局既奠,决之正式国论,今且勿预计也。总之,文之志愿,但求作新邦国;公之心迹,更愿戮力人民。故知南北奔驰,公必忘其自暇。嗟乎!我辈之国民,为世界贱视久矣,能就新民国之发达,登我民于世界人道之林,此外岂尚有所恤乎?公之旋转之劳,消磨其盛年,文亦忽忽其将衰。耿耿我辈之心,所足以资无穷之方来者,惟尽瘁于大多数幸福之公道而已。公其毋以道途为苦,以为强勉服务者倡。公斾南莅,文当依末光,左右起居,俾公安愉,俟公受事而文退。翘盼不尽。

　　　　据《临时政府公报》第二十五号(南京一九一二年二月二十九日)《大总统致新选袁总统函》

复章太炎函

（一九一二年二月二十二日）

太炎先生有道：

得二月二十日书，具谂一是，公谊私情，两深感荷，盖不止监督而维持之也。文已坚持毁合办之约，但能并虚抵约亦废弃否，则视所已收支之二百万元能否付还。守财者财甚于命，或不能迫之，则须另筹。未知沪上他路借债如何，竹君、秉三①两先生裕于财政之筹划，尚乞有以赐教。仍一面严督盛氏。今急难之时期稍过，自当比择而从其宜。大抵挖肉补疮，依然不免，但要视疮痛如何，肉可否挖耳。

临时政府地点，鄙见亦与克兄同。谓军人本无执见，而克迕人以言，殊非事实，近者已为共见。而粤东争电，至今未已，其强横之辞，文已一概裁抑之。主南主北，各有理由，公等所持大都系永久之说，此自可俟将来国民会议之。至于革故取新，兼使袁君威令素行于北者亦复收望于南，然后文得安然而退，从先生之教，为汗漫之游，否则，南北之扞格依然，又有承受清帝统治全权之嫌，非所以善处也。

文与克兄交处固久，先生亦素知其为人，此次执持过坚，然迥非出于私意。以先生之明，犹谓克欲谋总理，冤汪〔枉〕如此，谁与为辩，则不知清帝未宣布退位之前，季新②、少川曾私约克仍掌陆军或参谋，而克拒之曰：奈何仍以是污我。文屡与言，亦期期不可。展堂等自爱其乡，欲求克归粤一镇民军，亦不允。其厌事如此，乌有为总理之心事，更安有为求总理而变乱大计，强无为有，如来书所云者。

文于国事，只知有役务，不知有权位，故于进退之际，行其当然，不假勉

---

① 竹君为赵凤昌字，秉三为熊希龄字。
② 季新，汪精卫字季新。

强,以此自信,亦信克兄。盖是非不久自见,愿先生毋过操刻酷之论,尔时当题文为不谬,与非强为克辩护也。

专复,即颂

大安

竹君、秉三两先生均此问候。

孙文叩　二月二十二日早
据江苏苏州章太炎之子章导藏原件

复盛宣怀函

（一九一二年二月二十三日）

杏荪执事鉴：

森氏①来,得见尊函。执事以垂暮之年,连累重叠,可念也！保护维持,倘能为力之处,必勉为之。现在南北调和,袁公不日来宁,愚意欲乘此机会,俾消释前嫌,令执事乐居故里。区区不尽,即托森氏面陈。此颂

旅安

孙文叩

据秦孝仪主编《国父全集》第四册（台北近代中国出版社一九八九年版）

---

① 森氏,指森恪,为日本三井洋行职员,时代表三井与临时政府洽商汉冶萍公司中日合办事宜,并受盛宣怀委托与临时政府洽商收回盛氏被没收的产业。

致陈锦涛函

（一九一二年二月二十六日）

阑生①先生鉴：

上海财政部长朱佩珍等，因中华银行垫款过多，请颁公股半数，计洋一百二十五万元，以为资本。请与接商，察核情形能否融洽办理。在沪独为其难，亦所当念也。此颂

大安

孙文叩

据中国第二历史档案馆藏《南京临时政府档案》原件

致香港同盟会诸同志函

（一九一二年二月二十七日）

同盟会诸兄大鉴：弟离国十余年，匆匆过港，又不克与同志诸兄握手，深以为憾。兹派黄君芸苏、张君蔼云为宣慰委员，更与我同志接洽一切。黄君为金山同盟会长，张君尽瘁党事有年，因特专函，即问

义安

孙文　元年二月二十七日

据《自海外归国时致同盟会诸同志电》，载胡汉民编《总理全集》第三集（上海民智书局一九三○年版）

---

① 阑生，陈锦涛字阑生。

复上海共和促进会函

（一九一二年二月二十八日）①

共和促进总会诸君公鉴：

惠缄及简章均悉。贵会同人于研究政治之余，复言论机关组织〔组织言论机关〕，为国民导，热心宏愿，曷胜钦佩。辱承问序，深愧不文，然厚意复不可却，谨奉数语奉寄，尚祈裁酌。鄙照别寄，并祈察收。此请
公安

孙武〔文〕顿首

据上海《天铎报》一九一二年二月二十八日《孙大总统之手书》

致 孙 武 函②

（一九一二年二月）

尧卿先生执事：

敬启者：顷太炎先生出示来函，殷拳之意，愤发之诚，至佩至感。今日载胥及溺之会，不急起矫正驱除，则亡也忽焉，覆巢之下，岂有完卵？岂尚以前事存芥蒂？此弟所以日夕腐心，谋翕合旧日同志躬为之先，以期破顽固官僚之势力，完成建设之业。深望辛亥起义同人，一心一德，共此艰难，知阁下必赞吾此志也。武汉本阁下所尝治戎，曩闻部曲向义，可共功名，得来函知接洽已有头绪，欣慰无既。此间亦别有计划，俟机熟再当函告。

---

① 此函所标时间系上海《天铎报》发表日期。
② 原函无月日，按内容推断应在1912年2月间。

诸希戮力。即请
台安

据中国国民党中央文化传播委员会党史馆藏一般档案049/295

致 容 闳 函

（一九一二年二月）

容闳老先生伟鉴：

丁此革命垂成，战争将终，及仆生平所抱之目的将达之际，遽闻太平洋对岸有老同志大发欢悦之声，斯诚令人闻之起舞。然揆先生其所以羁留至此之源，想亦因谋覆满清之专制而建伟大之事业，以还吾人自由平等之幸福，致有此逃亡异域。同病相怜，非仅为先生已也，即仆等亦尝饱受此苦。乃今差幸天心眷汉，胡运将终，汉族之锦绣河山，得重见于光天化日之下，仆何幸如之。虽然，吾人蜷伏于专制政体之下，迄兹已二百六十余年，而教育之颓败，人民之蒙蔽，恐一旦闻此自由平等之说，得毋惊愕咋舌耶！以是之故，况当此破坏后，民国建设，在在需才。素仰盛名，播震寰宇，加以才智学识，达练过人，用敢备极欢迎，恳请先生归国，而在此中华民国创立一完全之政府，以巩固我幼稚之共和。倘俯允所请，则他日吾人得安享自由平等之幸福，悉自先生所赐矣。

先生久离乡井，祖国萦怀，量亦不致掉头而我弃也。临风濡颖，不胜鹄盼之至。谨此，并请
道安

弟孙逸仙上言

据《邀容闳归国函》，载胡汉民编《总理全集》第三集（上海民智书局一九三〇年版）

复康德黎函(译文)

(一九一二年三月三日)

我亲爱的康博士：

我已经收到你们的极和蔼有趣的信件，即令我异常快慰的。我很康健。自从革命工作完成以来，我已经辞职让与袁世凯了。我希望不日可能卸任，但我恐怕事实上总有多少转折，需要我的服务稍为延长。我相信你们已经看过前两天关于北京乱事的新闻，这事件唤起很大的注意，并且需要迅速的行动，以防止它再蔓延，我希望每一样事情，不久便恢复原状。

你的忠实的孙逸仙　一九一二、三、三　南京

据陆达节编《孙中山先生外集》（上海中华书局一九三二年版）

复沈缦云函

(一九一二年三月三日)

缦云君执事鉴：

执事诸君以信成银行拟改为实业银行，创实业金融机关，以资流通挹注。热心盛举，弟极赞成。辱认弟为总董，职任甚重，而弟为东西南北之人，何以克称？若以同情之末，许为名誉之员或庶哉〔几〕耳。专复。即颂
近安

孙文　民国元年三月三日

据沈云荪《上海信成银行始末》，载《近代史资料》总五十五号（中国社会科学出版社一九八四年版）

复康德黎夫人函(译文)①

(一九一二年三月十二日)

亲爱的康夫人:

你二月十八日的受欢迎的函件,供给我无量的快慰,而再能够领略熟识者的手笔,更觉欢悦。大清朝诚然是"过去的遗物",但满清的逊位,并不算是中国完满的得救,我们的前头,还有无限的工作,务须成全,俾得与列国并驾齐驱啊。我感谢你为着我的行动而贡献的诚笃的祷告,我欢喜告诉你,我们正谋中国的宗教信仰自由,并且我敢卜基督教在这新国度里日荣月盛。我不久将有广州之行,届时拟将老城改建为新式的、近代的。我的眷属是和我一起在南京,我的儿子将回美受教育,我正拟送我的长女跟他的哥哥去寻同样的目的。如果他们到英国时,我将叫他们按址访候你和康博士。我以对你与康博士的最和悦的关怀与最善的愿望结束这封信。

我仍然是你的忠实的孙逸仙
一九一二、三、一二　南京

据陆达节编《孙中山先生外集》(上海中华书局一九三二年版)

复盛宣怀函

(一九一二年三月十五日)

杏荪先生执事:

三月八日函读悉。兴实业以振时局,为今日不可少之着。执事伟论实

---

① 原标题为《致康德黎函》。

获我心。弟不日解组，即将从事于此。执事经验至富，必有以教我也。各事能曲谅执事行之苦衷，曷胜纫感，再容畅谈。草草，略布衷曲，即颂

起居

孙文叩　民国元年三月十五日

据秦孝仪主编《国父全集》第四册（台北近代中国出版社一九八九年版）

复盛宣怀函

（一九一二年三月十九日）

杏荪先生大鉴：

森君转来手翰，具见饥溺为怀，纫佩奚似。惟弟将次解职，义款之济，可直交华洋义赈会，一路哀鸿，自沾仁泽也。再复，即颂

大安

孙文叩　十九日

据陈旭麓、顾延龙等主编《辛亥革命前后》（盛宣怀档案资料选辑之一）（上海人民出版社一九七九年版）

致新加坡中华总商会及各埠商会函[①]

（一九一二年三月二十日）[②]

敬启者：共和民国建立，上海光复之始，军需孔亟，颇得信成银行之挹注。该行协理同志沈君缦云尤为热心，深资臂助。顷南北统一，巩固国基，首惟提倡实业。该行拟就旧基扩充添招新股，改办实业银行。商诸鄙人深

---

① 孙中山因沈缦云往南洋各埠向华侨招募实业银行股份，特致函介绍。
② 此函未署年月，所标时间系上海《民立报》发表日期。

慊素抱,即表赞成,复许为该行名誉总董。今该行已拟定简章,分投招股。惟国内兵灾之后,金融机关颇形困难,不易从事。素稔吾华侨诸同胞热心祖国,必多乐观斯举之成。月之下旬,该行董事会公举沈君缦云等前赴各贵埠招集股份,倩鄙人一言介绍,为特函恳贵会于沈君到时妥为招待,并为介绍与吾海外诸同志接洽,俾得早观厥成,并希望达鄙人第二目的,无任翘企。专此布告。祇颂

均祺

孙 文

据上海《民立报》一九一二年三月二十日《实业银行之进行》

复章太炎函

（一九一二年三月二十七日）①

太炎先生鉴：

来翰诵悉。昨夜览报纸,见有此电,其人心事无赖,而造语不通,不足当识者一哂也。惟以一等电发寄,则不知何等细人,窃盗何种印信为之,已饬电局查报。本月发现伪电凡数起,而以曾称广东同盟分会致电粤报、冒参谋部名致电袁总统为最不法。仆当交代之际,事极繁冗,只能饬所司根究,乃俱未得主名,仆不虑此曹能变乱是非,独恶其造谣生事,居心叵测耳。时局虽称大定,然图治未见加奋,思乱者仍犹未已,于极无聊赖中,犹欲试其鬼蜮,民德如此,前途大可忧也。先复,即颂

大安

孙文 二十七日

据"中央改造委员会"党史史料编纂委员会编《总理全书》（台北一九五〇年至一九五二年出版）之十《函札》

---

① 原函无年月,据所述"仆当交代之际"判断,应在 1912 年 3 月。又据《大共和日报》同年 3 月 26 日所载章炳麟《诘问南京政府一等匿名印电》,此复函当在 1912 年 3 月 27 日。

复佛教会函

（一九一二年三月）

敬复者：顷读公函暨佛教会大纲及其余二件，均悉。贵会揭宏通佛教、提振戒乘、融摄世间出世间一切善法，甄择进行，以求世界永久之和平及众生完全之幸福为宗旨。道衰久矣，得诸君子阐微索隐，补弊救偏，既畅宗风，亦裨世道，曷胜瞻仰赞叹。近世各国政教之分甚严，在教徒苦心修持，绝不干与政治，而在国家，尽力保护，不稍吝惜，此种美风，最可效法。民国约法第五条载明："中华民国人民一律平等，无种族、阶级、宗教之区别。"第二条第七项载明："人民有信教之自由。"条文虽简，而含义甚宏。是贵会所要求者，尽为约法所容许，凡承乏公仆者，皆当力体斯旨，一律奉行，此文所敢明告者。所有贵会大纲，已交教育会存案，要求条件，亦一并附发。复问道安

孙　文

据《中华民国临时政府新法令》（上海自由社一九一二年版）

致铃木函

（一九一二年四月二日）

日前商议的某事，我们不便赞成，目前因解职匆匆，公私多忙，无暇详述。

据《旧中国汉冶萍公司与日本关系史料选辑》（转录《日本外交文书》第四十五卷第二册文件号六四六《日驻南京领事铃木致外交大臣内田第二十一号机密函》）

致武汉报界联合会函

（一九一二年四月十一日）

报界联合会诸君大鉴：

　　文薄游武汉，备承报界诸公厚意欢迎，所以勖勉期望之者，至殷且切，曷胜惭感！重承订约相会，文甚愿一聆诸君子之謦欬，以匡所不逮。惟文解职时，广东已举代表前来，述粤乱新定，诸事待理，坚邀回粤一行，此后更函电交驰，敦促就道。文抵沪后，即拟买舟南旋，适奉黎副总统函约相见，文于武汉首义之地，心驰已久，故中道来鄂，既得承黎副总统之大教，且与我鄂中父老昆弟周旋于一堂，慰百战之辛劳，谋建设之端绪，诚知非数日间所能竣事，只愿以最短之时间，慰向来之渴想，其不尽之情，留待他日重来再为详叙，想报界诸公当不以匆匆见责也。此次民国成立，舆论之势力相辅而行，故曾不数月，遂竟全功。我报界诸公鼓吹宣导于前，尤望指引维持于后，俾我国民得所指南，是则文所属望于报界诸公者，愿以此为临别之赠言。临楮神驰。肃此，专候
撰安

　　　　　　　　　　据居正著《梅川日记》（大东书局一九四五年初版）

致李晓生函

（一九一二年四月十六日）①

晓生兄鉴：

　　宋君嘉树者，廿年前曾与陆烈士皓东及弟初谈革命者，廿年来始终不

---

① 原函无日期。函中有"弟今解职来上海"、"明日午后……赴自由党五点之约"等语。查孙中山解临时大总统职离宁至沪后，曾于4月17日赴自由党发表演讲，据此，此函当写于1912年4月16日。参见余齐昭《孙中山致李晓生函时间再考》，载《广东社会科学》2005年第5期。

变,然不求知于世,而上海之革命得如此好结果,此公不无力。然彼从事于教会及实业,而隐则传革命之道,是亦世之隐君子也。弟今解职来上海,得再见故人,不禁感慨当年与陆皓东三人屡作终夕谈之事。今宋君坚留弟住其家以话旧,亦得以追思陆皓东之事也。

兹他亲身来客店,取弟之行李,请将两皮手包及一棉质杠及南京新买之皮袋共四件交他带来便可。

弟明日午后两三点当来客店略谈,然后赴自由党五点之约也。弟拟送汉民、精卫、仲恺并兄等以最好之洋服,并托宋君带公等往最好之洋服店做之,请兄等尽量做,多多益善也。此候

晚安

弟孙文谨启　即晚

据李纾《孙中山一九一二年四月致李晓生函时间考》附原函影印件,载《东南学术》二〇〇一年第五期

复联合义赈会函

（一九一二年四月十七日）

联合义振〔赈〕会诸公大鉴:

示悉。弟前托张君清泉在沪,后闻伊以事往北,非所及也。弟此时急须返粤,对于振〔赈〕济之义务,殊不能尽,甚为愧歉。惟以公等相推之挚意,只得另委人代办。友人马君武,前实业部次长,办事勤勇,当能尽力于振〔赈〕务,今以奉白。同时弟当通知马君武君与公等接洽也。

〈弟孙文〉①

据上海《申报》一九一二年四月十九日《孙中山派委义振〔赈〕会代表》

---

① 据上海《民立报》增补。

致萱野长知函

（一九一二年四月）①

萱野先生鉴：

　　民国统一成功，弟亦息肩，念我故人，尽瘁民国之事，穷且益坚，百折不懈。而日来适馆授餐，礼犹未备，私意殊未惬，兹特倩溥泉兄赍上三千元，一馈左右，非敢以为报，伏祈惠纳。专候起居。

孙　文

据胡汉民编《总理全集》第四集（上海民智书局一九三〇年版）影印原函

致林载伯函

（一九一二年春）②

载伯先生大鉴：

　　刘君汉华，前在金山由弟委派回国，发起义师，既于香山拔戟，自成一队，薄有勤劳。惟闻有人告伊纵兵掳掠，被诬为匪，以刘平日为人，当不至是，应请执事秉公彻查。如刘汉华确有掳掠行为，自不能为之左袒；如其被诬不实，亦希伸理一切，应功罪分明，舆论昭服。当此民国统一之时，刘极愿解散所部，惟遣发无资，是用进退维谷。凡此壮士，莫非乡人，倘能俾之释甲归耕，自是地方之幸，而贤父母所宜留意也。专此，即颂
勉安

孙文顿

据"中央改造委员会"党史史料编纂委员会编《总理全书》（台北一九五〇年至一九五二年出版）之十《函札》

---

① 此函原无月日。据文中语句判断，当在1912年4月。
② 原函无日期。据内容有"当此民国统一之时"推断，此函当写于1912年春季。

致广州《民生日报》函①

（一九一二年五月十三日）

昨日与报馆记者谈话，谓某报所论之累进税与照价抽税无所差异，而各记者误记与平均地权无所差异。夫平均地权者，政策之总名也；照价抽税者，平均地权之办法也。总名与办法固不容混而为一。然此中之误自显而易见，不足作为辩论之根据也。

乃某记者斤斤以此为争点，而又从引申平均地权曰："质而言之，即通算一国之人数若干，一国之土地面积若干，比例而分配之，使每人所有之土地彼此均一，而无复多少之差略，为三代之井田及后世之均田是也。"此又节外生枝，而强以平均地权为平均地之面积矣。而不思井田、均田之所以不复行于后世者，则平均面积实为不平均之甚者也。何以言之？如甲得长堤之地一亩与乙之得野外之耕地一亩，面积则同也，而权利则太异矣。请研究此问题者从而加慎焉。

据广州《民生日报》一九一二年五月十四日《孙中山来函》

致咸马里夫人函（译文）

（一九一二年六月二十七日）

亲爱的荷马李夫人：

我非常高兴听到你和将军在回国的旅途中，至为愉快。我更高兴的是将军的身体日益复元，以及医生所说的他不久以后就可以走路了。在你收到我这封信的时候，你应该已在海滩上了，无疑的，空气和阳光的转变更会

---

① 本函首句"昨日与报馆记者谈话"系指12日与报界公会主任朱民表的谈话（见本全集第八卷《与报界公会主任的谈话》），此乃针对该谈话报道中误记孙中山本人对平均地权的阐释而发。底本未录上下款。

加快将军身体的复元。

我的儿子和两个女儿明天将乘 Shinyo Maru 轮赴美攻读。孙科将入加州大学,要念那一些课程,现在还没有决定。我相信在他留美期间,一定有机会接近贵国的人民。

在中国的事情已渐渐粗具规模,由于内阁总理被迫引退后的北京政党的争执,并不严重。我相信并且希望在不久之后,每一件事情都会再一次顺利发展下去。我想尽可能避开政治方面的事情,我要尽我的力量来发展本国的自然资源,特别是铁路的建设,我希望我能够完成这些事情。

孙逸仙　一九一二、六、二十七　上海

据黄季陆《中国革命之友荷马李将军》,载《传记文学》第十四卷第四期(台北一九六九年四月一日)

复奥斯丁·布朗函(译文)①

（一九一二年六月三十日）

阁下:

我已收到你四月二十三日来信,以及一些附件,这些均是经阁下努力为美国政府承认中华民国之事有关。为此,请接受我深切的谢意。

无疑,中国需要外国政府尽早地承认。在这件事上,我们期望华盛顿方面能执其牛耳。早早地承认不仅有利于两个有关国家,也将大有裨益于世界和平。

感谢阁下在此事上所作的努力。

你真诚的孙逸仙
一九一二年六月三十日

据郦玉明、一之《浅议孙中山先生三封未公开发表的英文信件》,载《民国档案》一九九二年第四期

---

① 此英文函是孙中山在上海致复美国纽约的奥斯丁·布朗。布朗当时是纽约房地产、铁路、债券贸易的金融家。原件藏美国康乃尔大学图书馆。

复陈其美函

（一九一二年七月一日）①

英士同志惠鉴：

　　来函备悉。中国之海军，合全国之大小战舰，不能过百只，设不幸有外侮，则中国危矣。何也？我国之兵船，不如外国之坚利也，枪炮不如外国之精锐也，兵工厂不如外国设备齐完也。故今日中国欲富强，非厉行扩张新军备建设不可。同志谓中国国防不有相当武备建设，此中国不富强之原因，诚是也。故中国欲勤修军备，然后可保障国家独立、民族生存也。文闻袁同志世凯拟向外国大借外债，以为扩张新军备建设之需，果此事实行，则中国有相当新军备建设也。如是则中国富强矣，可计日而待也。昔满清政府将扩张海军建设之费，以为建设一大娱乐园，以作私人之娱乐，吾想今日民主政府，必定努力整理新军备建设，改革中国旧军备也，而不有昔日满清政府之腐败也。现在强邻如虎，各欲吞食我国，若我国不有相当武械自卫，则我国必为虎所食也。故我国须改良武器，然后能自卫也，不为虎所食也。手此，即候

近安

孙文　七月一日

据李浴日《孙中山先生未发表的两篇军事遗著》，载《世界兵学月刊》第六期（一九四二年六月一日）

---

①　底本原注日期是"二年（一九一三）七月一日"，据本函内容有"文闻袁同志世凯拟向外国大借外债……可计日而待也"句，时间应为1912年7月1日。

复中华银行董事局函

(一九一二年七月二十六日)

中华银行董事局诸公伟鉴:

惠函具悉。总董一席,当敬承雅命,勉从其后,请即宣布可也。至如何整顿业务,以求进行之处,容于日内偕一深明银行学者,同至尊处从长商酌,详订善法,以期营业发展。专此,谨复。顺颂
公安

孙文 七月二十六日

据中国人民政治协商会议全国委员会文史资料研究委员会藏原函照片

复民生国计会函

(一九一二年八月十六日)①

民生国计会总部诸公大鉴:

手书具悉。移民就垦,增益田赋等〈事〉,〈其〉指〔旨〕甚伟。惟事关国政,应由议院与政府双方主持,仆未便以个人名义径向政府商议。贵会宗旨与此事性质甚合,祈努力鼓吹,以收倡导之功,于民国前途大有利益也。

据上海《民立报》一九一二年八月十六日《孙先生赞成移民就垦》

---

① 此函所标时间系上海《民立报》发表日期。

复社会党崇明支部地税研究会函

（一九一二年八月二十日）①

社会党崇明支部地税研究会诸公伟鉴：

手书领悉。单税一事为社会主义进行之一端，而仆所主张照价征税之法，粤省刻已议行。倘得诸君子遥为赓和，友声相应，庆幸奚如。江亢虎先生峻才雅藻，卓荦一时，发起社会主义，深具救世之婆心。诸君子以志同道合相与组织社会党支部于尊处，弘毅致远，我道为不孤矣。蒙不弃，欲招至尊处，藉演讲以广声气，厚意隆情，感深衷曲。惟鄙人近为民生实业事，朝夕栗六，绝少暇时，趋承左右之愿，恐难遽偿于月前也。我辈相知在心，当不以形迹之亲疏而异其情好，幸诸君子努力前修，弗辞劳悴，周旋正有日也。

临复无任依依，诸维垂鉴不备。

据《崇明报》一九一二年八月二十日《孙中山先生复社会党崇明支部地税研究会书》

致江沙觉民阅书报社函

（一九一二年六月至八月中旬）

觉民阅书报社诸位先生钧鉴：

远辱惠函，具聆种切。诸君侨处异邦，睠怀祖国，寻译来教，情见乎词，钦佩无已！民国告成，悉赖海内外同胞合群之力，仆虽稍著微劳，讵敢攘天功人力以为能事。荷蒙垂奖，愧无敢承。袁项城雄才大略，于内政外交具有经验，苟与同僚和衷共济，必能措国家于磐石之安。仆幸付托得人，可以息

---

① 此函所标时间系《崇明报》发表日期。

肩政界。惟念国用空虚，民生凋敝，众心惶惑，险象环生，若再因循，不图挽救，民国虽成，断不能与列强争衡于兢存之世。盖实力不充，随处皆危机也。因是不揣棉薄，近惟致力于民生实业根本问题，以为扩张国家势力之张本，即以实行三民之素志。惟兹事体大，非集合海内外同胞群策群力难以底成。诚以此事之难图，更甚于民族民权也。素仰诸君热诚明达，志切匡时，尚祈不吝教言，匡所不逮，幸甚。郭君应章驻扎政府地点，为诸君代表甚佳。仆以民生实业事，亦将有北京之行。到京后，统与郭君接洽。承示数端，皆为我国将来必行之政。今则民国初成，尚未得列邦正式之承认，祗宜暂俟数时，恶劣既除，新政推行，为期必不远也。国家初定，建设正多，务望诸君怀顾宗邦，始终毕贯，树声援于域外，扬国威于他邦，鄙人实有厚望焉。临复无任瞻依恳切之至，诸维亮察。并候
公安

孙　文

据上海《民国新闻》一九一二年八月二十三日

致宋教仁函①

（一九一二年八月二十二日）②

民国大局，此时无论何人执政，皆不能大有设施。盖内力日竭，外患日逼，断非一时所能解决。若只从政治方面下药，必至日弄日纷，每况愈下而已。必先从根本下手，发展物力，使民生充裕，国势不摇，而政治乃能活动。弟刻欲舍政事，而专心致志于铁路之建筑，于十年之中，筑二十万里之线，纵横于五大部之间。计划已将就绪，而资本一途，亦有成说。（弟所拟之借资办法，较之往日借资筑路条件优胜甚多：一、事权不落外人之手，二、国家不

---

① 前后删略去该报"前略"、"下略"原文。
② 此函所标时间系上海《民立报》发表日期。

负债务,三、到期收路,不出赎资。)今所待者,只要参议院之赞同、政府之特许所〔即〕可从事。然多数同人不免以此举规模过于宏大而起惊疑者,故现尚未敢发表。拟先来北京一行,以觇人心之趋向。

据上海《民立报》一九一二年八月二十二日《致宋遁初书》

致交通部函

（一九一二年八月三十一日）

嘱将全国各干线、支线,已办、未办,道路陕夷,款多少? 从速分别详细绘图,即日送交,以便会商各界分股兴筑。

据上海《天铎报》一九一二年九月四日

复农业促进会函

（一九一二年八月）

顷奉惠函及农业草章一束,雒诵之余,深叹诸公于农业一事,造端宏大,筹备精详,一洗向来因陋就简之习,国利民福,实基于此,不禁额手欣颂,敬佩无涯。民生主义,为仆素所主持,农业又为民生切实之图,深望贵会早日成立,督促进行,挽救当前之凋敝。仆向以我国农业之不修,思欲振兴而改良之,蓄志已久,以时机未至,未能见诸施行。今得诸公力为提倡,正欣我道之不孤,仆不敏,敢不从诸君子之后以相与有成耶。

八月
据"中央改造委员会"党史史料编纂委员会编《总理全书》
（台北一九五〇年至一九五二年出版）之十《函札》

复南京参政同盟会女同志函

（一九一二年九月二日）

同盟会女同志公鉴：

来函敬悉。男女平权一事，文极力鼓吹，而且率先实行。试观文到京以来，总统府公宴，参议公宴，皆女客列上位可证也。至党纲删去男女平权之条，乃多数男人之公意，非少数可能挽回，君等专以一、二理事人为难无益也。文之意，今日女界宜专由女子发起女子之团体，提倡教育，使女界知识普及，力量乃宏，然后始可与男子争权，则必能得胜也。未知诸君以为然否？更有一言奉献：切勿倚赖男子代为出力，方不为男子所利用也。

此复，并期努力进行。

孙文谨启　九月二日

据南京市博物馆藏原函

致袁世凯函

（一九一二年九月三日）

据文所闻，华侨对于此项输捐热度颇高，文尚拟设法提倡，务使集有成数。若以进行稍滞遽尔停办，实为因噎废食。

据天津《大公报》一九一二年九月四日《孙中山不赞成停办国民捐》

致北方报界函

（一九一二年九月下旬）

请刊登铁路有利于中华之论说，藉以鼓吹人民兴奋输款。

据上海《时报》一九一二年九月二十九日

致国民党诸先生函

（一九一二年十月四日）①

国民党诸先生伟鉴：

燕尘留别，仆仆道左，所过燕、晋、齐、鲁，民心极为欢跃，自非一人过化之妙用，足征吾民望治之盛心。北省风气开通，从此发轫矣，将来进步未可限量。

本党自合并以来，经诸公绸缪经营，自当日有起色。国家大计，得多数英杰之士，同心协力，讨论进行，中华民国尚〔当〕与本党相终始矣。吁我同人，二十年前，吾人仅异族专制之奴隶耳。不转瞬间，同盟会破坏于先，国民党建设于后，改数千年之旧惯，辟二十四〔世〕纪之新国，抚今思昔，最快平生。尤有进者，改党作用，捐弃私人之小嫌，努力国家之要政，不尊一时之大权，而筹百年之安策。甚望诸公以立国大计划、立法大规模，与政务研究会切实讨论，发为政策，为议员之后盾，各省之模范，使天下人民知吾党谋国之深远，民心向顺，共和巩固矣。

再，华侨同盟会对于本党改组，共襄赞成，由本部时与通讯，报告一切情

---

① 此函未署年月，函中有"昨早安抵上海"句，孙中山于10月3日上午8时由青岛返抵上海。据此推断此函作于10月4日。

形,勿使海外同志与内地相扞隔,致生觖望之心,将来于党中经济不无补益。日来连接槟榔屿等处各函,附来一阅,可知大概。望速与通信、接洽为要。

弟已于昨早安抵上海。匆此,敬候

伟安

孙文启

据北京《民主报》一九一二年十月十四日

致南洋同志书

（一九一二年十月九日）

南洋诸同志公鉴：

文以国事奔波,久未修函问候,心甚歉然。兹有数事堪为诸同志告者：

一、文归国之初,只经历南方诸省。迨共和告成,国基粗定,即解大总统之职,将实行民生事业。然论者谓共和形式虽具规模,南北犹存意见,大局尚不足恃者。顾文于前月漫游燕、晋、齐、鲁间,见北方人士之倾向共和,实有真意。不过于行事上,新旧之见一时难除,彼此遂有误会。文所到之处,深受各界欢迎,皆有相见恨晚之态度。经文数番劝解,众皆翕然从风,而南北意见之疑团,至此乃涣然冰释。嗣后一道同风,共趋正的,国事当日有进步也。

二、同盟会改组政党之后,党势日见发达,而共和党势力差堪相埒,时因党见之不同,国事颇受影响。近有数政团与同盟会政纲相和,协同并合,定名为国民党,业于八月间开成立大会,设本部总机关于京都。时适文抵京之日,故得躬亲其盛。惟思政党天职,在恪守党纲,观察国情,以舒展国民意旨,种种应付,当剔除偏见,一以国家为前提,党德清澄,党势必日臻强盛。今国民党基础已定,势力已宏,此后当体察大局情形,从稳健上相机行事。吾国国基未固,势力衰微,是犹大病之后,不宜遽投剧剂,维持之责,是在政党。文不敏,甚愿与诸同志共相黾勉,以求持我党为国为民至大至公之名誉也。再,国民党本部当然立于中央政府地点,凡分立于各都邑者,称为支部或分部,尊处宜即日改称国民党南洋支部为要。

三、同盟会既改为国民党,嗣后同盟会名义虽存,已变为历史的及社会的团体,当居于政党之外,间接以求三民主义之发达。惟历年来既多代表鼎革之功,耗无数心血财力及诸先烈之身家性命,以恢复神洲〔州〕名物,声威不容磨灭。此间诸同志设〔拟〕于上海设立同盟会俱乐部,将保存此种之价值,以昭示来兹。此举不独为吾党历史上之光荣,实足增民国之庄严,歆外人之观听,想诸同志必乐观厥成也。兹附去缘起及启事一束,祈诸同志量力资助,以冀集腋成裘,襄兹盛举,纪念垂诸永久,规模不可不宏也。

文近承政府委任,筹办全国铁道事务,绸缪措置,忙迫异常。一俟部署稍清,即将游历欧美,筹资开办。届时或道经尊处,复将与诸同志握手言欢,倾礼道故也。海天南望,神与墨驰,诸维亮察。

孙文　十月九日

据《民国元年致南洋同志书》,载胡汉民编《总理全集》第三集(上海民智书局一九三〇年版)

致美洲同志函

(一九一二年十月九日)

美洲诸同志公鉴:

文以国事奔波,久失笺候,心实歉然。兹有数事,堪为诸同志告者:一、文归国之初,只经历南方诸省,殆共和告成,国基粗定,即解大总统之职,将实行民生事业,然论者谓共和形式虽具规模,南北犹存意见,大局尚不足恃者。顾文于前月,漫游燕晋齐鲁间,见北方人士倾向共和,实有真意,不过于行事上新旧之见,一时未能铲除,彼此遂稍有误会。文所到之处,深受各界欢迎,皆有相见恨晚之态度。文因势利导,开解调和,众皆翕然从风,而南北意见之疑团,至此乃涣然冰释。嗣后一道同台,共趋正的,国事当日有进步也。二、同盟会改组政党之后,党势日见扩张,惟共和党势力差堪相埒,时因争持党见，国事颇受影响。近有数政团，与同盟会政纲相同，协同并合，定名为国民党，业于八月间成立大会，设本部于北京，时适文抵京之日，故得躬亲其盛。惟思政党天职，在恪守党纲，观察国情，以发舒国民意旨，种种应付，当剔除偏见，一以国家为前提，党德清纯，党势必日臻强盛，今国民党基础已定，势力已宏，此后当体察大局情形，于稳健上相机行事。吾国国基未固，势力衰微，是犹大病之余，不宜遽投剧剂，维持之责，是在政党，文不敏，甚愿与诸同志共相黾勉，以永持吾党为国为民至大至公之名誉也。三、同盟会既改为国民党，嗣后同盟会名义虽存，已变为历史的及社会的团体，当居于政党之外。间接以求三民主义之发舒。惟历年来既负代表鼎革之功，耗无数心血财力，及诸先烈身家性命，以恢复神州名物声威，不容磨灭，此间诸同志，议于上海设立同盟会俱乐部，将保存种种价值，以昭示来兹。此举不独为我党历史上之光荣，实足增民国之庄严，歆外人之视听，想诸同志必众观厥成。兹附去缘起及启事一束，祈诸同志量力资助，以冀集腋成裘，共襄盛举，纪念垂诸永久，规模不可不宏也。文近承政府委筹办全国铁道事宜，措置绸缪，异常忙逼，一俟部署稍有端绪，即将游历欧美，筹资开办，届时复将与诸同志倾衷道故、握手言欢也。临楮神往，无任依依，诸维亮察，并颂

台安

孙文　十月九日

再请捐册多印，分寄各埠为荷。

据《海日楼史料抄》，载《珠海学报》第七期（一九七四年四月）

致自由党参议部函

（一九一二年十月十三日）

筹备选举事与副主裁李怀霜君商酌发表，并筹路事繁，一切党务当委托李君代表。

据上海《天铎报》一九一二年十月十五日

复咸马里函(译文)

(一九一二年十月十三日)

亲爱的李：

接到你九月十五日来信，及尊夫人两周前所写一信，不胜欣慰感谢。望你健康状况继续好转，我们庶可于大约两个月之内在巴黎会面。

米契尔先生(Mr. Mitchell)之电报到达时我适在北京，电报由友人从上海转到北京。我记得此电报系米契尔先生发自上海，故回电约他在上海作一长时间会谈。迨我返抵上海后始发现米契尔先生根本未来上海，尊夫人的信使我明白了一切。

我已仔细注意到你在备忘录中所提之条件，有些条款需要在我们会见时商讨。

我此次北上是一次巨大胜利，你一定已从报刊上得悉此事，此次北上使南北双方取得了许多的谅解。黄将军其时亦在北京，同样受到热情接待，他现在刚回到上海。

山西有几位银行家在和我接触，探听是否有可能开办一实业银行，他们可望为此筹款五百万元。现在我正为此事与山西阎将军书信来往，交换意见。

特向你和尊夫人致以真诚的问候与祝福。

孙逸仙

一九一二年十月十三日于上海 Avenue Paul Brunat 路四九一号

据吕芳上《荷马李档案简述》所附英文原函译，载《研究中山先生的史料与史学》(台北一九七五年版)

致前同盟会等党员函①

（一九一二年十月十三日）

前同盟会、统一共和党、国民公党党员公鉴：

三党合并，已开会成立，而职员选举，颇多困难。窃意交通部规则尚未定妥，而目前办事，又不可无人。鄙人特依三党代表之请，指定办事人三十员，以谋党事之进行，望即宣布承认。国民党幸甚。此颂
公安

孙文　启

居正、温宗尧、姚勇忱、拓鲁生、王一亭、张昭汉、虞汝钧、封德三、戴天仇、邓家彦、于右任、邵元冲、汪洋、章佩乙、陈楚楠、汪幼庵、王汉章、陈鸿璧、潘训初、徐血儿、戴绶章、郑权、武仲英、李怀霜、戴仁、马素、庞青城、周浩、梁重良、王博谦。

据上海《民立报》一九一二年十月十三日《国民党筹办处通告》

致黎元洪函

（一九一二年十月十四日）

铁道之有无，系乎国家之强弱。丁兹民国成立，万端待理，究以铁路为首要。文承命握筑路全权，干主三条，期限十年，壮二十万里之声势，活四百兆人民之命脉。为时甚迫，一息千金。其奔驰于齐、晋间者，以文之于北方甚疏，盖所以联感情而觇形胜也。筑路诸务自当以武汉为中心点，不日即便

---

① 此函载于上海《民立报》广告栏，当为筹组上海国民党交通部而发。

由沪赴鄂筹办一切云云。

据上海《时报》一九一二年十月十八日《孙中山铁路谈》

致邓泽如函

(一九一二年十月)

泽如先生大鉴：

　　启者客秋风云变幻，波涛险恶，沪上志士所以有中华银行之组织也。开办以来，救市面之恐慌，济军旅以饷糈，黾勉经营，将届一载，颇邀中外之企仰。迩日营业发展，方谋再求推广，爰于七月之季，会众议决就已立之基，改为完全商办，重订章程，力加扩充，并推文为本行总董，任以提倡进行之责。际兹国基大定，商战方殷，银行操金融之枢纽，为振商之要品，关系国计，匪属细微，文不敢不兢兢而受事。且值吾国工商实业尚在萌芽，轮电路矿发端伊始，惟自有银行，始得借贷，推移之便，方无艰难窒碍之虞，洵乎银行之推广刻不容缓也。招股员王君奕友日前顺道赴闽，即蒙福州商会电认股洋二十万元，海内外各埠，亦均极端赞成，则基本雄固，信用愈昭，中华银行不难成民国中最强大之银行也。执事侨居异地，思念国事，夙抱热肠，用敢以义务相浼，为特附奉章程，至祈察阅，务乞执事担任本行招股员席，以资策励，尚希鼎力提倡，设法鼓吹；并请谆告侨寓诸同胞，须知中华银行，为民国开幕之第一银行，与国同休戚，亟应群策群力，共促进行，想我公之热忱，定荷许为玉成也。兹特派王君奕友来前，并嘱伊会同执事与陈武烈君，就南洋各埠，广招劝募，共襄盛举。所有一切手续，统俟王君诣前详述，并恳赐以金针，指示一切，不胜企感之至。肃此，敬颂

公安

孙文　上海中华银行谨启印

据邓泽如编《孙中山先生廿年来手札》(台北文海出版社
一九六六年版)影印原件

致袁世凯函

（一九一二年十一月三日）

慰亭先生钧鉴：

别离以来，自鲁返沪，辄务宣达我公爱国之真意、经邦之大猷。此次游历扬子流域，历二星期，见人民真爱共和，同谋建设，益为民国前途庆。惟对于省行政长官，则有大多数人民主张公选，谓矢志力争，期于必达。文前旅京时，曾与燕荪谈及，谓若由民选，则无论其人良否，人民不怨中央，且遇有地方冲突，必待中央解决。若由简任，则其人胜任，人民以为固当如是，无所用其感激中央之心；若不胜任，则中央实为怨府。故文意各省行政长官，不若定为民选，使各省人民泯其猜疑，且以示中央政府拥护民权之真意，于统一实大有效力。又据法理言之，谋全国之统一，在法制之确定，而不关于官吏之任命。前清督抚何一非中央任命，而卒至分崩者，法制不统一也。

敬陈鄙见，以待钧裁。即颂

勋绥

孙文　元年十一月三日

据中国国民党中央文化传播委员会党史馆藏一般档案 049/368

致咸马里夫人函（译文）

（一九一二年十一月十四日）

亲爱的荷马李夫人：

从报纸上得悉荷马李将军去世的消息，我极为哀伤。我本想致电给你，以表达我深深的同情与吊唁，但是事实上，直到今天，我都不相信报纸上的报导是真实的。

失去李将军,我觉得我失去了一位伟大的和真正的朋友。

宋小姐希望转致她对于你丧夫之痛的深挚的同情。

孙逸仙　一九一二、十一、十四上海

据黄季陆《中国革命之友荷马李将军》,载《传记文学》第十四卷第四期

致冯自由函

(一九一二年十一月二十八日)

自由仁兄惠鉴:

兹有广东人谢梁氏述称,伊夫谢春生当广东革命之际,制造炸弹失慎毙命,子女孤苦无依等情前来。查尚属实,应请兄函请广东稽勋局查照情形,与以抚恤。

谢梁氏交来呈广东稽勋局文稿,附寄大览。此颂

筹祺

孙文　中华民国元年十一月二十八日

据中国社会科学院近代史研究所藏影印原函

致南浔铁路公司函

(一九一二年十二月十三日)

南浔铁路公司诸君均鉴:

据贵公司呈请兴办南萍铁路等因。查南萍为赣省东西交通要道,萍煤及其他商货通运繁多,建筑此路必饶利益,本公司甚为赞成。此路如果自有股款,不难克期兴办。惟查阅来呈,仍待磋商借款,沪、汉等处外国人招揽借

款者不乏其人，类多先揽承办之权，一经订立合同，即遵受其限制，而交款则遥遥无期。甚且生出种种条件，恣其要挟，政府借款无成，即坐此弊，可为明证。按照交通部定章，各省办路借款，必须经政府批准，而此等条件，部议必多挑剔，往复磋磨，结果往往无效，合同既属难废，兴办又有所不能，于是明明有利益之路，反致束手无策。本公司体察情形，各省借款之失败，率由于此。

现在本公司业经政府批准，得有借款之权，尚待立法机关议决条例，再经政府公布，权责即可确定。本公司已向外国殷实资本家直接商议，务期以本公司之名义，借入外资，力求避免政府担保之弊害，则本公司有完全操纵之权，而对于各省办路之借款，均可竭力赞助。惟本公司乃纯然营业性质，并无政治关系，各省拟办路，如不在本公司规划干线中，尽可自行筹办。除路线应由本公司核定，以免抵触外，其借款如愿委托本公司者亦可代为筹划。至批准立案等事，属交通部之职掌，仍应行知交通部核办。

所有贵公司拟办南萍一路，查与本公司筹办干线尚无抵触，贵公司自可按照交通部定章办理。至委派工程师先事履勘，自是切要办法，此路线经过城镇地方、山川形势、农林矿产、人口商业，均宜得真确之调查，仍望于调查完竣之后，绘具图说，详细报告本公司，以凭查核可也。顺颂
时祺

孙　文

据上海《申报》一九一二年十二月十三日

致袁世凯书

（一九一二年十二月十七日）①

慰亭大总统钧鉴：

顷叶君恭绰自京来沪，携有阁下惠赐之大勋位证书。此件文始终不敢

---

① 此函原无日期，所标时间系上海《民立报》发表日期。

领受，其理由既于前次电文内详之，今尤有不能已于言者。

赏位固国家应行之典，惟当今国家基本未固，尚非国人言功邀赏之时。国家所认以为功者，个人方将认为一己对于祖国所当尽之义务，而无丝毫邀赏希荣之心。文不敏，窃愿以此主义为海内倡。此文不欲受此勋位之故也。文于乙未年始起革命军于广州，庚子、丙午两年继之，三次之事，皆文亲身之所主持，而皆无所成，同志之以此牺牲其身命财产者甚众。此后各处革命之起，大概皆与文有关系，而同志之损失其身命财产者极众。故若因此行赏，则被赏者其数当甚众而不可胜计，文实无一人独受荣异之理。若此次革命之成功，则直全国人心理、南北将士和衷之所成就，文更无可褒异之处。若文徒图一己之殊荣，则历年共事之人，死者不计，生者今尚多流离失所者，文将何以对之？此文不敢受此勋位之故也。自文由南京政府解职以来，识与不识，其以公私关系来求金钱之补助者，每月必有百数十起。其有关公益者，文均量力补助；其纯属私人关系者，文均一概拒绝。以中国人民今日之穷困情形，博施济众，尧舜犹病。若文既受勋位及所附年金，是文因革命而得金钱，则曾经从事革命者，以私人之关系前来求助，文将无词以对，而有应接不暇之势。此文不能受此勋位之故也。

若阁下于文个人欲有加惠，则窃有一事奉告：文有一男名科，已入美国大学，一媳陈氏，又有二女名及婳婉，皆在美洲中学。据留学章程，后三人尚无受官费之资格。欲阁下特别待遇，饬有司准许此四人补给官费读书，使有成就，以免文之私累太重，文感且无既矣。

此项勋位证书，一俟有便，将托人送京奉还。先此布达，伏乞鉴谅。
即颂
勋祺

孙　文

据上海《民立报》一九一二年十二月十七日《孙中山固辞大勋位书》

附录　孙中山大勋位文

　　盖闻赤松绿图，古有尊荣之典，红鹰金鹅，今多投赠之文。寅维前大总统孙文，艰难卅载，奔走五洲，提挈中华之群豪，踪躅法美之盛规，建立民国基础，肇造民国规模，本大总统依勋位令第一条，亲授大勋位，以彰殊绩。无前伟业，挽历代（不清）之风，对天宏麻，登斯民太平之世。此证。

据上海《民立报》一九一二年十一月十九日

致周学熙函

（一九一二年十二月十九日）

缉之先生惠鉴：

　　燕京别后，维令闻日茂、政祺多吉为颂。今春南京政府因急需，向上海广肇公所、潮州会馆商人所借之款，前经贵部担任偿还。现值年终，商人需款甚急，尚望尊处速行设法了结此款。兹经前途向鄙人催索，原函附呈。伏希垂鉴。肃颂

筹绥

孙　文
据中国第二历史档案馆藏《财政部档案》原函

致张锡銮函①

（一九一二年十二月）②

张都督惠鉴：

敬启者：沪上华文报纸近颇发达，而西文报纸类，皆外人机关，遇事不得其助益。今有马素③君创立英文报纸，名《民国西报》(The China Republican)，主持正论，刚直不阿。如前此之西藏问题，对于英国力争主权；近日对俄蒙协约事件及禁止鸦片问题，尤发挥尽致。力争公理，外交折冲，以言论机关为最重要。昔人常谓一间报馆胜于十万毛瑟，其语非诬。该报自发行以来，已将五月，一切经费皆马君一人筹措，此间同志竭其微力扶助，近颇不支，应请贵都督念外交之困难及言论后援之不可缺，酌各省力量允与辅助，实为厚幸。若赐助款，望即寄上海博物院路民国西报馆马素收取，特为介绍。即颂

伟安

孙　文

据王世儒《新发现的孙中山关于办报的一封信》，载《北京大学学报》一九八三年第五期

---

① 张锡銮，奉天省都督。但原函没有注明收信人的张都督究系何人。经王世儒考证张锡銮于1912年11月任奉天省都督，1914年10月间在奉天任上将军。其时有满洲旗人荣厚于1914年10月15日给上将军的信，与孙中山的信被一起保存下来，并经查证两信所写墨笔收文登记，系出于同一个人笔迹，证实孙中山致张都督函收信人确是张锡銮。

② 原函未署年月，据函中有"该报自发行以来，已将五月"句，《民国西报》1912年7月创刊，此函时间，当在1912年12月。

③ 马素，广东省人，曾任南京临时政府总统府秘书处外交组组长。

致袁世凯函

（一九一三年一月二十一日）

慰亭大总统钧鉴：

　　启者：粤人张蔼蕰，前曾留学美国，中西学术，俱有根蒂。当民国未定之前，奔走呼号，颇著劳绩。光复之际，辍学回国，从事实行。文前在南京曾委任临时总统府秘书，出纳疏附，深资臂助。洎南京政府移交时，择有功民国而学业资格相当者，批准派遣留学在案。其时张生适因事赴粤，未经报名填册，以至遗漏。今其同辈多于第一期得派出洋留学，该生以一时疏忽，独抱向隅，似欠平允。吾公素以树人为望，敬请饬交临时稽勋局援照前案，将该生查核注册，得与于第二期派遣留学，使继续肄业，以竟其志，不胜欣幸，特此上达，藉颂

伟祺

孙文　中华民国二年一月二十一日

据中国人民政治协商会议广东省委员会文史资料研究委员会编《孙中山与辛亥革命史料专辑》（广东人民出版社一九八一年版）

致邓泽如函

（一九一三年一月二十三日）

泽如兄鉴：

　　弟前在粤时，曾提议办一中西合资之银行，联合欧美最有力之银行，以抵制六国银行团，而解中国财政之困难。当时以法国政府不大赞成，故巴黎之大银行家不敢发起，然一面仍尽力疏通政府。至两三月之前，已得法国政

府之允许,故两月前法银行曾派两代表人到上海,商订章程,弟委人一面磋商章程,一面向各方面筹股本。时适沈万云君由南洋回沪,称已招得实业银行股本四五百万元,弟即与之磋商,将该股本并入,同办中西合资银行,以厚势力。初时彼满口应承,故电邀陆秋杰君并中华银行招股人王奕友君由星洲来沪,商量合并之法。后以实业银行发起人多不愿合并,弟遂欲另行组织一新行,为中西合资之基础。转思中华与实业两行在南洋招股,已生出冲突,若弟更发起一新行,则恐因而更甚,故不如其已,仍由中华、实业两行各行其志而矣。

弟前之赞成各银行招股者,以中国地大物博,银行愈多愈好,故实业银行、中华银行、福建银行,弟皆出名赞助,欲彼有成,初不料南洋招股皆出于一途也。兹中华银行发起人来约,愿以中华银行作弟欲办之中西银行基础,再委江少峰君来南洋招股。弟所议办之中西银行,乃联合世界上之大资本家而成者也,将来实能为中国银行之母,其势力可通贯全球,此银行一成,必能免六国之制〔掣〕我肘及救中国之穷也。有五百万现金,则能成立。今中华银行既愿以该行为基础,则宜先招足中华之股本,然后与西人议订合同,从速开办也。故今日中西合办之能成与否,全靠中华招股如何耳。

望足下在南洋竭力鼓吹,以达此目的,则中国实业前途之发达,可指日而待也。并望将此意转达各埠同志助力,幸甚。此致,即候
大安不一

弟孙文谨启　民国二年正月廿三日

据中国国民党中央文化传播委员会党史馆藏一般档案049/197

复中华、实业银行代表函

（一九一三年一月二十三日）①

中华、实业银行代表诸公鉴：

　　手教敬悉。日前以事未克到会，殊深歉仄。章程已拜读，精密完备，无任钦佩。合并之议，初本发自南洋，文于此事，毫无成见，诸公既不赞成，则亦听之是已。惟此事之原委，与夫鄙人之用意，深恐诸公尚未尽悉者，请为一一言之。前承沈公不弃，推文为中华、实业银行名誉总董。文见实业为富国之本，而银行尤为实业之母，且沈公又复革命同志，光复有功，于是慨然允诺，并为作书介绍，请南洋同志竭力相助，此去岁春间事也。

　　后数月中华银行以沪督取消，官本无着，决议添招新股，改为商办。文以创办诸公，多民国之伟人，而军票之信用，尤赖该行以保全；且以中国之大，非有多数银行不足以济贫困，故文亦欣然从其所请，以总董名义，派人南下招集股份。乃南洋资本家见文曾同时总董两行，然有名誉负责之别，因欲舍实业而入中华者有之，恐同时募股而起冲突者有之，于是屡来函电，要求合并，庶免事端，而易成事，文亦深韪其言，回电邀代表面商办法。不谓两行各执所见，久议无成，而南洋急不能待，屡次电催；且云"若不合并，两不偏袒，前认亦散。"不得已乃取折中之策，另组新行，庶中华与实业推信鄙人之心，而信新行，破除成见，咸采归并，以达南洋合并之志愿，而免两行进行之障碍，故组织新行之用意非他也，实为两行计耳。乃外间不察，反疑文有破坏之意，何区区之苦衷，不获鉴察一至于此也？

　　今实业银行既决议暂不合并，而以两方单独进行，无害于招股之前途，则文自无不赞成。而新行之议，亦可作为罢论。文于此事，盖已心力尽矣，亦可告无愧于海内外诸同志矣。好在中国地大物博，银行愈多愈善；愿两行

---

① 按内容与前两函相似，故酌定日期为1月23日。

努力进行,勿生冲突,各尽所长,互相提携,以振我国实业之颓靡,而杜外人之觊觎,文于诸公实有厚望焉。若有需文之处,不论中华,不论实业,无不尽我应有之义务,以达提倡银行之初志。不宣。此请
大安

孙　文

据中国国民党中央文化传播委员会党史馆藏一般档案049/381

复梁悦魂□麟寰函

（一九一三年一月二十三日）

本党诸事早已宣布暨由李怀霜先生担任,现李君离沪,尽可由李君认定之主任,代为主持一切。

据上海《天铎报》一九一三年一月二十三日

致日本某君函①

（一九一三年一月）

文近拟与西人合股立一银行,专以输入外资为目的,直接则振兴中国实业,间接则抵制四国团。现已联合欧洲银行数大家,其势力信用,十倍于四国团,其所发债票,可不靠彼政府之承诺,亦能畅消〔销〕于市面,迥非四国团之比也。四国团之所以要求种种之条件者,以非此则不能得各该国政府之承诺;不得承诺,则市场无信用,非故以中国政府为难,实欲畅彼债票之消〔销〕场耳。故与之相持愈久,则条件愈严,此必然之势也。而各国政府又

---

① 原函无头衔,无日期。

欲乘机利用,以申张其势力于中国,此四国团之交涉,无论如何,皆无好果也。文所联合之银行,力能自任十万万以上之债务。惟四国团借债之事,已成一国际问题,故此团不能直排四国团而与中国政府交涉,必藉一中国银行为机关方可,然纯为中国人之银行,彼又难见信,此中西合股之所由生也。此银行各号属中国,注册在中国,董事全为中国人,惟总司理则用西人。而欧洲股东则组织一顾问局,专助理输入外资之事。现拟各投资本千万元以成立之,八月底先各交股本二百五十万元,即行开市。此银行若成,则为中国开一生路,可免种种之干涉条件也。现在发轫之初,尚须秘密,不能公布,以广招徕。而文一人之力,于此短期,诚恐难集二百五十万之现金,故将实情详达左右,望公有以助成之。沪上公产及前清道台所交下领袖领事代管财产等项,若得中央承诺,就地抵押数百万金,当属无难。能否酌量设法拨抵入股,统乞卓裁,并祈示复。

孙文谨启

据秦孝仪主编《国父全集》第四册(台北近代中国出版社一九八九年版)

致蔡锷函

(一九一三年一月至二月间)①

松波②先生鉴:

奉到一月二十五日复书,示以滇路之缓急轻重,并承嘱尽先建筑滇、邕一路,自应力为筹办。惟路线之规定,尤宜通盘筹划。前经与代表罗、李两君③再三商榷,近规目前之利益,远企将来之发达,佥以滇邕一线,不如滇粤

---

① 原函未署时间。据函中所说"奉到一月二十五日复信"及"本公司之计划如此"推断,此函应在铁路总公司成立后,孙中山离沪赴日前,即1913年1至2月间。
② 松波,即松坡,蔡锷字。
③ 罗、李两君,指云南都督派驻北京代表罗佩金、李根源。

一线为更重要,遂定滇、桂、粤铁路。当今拟具说明书,将路线、筹款及筑成后办法三端详为说明。贵代表谅以具有报告,兹将此书抄录一份,寄请大鉴,想台端统筹全局,定能择善而从。

将来此路告成,较之滇、邕尤有莫大之利益。广州为南部之中点,商埠已兴,不难与世界竞胜。即于军事上,亦属重要之地。滇省货物运送外洋,由此出口,未为迂折,而输入腹地各省,则必至广州而后便于分布。至龙门一口出洋,虽觉较捷,然商埠未开,轮舶罕至,倘事经营,非有数千万之巨款不可,实非目前之力所能办。再以军事上而论,南宁逼近滇、越路线,一旦有事,易于受敌。故桂省一段,不如取道柳、庆,开自古未开之路,于铁路原理上实有重大之价值。而由柳州至南宁可建一支线,仍不失滇、邕之功用。本公司之计划如此,其详见说明书,兹不赘述。专颂

勋祺

孙　文

附录　滇桂粤铁路说明书

路线说明

筹款说明

筑成后办法说明

路线说明:

此路线系现时假定,将来实测,容有变迁。

起于广东之广州府,终于云南之大理府,其经过地及里数如下:(以英里计算)

广州至肇庆五十五里

肇庆至德庆四十五里

德庆至梧州三十五里

梧州至浔州九十五里

浔州至柳州八十五里

柳州至庆远五十里

庆远至东兰州百零五里

东兰州至泗城府四十里

泗城府至西隆州四十里

西隆州至黄草坝六十五里

黄草坝至罗平三十里

罗平至曲靖七十里

曲靖至云南省城四十里

云南省城至楚雄七十五里

楚雄至大理府一百里

共计八百九十里

此路线之在广东云南界内者，皆可以无须解释。惟通过广西之路线，其所以不通过南宁，而取道柳州、庆远之理由如下：

一、若由浔州取道南宁、百色，以出西隆，较之柳、庆绕远八十英里，甚非所宜。

二、南宁逼近法疆①，遇有军事，南宁必先受敌。南宁有险，则本路为西南重要干路，一被截断，极为不便。

三、以商务言之，南宁之商务不远盛于柳州，而柳州以上各地，向来交通不便。百里荒芜，铁路一通，发达可立待。南宁、百色各处，尚有河道可通小轮，其需铁路不似庆、泗各府之急。故本公司决定此干路经过柳州，将来由柳州至南宁修支路通之。且由梧州取道柳、庆，通西隆直通过广西省之中线，将来全省修筑支路，皆极便利。苟广西人用全省之眼光而不存地方之意见观察之，必能表其同情也。

筹款说明：

以普通每英里之建造需八万元计之，此路共长八百九十英里，约需款七

---

① 法疆，指越南，当时为法国属地。

千二百万元。若分六年筑之,每年需款一千二百万元。以普通借债利息五厘半计之,第一年须息银六十六万元,以后逐年递加。此七千二百万元之资本,将取给于本国乎?抑取给于外国乎?向来以本国资本办路,认股最踊跃者为粤、汉铁路,乃因历年办理不善之故,收股已极困难。今当革命之后,国内之财力大蹶,而欲以最短之时间成甚长之路线,其不能专恃国内之款明矣。故本公司对于此段铁路之建筑,决定用发行债票之法。其购买此项债票者,本国人及外国人有同等之权利。发行债票以为建筑铁道之资本,中国自有铁路以来,未有用此法者也。中国向来筹款之法,曰借债筑路。其法委托外国之一商业机关(银行或银公司),募集其所需之资本,而以回扣为报酬。由彼在外国发行债票,既售出后,此项债票之涨落与中国无复关系。即世所谓委任募集也。今公司不用此法,而主张自发债票。其理由如下:

一、以免包办材料之回扣也。筑路之费至少以一半购买材料,若用委任募集之法,其经理此募集之机关必要求包办材料,照利得五厘回扣。若借款八千万,其半数为四千万,四千万之五厘扣回,即二百万。此债主之损失也。若自发行债票则有购材料之自由,可择最佳、最廉之材料购买。且中国铁矿遍地,可行炼制,一面图制铁事业之发达。其利一。

二、以免铁路管理权之丧失也。用委任募集法,其经理借款者必同时要求铁路管理权。即中国派人管理,而铁路应用之权,实握于外人之手。革命军起时,沪宁铁路之外国管理人,即倡中立议,几费交涉,始允运载民军。其历史当为国人所能记忆。若自行募债,自行建筑,则一切权自我操,不受干涉。其利二。

三、工程师及一切用人之自由也。委任募集之结果,彼必提出总工程师应用某某人,以今日中国工程人材之缺乏,欲兴极大工程,固必须借材于异国。但其主权掺〔操〕之自我,则合同一切可自作主,而不受强制之干涉。其利三。

今既定由公司直接发行债票之办法,而此项债票按中国今日经济之状态,不能不赖外国人之售买;欲外国人之售买,不能不赖外国银行之承揽经理。且在外国发行筑路债票，为各国所常用之法，而为中国前此未有之事，不能不有的确之担保，以坚信用而利流通。则此项债票不能不由中央政府担保利息，而此项利息不便由中央支出，须由路线经过四省广东、广西、贵州、云南承认者，本公司所以不能不望四省人民及政府之赞助者也。姑以七千万元计之，利息五厘半，每半年共须利息三百九十六万元。但此项公债可分六年分募，第一年募六分之一。一千二百万，以利息五厘半计之，须利息六十六万元。以后逐年递加，但每年所筑铁路亦为全路六分之一，逐年开车。若所获之利足以支付利息，则不必各省实付所担保之利息。广东至云南之铁路，联合二大富省，其获利可掺〔操〕左券。广州至三水之铁路，不过三十英里，每年获利已在三十万元之外。全路虽不能以此为比例，果能逐段获利，则各省之所出利息亦甚微耳。各省既担任保息之后，发行债票，仍不能不以中央政府担保。至于回扣一层，按中国向来铁路借款之回扣如下：

借款	借入年份	借款总数	回扣
京汉借款	清光绪二十四年	法金一万二千五百万佛郎	九扣
京奉借款	同二十四年	英金二百三十万镑	八九扣
正太借款	同二十八年	法金四千万佛郎	九扣
汴洛借款	同二十九年	法金四千一百万佛郎	九扣
沪宁借款	同二十九年	英金二百九十万镑	第一批九扣 第二批九五五扣
道清借款	同三十一年	英金七十九万五千八百镑	九扣
广九借款	同三十二年	英金一百五十万镑	九四扣
津浦借款	同三十二年	英金五百万镑	第一批九扣 第二批九四五扣
沪杭甬借款	同三十四年	英金一百五十万镑	九三扣
汇丰汇理借款	同三十四年	英金五百万镑	九四扣
川粤汉借款	清宣统三年	英金六百万镑	九五扣

即最低者八九扣,最高者九五五扣。革命以后之借款,克里司浦借款低至八九扣,此次商议之六国大借款八八扣。本公司发行债券之时,消〔销〕行如何,不能预言,故实收几成,此时不能预定。若在外国发行,势不能不托外国银行经理,除本公司自矢于回扣丝毫不取外,外国银行经理必须报酬,总期得最高之实额为止。纵使成迹〔绩〕与从前借款相若,而能于购材料及管理权两事不让于外人,则为利亦已多矣。

筑成后办法说明:

本公司抱铁路公有之目的,以后办路部怪达到此目的为止。一路筑成能获利益,以后当按照所获提出若干成,以还清资本及各省于筑路时所出之保息银,曰还债费。此外提出若干成以分之中央政府及铁路所经过之各省,提出若干成以津贴本公司,其数目临时定之。债务还清以后,此路即为公有产业,由公司将全权交出。此时或归国有,或归省有,由中央政府与各省政府自行交涉,本公司不复过问。

据《云南省议会报告书》第一卷《云南省议会第一届报告书》(云南省议会印行,云南电气印刷公司代印)

致中华银行董事会函

(一九一三年二月九日)

二月十一日有日本之行,董事会不能赴,请诸公决议一切,归时报告可也。

据沈云荪《辛亥革命后的上海中华银行》,载上海文史资料《辛亥革命七十周年》

复韩汝甲函(译文)①

（一九一三年三月五日）

便条收悉，我很乐意在下午四时至五时之间见你。

据《历史档案》一九八五年第一期封二影印原函译

致东京各报馆函

（一九一三年三月五日）

敬启者：

　　文等观光贵国，沿途受官民上下热诚招待。留京之日，更蒙诸贤士大夫暨各界诸君不弃菲德，宠以嘉荣，感激之诚，不可言宣！足征贵国人士爱同种同文之真诚，非特文等个人之私荣而已。

　　返国之际，敬当举贵国人士以爱同文同种者爱敝国兼及于文等之至意，播之全国。俾两国人士共相提携，以继日、华二国历史上之亲处，且所以谋东亚之幸福。此文等所敬谢贵国人士、亦所切望于贵国人士者也。

　　谨致数语，聊表谢忱，并祝日本帝国万岁！东京市民万岁！

据[日]品川仁三郎《孙文先生东游纪念写真帖》（日本华新报社一九一三年版）

---

① 韩汝甲系留法学生，1909 年参加同盟会。1913 年 3 月 5 日，孙中山离东京赴横滨前由富士城发往东京约见韩汝甲，原函为英文。

致梅屋庄吉①函

（一九一三年四月五日）

敬启者：

　　文等此次观光贵国，备受各界热诚欢迎，足证明贵国人士确系以爱同种同文之国为心，以保全亚洲为务。凡我亚洲人士，无不应馨香崇拜，并期极力实行，以副贵国人士之望。文等当尽全力以贵国人士好意布诸国民，俾两国日增亲密，匪特两国之幸，实世界平和之幸也。

　　专此肃函，敬谢招待之厚意，并祝前途幸福。

梅屋庄吉殿

孙文、马君武、何天炯、戴天仇、袁华选、宋嘉树同顿首

据中国社会科学院近代史研究所藏《梅屋庄吉文件》显微胶卷

致井上馨②函

（一九一三年五月十七日）

井上老侯阁下：

　　前者观光贵国，深荷贵国朝野人士推诚相与，一种真挚之意，有非言语所能形容，实足表见贵国人心与敝国实行联好之忱，曷胜铭佩！归国后对众称述，无不为之感动。从此敝国与贵国睦谊日亲，感情日厚，实可深信。

　　惟是敝国虽经革命之余，而政治之本源未清，新旧之党争愈烈。文尝言欲

---

① 梅屋庄吉（1868—1935），日本商人。甲午中日战争前夕，曾来华从事秘密活动，后往香港经营照相馆。1894年在香港与孙中山相识，此后往来较密，对孙中山的革命活动有所资助。

② 井上馨（1838—1915），日本山口县人，曾任大藏省大辅、外务卿及代伊藤博文主持政务等。辛亥革命时虽已辞官，但身为政界元老，仍有很大的影响。

求政治之进步,非新派战胜旧派不能铲除恶劣之根性,发挥法治之真理,此文所当与敝国志士极力图之者也。不意民国甫建,而专制之毒焰愈张,宋教仁以发表政见,促进议院政治,惨被暗杀。及经地方长官会同检察官搜查证据,始发见此案之真实,袁、赵诸人确为主名。违背公理,灭绝人道,莫此为甚。是以证据一经披露,全国人心异常愤激,政府作贼,异口同声,千夫所指,势将力倒。

乃袁氏知不能见容于国人,个人禄位将不可保,遂思以武力为压服国民之举。然现政府财力竭蹶,苟非得巨款以补充淫威,终莫由逞,是以悍然不顾,竟将二千五百万镑之大借款不交国会通过,遽尔私行签字。于是,举国哗然,自国会及各省议会乃至各省都督,以及其他团体或个人,除袁氏之私人外,无不痛恨其违法,否认之电,反对之词,不绝于书。袁氏曾无斯须悔祸之心,尚复布令狡辩,且据西报之谣言,诬国民将有二次革命之举,一面掩盖杀宋之罪恶,一面为准备军事之借口,其居心之叵测,实不堪问。引虎入室,以盗保家,生命财产,宁有全理。所惧者,旧派之人,惟利是视,虽卖国有所不恤,且将凭借欧洲之势力,以排斥我利害与之友邦。

袁氏诡谋,贵国人士向所深悉,此次传闻与俄人隐相结纳,尤将为东方之不利。袁氏而得志,岂独非敝国之福乎!至敝国国民与现政府之冲突,自系敝国国内之事,惟有关世界大局者,尚望阁下有以维持之。即如交款一端,于人道关系甚大,现虽业经开始交付,苟能限制不许充为战费,则袁氏或不致残民以逞。若敝国之和平可保,则东亚之和平即可保。阁下为日本之伟人,一言一动,足系世界之轻重。尚祈俯念敝国与贵国关系最切,有以扶持之,则幸甚矣!

书不尽意。敬颂

大安

诸维朗照不宣。

孙文　中华民国二年五月十七日

据彭泽周《介绍中山先生一封未公开的信》①,载《大陆杂志》第三十七卷第五期(台北一九六八年九月十五日)

---

① 彭注:该信"为井上侯爵家所收藏,从未公开,战后由日本国会图书馆抄录下来。"

致北京政府文[①]

（一九一三年五月下旬）

去岁本公司奉命筹办全国铁路，其章程内本有自由借款之权。迭与外国商行磋商借款，数巨者须由中央担保，数小者径可直接订借，均粗有成议，不意中央大借款忽然成立，其影响于铁路借款者甚大。一、大借款合同十六、十七两条有限制他种借款及限制中央担保借款之权；二、债款付清无一定之期限；三、八四折扣在欧洲已为最低之规格；四、监督手续过于严切。以此原因，致铁路借款已有成议者，忽然中止，未经提议者更难提出。嗣后对于铁路借款有何维持之方法，俾全国路政不致因此失败，请由国务会议决定办法，从速见复。

据上海《时报》一九一三年五月三十一日《孙中山反对大借款之阴阳面》

致广州当局函[②]

（一九一三年六月七日）

国人自宋遁初先生死后，均持退步思想，因而北京党争愈烈。文以国是为前提，诚恐内讧日甚，授口实于外人，致贻民国分裂之忧，刻决意入京与汪精卫尽力调和两党见，精卫素见重于此，此行或不虚负，务请电恭恳旅京议员，助文一臂之力。

据王道智、翟翠华《孙中山关于法律解决"宋案"之资料二件》，载《民国档案》一九八八年第一期

[①] 1913年5月下旬，孙中山为反对大借款，与幕僚多人会议议决，以中国铁路总公司名义行文北京政府，指责违法大借款。

[②] 此函原为抄件，未注明出处，系旅美同盟会机关报《少年中国晨报》1913年6月7日转载。

与黄兴陈其美联名复上海全国商会联合会函

(一九一三年六月八日)

复函云:敬复者,接奉台函,备聆一是。诸君关怀时局,呕思保全商业,而殷殷属望于鄙人等,自愧德薄能鲜,曷克当此。迩来全国风潮冲激,讹言繁兴,人心惊忧,影响所及,首在商界。来函所称,殊深扼腕。当光复之始,鄙人等与诸君共膺患难,今幸民国成立,建设方新,休养生息,期以十年,国家前途,庶其有豸。孰意大局甫定,事变忽萌,谁无身家,岂堪以锋镝余生,重膺惨祸。此诚鄙人等与诸君所同深痛心疾首者也。惟是共和时代与专制不同,人人当以国家为前提,即人人有拥护共和之责任。苟有立心不轨,破坏共和者,众当弃之,断不宜姑息养奸,自贻伊戚,此固全国人心之所同,然抑亦鄙人等之素志也。至来函嘱通电各省及北京国民党本部一节,用意固佳,惟严诘奸宄,保卫治安,地方政府责无旁贷,谅无待鄙人等之谆嘱。国民党乃系政党,其政纲早经宣布,固已一致进行。此时大局稍定,若再以鄙人等一二人之意通电全国,恐转滋歧惑耳。特此布复。即颂
台祺

孙文、黄兴、陈其美谨复　六月八日

据上海《民立报》一九一三年六月十三日

致黄伯耀函[①]

（一九一三年六月十二日）[②]

伯耀兄鉴：

　　密启者：弟闻新军同志言在各报见有金山[③]追悼会中，有崔通约一挽联，大不洽新军同志之意。多有问弟，此人是否同志？若是门外汉，则不足怪，若为同志，则大可鄙矣！以其明知而故作媚满之语，而若为新军讼冤者。当日有以绅商各界之作此言，乃为生人说法，不得已也。兹为死人追悼，而通约有此言，其心不可问云。弟闻此言，亦无辞以对也。弟昔金山时，尝有与兄等言及此人，想各位亦在洞鉴中也。凡会中紧要职事，不可交托此人，盖其人无定见，而有破坏吾党之心，须谨慎之。（下略）[④]

二年六月十二日转刊
据中国第二历史档案馆藏国民党政府国史馆档案

致丁义华函[⑤]

（一九一三年六月十六日）[⑥]

万国改良会丁先生鉴：

　　来电悉。余现在不愿闻政事。政治良否系政府责成〔任〕，余嗣后专办

---

① 黄伯耀，时任美洲《少年中国晨报》总理。原为抄件，未注明出处，原标题为《孙先生致伯耀函》。
② 此函所标时间为转刊日期。
③ 金山，即旧金山。
④ 底本如此。
⑤ 据《时报》报道，原函为英文。
⑥ 此函所标时间系上海《时报》发表日期。

铁路,其他非余所愿闻也。

孙逸仙
据上海《时报》一九一三年六月十六日

致涩泽荣一函

（一九一三年七月二十八日）

涩泽男爵赐鉴：

迩来时当夏至,溽暑蒸人。遥想起居佳胜,至为企颂。

关于中国兴业公司,屡辱赐书,敬悉业经该公司原定股银如数清缴,并设立办法手续,进行庶几完备,并由森恪君面聆前情,不胜同庆之至。前议有由尊处派遣代表来沪商议办法,嗣知尊处暂为罢议,即拟由敝处遴派发起人六名赴东,商同办理该公司设立事务,适上海有南北启衅之事,未能如愿。因在中国愿认该公司之各股东,均系沪上主要实业家。当此南北开始争端之际,固当竭力维持市面秩序,一时不克分身,想邀执事原谅。惟从速成立该公司以图谋发达事业,固系万难延宕。故敝处为早成立该公司起见,特将所有敝处意见及关系一切文书,托请森恪君回东,代为鄙人等与执事暨请诸君筹议办法一切。森君到时,务请执事会同商酌妥善办法,并代为鄙人开创立总会,是为感佩。当初与执事商议以来,鄙人等设立该公司,全系巩固中日两国实业上之联络,以图发达为念,始终不渝。是以此次南北启衅,情形如何,与该公司毫不相涉,无待赘言。一俟该公司成立后,应由鄙人将该公司设立宗旨等,通告各省都督、商会暨殷富实业家,劝招分认股份,以便在各地方发达该公司事业。嗣不论南北人士,如有愿认该公司股份者,均听其便,诸执事预先俯允,且现各股东均表同意。俟将来市面稍归静谧,各股东自当为该公司事业,竭尽热诚,以资发达,亦足以纾廑系也。

月前对于五国借款交款问题,辱蒙贵国人士多方之同情,敝国人民殊深感激,是即系承执事指导居多,为鄙人所深感佩者也。将来尚祈赐以教言,以资敝国国势之发达,是所翘望。鄙人现因要事,今日起程赴粤,匆匆裁书,拜托森恪君转呈左右,统仰鼎力,得以就绪,是所切盼。并请执事将所述鄙怀,于创立总会转告贵国股东诸君是荷。即颂

近祺

孙　文

中华民国二年七月二十八日

<small>据彭泽周《中山先生与中国兴业公司》,载《孙文氏来函》大正二年七月(涩泽子爵家收藏)</small>

致日本某教育社函[①]

（一九一三年八月十九日）

此次中国战事全由袁世凯玷辱其总统之职而起,只须袁氏退位立即消弭,我辛苦半生经营之事业,决不忍见其破坏;今袁氏继满清而行专制,我必为国民之正义而战,现虽大受创挫,然最后之胜利决为吾人获之无疑。凡力卫和平,不愿见生灵涂炭之人,务乞勿再以金钱赞助袁世凯。

<small>据上海《民权报》一九一三年八月二十日《东京十九日专电》</small>

致王敬祥函

（一九一三年九月六日）

敬祥同志先生鉴：

密启者：兹有要事,特着日本同志池亨吉君来神户,面请足下并铃木君

[①] 1913年"二次革命"失败,孙中山亡命日本,于8月9日抵神户,17日到横滨,18日凌晨移居东京。

同来东京一叙,幸为勿却。余由池君面详。此致,即候
大安

孙文谨启　九月六日

据中国国民党中央文化传播委员会党史馆藏一般档案049/259

致东京邮政局长函（译文）

（一九一三年十一月十二日）

亲爱的先生：

请将我的函件交付持信人。此致

东京邮政局长

您真挚的孙逸仙　于东京灵南阪路26号

据秦孝仪主编《国父全集》第四册（台北近代中国出版社一九八九年版）（译自中国国民党原党史会藏英文原函）

致康德黎夫人函（译文）

（一九一三年十一月十四日）

康德黎夫人：

复余自日本寄上之函，经已收到。余特奉告夫人者，乃希望府上与自称为余之"朋友"之人物交谈时，必须多加谨慎。至于受英王封为爵士之Addis先生，并非余之朋友，此人即过去资助袁世凯反对南方之人物。余担心很多人会冒充余之朋友，借以取得府上之信任，进而探听某些消息与意见。

余与刘公使不甚熟悉，就余所知，此人目前与将来，皆不会与我们同道，因为我们目前显然处于劣势。

获悉诸公子近况良好,至感愉快。

请向康德黎博士代为问候,并盼康博士勿过分劳碌,免捐健康。

孙逸仙　十一月十四日于东京

据秦孝仪主编《国父全集》第四册(台北近代中国出版社一九八九年版)(译自中国国民党原党史会藏原函照片)

致黄芸苏函①

（一九一三年十一月十八日）②

魂苏兄鉴：

兹有江君亢虎来美求学,欲专从事研究社会主义。弟在上海因提倡社会主义,与江君相识。知江君热心斯道,今又远学于美,他日心得当未可限量也。江君往美,初到恐人地生疏,请弟介绍,见面时望为指导一切,幸甚。

江君向主和平,并未从事于激烈之举,然今亦为袁氏政府所不容,则其野蛮恶毒可想而知。此中情节,江君当能道其详也,故不多赘。此候

大安不一

弟孙文谨启　十一月十八日

据《国父致黄芸苏先生亲笔函》影印件,载美国罗省华美文化学院研究部主编《黄芸苏先生纪念集》(一九七五年版)

---

① 黄芸苏,字魂苏,广东台山人。清末官费留美学生。1907年在旧金山创立少年学社,出版《少年周报》,1910年加入同盟会。同年7月将少年学社扩大为"少年中国晨报书庄",发行《少年中国晨报》,鼓吹革命,筹募军饷。辛亥革命后,任同盟会美洲支部长,不久归国任大元帅府秘书、广州市财政局长等职。后又赴美,在纽约创《民气报》,继续从事革命宣传活动。

② 此函无年份。按江亢虎于1913年秋冬间离国赴美,故此函当写于1913年。

致刘谦祥函

（一九一三年十一月二十七日）

刘谦祥君大鉴：

得宿雾同志来书，藉悉足下以个人捐出全年工金一千元，以济军饷，热心爱国，见义勇为，曷胜感佩。从前普法之战，法有退役水兵持其十余年所得之月俸，捐作军饷，当时传为佳话。弟所见则有西贡埠一同志（黄君景南）以卖芽菜为业，六年前镇南关、河口两役，此同志共捐银三千余元，盖罄其半生之积蓄。今足下慨然牺牲所有以为助，洵可不让前贤专美矣。人心如此，弟敢决民贼必亡，而再造共和之甚易也。专此，即颂
义安

孙文　十一月廿七

据中国国民党中央文化传播委员会党史馆藏一般档案049/344

致邓泽如及南洋国民党人函

（一九一三年十二月二十日）

泽如仁兄暨同志诸先生道鉴：

久违道范，不胜渴望。连奉教言，犹深感佩。十一月十六日尊函，已拜读再四，党势之衰，本在意料之中，亦非奇也。夫连结团体，亦犹交友然，共患难难，共安乐易，而患难安乐，皆图与共，不因时势之变迁、势力之消长而有所短长者，则尤难矣。所以当安乐之时，所交朋友一到生死关头，未有不各寻各路者，旷观天下，滔滔皆是，不能尽责，亦不足责也。惟我辈既以担当中国改革发展为己任，虽石烂海枯，而此身尚存，此心不死。既不可以失败

而灰心,亦不能以困难而缩步。精神贯注,猛力向前,应乎世界进步之潮流,合乎善长恶消之天理,则终有最后成功之一日。即使及身而不能成,四亿万苍生当亦有闻风而兴起者,毋怯也!

此次失败以后,自表面观之,已觉势力全归乌有,而实则内地各处,其革命分子较之湖北革命以前,不啻万倍。而袁氏之种种政策,向能力为民国制造革命党,解散国、省、县议会,裁撤南方军队,自以为此策得矣,不知逆天者必受殃,害人者终害己,此被裁撤之议员兵士能安然不变乎?始皇以盖世之雄,内则坑儒焚书,外则筑长城以逐胡,而乃二世而灭。袁氏对内,则不如始皇之威也,其对外则不如始皇之武也,而北有蒙古,兵逼长城,西有回民,揭旗关外,而宗社党亦蠢焉思动,徒党辈复各争权,时局若此,乌能久哉?

惟是我党既以改革中国、图民生之幸福为目的,当此四方不靖之时,内外交迫之际,不特应聚精会神,以去乱根之袁氏,更应计及袁氏倒后,如何对内、如何对外之方策。诸先生久居海外,当必有洞察全球、详观宇内一念及也。张君静江同志中之健者,思想识见,超越寻前,既早赴贵处,想已晤及,此次失败之原因,当可稍明端绪矣。

至于经济一层,不特目前无进行之款,即同志中之衣食,亦多不能顾者。前日大雪,在东之亡命客中,竟有不能向火而致疾者。弟虽尽力设法救济,而力微不足以遍,过此以往,苟不图一长策,则殊无以对此血战中之苦寒同志矣。此层务望同志诸先生深虑而力助之。言短意长,不克备述。海风有便,再候德音。顺颂
道安

弟孙文谨启　十二月二十日

据邓泽如编《孙中山先生廿年来手札》(台北文海出版社一九六六年版)影印原件

致咸马里夫人函(译文)

（一九一三年十二月二十三日）

李夫人：

我写此信时相信您还在伦敦，因此托我们的朋友康德黎医生转交这封信给您。

我还在日本，看到我亲爱的祖国又退回到老路上，委实令人感到痛心，所幸已有迹象显示，情况将在近期内好转。专制统治已卷土重来，其压力甚至比清朝初年更令人难以忍受，反应的钟摆已达到极限，回弹是必然的。也许这是黎明前最黑暗的时刻，我知道您和我其他的老友都非常支持我们努力的目标，这给我莫大的鼓励，使我能继续进行艰巨的任务，我们的奋斗可能历时长久，但我们一定会胜利，因为正义终必伸张。

我听说故李将军的《萨克逊人的日子》(Day of the Saxon) 一书已在此间大多数书店出售。这是应该的。它的确值得获得读者热烈的接受。您还记得把《无知的勇气》(Valor of Ignorance) 一书译成日文的池先生(Mr. Ike)，他写信要求我请您同意他把李将军的这一本最近著作也译成日文。我不记得李将军曾否口头上授权他翻译此书，不过，我想最好还是向您请教这件事。池先生的地址如下：

东京，赤坂区，代町，二十五番地。池亭吉先生。

顺祝近安。孙逸仙。

又：我自己的地址如下：

东京，富山(赤坂区)，灵南坂，二十六番地。

头山先生转。

> 据秦孝仪主编《国父全集》第四册（台北近代中国出版社一九八九年版）（译自中国国民党原党史会藏荷马李档案中英文原函）

致内藤顺太郎及东亚社函

(一九一三年)

窃中日两邦,国于东亚,揽厥形势,有如骖靳相依。比年偶因小故,辄滋误会,于东亚和平,不无障碍,沟通彼此,端赖英贤,今诸君子有鉴于兹,发大愿力(中略)。特用函复,仰希察照。

孙 文

据[日]内藤顺太郎著《正传袁世凯》自序(博文馆一九一三年版)

致南洋同志函

(一九一四年二月四日)

同志诸公大鉴:

睽违大教,累月经年。近想为国热诚,终始一贯,至为欣慰。弟自去秋来居三岛,每想国势之颠危,民生之困顿,共和之前途,辄不能忘情于党事。加以亡命此间,诸同志意见不齐,缺乏统一,故不揣绵力,出而肩任。刻已成立干部,各路进行,同志之勇往,团体之固结,远胜前此同盟会之组织。且此次同志皆一德一心,服从弟之命令,尤非昔比。

刻正编刊方略,不日脱稿,一俟出版,即行寄上。其如何扩充展布,尚须仰仗宏力。惟经费一层,尚须极力筹划,以便应付。顷查去年南京独立之际,贵埠同志曾汇款五千元赴沪,交吴君世荣转交军前。嗣款到时,已取消独立,款遂留吴君手中,未有交出,致有用之财,化为无用,殊负诸公一片热诚,可否函致吴君,嘱其交还。

此间同志流离失所者尚多,衣食且不给,而彼辈心志坚锐,前途有望,倘

荷诸公将款拨助接济，尤感高谊，未悉以为如何？手此奉达，即颂
公安

孙文　二月初四

据中国国民党中央文化传播委员会党史馆藏一般档案049/153

致邓泽如函

（一九一四年二月六日）

泽如兄鉴：

　　文有外甥程炳坤者，近由新加坡来函云，彼在该埠谋生无术，欲文为之设法安身。惟文向以许身于国，拙为个人之谋，又向少与之见面，究不知其人品格才技如何，故无从为之设法，特转求兄为我一查其为人如何（问香安燕梳①公司，便知其住址），如属安分，有可培植，望为推爱，为之觅一事以谋生，则感同身受矣。此致，并候
近安不一

孙文　二月六日

据邓泽如编《孙中山先生廿年来手札》（台北文海出版社一九六六年版）影印原件

---

① "燕梳"，系英文 Insurance 的音译，意为"保险"，是旧时粤语中的外来语。

致伍平一函

（一九一四年三月十三日）

平一兄鉴：

来函诵悉，现在小吕宋开演，甚佳，该处同志均极热心，必能大有助于兄。日前弟曾发函南洋各埠，嘱其襄助诸兄，是时弟以为诸兄不日当到南洋，故亟函该处招待也。但将来如到南洋，经新加坡时，可访林义顺、林文庆诸位；到庇能时，可访光华报诸位；到马来各埠时，可先访邓泽如。至中国内地，如吾等所谋一旦得手，消息报到，诸兄即宜买棹内渡，襄助一切，是为至要。先此布复，即颂

公祺

孙文　三月十三日

据上海图书馆编《孙中山先生遗札》（一九八六年版）影印原件

致南洋革命党人函[①]

（一九一四年四月十八日）

南洋诸同志鉴：

久失通候，缘在此间组织党事，拟俟成立而后详达台端，故尔疏瞍。兹就绪矣，特为足下一言。

弟去年抵此埠，即发起重新党帜，为卷土重来之计，当与同志秘密组织。

---

① 为告知有关在日本组织中华革命党的工作大致就绪事，另有致邓泽如一函，除头衔变动外，内容全同，今不录。

因鉴于前此之散漫不统一之病，此次立党，特主服从党魁命令，并须各具誓约，誓愿牺牲生命、自由权利，服从命令，尽忠职守，誓共生死，先后已得四、五百人，均最诚信可靠之同志，惟此时来者尚未为多。近顷干部章程及新革命方略，陆续订立完备，此间同志闻风倾慕，均踊跃加入。计以前同志中重要分子，均隶党籍，固不待言，又获得多数锐进新同志，声势益形膨大。前此传闻吾党分崩之象，悉已消灭，今后举事，必不蹈前者覆辙，当归弟一人统率之下，是国事虽未如愿，党务将告大成，兹可额首也。至此次组织，其所以必誓服从弟一人者，原第一次革命之际及至第二次之时，党员皆独断独行，各为其是，无复统一，因而失势力、误时机者不少，识者论吾党之败，无不归于散涣，诚为确当。即如南京政府之际，弟忝为总统，乃同木偶，一切皆不由弟主张。

　　关于袁氏受命为总统一事，袁氏自称受命于隆裕，意谓非受命于民国。弟当时愤而力争之，以为名分大义所关，宁复开战，不得放任，以开专恣横行之渐。乃当时同志咸责备弟，且大为反对。今日袁氏竟嘱其党，宣言非受命于民国矣，此时方悟弟当时主张不为无见也。其余建都南京，及饬袁氏南下受职两事，弟当时主张极力，又为同志反对。

　　第二次革命之前，有"宋案"之发现，弟当时即力主开战，克强不允，卒迁延时日，以至于开战即败。可知不统一服从，实无事不立于败衄之地位。故鉴于前辙，兹乃力洗从前积弊，幸同志多数均以为然，故能至此成效。

　　今大致已经就绪，拟即分寄章程前赴南洋、欧美各处，创立支部。诸君久居南洋，声誉素著，谅能本此宗旨，设各埠支部，以张党势，故兹特沥述情形，冀望足下赞成其事，并为传播此旨，想诸君必不却其请也。至章程一切，日间即行寄上。手此奉白，即颂

近祺

孙文　四月十八日

地址见后，收信地址名字：
　　Toyama

26 Reinanzaka

Tokyo

Japan①

据黄警顽等编《南洋霹雳华侨革命史迹》(上海文华美术图书公司一九三三年版)影印原件

致李源水函②

（一九一四年四月十八日）

源水先生鉴：

顷接高维兄来函，以足下业已商允吴世荣君将前汇宁之捐款转汇东京接济各贫苦同志，厚谊隆情，至堪感佩。当即电达台端，谅登记室，尚祈早日寄下，不胜盼祷之至。

此间同志困苦颠连，备尝艰苦，惟精神团结，百折不磨。弟初来此间，拟重整旗鼓，特组织干部，集合同志，各具誓约，服从命令，以期统一，力洗从前散涣之弊，各同志均踊跃加入，党势日隆。近顷干部支部章程、革命方略，均已陆续订定，现拟扩充各处组织支部，一俟章程刊就，即当分寄各埠同志。素仰足下热诚爱国，始终如一，刻下此间组织，必愿赞成。倘能担任组织支部（将现国民党支部内部暗组秘密团体），当将章程邮寄尊处，未审以为如何？尚希示复。专此布复，即颂

日祺

孙文 四月十八

据中国国民党中央文化传播委员会党史馆藏一般档案 049/156

---

① 中文意为：日本东京灵南坂26号，头山。
② 时李源水在南洋怡保。同年10月孙中山委他任霹雳筹饷局理财。

复 黄 兴 函

（一九一四年五月二十九日）

克兄鉴：

　　来示悉。所言英士以兄不入会①致攻击，此是大错特错。盖兄之不入会，弟甚满足。以"宋案"发生之后，彼此主张已极端冲突；第二次失败后，兄仍不能见及弟所主张是合，兄所主张是错。何以言之？若兄当日能听弟言，"宋案"发表之日，立即动兵，则海军也，上海制造〈局〉也，上海也，九江也，犹未落袁氏之手。况此时动兵，大借款必无成功，则袁氏断不能收买议员，收买军队，收买报馆，以推翻舆论。此时之机，吾党有百胜之道，而兄见不及此。及借款已成，大事已去，四都督②已革，弟始运动第八师营长，欲冒险一发，以求一死所，又为兄所阻，不成。此等情节，则弟所不满于兄之处也。及今图第三次，弟欲负完全责任，愿附从者，必当纯然听弟之号令。兄主张仍与弟不同，则不入会者宜也。此弟之所以敬佩而满足者也。弟有所求于兄者，则望兄让我干此第三次之事，限以二年为期，过此犹不成，兄可继续出而任事；弟当让兄独办。如弟幸而成功，则请兄出而任政治之事。此时弟决意一到战场，以遂生平之志，以试生平之学。今在筹备之中，有一极要之事求兄解决者，则望禁止兄之亲信部下，对于外人，自后切勿再言"中国军界俱是听黄先生之令，无人听孙文之令者。孙文所率者，不过一班之无知少年学生及无饭食之亡命耳。"此等流言，由兄部下言之，确确有据。此时虽无大碍，而他日事成，则不免生出反动之力。兄如能俯听弟言，竭力禁止，必可止也，则有赐于弟实多矣。

　　至于英士所不满意于兄之事，多属金钱问题。据彼所称：上海商人尝言

---

① 不入会，指不加入中华革命党。
② 四都督，指湘、赣、皖、粤四省都督谭延闿、李烈钧、柏文蔚和胡汉民。

兄置产若干,存款若干。英士向来皆为兄解辩云,断无此事。至数日前报纸载兄在东京建造房屋,英士、天仇①皆向日友解辩,天仇且欲写信令报馆更正。有日人阻之,谓不可妄辩。天仇始发信问宫崎,意以为必得否认之回音,乃与该报辩论。不料宫崎回信认以为有,二人遂大失望。并从而生出反动心理,以为此事亦真,则从前人言种种亦真矣。倘俱真的,则克强岂不是一无良心之人乎,云云。英士之此种心理,就是数日间所生者也。如兄能以理由解释之,彼必可明白也。

以上则兄与英士互相误会之实情也。乃忽牵入入会之事,则甚无谓也。且金钱之事,则弟向不在意,有无弟亦不欲过问。且弟以为金钱之于吾辈,不成一道德上良心上之问题,不过世人眼浅,每每以此为注意耳。今兄与英士之冲突在此点,请二人见面详为解释便可,弟可不必在场也。

弟所望党人者,今后若仍承认弟为党魁者,必当完全服从党魁之命令。因第二次之失败,全在不听我之号令耳。所以,今后弟欲为真党魁,不欲为假党魁,庶几事权统一,中国尚有救药也。此复。

孙文　五月二十九日
据中国国家博物馆藏原件

致社会党国际局函②(译文)

(一九一四年五月)

同志们,我向你们大家发出呼吁,让中国成为世界上第一个社会主义国家。请把你们的精力化在中国身上,请派你们的优秀人材来中国各地服务,助我一臂之力。我需要贵组织成员的帮助,以便完成我的宏伟事业。

据[法]马·拉什丽娜《第二国际和中国革命》,载《国际共运史研究资料》第十三辑(一九八五年)(王鹏译)

---

① 天仇,即戴季陶。
② 此函未见全文,原件存社会党国际局的档案。

复黄兴函

（一九一四年六月三日）

克兄鉴：

长函诵悉，甚感盛情。然弟终以为欲建设一完善民国，非有弟之志，非行弟之法不可。兄所见既异，不肯附从，以再图第三次之革命，则弟甚望兄能静养两年，俾弟一试吾法。若兄分途并进，以行暗杀，则殊碍吾事也。盖吾甚利袁之生而扑之，如兄计划成功，袁死于旦夕，则吾之计划必坏。果尔，则弟从此亦不再闻国事矣。是兄不肯让弟以二年之时间，则弟只有于兄计划成功之日，让兄而已。此复。

又，此后彼此万不谈公事，但私交上兄实为我良友，切勿以公事不投而间之也。幸甚。

孙文　六月三日

据中国国家博物馆藏原件

致陈新政及南洋同志书

（一九一四年六月十五日）

同志诸公大鉴：

窃文自东渡以来，夙夜以国事为念，每睹大局之颠危，生民之涂炭，辄用怛恻，不能自已。因纠合同志，宣立誓约，组织机关，再图革命，蕲以牺牲之精神，尽救国之天职，区区诚悃，当早为诸公所洞鉴。

惟此次立党，与前此办法颇有不同。曩同盟会、国民党之组织，徒以主义号召同志，但求主义之相同，不计品流之纯粹。故当时党员虽众，声势虽大，而内部分子意见纷歧，步骤凌乱，既无团结自治之精神，复无奉令承教之美德,致党魁则等于傀儡,党员则有类散沙。迨夫外侮之来,立见摧败,患难之际,疏如路人。此无他,当时立党徒眩于自由平等之说,未尝以统一号令、服从党魁为条件耳。殊不知党员之于一党,非如国民之于政府,动辄可争平等自由,设一党中人人争平等争自由,则举世当无有能自存之党。盖党员之于一党,犹官吏之于国家。官吏为国民之公仆,必须牺牲一己之自由平等,绝对服从国家,以为人民谋自由平等。惟党亦然,凡人投身革命党中,以救国救民为己任,则当先牺牲一己之自由平等,为国民谋自由平等,故对于党魁则当服从命令,对于国民则当牺牲一己之权利。意大利密且儿作政党社会学,谓平民政治精神最富之党派,其日常之事务,重要行动之准备实行,亦不能不听一人之命令。可见无论何党,未有不服党魁之命令者,而况革命之际,当行军令,军令之下尤贵服从乎?

是以此次重组革命党,首以服从命令为[惟]唯一之要件。凡入党各员,必自问甘愿服从文一人,毫无疑虑而后可。若口是心非,神离貌合之辈,则宁从割爱,断不勉强,务以多得一党员,即多得一员之用,无取浮滥,以免良莠不齐,此吾等今次立党所以与前此不同者。但前因草创伊始,同人等均以精神为结合,故一切章程规则,未经制定。迨因党员渐众,党务日隆,非有准绳,无所依据。加以海内外纷请章程,创立支部,爰定总章,用资遵守。兹特邮呈左右,倘蒙就地开设支部,尚祈悉心研究,按照总章,妥为办理。惟本总章系规定本党全党组织,故特详于干部、各支部组织,宜按各地情形,自行订立章程,呈请干部核定。但所宜注意者:

(一)各支部分科组织,不必悉如干部,又不可袭干部总协理各部局院等名目。如干部中之军事部、政治部、协赞部及部内各院,支部均不必设立。各支部只宜设部长、副部长,不宜设总、协理。各分科办事,只宜称科称股,不称部局院,以免淆混,而清界限。

(二)本党系秘密结党,非政党性质,各处创立支部,当秘密从事,毋庸大张旗鼓,介绍党员尤宜审慎。至向来设立之国民党支部,乃系政党性质,与现在之党并行不悖,毋庸改组,以免枝节。尤当同心同德,毋以新旧党员,故存畛域。

总之,此乃秘密结党,有时或借国民党名义为旗帜,或别立名目以号召,均无不可,是在诸公斟酌而妥筹之。专此布达,敬颂

公祺

孙文　六月十五日

通信地址名字:

　　Toyama

　　　26 Reinanzaka

　　　　Tokio Japan

据中国社会科学院近代史研究所藏原件照片

致咸马里夫人函(译文)

(一九一四年六月十七日)

李夫人:

非常感谢您五月一日的来信,提到翻译"萨克逊人的日子"之事,我想请我的一位国人把它译成中文,刊在我们的一份杂志上。

目前中国的情况还是和我和您在长堤相遇时差不多。在我们遭遇的困难中,财务是最主要的,但我已有办法以百货公司的方式解决这个困难。您能否帮助我找到娴熟此类业务的人?如果能找到这样的人,他们是否愿来此帮忙我们,从而解决我们最大的困难?如您所知,在战时,由于硬币缺乏,纸币将被商人贬值。但是,如果每个城市都设有百货公司,我们就能维持纸币的价值。往往某个城市有某种货品过剩,而另一个城市却奇缺。如果货物能够流通,这个问题就能轻易解决。由此您可看出,这些机构在战时对人民的福利有多么重要。

另一个我想请您惠予协助的问题是,不知李将军的朋友是否仍然关心中国,如果是的话,我希望和他们取得联络。

祝您玉体健康,在洛杉矶生活愉快。

孙逸仙

据秦孝仪主编《国父全集》第四册(台北近代中国出版社一九八九年版)(译自中国国民党原党史会藏荷马李档案中英文原函)

致山田纯三郎等函

（一九一四年七月二十日）

山田、丁、柳、宁、蒋诸同志公鉴：

四次来信,俱收悉,并得电报。兹即致巴君一函,附委任状,乞为转致。一切计划,依前书所云,望能照此施行,以利大局。

经济一节,已在此间设法,一得,当即行电汇,勿念。

陈中孚、刘雍两君,请随时与接洽为荷。顺此,奉候旅安

孙文　七月二十日

据中国国民党中央文化传播委员会党史馆藏一般档案049/4

致南洋各埠洪门同志函

（一九一四年七月二十九日）

南洋新加坡洪门义兴公司转各埠洪门同志诸公大鉴：

窃文自辛亥返国,与同志音问久疏矣。而疏远之由,自非本意,只缘当日返国,推倒满清,民国告成,国人将享共和幸福,弟以历其境者,定可将耳闻日〔目〕见之佳话,拾集纂录,为诸同志缕晰以陈。讵迟之久,惟见国事日非,扰攘无定,官僚充塞,小人秉权,破坏共和,复行专制,两年以来,绝无善

状。用是愤慨交并,临颖辄止,此中衷曲,当为诸同志所共谅。

乃者时局日非,国体将变,善状固无可述,恶状则不得不为诸同志一言,而挽救恶状之法,亦欲为诸同志披沥一述。去岁弟自东渡,迄于近日,常夙夜以国事为念,每睹大局之颠危,人民之涂炭,辄用怛恻,不能自已,纠合同志,各具誓约,组织机关,共图革命,求以牺牲之精神,尽救国之天职,业经多数同志赞成加入,党势甚盛。① 但党员虽众,声势虽大,而内部分子意见纷歧,步骤凌乱,党魁则等于傀儡,党员则等于散沙,既无团结自治之精神,复无奉令承教之美德,迨乎外侮之来,立见崩溃,患难之际,疏如路人,此无他,当时之党未尝以统一号令、服从党魁为条件耳。凡人投身革命党中,以救国为己任,为国民谋自由平等,对于党魁则服从命令,对于国民则牺牲权利。意大利密且儿博士作《党政社会学》,谓平民政治之精神最富之党派,其日常之事务,重要行动之准备实行,亦不能不听命于一人。可见无论何党,未有不服从党魁命令者,而况革命之际,当行军令,犹贵服从。此次组织革命党事,以服从命令为唯一之条件。凡入党各员,无论其前隶何党,无论其党籍之新旧,必须其宣誓服从,毫无疑义而后可。

弟将近年来之景况,及洪门党务进行事宜,与夫民国危急之情形,大略报陈,望诸同志固结团体,振起精神,再做革命工作,爱党爱国,洪门之责任也,亦弟之厚望也。专此布达,即颂
公祺

孙文　七月二十九日

据"中央改造委员会"党史史料编纂委员会编《总理全书》（台北一九五〇年至一九五二年出版）之十《函札》上册

---

① 此函自"但党员虽众"以下的一段文字,与同年6月15日《致陈新政及南洋同志书》内追述同盟会、国民党时代党务情况的文字相同。此处径与中华革命党的建立相接,文意不谐,疑有脱文。

复伍平一函

（一九一四年八月二日）

平一同志先生：

来函诵悉。嘱发信致飞埠诸同志，日前已寄数函，但其中有未预名者，今后当另函致候。

属转黄君克强书，渠已远游美洲。

黄伯群一函，则因不知其住址，无从代递。但黄为人年少轻躁，好大喜功，日与侦探一流为伍，即如前者足下到横滨时，弟曾遣其往迓台驾入东京，厚属其切勿张扬，乃彼自称为弟代表，到处招摇，泄漏秘密，至内地盛传足下与弟密谋革命等事，可知伯群操守殊不可信。至其人历史之卑污，又不待论。足下以后幸勿再与通信，盖彼恒利用人与之通信而借以招摇也。

飞机学校事，当竭力促成之，而目前训练尤不可缓，盖时局正佳，飞机之用即在目前也。尚祈准备一切，以备军用，是为至祷。专复，即颂

近祺

孙文　八月二日

据秦孝仪主编《国父全集》第四册（台北近代中国出版社一九八九年版）

致区慎刚等函

（一九一四年八月七日）

慎刚、成就、螺生、源水①先生公鉴：

　　七月十九手书诵悉，藉谂一切。当此商务疲弊之时，而公等能再接再厉，鼎力筹捐，集成巨款，非爱国热诚达于高度，何以及此？宋、黄二君报告书，亦述及林先生深得社会信用，此次提倡，不遗余力，令人纫感不置。要皆出于为国为党之公心，则非弟私人所敢言谢也。

　　精卫兄已有书来，言将抵东京矣。专此，即颂
公安

孙文　八月七日

据中国国民党中央文化传播委员会党史馆藏一般档案 049/166

致戴德律②函（译文）

（一九一四年八月十四日）

戴德律阁下：

　　接七月十日惠函，甚感。此际阁下在美，诚属有裨于仆与仆所持之主义，最要者为阻止袁世凯在美之借款活动。闻袁氏因近顷已不能再在欧洲获致借款，对美国资本家将歆以厚利，以谋取得其所视为惟一权力之金钱。其财政总长周自齐行将赴美进行此事，故一切可能为袁氏利用之门径，请先

---

① 慎刚，指区慎刚；成就，不详；螺生，指郑螺生；源水，指李源水。当时均为南洋华侨中的革命党人。

② 戴德律英文原名为 James Deitrick，美国商人，曾任大西洋—太平洋铁路公司副总经理。

事预防,宜即诰诫美资本家,即使给以金钱支援,袁氏亦必迅自崩溃,凡支持此元凶者,将冒巨险,盖中国人民对助其敌者,必将深恨,袁氏出让之权利,势必拒绝承认也。

复次仆欲阁下罗致愿助仆从事建设工作之忠实分子,以为战事终了革命成功后之用。革命中之战争,固属易事;而战后之建设,却极艰难,在此方面,阁下固能予仆以甚多之助力也。建设中之首要,莫先于财政之整理,盖每有革命,恐慌时期必随之而至,金融阻滞,商业停顿,此在中国则为尤甚。中国商业中心地之汇兑业,皆操于外商银行之手,故凡外商银行如汇丰等实掌中国内战之权衡,吾人若不能破除外商银行之金融操纵权,将永不能获致独立,如袁世凯者不过外商银行之傀儡而已。

仆意以为欲避此灾祸,必须革命政府作商业统制之准备,以使吾人在金融上有运用之自由,庶可免外商银行之挟制,而有自主之权焉。

欲达此目的,则政府必须:(一)有物资供应之组织,以指挥分配事宜。(二)管制水陆交通,以指挥运输事宜。最后至少必须制造向赖输入之主要必需品,即指导生产之意也。

如此则中国可以在政治上及经济上独立。基此理由,仆欲阁下在各方面为仆物色专门人才,主要者为长于供应组织与管理之专才。此种组织系统,仆欲使之普及全国。顾此又须与革命之步武相应随,革命军而果胜者,政府以运用捐税及分配与物物交换之方式以取得物资,固属易事,人民对此,亦将乐从,以其可以出售其剩余生产与滞销之货物也,吾人之政府亦可不费人民财力而成立矣。

此举对全体人民之福利将无限量,阁下于此亦可知仆何为重视此物资供应组织一事之意,前函曾为足下言之,独不悉此函得达否耳。

物资供应组织,在美国为极寻常之事,而在中国则无一焉,且迄无一人能知管理。如中国有此组织,仆固知足下为仆致此专才殊非难事,但其人必须为忠实热诚与具才干之士而已。阁下如能与全美具有权威之此项组织预作部署,以与吾人计划作桴鼓之应,诚属盛事。果尔仆可畀以在全中国办理物资供应组织之特权,只须其预付一千万元,以作初步战费之需,足下以为可能乎？阁下以为可能成功者，仆将委足下以交涉全权，复函希将足下进行此项交涉之条件，及委任阁下全权办理之方式提备裁夺。

黄将军①此行，只是旅行与观察性质，仆殊未允其作次一行动，以其在二次革命时②弃守南京，颇使仆有失望之苦也。但以其在第一次革命及以前颇为努力，仆仍视之为革命老友，故已嘱在美同志善视之，如与足下相值者，望足下亦与周旋之。

仆近为另一运动之准备，殊形忙迫，此次仆将亲自指挥整个事务。足下固知第一次革命发生于仆返国之前，迨仆返抵国门，则一切已属既成事实，仆只得听之，虽喜革命之告和平结束，而误信匪人元凶袁世凯，实已铸成大错。

二次革命时，仆未参与，盖以为在优越条件之下，其他同志固可优为之也。然而筑室道谋，终尠成就。中国今日之危机，远过从前，袁世凯之专制，甚于满清，仆不得不重行领导革命。所幸仆之威望胜昔，推翻袁氏权力，较倒清为易而速；抑且咸具信心，阁下亦将闻而喜慰耳。

华盛顿有司徒克利福者，曾向仆函陈发行纸币之事，请顺为一访其人。仆对此大体赞同，惟觉无物质供应组织之设备，而发行纸币为不可能耳。盼即访寻究为何许人，如为可用之才，盼就仆所拟物资供应组织计划与之合作也。

仆在中国获得根据地之讯一达阁下，立盼命驾晤谈，举凡发展实业与商业上之建设计划诸待筹措也。

关于男女童子军运动之必要与重视一事，仆完全同意，待仆事业有成，必予以实施也。专此致意，不尽拳拳，并盼速复。

孙逸仙于日本东京　一九一四年八月十四日

据秦孝仪主编《国父全集》第四册（台北近代中国出版社一九八九年版）（译自中国国民党原党史会藏原函）

---

① 译者按：指黄克强先生。
② 译者按：指癸丑之役。

致居正田桐函

（一九一四年八月十五日）

觉生、梓琴两兄鉴：

兹有金君一清，虽初见一面，然聆其言论，想一热诚之人也。彼于南洋情形，甚为熟悉，云可能联络筹款等语。请两兄面询详细，并加以审察。如果诚实，可要彼加盟，而托以联络之事，务望留心仔细可也。此致

孙文　八月十五日

据中国国民党中央文化传播委员会党史馆藏一般档案049/178

致邓泽如函

（一九一四年九月一日）

泽如兄大鉴：

顷得来书，具悉一是，已交党务部居觉生等详细答复，俟寄上党章，请为分致各埠同志。

近者夫己氏①日失人心，海内动机四伏，欧洲风云大起，无暇东顾，国贼所恃为外债军器之接济者，已绝其来源，此正吾人奋起之机会。

南方同志近状如何？念念。即颂

大安

孙文　九月一日

据邓泽如编《孙中山先生廿年来手札》（台北文海出版社一九六六年版）影印原件

---

① 夫己氏，通用影射语，指袁世凯（下同）。

复叶独醒函

（一九一四年九月七日）

独醒先生大鉴：

　　得手书，并致陈、李①诸君书。足下用意，令人深感。惟陈等在南洋，近闻颇有自树一帜之举，其果能受善言而改悔来归与否未可知。尊书若由此间寄发，彼等或认为弟所运动指挥，反于效力有损，故不如仍由尊处发寄，示以无私，或可动以诚恳也。兹将陈、李两君住址抄上。即请
近安

孙　文

　　谭人凤最近闻已返长崎，可就东托人交去。柏文蔚信，则寄南洋，交陈、交李均可。九月七日。

据中国国民党中央文化传播委员会党史馆藏一般档案 049/140

致邓泽如函

（一九一四年九月八日）

泽如兄大鉴：

　　弟自去岁以来，恢复大业之志，不敢少懈。兹遇欧洲战乱，无暇东顾，袁氏更无后援，只有待毙，此时机会更不可失，海内同志已预备进行。惟以饷糈极绌，未能应时发展，亟望兄等在南洋提倡筹款，以为接济。兄于党内外，信用俱优，若得振臂一呼，事蔑不济。

---

① 陈、李，指陈炯明、李烈钧。

尤有恳者：不审兄能抽身离南洋否？弟欲请兄到东京本部，助理党中财政事务，弟视同人中能胜任愉快者，莫如兄也，愿兄勿辞，幸甚。兹寄上事前筹饷章程，敬乞察照，着手组织一切，既有头绪，即来东相助至盼。

据闻陈竞存、李烈钧俱有巨款约数十万，交陈楚楠、林义顺两君经营商业，不审确否？乞密中一调查报知。专此，即颂

大安

孙文　九月八日

据邓泽如编《孙中山先生廿年来手札》（台北文海出版社一九六六年版）影印原件

复郑螺生李源水函

（一九一四年九月八日）

螺生、源水两兄大鉴：

手书具悉。两兄爱国热诚，始终不懈，纫佩奚似。欧洲战事方殷，无暇东顾，袁氏后援已绝，正吾党恢复大业之时机。海外同志有见于此，急筹款项以资接济，足征毅力。现在海内同志俱各筹备进行，只以款绌尚未能应时发展耳。今得兄等提倡，内外合力，大功之成，当指日可待。此次办事，弟求完全统一，以杜流弊，故重订党章。整顿一切。即现在各埠筹饷事宜，亦必画一，已函告各同志，款项须统汇本部，由本部策应各处。若如某某等之办法，各立名义（所有一切号称统筹部及□□机关者，俱不承认），各筹各用，目前已极纷扰，将来尤必冲突，断不可行。

广东军事，弟已专派邓铿担任，经费则由弟处接济，故弟意欲请泽如兄径来日本，至本部经理财政，不必到港。因港中人既不免复杂，泽如兄至彼，亦难以主持，不若来东在本部办事，弟得收指臂之助也。泽如兄素得信用于党人，而才干亦优，望兄等为我劝驾。专复，即颂

大安

寄上筹饷章程,乞察照。

孙文　九月八日

据中国国民党中央文化传播委员会党史馆藏一般档案 049/160

致咸马里夫人函(译文)①

(一九一四年九月十三日)

李夫人:

八月三日的信已经收到,我愿于此向您表达我最诚挚的谢意和感激,尤其是您个人对我的百货公司计划所表示的关切。

我设百货公司的计划目的在减轻财务困难,以及便利革命时期的商业,因为如您所知,中国的财政完全由外国银行控制。一旦战争爆发,商业必将陷入停滞状态,国人将深受其害。我的计划是要防杜这种苦难,想必不会有人反对。

我们的朋友戴德律先生(Mr. J. Deitrick)最近曾写信给我,我已把这件事整个托交他处理,因此将不致再为此事麻烦您。我的工作进行顺利,这是我乐于奉告的。我深信时机即将成熟,反动政府将一败涂地。我恳切希望,在您听到我的任何行动成功,或我在中国任何地方取得立足点时,您能尽快前来东方,因为我有很多重要事务需要您的协助。

再次感谢您的来信,谨献上最诚挚的祝福。

孙逸仙

据秦孝仪主编《国父全集》第四册(台北近代中国出版社一九八九年版)(译自中国国民党原党史会藏英文原函)

---

① 原函为英文,存党史会荷马李档案。

致 邓 泽 如 函

(一九一四年九月十五日)

泽如先生大鉴：

前数日上一书,并附有筹饷章程,想已察收。顷得麻坡来信,知该处分部已照章成立,此皆足下提倡指导之力。惟函内言有同志宋渊源到募福建军债;又李济民募三民实业公司股票,此非统一之办法,流弊滋多,故望先生速与各热心同志发起筹饷局,一面指导海外党员依章办事,其有未经本部承认而人自为政或省自为政者,俱宜以此晓之。

前请先生来东相助为理,能拨冗速来否？念。专此,即颂
大安

孙文　九月十五日

再者:港中颇有人私立名义,出外筹款,即属同志并未承奉本部命令,则一概不能承认。请告同志,勿为所惑。所有各处款项,俱统汇至东京本部,由本部接济各专任人员,以杜纷歧,而收指臂之效。

文再及

据邓泽如编《孙中山先生廿年来手札》(台北文海出版社一九六六年版)影印原件

致 邓 泽 如 函

(一九一四年九月)

泽如兄鉴：

党中同人皆推举兄为财政部长,暂驻南洋,就各埠筹集巨资,以备急用。筹款就绪之后,即请速来东京助理党务为望。

兹得同志某君来函云：陈炯明、□□□①已先后回南洋，此两公皆挟有厚资，而李尤厚，据江西同志云总有二三百万。而李亲对柏烈武称说，如有机办事，需款百万左右，可不必他求，余能独力任之等语。而弟所知者，彼现时存在上海汇丰银行之现款，确有三十万两，单以此一批，已足办就目前之事矣。惟李、陈二人皆极有大志，大概此次办事，非总统莫属，故第二次失败之后，弟到东京见各同志，皆极力主张急进，马上办去，而李烈钧极不以为然。其初弟犹以彼经过此次失败之后，或成惊弓之鸟，不欲出而办事，但据法友来函云：李在巴里极欲联络法国政界，为他日援助，雄心泼泼〔勃勃〕，并未尝有退志，劝弟宜用之等语。由此观之，李之不欲与弟共事者，或以为与弟共事，则总统一席必不轮到于彼，未可知也，否则何必另树一帜乎？果如此，则李诚不知弟之为人也。弟能让总统于袁，岂不能让总统于同志乎？请兄与南洋各同志力劝李，切勿自树一帜，能协力同心则有成，否则必无侥幸也。如李果肯出款百万，以乘此良机，则倒袁诚有反掌之易。

袁氏财力已穷，今年年底必不能过矣。袁亦自知其危，故俯首帖耳，以就日本之围范〔范围〕，宁私结密约将中国降为他人领土而不恤者，亦为自保计也。然日人犹不信之，虽佯许袁氏以力压革命党之起事，然吾党果能大起，弟信日本亦必不干涉也。若为零星小起，且在日人势力范围之内者，如南满及山东等处，日人必有干涉也。兹请兄以本党财政部长名义与李烈钧立约，若彼肯出此资，兄可签押，许以竭力运动同志举彼为第三次成功之总统也。

盖此年余之久，弟已派同志入各省调查预备及运动军队，已多处成熟，弟一人所费已罄所有，约八九万金，而近日美洲陆续筹来者，亦七八万金，而弟尚有借贷三四万金，共已费去殆过二十万，故能造就各省人心。今遇欧洲大战，袁氏款械之路俱穷，而吾人则飞行机及种种能制袁氏死命之具，皆已备就，今只待大款，则同时可发动数省，袁氏必难以我敌，则成功甚有把握也。李能来助，事更易举；若彼欲另树一帜，则彼所用十万预备，所成未必过

---

① 底本如此，当系指李烈钧。

于我也。且彼向不预备,则使今日开始,亦非费年余之时日必不能达我所至之地步也。然一年之后,时机已失矣,时势之变又不知若何矣。故彼另树一帜,恐必无成也;则使成矣,彼并不与吾党共事,吾党岂甘共戴之为领袖乎?此时必有与之争者,为彼一人目的计,当与吾党协同动作为宜也。望兄与〔以〕此劝之,务使其乐从而后已。否则彼所挟之资,乃民国之公款,实非彼一人之私财也。彼若不肯挪公款为公用,则属自私自利,不仁不义也,则望兄等当筹适当之法以对待之也。此致。

弟知名亲笔

据邓泽如著《中国国民党二十年史迹》(上海正中书局一九四八年版)

致李源水函

(一九一四年十月九日)

李先生鉴:

前月十九日来书均悉,谢谢!毅力筹款,以图大事,余真不知何以谢君也。接函后,余即回电,文曰:"□□为人无信实,不足靠,请通告各人。"余发此电之由,请为君一陈之。此人前来晤余,藉知彼亦努力大事同志之一。彼告余将返穗垣,余因请伊加入吾党,共同努力。彼云伊不为任何党工作,只为个人私事,彼此次返穗之目的,纯为探视家人等语。当时广州前大都督胡汉民,亦力劝其入党,但不听。不久余闻彼返穗之目的,本非探视家人,另有作用。前余已当面告伊云,若彼苟欺余者,余当用种种方法以排斥之,今既如此,吾乃不得不实行处置矣。前致汝函,已略提及。今乃再述,若此后有款筹得,请直接寄余,勿再交彼,彼乃无赖小人,焉能可靠。第一次起义后,彼滥用职权,竟领数万之众,内有南洋同志,而不知加以训练,比之袁世凯,有过无不及。人而滥权,为民族利益计,不能缄默而不加以驱逐也,苟再与权,则谓其为大事前途之阻碍品可也。先生欲知彼之详事,则告知陆文辉,当能满意。南洋群众如不欲将款交余,则请存之群众之手,尤愈于交彼伧也。

计划想已得手,请将此函公示南洋各地同志为盼。此请

台安

孙逸仙手上　十月九日于日本东京

据中国国民党中央文化传播委员会党史馆藏一般档案049/157

致陆文辉函

（一九一四年十月九日）

文辉兄鉴：

前复一函,说叶夏声之狂妄,并取消其职务,以谢诸君,想已达览,消释一切误会矣。

昨接坝罗李源水兄来函,云朱执信近在南洋筹款,该埠一处已可得二万以是之数云云。弟于接信之夕,即发一电与李源水君云："布告大众知照,我辈不信任朱执信"等语。今日更发一长函,说明其故,云朱在东京时,弟邀之来寓,晓以统一之必要,着彼写誓约,彼不肯写,并示反对之意,弟当时明说,如不写誓约,则不必回广东做事。数日后,彼与毅生竟去矣,声言非办公事,乃今彼竟往南洋筹款,是言行不对,直以欺骗,弟甚不然之,着李君对南洋同志声言,不听信朱执信。并云欲其人前在广东恃势横行,杀人无算,且杀了许多南洋同志,欲知朱之为人,请问陆文辉,便知其详等语。未知兄现已往南洋否？如未动程,请速前往,设法打消彼辈筹款之效果,免彼再为害于统一之局,则幸甚也。昨已发一信寄往南洋,大约与此相同。恐兄尚未动程,故多发此寄港,以便周知,朱往南洋,全靠邓君泽如,兄到南洋时,先访泽如,说朱执信反对弟谋统一之意,今彼欲自由行动,是直有心扰乱,弟极端反对之。请兄到南洋将弟意宣布众知,纠合同志,打消彼独断独行之事,免

贻误大局可也。

　　特此再致,即候

大安不一

孙文　三年十月九日

据邓泽如著《中国国民党二十年史迹》(上海正中书局一九四八年版)

复伍宏汉等函

（一九一四年十月十二日）

宏汉仁兄暨各同志大鉴:

　　九月十七手书诵悉。自讨袁军不利,海内外志士俱枕戈以待时。一年以来,袁益专制无道,人心愈失;此又遇欧洲大战,无暇东顾,袁所恃为外债军伙之接济者,今已绝其来源,此尤吾辈恢复大业之机会也。各地同志俱已奋励进行,而经济问题首须解决,俗称所谓:三军未动,粮草先行也。兄曾为国驰驱,今又为党服务,热诚所及,自足以提倡一切。

　　冯、谢诸君到埠,尚望吾同志极力赞助为幸。此复,即颂

大安

孙文　十月十二日

据中国国民党中央文化传播委员会党史馆藏一般档案049/307

致戴德律函(译文)

（一九一四年十月十二日）

戴德律阁下：

兹委托阁下征求商家，洽订合约，以便在中国开办百货公司及其他工商企业。

阁下如能代理此项工作，则可全权与中国政府共同着手，建立一个百货公司系统，但须先贷予仆及本党一千万元。此一款项，将用作本党及我国国内的各项改进工作。如因金融状况紊乱，而阁下认为此一款额缺乏保障时，则可依阁下之判断，就分配地区与人选作适当的决定。例如汉口、南京，或上海等附近地区。如以现金支付，则请以仆之名义，将现款存入银行，并请银行将存款票据交仆收执。

如无商家愿意开办这类百货公司，亦可洽请兴办矿业、钢铁厂、运输业、谷仓、工厂、以及兵工厂等。但须遵照同样的协定与同样的谅解，即中国政府须拥有股份的半数。

委托阁下代理的权责，为征求专家，并与其洽订合约，替中国政府经营百货公司，但须参照美国惯用的条件，并遵照中国实际状况所需附加的条款。

赋予阁下之权力至为广泛，但仆信任阁下之才华、机智及优越判断能力，同时相信阁下必能为我国及仆完成是项工作，而与仆亲自办理并无二致。至于重大事务，吾人当可共同磋商。

孙逸仙　十月十二日

据秦孝仪主编《国父全集》第四册（台北近代中国出版社一九八九年版）（译自中国国民党原党史会藏英文原函）

复王敬祥函

（一九一四年十月十四日）

敬祥兄鉴：

  十月十二来函，并手形（票据）已接，即如约填就，交英士兄转上。该款请即电汇陈英士兄收为荷。此候

大安

孙文　十月十四日

据中国国民党中央文化传播委员会党史馆藏一般档案 049/281

复伍平一函

（一九一四年十月十五日）①

平一世兄鉴：

  来信收悉。所请介绍至澳，凭吊珽〔姃〕儿丘塚一事，实难为情。盖不欲再伤其母之心也。世兄如必欲竟此志，只有到澳时与舍姪阿昌密商，请他带往便可，切勿使家中知之也。此复，前程远大，幸维为国珍重。

孙文　十月十五日

据上海图书馆藏原件

---

① 原函未署年代，据信封邮戳为大正三年即1914年。

致戴德律函（译文）

（一九一四年十月十九日）

戴德律阁下：

收到九月一日来信，甚感欣慰，因时间迫切，没有及时回信。阁下深切关心仆之计划，并对此一重大工作给予宝贵的协助，诚使仆无任愉快。

前信曾将仆之计划付托予阁下，希望在单一管理之下，在中国各地建立一个百货公司系统。此一百货公司系统，将在目前的第三次革命之后立刻实现，它将成为一合股公司，即中国政府拥有一半股份，其余一半为国外投资。此一系统，初期将完全由外籍商家经营，然后逐渐由国人接替。

由于我国缺乏此项工作的策划与经理人员，仆在前信中曾要求阁下协助征求此类人才。

承办此项事业之商家，将获得半数股份。为实现此项事业，吾人希望获得贷款一千万元，作为革命经费。此一贷款，自然是百货公司系统以外的单独事项，不可彼此混淆。贷出此一必需款项的商家，将获得合作经营百货公司的权利。如商家认为百货公司不合趣旨，则可在同样的条件之下，享有构筑铁路、经营矿业等类企业的特权。

关于委托权限，仆希望说明一点，百货公司不会享有发行纸币的权利，唯有中国政府保留有此项权利。商家也不享有进出口贸易的专有权利，因这项权利的赋予，必须在中国订有条约。

至于吾人之武器与弹药补给，目前已不太重要，因为吾人可从敌人手中轻易获得。这就是说，我们可以收买敌军及其武器，因而一方面削减敌方战力，另一方面同时增加我方的力量，如有金钱，即可顺利达到这一目的。因此，目前吾人需要金钱，较之物资更为重要。

如果我们拥有与敌人相同的物资，则我们的情况极为不利。如果能收买敌军及其武器，则敌人丧失反抗我们的能力，我们必然成功。

目前仆正在进行一项紧急行动,其结果在两三个月以内即可见分晓。如果阁下听到仆之成功消息,则请即刻前来筹划建设工作。如果行动失败,则请阁下在美国,为我们筹措上述款额,以便进行另一次规模更大而更为可靠的行动。在此种情形之下,仆将亲自前来美国。

关于黄兴将军,他只是协助筹款,以期达到我们的目标。在美国筹集的所有款额,皆须交仆。至于日本政府的态度,因为英日联盟的关系,而对我们并不有利。不过日本民众极为同情我们以及我们的目标。

最后,感谢阁下及夫人对小儿等的慈爱,并请早赐回信。

孙逸仙　十月十九日于东京

据秦孝仪主编《国父全集》第四册(台北近代中国出版社一九八九年版)(译自中国国民党原党史会藏英文原函)

致邓泽如函

（一九一四年十月二十日）

泽如我兄大鉴：

十月一日手书敬悉。兄一时未能来东,仍可为本部办事,兹即请兄以本部财政部长名义在南洋募款,则收款凭据即可由兄签发。弟原约兄来东,即为办理财政部事务,其东京一部职事,弟可暂派人代理。南洋英、荷各属,均望提倡办理筹款事宜,此系为党择人,幸勿辞避。至于偿还期限,变通办理,自无不可。惟各款必使直汇东京,粤省、闽省军事用,须由东京应付,既昭统一办法,亦且弟处不能仅顾一方面也。专此,即颂

台安

孙文　十月二十

据邓泽如编《孙中山先生廿年来手札》(台北文海出版社一九六六年版)影印原函

致邓泽如函

（一九一四年十月二十日）

泽如兄鉴：

　　十月一日来函，已得收读。除着书记详答之外，弟更有言者，则执信此次擅来南洋，实属大为不合。当彼离东京之前，弟邀之到寓，请彼写立誓约，以为统一之必要，彼竭力反对此举。弟从详与之讨论数点钟之久，卒归无效，于是劝彼勿干与公事，彼已允诺。今又来南洋筹款，是对于弟，执信已行其欺骗，对弟如此，更何有于党人，现彼往日得权之时代，固执私见，妄杀多人，南洋同志亦有被其杀者，陆文辉知彼甚详，兄可详询之也。彼此次来筹款，不知其居心若何？然在事前既不能听弟之号令，则得大权之后，更可知矣。

　　革命之事本属不难，而今日之纷乱，则同为革命党各欲自树一帜，大有不相下之势；则他日之战争，不在杀敌为难，而实在自相残杀之可畏也。革命党能统一，则革命之事业已成功过半矣。不能统一，即使成功，等于第一次，其结果亦必如今日矣。局外人不察，多怪弟之退让，然弟不退让，则求今日之假共和，犹未可得也。盖当时党人已大有争权夺利之思想，其势将不可压，弟恐生出自相残杀之战争，是以退让，以期风化当时，而听国民之自然进化也。倘袁氏不包藏〈祸〉心，恢复专制，则弟之退让，实为不错。今袁氏既如此，则第三次革命为不可少之举，但必须净本清源，将不良之分子大加淘汰，而第一办法，则须统一。乃朱执信首为反对，此实大碍进行也。倘不能统一，则必不可再事革命也。如执信者，请兄与同志切勿再与共事，盖损多益少也。

　　故款项一节，须寄至东京本部，由本部分配，事权方能统一，请公等筹得，切不宜直寄香港，盖香〈港〉机关林立，各不统一，然彼等口称必服从本部之命令也。倘南洋款直汇香港，则彼持以反对本部，而消灭革命党之主动力耳。如此行为，是无异间接为袁世凯之助也。故请兄及各同志再三思之，并广布此意，使南洋同志周知。南洋之款若不肯寄东京本部，则请勿筹更妙,盖无南洋接济他方以款,本部当有以统一之,倘彼等有款,则统一更为无望矣。无统一则有第一次之成功亦失败,有第二次之势力亦失败。(第二次南方有兵十五六万,有财数千万,有土地六七省已宣布独立,其未宣布者尚多,然不待袁兵之到,已纷纷溃矣。即如广东,初则陈炯明利用袁之力而夺汉民之位,其后则钟鼎基欲与陈争都督,苏慎初与钟争,张我权复与苏争,纷纷相争相杀,而龙济光乃得收渔人之利。是吾党之败,自败也,非袁败之也。)是以弟今日负完全责任,以发起第三次革命,凡我老同志如有鉴于前车之失而表同情于弟之主张者,幸为竭力相助,否则亦请勿以钱而助纷纷自树一帜之人,以破我统一之政策,则革命必可成功。如其不然,各自筹款,各自为谋,则必失败之道也。朱执信之所为,则有类于此也,请兄等为我拒绝之则幸甚。

南洋筹款,本委任陆文〈辉〉兄,惟文辉因误会弟复信任朱执信等,故决然不与为伍,而并且舍弟而去之,相见文辉,幸将此意解释,而请相助为理可也。弟从新组织中华革命党为统一之机关,自成立以来,各省已陆续统一,远至四川、云、贵、山、陕、甘肃,近至江、浙、闽、赣、两湖,皆惟弟之号令是从。惟广东纷纷自立,不肯听命,其故皆以南洋有所筹款,故各自纷来,自筹自办。是以欲统一广东,必先统〈一〉南洋始,望兄竭力图之。

孙文　三年十月二十日

据邓泽如著《中国国民党二十年史迹》(上海正中书局一九四八年版)

复黄芸苏函

(一九一四年十月二十三日)①

魂苏兄鉴:

来示敬悉。此次之举,一败涂地,想亦出兄意料之外也。自袁杀宋教

---

① 此函未署年份,据函中陈述组织中华革命党并寄"规约"事判断,应为1914年。

仁君之后,弟始决心不助袁。然此次军事,弟尚未身与其列也。追其失败之原因,乃吾党分子太杂,权利心太重,互相利用,互相倾轧。推其究竟,若能倒袁,亦不免互有战争。有此一败,为吾党一大淘汰,亦不幸中之幸也。此后混杂分子及卑劣分子已尽去矣,所存仅小数之纯净分子,一可胜万也。弟今从新再做,合集此纯净之分子组织纯粹之革命党,以为再举之图。务期达到吾党之纯粹革命目的,即民权、民生主义是也。美洲同志尚有志于此者有何几人?请兄一一查悉,详以告我。此后择人不求其多,只求矢志实行之人,能牺牲身命自由权利,而为国家生民造幸福者,乃能入选。兄能先献身作则否?如其有意,弟当寄"规约"前来,以便施行也。此复,即候

大安不一

各同志乞代问好。

弟孙文谨复　十月廿三日

再:前年之革命,武昌一起各省响应,其成功多不在吾党,故弟亦不过因依其间。而吾党之三民主义,只达其一,其余两主义,未能施行。初以人民程度未及,只得听其渐进,从天然之进化而达之。乃不期袁氏自私自利,将有恢复帝制之行,以兵力南压,各省迫而抗之,故有此次之战争。吾党虽全然失败,然有此抵抗之事实,能使袁氏不敢公然称帝,虽败犹胜也。盖战争之目的(抗袁氏之帝制)已达也。故弟对于此次之败,甚存乐观也。

据《国父致黄芸苏先生亲笔函》影印件,载美国罗省华美文化学院研究部主编《黄芸苏先生纪念集》(一九七五年版)

致卢慕贞夫人函

（一九一四年十月二十七日）①

科母收看：

　　昨日已再将前数由电汇与孙光明兄收转交与你，想已收妥，前日之汇单如尚未寄回，望即寄回，乃可追回原数也。

德明字　十月二十七日

　　澳门风顺堂四号。孙宅卢夫人收启。

据中国国民党中央文化传播委员会党史馆藏一般档案
049/409

复郑螺生等函

（一九一四年十一月六日）

螺生、慎刚、源水三兄公鉴：

　　十月十七日手书敬悉。张、陈登广告一事，诚莫明其用意所在，而南洋之款遂受无形之阻力，伊等实不能不任其过也。前以各省纷纷有人运动筹款，实于统一有碍，故曾致书泽如处及尊处，请统汇东京，然后由本部支付各处应用。闻因粤事紧急，已由南洋汇款万余至港，此亦为例外之不得已，但须要收款人寄回收据。南洋由尊处寄来，向东京本部换取弟亲书收据，方合手续。各同志于金融紧迫之时，竭力以助军需，热诚可敬，而兄等提倡之力尤难能也。专复，即颂

公安

---

① 原函无年代，系"中华革命党本部用笺"，当在1914年。

同志各位均此。

孙文　十一月初六日

据中国国民党中央文化传播委员会党史馆藏一般档案049/169

复宫崎寅藏函

（一九一四年十一月十五日）

函悉。刻下倾所有只此二十元耳，用即奉上，愧甚！愧甚！此候
大安

孙文　十一月十五

据中国社会科学院近代史研究所藏影印原件

致邓泽如函

（一九一四年十一月十六日）①

泽如兄鉴：

今日展堂交来手书具悉。昨报载港电，言洪兆麟起兵惠州，宣言独立。又十二日约一千革命党同时袭破五处兵营（或在省城，或在佛山）。而仲元等尚未有电来，或已入内地，故消息反较外人为迟也。弟等行动，当视粤事如何，若粤事尚不能大起有功，则弟欲兄先来东京一行，亲视此间党务情形，然后再往香港或南洋设立筹饷局，选择妥人，担任筹款。

至陆文辉处，伊前将委任状寄回东京，弟加以解释，重复寄之，兹请兄面询伊得弟信后，能否释然于心？如其尚未释然，即请向伊取回委任状为荷。

---

① 原函未署年月，据函中"十二日约一千革命党……袭破五处兵营"（1914年11月11日朱执信在广东顺德县起义讨袁，有千余人进攻佛山等地）判断，此函当写于1914年11月16日。

以后筹饷委员,悉归兄节制,委任状亦要兄副署,各埠人员,请选择报告前来,当即发委状寄署,然后交去也。匆匆,即颂

近安

螺生、源水兄及各同志均请问讯。

孙文　十六日

据邓泽如编《孙中山先生廿年来手札》(台北文海出版社一九六六年版)影印原件

致戴德律函(译文)

(一九一四年十一月二十日)

戴德律阁下:

昨天收到阁下十月三十一日来信。九月十九日、二十三日、二十六日、十月一日及四日各信,皆已安然收到。仆未能早日一一回信,敬请原谅。

仆以过去数月非常忙碌,而英文秘书又不在此。此外,仆在前信中,曾将一切要务告知阁下,且附有签署的文件,而目前尚无其他事务可资奉告。

前信中,曾说明仆正在采用我们自己的方法,从事一项紧急工作,当时预期每天都有良好成果,但是不料发生了几次不幸事件。第一、我们的重要干部之一范鸿仙先生,已被袁世凯的党徒杀害。他对驻守上海及附近的北方部队,具有重大的影响力,并曾争取到其中大量人数,参加我们的行列。第二、浙江省会杭州市的准备工作,因为敌人的侦察,而已经受到阻扰。第三、几天前在广东省开始的行动,因为缺乏经费,而没有同时拿下广州。目前广州外围各地区,正在发生战争,结果如何,尚未获悉。中国西部和北部各省,皆已完成合作准备,但是缺乏经费。

一如一九一一年第一次革命的情形,目前又到了全面行动的成熟阶段。下次行动,仆将直接掌握,不会再发生错误或姑息情形,深信其成功将胜过第一次革命。

仆目前急需经费,阁下能否立刻供给五十万元以上的现金?如属可能,仆仍可掌握机会,在今年内或明年初,进行一次成功的行动。阁下如能为仆筹妥这一款项,则请购买十架以上的最新式飞机,立即运交马尼拉市古恩上尉(Capt. Tom Gunn),如果不能购到飞机,则请买马达(至少十匹马力)及必要物品与器材。

孙逸仙　十一月二十日

附记:AKOZ药箱已收到,仆将请友人一试,如效果良好,当有人愿做此一地区的代理。请将这点转告贵友医生。

据秦孝仪主编《国父全集》第五册(台北近代中国出版社一九八九年版)(译自中国国民党原党史会藏英文原函)

致某某函①

(一九一四年十一月二十六日)

昨日温兄始见秋山,秋山对他言:数日后必能全数清还,不再延误云。言得确凿,如此姑待数日,以观后效如何。此复。

并候清藤②仁兄大安。

弟文启　十一月廿六

据中国国民党中央文化传播委员会党史馆藏一般档案049/73

---

① 此函秦孝仪主编《国父全集》标题作《致清藤为秋山还款函》,据函中有"并候清藤仁兄大安"语,故受函者非清藤,标题另拟。

② 清藤,即清藤幸七郎,日本九州熊本县人,辛亥革命前后曾协助中国革命党人的活动。

致戴德律函(译文)

(一九一四年十一月三十日)①

我通过密码电报从旧金山《少年中国晨报》处获悉,摩〈尔〉根公司正在与袁世凯谈判签订一项一亿金元的借款合同。我把拍发给威尔逊总统请求他阻止这笔借款的电报原稿,及向 J. P. 摩〈尔〉根公司发出的警告(如果反袁斗争获胜,"我们将不承认所有新的借款")寄给你。我要求你公开这些电报,与旧金山的组织合作,发动所有在美国的中国人游行示威,以便吓跑那些捐赠提供款项的人们。

据[美]韦慕廷著、杨慎之译《孙中山——壮志未酬的爱国者》(中山大学出版社一九八六年版)

致邓泽如函

(一九一四年十二月一日)②

泽如我兄大鉴:

兹寄上委任状一纸,即乞察收。

现在兄未来东,即以南洋英荷各属筹款事宜相托,各属应如何设置局所,分派人员,均由兄指挥。英属事定,则望往荷属一行,因从前我党以英属为本位,而于荷属尚涉疏懈,非以兄之人望,不能提挈之也。

前月范鸿仙君在沪被刺。范君系安徽旧同志,办事甚久。此次担任上

---

① 底本所标时间为 1914 年 10 月 30 日,有疑,因底本在"注释"中的时间标为"1914 年 11 月 30 日"。这与孙中山《致威尔逊总统电》《致摩尔根公司电》同一天时间是相符的。

② 原函未署年月。按函中所说"前月范鸿仙君在沪被刺"(范系 1914 年 9 月被害),"上月廿日杭州省城破坏机关"(杭州 10 月举事失败)推断,此函应为 1914 年 12 月 1 日所写。

海事,已运动北军过半,袁贼一方知其势不可遏,乃悬红暗杀之,花红六万元,其死与宋教仁相类。范死同时,上海镇守使捕杀其北来军士二百余人,盖皆与范通而担任代表者。又埋攻制造局之炸药,亦被发觉。上海本与杭州省城事为一气,范死,浙江事亦有顿挫。至上月廿日杭州省城破坏机关五处,捕去党人三十余,军事主任夏之麒(寅卿)亦与焉。夏老成负重望,其在江浙,屡为武备陆军学堂总办,与广东之赵声相似,而势力尤大。其谋浙事已数月,一切俱已准备,只以迁延期日(因款不足),泄漏风声,而我重要人乃俱不能出险,殊可伤也。

现在各同志依然奋励进行,佥谓第一次革命,虽由武昌起义,而实广东三月廿九之役为之先。革命不患成功之迟早,而患死事之无人。有此影响,有此模范及于各省,则革命之成当甚近耳。弟意亦如是,第二次革命,我党乃无一死于战事者,范君、夏君以流血洗前事之辱,即以种将来之果,断非徒死者也。其余他省机局,幸尚无甚变失。知关廑念,附及。即颂

公安

各同志均此。

孙文　初一日

据邓泽如编《孙中山先生廿年来手札》(台北文海出版社一九六六年版)影印原件

致戴德律函(译文)

(一九一四年十二月十九日)

戴德律阁下:

十一月十四日及二十八日来信均已收到。

仆曾于十月二十号及十一月二十七日先后寄上一信,前一信谅在阁下最后来信之前送达,但阁下在信中并未提到。在两信中,仆均请阁下迅速代筹经费,因为我们此刻亟需经费。阁下能否筹措数万元至五十万元之数?

如能即刻筹妥，我们必然会成功，希望阁下前来此地之前，能筹妥款项。阁下能否在三个月以内办妥？请明确通知，因仆希望根据状况拟定计划。如不能如期筹款，则仆可能前往美国。

孙逸仙　十二月十九日于东京

据秦孝仪主编《国父全集》第四册（台北近代中国出版社一九八九年版）（译自中国国民党原党史会藏英文原函）

致区慎刚等函

（一九一四年十二月二十五日）

区〔慎〕刚、螺生、源水先生公鉴：

得十一月廿八日手书，具悉。收据转付，既有窒碍情形，则由南洋将各埠汇去款项若干，随时报告存案，由弟处查察收支实情，再发给收据。如来书所言办法，亦无不合，即请通知泽兄等查照可也。

顷得林师肇君来函，言螺、源两君推伊为闽、粤交通员，布置□事云云。近来各地热心同志急欲□□，故派人回内地组织机关，其用心实可嘉佩。但此事每易生不统一之弊，港地现有数十机关，各不相谋，半系自逞头角者所为，而由外洋热心同志所派回者，亦居其半（由美洲回者最多）。其始意本在联络疏通，乃机关告成，常与初意违反。同办一事，不能联合，久而久之，且生冲突，故杜渐防微，不可不慎之于事前。

林君师肇，弟未谋面，以兄等所知，或不至如美洲归来之某某辈。惟弟既立本部于东京，为全国枢纽，则请兄等及各埠同志，如物识有可为之人物，宜直接介绍前来，由本部支配，以归统一，庶于大局有裨。专此，即颂

公安

陈新政兄处即望以意告知，恕不另函也。

孙文　十二月二十五日

据黄警顽等编《南洋霹雳华侨革命史迹》（上海文华美术图书公司一九三三年版）影印原件

致戴德律函(译文)

(一九一四年十二月二十五日)

戴德律阁下：

前信仆提到十月二十日有信致阁下,其日期为十一月二十日之误,故在当月二十八日阁下来信以前未曾寄达。仆目前无英文秘书,过去是宋氏姊妹,姐姐宋霭龄小姐刚结婚,妹妹宋庆龄小姐最近已回上海,故仆必须亲自书写英文。

在前两三封信中,仆曾请阁下立刻代筹经费,不知能否办到,仆希望即刻得到确切答复,以便策定明年的行动计划。祝新年快乐。

孙逸仙

据秦孝仪主编《国父全集》第四册(台北近代中国出版社一九八九年版)(译自中国国民党原党史会藏英文原函)

致陈其美等函

(一九一四年十二月二十七日)

英士、汝为、觉生、哲谋①：

钟、谭二君由何海鸣处介绍来见,兹特转介前来,请详询各节,酌量处理便是。此致。

孙文　十二月二十七日

据中国国民党中央文化传播委员会党史馆藏一般档案049/34

---

① 英士、汝为、觉生、哲谋,即陈其美、许崇智、居正、周应时。

致邓泽如函

（一九一四年十二月二十八日）

泽如我兄大鉴：

得手示并附来侠黄①书，诵悉。侠自有书来此间，只契阔联欢之语耳。新政前此数月即有书来，言出资助党，以既占有名城大省，声势赫濯时始能唤起群情，故缓进之说一出，即中其心曲。来书所言对付此派人之办法甚是，先使有志者不为此等言论所摇动，最为要着也。

兄辞财政部长之职，不徒谦德可钦，亦见处事之卓识。兹弟为名实相副起见，改请兄为南洋各埠筹款委员长，如此既无旷事之嫌，亦不必更谦让矣。（在程度至高者说，只尽义务，无取名义；但以之对于普通人，则名义不可少，故吾人亦当引度〔受〕之而不能避也。）专此，即颂
大安

孙文　十二月廿八日

据邓泽如编《孙中山先生廿年来手札》（台北文海出版社一九六六年版）影印原件

致坝罗同志函

（一九一四年十二月三十日）

坝罗同志诸君公鉴：

通启者：凡一国政治之善良，纯恃强有力之政党以拥护宪制，而抵抗少数者之专制也。故政党之作用：一以养成多数者政治上之智识，而使人

---

① 侠黄，即李烈钧。

民有对于政治上之兴味；二组织政党内阁，直行其政策；三监督或左右政府，以使政治之不溢乎正轨，此皆共同活动之精神也。民国成立以来，同盟会以五党合并组织强有力之国民党，可谓民国第一产儿。乃袁氏以武力铲除国会，宪制荡然，政治不容人民置喙，本党早已失其作用，袁氏即不迫令解散，亦已名存实亡。兹已解散，我辈精神主体克存，更不必为机关名称惜也。

政党之目的，凡国事均欲在政治解决，今起视神州赤县，四郊多垒，生黎涂炭，锄法臆制，非驴非马，继此以往，其能臻完全之法制乎？文睹此现象，殊失初衷，故于第二次失败之后，即继续持积极主义，统率新旧同志，爰谋第三次进行，务以武力削彼暴政，先破坏而后建设，敷施方云顺序。惟组织之初，团体务求一致，国民党为同盟会之产儿，同盟会为革命党之元素，其精神主义乃始终一贯者。今国民党虽被解散，而一般革命之精神，日久弥笃，未稍磨灭，有今日破坏之能力，始有他日建设之余地，因时权宜，方不失之胶固。故国内国民党支部、交通部，凡在各省经政府解散者，及其余驻设租界者，均一律秘密改为中华革命党支部或交通部，加写誓约，遵行新章，直接受本部指挥。

惟海外各支部，袁氏命令不逮，机关岸然独存，不为势屈，不为时懈，较之随波逐流者，自当高出千万。然值此风雨飘摇之民国，袁氏不足救亡，已为国民共见，由是推知党员心理，莫不共以革命为前提，而以研究政治为第二之问题也。既溯国民党之历史，复征国民党之舆情，均与革命事业相维相系，只以机关名称隔阂，致未能联络一致。兹特公函通告海外各埠国民党支部、交通部，如有未经加入中华革命党者，务希填写誓约，照总章重新改组，外虽不妨暂仍其名，内必一律厉行其实。或有一部分已先改为中华革命党支部者，所余部分，亦望概行改组，或与前所立之支部并合，或另立支部，均听酌量各地情形办理。如能依照一定手续章程办理妥善，呈报本部，当即正式委任，以归统一。

诸公毅力热忱，多所建白，国步方殷，遇事务求循名核实，新旧两党皆文发起，用是不避更张，缕晰报告，以祈实际进行之便利，务望诸公察允是荷。此启。

中华〔国〕国民党理事长　孙　文
民国三年十二月三十日发

据黄警顽等编《南洋霹雳华侨革命史迹》（上海文华美术图书公司一九三三年版）影印原件

致咸马里夫人函（译文）

（一九一四年十二月三十一日）

李夫人：

十月十六日的来信早已收到，但因我们的进度很慢，我没有什么新的进展可以向您报告。况且，我的英文秘书宋蔼龄最近于归，并和她妹妹宋庆龄回到上海，她们两位都曾留学美国，精通英文，因此，目前没有人处理我的英文书信。我很希望您能来此助我一臂之力，但局势变幻莫测，以致我无法安排确定的计划，我希望时机即将来到，让我们能做些事情。

祝新年快乐。

孙逸仙

据秦孝仪主编《国父全集》第四册（台北近代中国出版社一九八九年版）（译自（中国台湾）"国史馆"藏荷马李档案英文原函）

复宿务同志函

（一九一四年十二月下旬）①

宿务同志列位公鉴：

接到十二月十九日寄来公函各件，俱诵悉。兄等忠于党事，爱人以德，至为铭佩。伍君为弟旧交，亦曾尽力党事，至此次手续不合，则为弟发其端，以此时令伍君更正，乃弟所以对一般同志也，幸无误会。

关于收条一节，本党自开办以来，对于海外筹款，只发给总收条，其分收条，则由各支部分部自发。伍君所主张之法，非本部常例，如海外各埠均以此法为良善，亦可由本部另订新章办理。但各埠既有支部分部，则本部只对于支部分部各部长交涉，支部、分部对于党员交涉，较为妥善。他日赏勋酬劳，亦容易调查，因本部办事人员一遇革命得手，则全数入内地，分往各省担任职务，此时军事旁午，难以会合商办党事，故对于海外党员，当以各支部分部为交通点。倘各支部分部恐当地党员有不信用者，当由党员公举理财员，汇款至本部，得回总收条，昭示大众，当无不信也。另望支部分部造详细征信录，以示大众，而备考查，则他日偿债酬勋，俱易泾渭如法矣。至于党员入会基本金，则与军需捐不同，将来由党务部发回党证，交给各党员，即不必另发收据也。

兹将两次收条寄致尊处，即乞察收。顺颂

公安

孙　文

经收一千三百九十二元五角七分。

据中国国民党中央文化传播委员会党史馆藏一般档案049/130

----

① 此函未署日期。据函中"接到十二月十九日寄来公函各件"及论述对海外筹款发给总收条等内容判断，当写于1914年12月下旬。

致吴敬恒函

（一九一四年）①

稚晖先生左右：

沪上一别年余，不获时通笺候，甚憾事也。比有友人为述沪报载公论政事手书中有"东京革命党自号元勋公民"之语，弟恨未得亲诵原文。然关于此节，甚欲详论其故，以免远道传闻之误。盖元勋公民之名，弟草定于革命党新章，所以许首义之党人于宪政未布之时期内有优先之选举权，盖几经反复详审，而认为非过举者也。顾旧日一二同志亦有致疑者，其最重要之理由，则谓不宜提倡权利。意以为今度之革命，由政府问题而起，政治问题大抵以权利为基础，言政治而不言权利，不可通之说也，故薄权利而不言者，亦当兼废言政治。有如进德会中最纯粹之数人，盖超出于政治之外，恒薄权利而不言。然以今日之中国，则之〔此〕数人者，亦未尝认政治为可以立废无余，故溥泉兄投身参议院，而公等不以为非。当溥泉为院长时，其于同党议员占席之多寡，尤不能无所措意。然则今日救中国，不能不言政治；既不能不言政治，即不能不言权利，亦甚明矣。若曰心虽欲之，而不可以明言，是则中国数千年伪善者之习惯，吾辈当力矫而正之者也。

以革命党人而论，其真能绝对高尚不好权利者，为至少数，固不能以此至少数之思想律之于人人。于是有犯百难、冒十死之士，幸观革命之成功，乃欲其掉弃一切权利，实无以平其心。当第一次革命南京政府前后时代，党人之离本党而他图树其势力者，皆不平之士也；甚者且献身于敌，而倒行逆施，为问一般魁梧奇伟之士，皆可使之淡然无欲否耶？

---

① 此函未署日期。函中云："沪上一别年余，不获时通笺候"。按孙中山于1913年8月2日离沪南下，经福州转赴日本。函内又云："元勋公民之名，弟草定于革命党新章"，并解释"元勋公民"之事，系指1914年7月孙中山在日本组建中华革命党时所拟章程内容。据此推断，此函当写于1914年。

论者见第一次革命时,同盟会员有暴戾骄人取憎当世者,则谓若假以优先之权利,其骄横将更甚,弟亦以为不然,盖彼惟半生戮力,而一不得报偿于社会,而当时所谓官僚派种种人物,反得踞其上而蔑视之,而一部分人如章炳麟、黎元洪,更倡为"革命军兴,革命党销"之说,沮抑过甚,则其激抗横溢,殆非无故,是何如立之范围,予以当得之权利之为愈耶。自非道德粹然之人,未有施而不望报者,稽勋酬劳,有国者所不废。然五等之爵,既非民国所宜,黄金厚禄,尤生人倚赖之性,今惟以其有为政治革命首义之功,因而报以政治上优先之权利,初未见其不当也。

自弟倡言革命以来,同志之流血者多矣,然见杀于敌,一死成仁,一或可以瞑目。所最奇者,则革命成功,而革命党乃纷纷见杀于附和革命、赞成共和之人,如东三省、河南、安徽、湖北、湖南、贵州等处,一一稽考其故,可为痛哭流涕。他日第三次革命,自不能不稍谋保障此辈人之方法,前车已覆,吾辈宁犯私于党人之谤,不欲好广大教主之名矣。且弟意尤不止此,破坏之后便须建设,而民国有如婴孩,其在初期,惟有使党人立于保姆之地位,指导而提携之,否则颠坠如往者之失败矣。革命党人未必皆有政治之才能,而比较上可信为热心爱护民国者。革命党以外未必无长才之士,而可信其爱护民国必不如革命党,则国本未甚巩固之时期,后彼而先此,其庶几无反复捣乱之虞,至于宪政既成,则举而还之齐民。盖当尊君主义至盛时代,有阿衡之志,则遂可以放太甲于桐。吾人亦本素所怀抱平等自由之主义,行权于建设之初期,为公乎?为私乎?以待天下后世之论定可耳。

由上所述,则为党为国,皆有不容己之理由,此弟所以审虑至再三,而认为非过举也。深恐传闻异解,或竟引与窃尊号自娱者比,故敢缕陈,倘更有疑点,亦望赐教。

孙　文

据中国国民党中央文化传播委员会党史馆藏一般档案 049/391

致 居 正 函

（一九一四年）

觉生兄鉴：

兹有同志谢君，欲经营联络南洋航路各船，组织分部，以便交通，而张党势，特来请领誓约并任状等件，请与接洽，幸甚。

孙 文

据中国国民党中央文化传播委员会党史馆藏一般档案 049/43

致卢慕贞夫人函

（一九一四年）①

兹付回港银三千元，由单汇托孙智兴兄收交。收到之日，即交四百元与谭氏家嫂收入；交二百元与郑仲兄收入，作为我送他可也，因他有信来提及大哥与彼钱财交葛之事，我无代大哥还债之义务，但有缓急，为朋友者当有通济之义，我力所能为自可相帮，但着他切勿再提大哥与彼来往账目也，因我一概不知，亦不应与闻也。除交以上两口②，尚存二千四百元即作为今年家用，并周济贫困亲戚等用就是。若事情妥当，我今年冬天或可回乡也。

德 明

交澳门孙宅。卢夫人收启。德明托。

据中国国民党中央文化传播委员会党史馆藏一般档案 049/419

---

① 原函无时间，据函中内容，当在1914年。
② 此字模糊难以辨认。

复巴达斐亚支部函

（一九一四年至一九一五年间）①

径复者：

接阅来翰，统悉一切。侨巴同志自接前函及金一清君携到各件，即克日将支部组织成立，爱国热忱，具征素抱，无任嘉赞。始基甫创，即进党员百余，以后协力扩张，不难蒸蒸日上，诚有如来书所云者，尚祈当事诸君，积极进行，以达政治革命之目的，实为翘企。

所有一切商办手续，均属党务部详细具复，嗣后各种情形，尚希随时函告。所由汇丰银行汇来千元，已照数收到，所发正式收条，亦祈查收。后凡筹集各种款项，俱望直接汇寄东京本部，以昭划一办法。专此致复，并询日祉

据秦孝仪主编《国父全集》第四册（台北近代中国出版社一九八九年版）

复 镜 湖 函

（一九一四年至一九一五年间）②

径复者：

来函备悉。巴城支部既与该埠书报社同志商同组织成立，具征联络苦心，无任嘉慰。嗣后机关既立，进行自有把握，海外计划，以筹款为第一要

---

① 原函未注明时间。按函中"即克日将支部组织成立"，"以达政治革命之目的"判断，当在 1914 年至 1915 年间。

② 原函未注明时间。按函中"巴城支部与该埠书报社同志商同组织成立"，"所有应发印章、委任状各件，已嘱党务部办理"判断，当在 1914 年至 1915 年间。

义。据该支部直接报告,将来尚易为力,仍望热心维持,以期发达。所有应发印章、委任状各件,已嘱党务部办理矣。至书报社原存款五千,既为刘君芝芬提用,前事可作罢论,以后无论何处款项,应直接汇寄东京本部,酌量分别支配,以昭划一,即烦代达各处为盼。此复。

据秦孝仪主编《国父全集》第四册(台北近代中国出版社一九八九年版)

复谭根伍平一函

(一九一五年一月十六日)

德根①、平一两兄同鉴:

手书诵悉。飞行之事业,此间正在筹画,与两兄之意相同,请兄等暂待,当有消息通知。如此间一有电报,望即启行来东。故爪哇之行,请暂作罢论。盖恐因是耽搁时机也。专此,即颂

公安

孙文　四年一月十六日
据上海图书馆藏原件

致邓泽如函②

(一九一五年一月二十五日)

泽如我兄大鉴:

兹有友人曹亚伯君,系多年同志,曾在英国学矿毕业。近以国事被嫌,

---

① 德根,即谭根。美洲华侨飞行员,1914年与伍平一由美同来日本东京,孙中山委任谭根为飞机队队长。后又与伍平一同至菲律宾,借飞行营利,渐与党人不协。

② 另有致李源水、郑螺生函,除个别字稍异外,全文与此函同。

不能复返故土,却乘此余暇欲到南洋考察矿业,用为介绍书,如有可资其参观之机会,敬乞指导勿辞。专此,即颂
道安

孙文　一月廿五日

据邓泽如编《孙中山先生廿年来手札》(台北文海出版社一九六六年版)影印原函

复宿务同志函

（一九一五年一月二十六日）

宿务同志公鉴:

得一月九日手书,诵悉。承公等注念,甚感。惟日报所载刺客事,毫无故实,其谣言捏造,始自沪上,继而港澳亦复有之,美洲各埠并以电询,袁氏殆故为此,以摇惑人心耶？日本警察甚严密,对于弟等之保护,尤为周至,决无意外之虞,爱我诸同志可无过虑。专复,即颂
公安

孙文　一月廿六日

据中国国民党中央文化传播委员会党史馆藏一般档案 049/133

致戴德律函(译文)①

（一九一五年二月五日）

你"不应该和黄以及黄的人过多来往,因为他们没有参加我在二次革命失败后创建的新团体。除非他发誓对我效忠,绝对地服从我的命令,我和他

---

① 此函有引号的为原函语句,没有引号的为底本间接引用,整理为第一人称。

以及他的人就将毫无关系。"一切事情,可以和美国的(中华革命党)组织的主席林森商量,而哥伦比亚大学的学生邓家彦,也是"我的忠实的追随者之一。"

五月以前,我不可能到美国去,"因为直到那个时候为止,我都在进行某些令人为之吃惊的工作。"如果这项工作失败了,我将赴美国作一系列的讲演,这些讲演将以"对某些美国公众完全新鲜的事物而使他们感到瞠目结舌。"因此,要求你切勿安排任何中国讲演者去代替我,"因为我担心这样做会把事情弄糟,没有别的人为我所期望地那样对于中国问题能够作出令人满意的分析。"我建议,把这件事情暂时搁置,"比起(对中国问题)作一肤浅的分析观察而使美国公众为之沮丧失望,"要好一些。

据[美]韦慕廷著,杨慎之译《孙中山——壮志未酬的爱国者》(中山大学出版社一九八六年版)

致海防同志函

(一九一五年二月十四日)

各位同志大鉴:

得隆生①兄信,闻渠以在粤经手公款受疑,不能自白。查此款乃前分汇京沪各处,系已出之物,而借此偿还者也。故不止海防旧欠未及还(亦以钟、张等军人从中阻挠,故即时截止。),即海外多埠之款,亦同此例也。此款当局者毫无沾染,隆生更无从中饱。惟弟对于昔日赞助诸君,久未归赵,实为歉然;故此次规定新章,一俟功成,不问新旧之款,悉从优偿还,吾人亦止有惟一之期望而已。两地隔阂,书函不便。顺此奉候
近安

孙文　二月十四日

据中国国民党中央文化传播委员会党史馆藏一般档案049/78

---

① 隆生,即黄隆生。

致南洋同志函

（一九一五年二月二十日）①

同志诸公大鉴：

径启者，兹有同志谭君根、伍君平一由美洲回，道经此间。谭君为飞行大家，声誉著于世界，此次带有飞行机械多件，并有学习生二人，据称拟在日本暂应各界招聘，俟试演完毕，不日前往南洋各埠飞演，并拟就南洋演技筹款，开办飞行学校，招收学生，教育此项人才云云。按飞行机为近世军用之最大利器，谭君既有此志，于国家前途，吾党前途，均至有裨益，用特豫为介绍于诸同志，倘谭君到时，尚祈费神招待，并希代为设法开场试演，劝销入场票位，俾得醵集资财，成立学校，作育真才。诸公热心公益，谅能玉成其志也。手此布达，即颂

公祺

孙文　二月二十日

据邓泽如编《孙中山先生廿年来手札》（台北文海出版社一九六六年版）影印原件

致旧金山中华民国总公会函

（一九一五年二月二十八日）

（前略）抑弟就于来函，更有欲为我同志手足详言者。一为革命第一次之借款。弟在南京，即提交参议院，请立稽勋局，同时提款偿还华侨债务。

---

① 原函未署年份，据《中国国民党九十年大事年表》，1915 年 3 月 3 日孙中山委谭根为航空队司令长官，故酌定为 1913 年。

而参议院驳回,谓须俟统一之后。及南京解职,弟将各款详列,移交北京财政部,以后屡与交涉,北京均以财政困难为解。弟知我党不能主政中央,此款未易结束,因倩黄三德致书美洲同志,另倩某君致书南洋,问可否由我党自己牺牲,以愧彼一班官僚,旋得各埠复函,大都赞成者少,而否认者多。弟于是函令广东筹还此款,所以然者,以吾党以广东省为革命根据,屡年之活动皆在广东,故由广东还债亦其所也。其时胡汉民为广东都督,得弟信后,即略事调查,提出现银一百七十余万,特设专局经理其事。乃经理局成,而胡汉民被袁罢职,使陈炯明代之。财政司某君,尚欲奉行胡之命令,而陈炯明使其部下钟鼎基、张我权,以兵力胁迫取消胡之命令,事遂中止。而弟之目的终不能达,此弟对于军债前后经过之事实也。二则为洪门立案之事。弟在南京首先除去党会之禁,悉使自由立党立会。及解职回粤,以粤为洪门最发达之省,故思从吾粤入手,使其立案,自由公开,为改良进步之办法。商之胡汉民,胡大赞成。弟遂授意黄三德上呈以请,其与黄联名者则外交司陈少白、税务处监理官史古愚,皆胡之属僚也。而是时适陈炯明为军统,握兵权,锐意办匪,而彼并嫉会党,力沮其事,谓彼必俟土匪荡平之后,否则土匪窜入,会党更难收拾。胡不能强夺其意,而弟之目的,又不能达。此事应追怨陈炯明,其次胡汉民身为都督而不能制陈,致受沮挠,亦非无过。若弟则系发起为洪门立案之第一人,今闻三德发布传单,并谤及弟身,则不顾事实,不明是非者也。三则为通信美洲同志事。弟在南京百务倥偬,两月余之光阴,无一暇晷,故于朋友应酬,自然多缺,此亦我同志之所谅;其后奔走数省,居处不遑,及弟在沪,乃稍闲暇。弟因用黄三德在弟左右,名为行街调查,实则招呼美洲同志,及通信应酬,月支薪水五十元,另由弟津贴,每次数百元不等,故此时犹令美洲同志手足有疏远之憾,则三德当为我分谤矣。凡此三事,弟至今耿耿,未尝去怀,今一为兄等追述本末,事实具在,来者难诬,知我罪我,听之而已。兄等要知第一次革命,政治问题并未解决,实不能谓为革命成功。弟从海外归来,他人皆有兵有权,惟以民心所向,举我为总统,而各种组织俱不能如意,各种政策不能实行。盖居中国,当此时会,徒以道德,徒以名义,不能收政治之实效也。我党以退让为高,而官僚争进;官僚得志,而我党无权，我志未成，而民生亦苦。故弟鉴于前失，毅然以一身担任第三次革命之事，求真实之统一，而力矫前非。信乎一国不可以三公，而命令必出于一致，凡与我共第一次革命以前之事业者，皆我同志手足也，而为第三次革命，则必以入中华革命党为第一手续，共图政治之解决，恢复民国，实行民权、民生主义，造福海内外，何止尽释前日之所负而已耶。前曾致函公会，略言组织党事，如兄等或不愿与三五少年为伍，则为本党自成一部机关，亦无不可，此弟所期望于兄等者也。专复，即颂
公安

二月二十八日

据《民口杂志》第一卷第十四号（一九一五年四月十日，美国旧金山出版）

致宫崎寅藏函

（一九一五年二月二十八日）

宫崎寅藏先生大鉴：

闻足下立候补为日本帝国众议院议员，欣盼之至①。足下怀抱莫大之政见，故二十余年与弟共图支那之革命。弟深信足下为真爱自由、平等、博爱之人，此所以热望足下之赫然当选也。贵国民权日益发达，将以足下之当选而卜之。专此，即颂
起居

孙文　二月廿八日

据［日］宫崎龙介、小野川秀美编《宫崎滔天全集》（东京平凡社一九七一年至一九七六年出版）第二卷

---

① 孙先生热烈期望宫崎寅藏在故里竞选众议员，选举揭晓后，宫崎不幸落选。

致伍平一函

（一九一五年三月八日）

平一兄大鉴：

手书诵悉。阅飞机成绩甚佳，慰甚。前函问党员基本金经已略答，此项只以发回党证作据，不另发收单，以其性质与军饷殊也。乞即以此意（捐军饷者乃发回债票）宣告各同志知之。专复，即颂

大安

孙文　三月八日

据上海图书馆编《孙中山先生遗札》（一九八六年版）影印原件

致南洋同志函

（一九一五年三月九日）

南洋同志公鉴：

与兄等睽别以来，寒暑迭更，而旧雨之怀，未尝一日去我心曲也。

国本未固，民贼忽张，偕党人避迹于东，又两年矣。弟睹祖国之濒危与海内外同胞所受之苦难，以为非急倒彼恶政府，无以挽救。而往事之失，则当引为鉴戒，是以一面日图进取，一面重整党务，以企完全负责统一进行。

比来海内是非渐明，人心日去彼而就我，加以内地同志奋发不懈，海外同志力予扶持，民国不亡，共和必复，此可预决者。惟弟与同志诸兄各居异地，虽其间书信往来，可以道达情意，吾人为目的而集合，孚感在于精神；然关于党事进行各节，不获相聚一处，商榷尽言，诚为歉憾。且近颇闻有人怀挟私异，故作违言，此纵不能惑我同志诸兄，而中立者间为所动，则亦于大业

有妨。兹故特传许君崇智、叶君夏声、何君天炯、宋君振偕到南洋,与兄等接洽,并宣布弟近日之所怀。四君皆党中要人,其历史不待赘述,特各予公函,为证其行。专此,并颂
各同志公安

孙文　三月九日

据邓泽如编《孙中山先生廿年来手札》(台北文海出版社一九六六年版)影印原函

致美国华侨同志函

(一九一五年三月十日)①

　　袁世凯前日必与日本私缔密约,及种成日本目下要求之恶果。近更阴险家倡言余遁于东京,欲借助日本之势力,以推翻袁政府之说,然余固深信驱除袁世凯为今时所当行之事。若谓借助于日本一说,虽至愚之人,亦足以知日本万不可靠,稍有识者亦当知造谣者立说之谬妄矣!

　　至余谓袁氏之所以当排逐之理由,亦敢请表白之。袁氏自任总统以来,绝未稍留意于全国人民之利害,其足以令我国民恐慌者,即为近日中日交涉问题;再推远观之,则将来欧洲战事完结之后,列强相继而来,效尤日本,则中国瓜分之惨祸立至,尚何疑义?苟中国目前之交涉,一旦退让,则其后中国亦难再有革命图存之机会矣!职是之故,我国人当速即起事,以救亡于未亡之际。否则,日本之吞并中国,如英之吞并埃及,同一破亡,永无复见天日之望矣。愿我党人勿畏破败,勿惧牺牲,其速起!勿待袁氏卖断中国,始谋补救也。

据中国第二历史档案馆藏《孙氏之根本救国说》

---

①　此函系据 1915 年 4 月 8 日西报云:"中华民国首任总统孙逸仙君,居日本东京,昨月十日由其秘书发函致本埠之友人,痛谈中国目前之危急,非即起革命,驱逐袁世凯,另行建设一完全共和政府,则万难挽救,将必为日本据为藩属……"推定日期。

致伍平一函

（一九一五年三月十三日）

平一兄鉴：

十四日函诵悉。苏洛款收条一节，此间适接该埠张成谟、江琼波兄函，亦为此事。当即检查收条存根，适有发飞律滨同志一千元收条一张，而未有发苏洛者，想必当时飞机至忙之顷，以为此即寄往苏洛之收条，故一时漏却。因当时财政部尚未成立，百务皆直接经理，事务繁冗，偶然生此错误。现财政部已于本日告成，委任张君人杰为部长，一切办事顺序皆有条理，断不致再有此失也。张、江两君函中并催委任，此间以不知两人长短如何？何人适于为支部长？何人适于为筹饷局长？故复以此间已派军务部长许君崇智、广东支部长何君天炯及叶君夏声来视察党务，报告本党近日进行情形，并商委任事宜。俟许君等到飞岛后，请彼等与许君等面商等语。张、江①两人到底如何？于该地势力如何？资望如何？委以支部长、筹饷局长，究于事实有无补益？请先调查速复为要。谭君南行亦无不可，此间进行极有希望。至于吾兄东来皆可，不必亟亟，俟有确耗，当电招耳。飞机问题，刻以阙款，尚难办到，请转告谭君②可也。专此，并候

大安

孙文　三月十三日

据上海图书馆编《孙中山先生遗札》（一九八六年版）影印原件

---

① 张、江，即张成谟、江琼波。后孙中山委任张为苏洛正支部长，江为副支部长。
② 谭君，即谭根。

致邓泽如函

（一九一五年三月十四日）

泽如兄鉴：

兹派许君崇智等南来，联络同志，扩张党势，并报告进行各情，到时请为接洽，并带往各埠介绍于各热心同志为荷。

又：许君等动程时，刚值公款支绌，所带旅费无多，如有所需，望兄处设法筹垫，作公款所支。所支若干，即向许君取回收据，他日汇款前来本部财政部，将收据寄来，财政部长当如数发给债票也。此致，即候

大安不一

各同志统此问好。

孙文　三月十四日

据邓泽如编《孙中山先生廿年来手札》（台北文海出版社一九六六年版）影印原函

致康德黎夫人函（译文）

（一九一五年三月十九日）

康德黎夫人：

收悉二月十七日来示，至为感激。夫人目前之忙碌，余非常了解，而对于贵国身为母亲者，极为同情。

余亦很忙碌，全部时间与精力，皆用于工作。但是我们的业务，目前似乎无法按计划开始进行。由于英国政府之干预及保守派之影响，致使日本政府不敢对我们表示友好。不过我们皆能独立工作，并且深信必然成功。

请你能在贵国劝告大众勿协助袁世凯,则对我们有莫大之助益。请说明如果英国协助袁世凯,无疑地等于间接帮助德国。因为袁世凯之暴虐态度、贪婪权势以及自私本性,与德皇毫无二致。袁世凯为一十足亲德人物,如果德国扩大此次战争,中国必然会成为德国的附庸。英国如果支持袁世凯,非但不会有所收获,反而会丧失在中国既有之地位。请必须向贵国民众说明,袁世凯的确是一亲德国人物。

在此次战争中,余对贵国深表同情。贵国每日有无数青年丧生,令人尤感哀痛,而此一流血灾祸,实为贪婪无度之强权所一手造成。

孙逸仙　三月十九日于东京

据秦孝仪主编《国父全集》第四册(台北近代中国出版社一九八九年版)(译自中国国民党原党史会藏英文原函照片)

致叶独醒等函

（一九一五年三月三十日）

独醒、尚铨、实珊①三兄大鉴:

得支部同志报告,组织进行各事,深赖三兄之力,曷胜纫感。独醒、尚铨两兄矢志革命有年,武汉起义,力任提倡捐助军费,功不可没。此次更得实珊兄之赞成,以助长支部之发达,此可为一班党员之矜式矣。愿更奋励前途,终达目的而后已。专此,即颂

公安

孙文　三月三十

据中国国民党中央文化传播委员会党史馆藏一般档案049/120

---

① 尚铨、实珊,即伍尚铨、梁实珊。叶独醒、伍尚铨时任中华革命党菲律宾宿务支部正副支部长。

复宿务同志函

（一九一五年三月三十日）

宿务同志公鉴：

手书诵悉。叶、伍、梁三君向能为人所难，兹已致函奖励，请转交为幸。

党员入会，其力不能缴纳入会捐者，由支部查确实情，自可予之通融。来书所请甚合，请由贵支部权衡斟酌。专此即复，即颂

公安

孙文　三月三十

据中国国民党中央文化传播委员会党史馆藏一般档案 049/126

致某某函

（一九一五年三月三十日）

指责袁世凯已与日本政府订密约，许让各种特权，得日本以军火接济，借以剿灭革命党人，以固其独尊之地步。

据中国第二历史档案馆藏《西报记孙逸仙之言》

致 黄 兴 函①

（一九一五年三月）

前由英士沥陈近况，迟迟未得还云，甚怅，甚怅！

文关怀祖国，见于政府之专制、政治之不良，清夜自思，每用痛心！癸丑之役，文主之最力，所以失败者，非袁氏兵力之强，实同党人心之涣。犹忆钝初死后之五日，英士、觉生等在公寓所讨论国事及钝初刺死之由，公谓民国已经成立，法律非无效力，对此问题，宜持以冷静态度，而待正当之解决。时天仇在侧，力持不可。公非难之至再，以为南方武力不足恃，苟或发难，必致大局糜烂。文当时颇以公言为不然，公不之听。及其后也，烈武、协和②等相继被黜，静山③观望于八闽，组安④反复于三湘，介人⑤复盘据两浙，而分南方之势，以掣我肘。文不胜一朝之忿，乃饬英士奋起沪滨，更檄章梓倡义金陵。文于此时本拟亲统六师，观兵建康，公忽投袂而起，以为文不善戎伍，措置稍乖，遭祸匪浅。文雅不欲于兵戈扰攘之秋，启兄弟同室之阋，乃退而任公。公去几日，冯、张⑥之兵联翩南下。夫以金陵帝王之建都，龙蹯虎踞，苟得效死以守，则大江以北，决不致闻风瓦解，而英士、铁生⑦亦岂一蹶不振？乃公以饷绌之故，贸然一走，三军无主，卒以失败。尧卿、海鸣⑧难为善后，而如火如荼之民气，于是歼灭无遗。推原其故，文之非欤？公之咎欤？固不待智者而后知之矣。

东渡以来，日夕共谋，非欲雪癸丑之耻，实欲竟辛亥之功。而公又与英

---

① 此函自日本东京寄往美国费城。
② 烈武、协和，即柏文蔚、李烈钧。
③ 静山，一作静珊，即孙道仁。
④ 组安，一作组庵，即谭延闿。
⑤ 介人，指朱瑞。
⑥ 冯、张，指冯国璋、张勋。
⑦ 铁生，指钮惕生，即钮永建。
⑧ 尧卿、海鸣，指张尧卿、何海鸣。

士等互相龃龉,溥泉①、海鸣复从而煽之,公不维始终之义,遂作中道之弃。离日以后,深虞失援,英士明达,复以函问,而公又置不与复。是公不复以同志为念耶?

二十年间,文与公奔走海外,流离播迁,同气之应,匪伊朝夕。癸丑之不利,非战之罪也。且世之所谓英雄者,不以挫抑而灰心,不以失败而退怯。广州、萍醴几经危难,以公未尝一变厥志者,岂必至今日而反退缩不前乎?中国当此外患侵逼、内政紊乱之秋,正我辈奋戈饮弹、碎肉喋血之时。公革命之健者,正宜同心一致,乘机以起。若公以徘徊为知机,以观望为识时,以缓进为稳健,以万全为商榷,则文虽至愚,不知其可。临纸神驰,祈公即日言旋,慎勿以文为孟浪而菲薄之,斯则革命前途之幸云。

据邹鲁编著《中国国民党史稿》(上海民智书局一九二九年版)

复陈铁伍函

(一九一五年四月三日)

铁伍仁兄同志大鉴:

得接手书,即以电复。旋诵第二次来书,并谂兄奔走海外,犹为国事尽力不懈,曷胜欣佩!

兹将收据一纸寄上,乞察存为幸。国内同志进行,纯倚海外同志之赞助,故仍望极力提倡鼓吹,俾党史蒸进,同济艰难,则大业可成,民贼可去也。专此,即颂

公安

孙文　四月三日

据中国国民党中央文化传播委员会党史馆藏一般档案049/362

---

① 溥泉,指张继。

致澳门总督函(译文)

（一九一五年四月三日）

恳请阁下根据法律与公正的原则，裁判黄明堂为政治难民。

据秦孝仪主编《国父全集》第四册（台北近代中国出版社一九八九年版）（译自中国国民党原党史会藏英文原函）

致葡萄牙共和国总统罗斯本函(译文)

（一九一五年四月三日）

恳请阁下知会澳门当局依法裁判黄明堂为政治难民，一九一五年四月三日。

据秦孝仪主编《国父全集》第四册（台北近代中国出版社一九八九年版）（译自中国国民党原党史会藏英文原函）

复饶潜川等函

（一九一五年四月十六日）

潜川、德源、攻坚先生均鉴：

来函均悉。现民国尚未稳固，党务尤宜扩充，公等当力任其难，勿萌归志，以维大局。刻雷（瑞庭）、曹（华璧）等既已被举为新任职员，假觉民书报社以办事，则该社准可认为公共团体，冀于筹饷前途有所补助。至中华革命党党员，多属中坚之士，维持国事，厥功甚伟，尚望暗中固结团体，以为异日奋斗之实力。今各同志既推定公等负维持之责，希即切实办理，随时函报前

来可也。此复,并颂

均安

孙文启

据中国国民党中央文化传播委员会党史馆藏一般档案 049/276

复伍平一函[①]

（一九一五年四月三十日）

（上略）亦非笔墨口舌所能争,故不与书也。专复,即颂

大安

孙文　四月三十日

据上海图书馆藏原件

致区慎刚等函

（一九一五年五月十日）

区〔慎〕刚、泽如、螺生、源水先生暨各位同志大鉴:

袁氏与某某密相结托,昨日要求条件,悉已通过（其第五项亦非撤回,但作为悬案,随后谈判秘密承认,以避人耳目耳）,袁旦夕将称帝,已授意北京商会电询上海商会意见。从此中华民国名义,亦将归消灭。内地不平之声甚烈,即袁所部如冯、段辈亦表示反对（观其严诘外交一电可知）,此较满清末年铁道国有风潮,尤易激动全国,洵为吾党不可失之时机。

至于沿江数省,自前年以来,极力筹备,至此时运动已成,更与机会人心

[①] 此函原件前页大部分已残缺不全,仅存最后两句及孙中山的签署和日期,据原件手迹和用笺,受信人系伍平一。

相应。党中重要人物,已冒险深入内地,急思发动。成败在此一举,不能复待,敬望我同志相助!固知英属势成强弩之末,然过此不图,则事势难料;且已派入之人员、已布置之机关及已运动之军队会党,亦骤难维持收束也。望以此实情转告有心之同志,共筹尽力,副我期望,幸甚。专此,即颂

公安

孙文　五月初十

据黄警顽编《南洋霹雳华侨革命史迹》(上海文华美术图书公司一九三三年版)影印原件

复伍平一①函

(一九一五年五月十五日)

平一我兄大鉴:

手示诵悉。兄所作联络各埠之事,既征得力,此时不必东行,盖勤党事有如炊米为饭,半熟而舍之,往往前功并废也。岷埠②弟已许立第二支部后,前素无隔阂,但吾人遇彼此之有意见者,仍宜极力疏通排解之。克强等持缓进主义,故猝难一致。至弟与伊私交,则丝毫无损。

相现在时局,袁氏大失人心,近来交涉经过,人心益为激昂,甚于清季铁路问题,若吾人实力稍足,不患不去此民贼也。专复,即颂

旅安

孙文　五月十五

据秦孝仪主编《国父全集》第四册(台北近代中国出版社一九八九年版)

---

① 伍平一时任中华革命党菲律宾联络委员。
② 岷埠,即菲律宾马尼拉。

致区慎刚等函

（一九一五年五月二十五日）

慎刚、螺生、源水、赤霓、八尧、孝章、怡益、增坡①我兄暨各同志公鉴：

许、宋二君报告，具道贵埠同志团结之坚，南洋各埠视为中心，悉以兄等提倡之力，曷胜感佩！

迩来各埠共议集款救亡之策，马六甲、麻坡已议定募捐及征抽出产品店伴工资之办法，想贵埠亦已在策划进行中。以贵埠同志之素养，足知收效尤大，似此众擎并举，一致扶同，真民国前途之幸也。自中日交涉经过，夫己氏卖国证迹已彰，内地人心异常激昂，将视满清末年铁路风潮为烈，吾人当此时局，允宜急速进行。现在沿江各省准备颇周，若经济问题稍能解决，定可如意发展，望兄等速图之，毋失良会。专此，即颂

公安

孙文　五月二十五日

据黄警顽编《南洋霹雳华侨革命史迹》（上海文华美术图书公司一九三三年版）影印原函

致南洋同志函

（一九一五年五月二十六日）

南洋同志公鉴：

自交涉经过②，袁氏卖国证迹昭然，内地人心异常愤激。我党当此时

---

① 赤霓、八尧、孝章、怡益、增坡，即朱赤霓、谢八尧（伯瑶）、李孝章、黄怡益、陈增坡。
② 交涉经过，指《二十一条》交涉事。

局,尤不能不急速进行。现在需款甚殷,而同志之力甚形竭蹶。查辛亥同盟余款存庇能者(除经手人被蒙吞之外)尚有二万余元,置有大屋二间,请即商同庇能同志,将此屋业变卖,统汇东京本部应用。在昔辛亥广州三月二十九之役,温哥华、域多利两埠俱将致公堂物产变卖,以助军需,海内外壮其义举。矧兹存款,本为党中公积,则当务之急,以为军用,更无疑义。见书请即商略执行,勿缓为盼。专此,即颂
公安

孙文　五月二十六日

据黄警顽编《南洋霹雳华侨革命史迹》(上海文华美术图书公司一九三三年版)影印原函

致邓泽如函

(一九一五年五月二十六日)①

泽如我兄大鉴:

五月十日手书诵悉。收支各节,当由财政部详细函复。庇能款今日移书新政等,另函致怡保督促其办理矣。此款乃党中公积,原非一埠之事,即兄等亦有责问之权也。△△②政府自△△③当局即趋向夫己氏,故有此番秘密关系,凡所要求既经承认,且除公布外,另密约四条,所以为报酬者既如是,则夫己氏之求援,亦必实践。惟驱逐党人一节,则外交上之黠者不以为然。现时我辈对于△△,实无何等奢望,弟以此地与内国消息较灵,取道返国较便,现时方着手进行,则碍难他去。△△国民与政府意见歧而为二,将来若果有事,政府即怀恶意,亦难实行,犹之满清季年,元老本欲干涉我国革

---

① 此函未署年份,据函中有"夫己氏于去月曾授意京总商会,电询帝袁之事于沪商会,求其同意"判断,此函当写于1915年。
② △△:指日本政府。
③ △△:指大隈重信内阁。

命,卒以民党反对而止,是其前例也。夫己氏于去月曾授意京总商会,电询帝袁之事于沪商会,求其同意,此后乃未见发表,或以内地愤交涉失败,人心激昂,故不敢遽然做去耳。专复,即颂
大安

孙文　五月廿六日

据邓泽如编《孙中山先生廿年来手札》(台北文海出版社一九六六年版)影印原件

复阮本畴函

（一九一五年五月三十一日）

本畴先生大鉴：

　　叠接来书,均悉一切。昨承寄美金百元,已照收到。该款收条应列何名,望示知,俾嘱焕庭照发。前说请代托叶君竞生催收钱债案事,经代函及,料叶君当能为兄设法也。

　　办报一节,刻值时局未定,在内地开办,尚非其时,希审慎行之。此复,并颂
台安

孙文　五月三十一日

据中国国民党中央文化传播委员会党史馆藏一般档案049/241

复叶独醒函

(一九一五年五月)

独醒仁兄同志鉴：

五月十二日惠书，敬悉一切。承询第一、二两次捐款何以不发债券一节，查第三次捐款名单寄来在先，故先办先寄。而尊处所开三次捐款人名总单，系四月二十三日始由飞岛寄来，本月初旬始行收到。且尊处所开系三次总计之数，而不知此间已照第三次捐款名单先办债券寄上，故就来单所开，应将第三次各人所捐数目除出，然后照发债券，其数始符，所以延迟，职是之故。此节已于昨日财政部致函说明，望向众人解释，俾毋疑虑。此间办事，一秉至公，无后先歧视之理也。专此奉复，并请
大安

孙　文

据中国国民党中央文化传播委员会党史馆藏一般档案049/127

复北京学生书

(一九一五年五月)①

得览手书，知君等于勤学之际，忧国不忘，至足感佩！

关于此事②，各方面来书颇多，而君等言之尤为婉挚。虽然，惜君等未

---

①　原函未署月日，据函中有"此次交涉，实由彼请之"和"俟日人增加强硬之态度，然后承认"语，以及函中所引12日《万朝报》《时事新报》情况，可断此函写于5月9日袁承认《二十一条》后不久，故酌定为5月。

②　关于此事，指中日《二十一条》交涉事。

尝知交涉之内容也,知之则必不如来函所云云,而愤慨之情,将无异弟。盖弟平日爱国家爱平和之志,自信不居人后,常不惜有重大之牺牲。故当第一次革命,解职推袁,以免流血之祸;张、方之难,身自入都而为之解,宣言十年不预政治,俾国人专心信托之,即东游一月,不啻为袁氏游说也。迨"宋案"发生,弟始翻然悟彼奸人非恒情所测,且必有破坏共和之心,而后动于恶,故一念主张讨贼,以爱国之故,不能复爱和平也。彼战胜而骄,益无忌惮,二年以来,莫非倒行逆施,国人憔悴于虐政之下,至不可言状。欧洲战争,不遑东顾,乃乘间僭帝而求助于日本。此次交涉,实由彼请之。日人提出条件,彼知相当之报酬为不可却,则思全以秘密从事。迨外报发表,舆论沸腾,所亲如段、冯亦出反对,乃不得不迁延作态,俟日人增加强硬之态度,然后承认,示人以国力无可如何。

由日本要求条件观之,如山东、如满洲、如东蒙、如福建、如汉冶萍煤铁,皆为利权之重大者。而袁于未得最后通牒以前,固已无甚龃龉。至第五项,则我国实为第二高丽,城下之盟,局外亦讶其〈非〉①。因日本审国民都无战意,而国际上宜取圆滑之手段,故假为让步,谓俟他日协商。何期袁氏回答文中乃有下之一节:

第五号五项(即顾问、军器、学校、病院、南满铁道、宗教五问题)承认日本政府之提案,惟民国政府希望中日两国永远平和,愿将此等一切悬案速为解决。(见《万朝报》十二日报)

是山东、满蒙、福建廿一条件,日人所急欲得者,固承认不遑;即其为暂时之让步者,亦惟恐其不速攫取以去,是真别有肺肠者矣。上海《大陆报》云:"据北京电报,中日条约于公布外,有密约四条。"盖仿中俄密约之先例。日本报纸亦云:"此次条件,以条约及附属公文、宣言书三种,为约束条文中一部分,从支那政府之希望,为密约不公布。"(见十二日《时事新报》等)

就以上观之,则袁氏以求僭帝位之故,甘心卖国而不辞,祸首罪魁,岂异人任?传曰:"国必自灭,而后人灭之。"故有国者,恒自爱其国。侵略兼并,

---

① 原处空白,据秦孝仪主编《国父全集》增补。

只视其力所能为,而大盗在室,乃如取如携,祸本不清,遑言扞外?彼方以是为求扰得扰,将莫予毒,而乃望以一致为国,相去万里,何止径庭?果然沪上消息传来,则北京商会以攻〔改〕进之言,电求沪商会同意,新室王莽与拿破仑第三故事不久将复现。呜呼!区区民国之名义,吾国民以无量数之牺牲而搏得之者,亦归于澌灭,尚何言哉,尚何言哉!辱承来书奖饰,更加责备,谓不宜忍视甚艰难缔造之民国坐致沉沦,弟不敏,请事斯语。专复,即颂

学安

孙　文

据《民国四年为中日交涉复北京学生书》,载胡汉民编《总理全集》第三集(上海民智书局一九三〇年版)

致叶独醒函

(一九一五年六月四日)

独醒我兄大鉴:

手书诵悉。弟于内容虽未尽瞭,亦已知兄一片苦心为不可及矣。袁贼卖国,证迹彰明,内地人亦甚激昂,我党宜乘时奋起。惟款饷不足,令人焦愤。盖在进中,虑失时机,而普通人虽一时极热,久之则事过情迁,将复冷却也,还望兄等鼎力助我。今日根本救〈国〉,舍倒去恶劣政府,更无他术。家有巨盗,则外贼日至,如取如携,国势阽危,更何能待耶。专复,即颂

公安

孙文　六月四日

据中国国民党中央文化传播委员会党史馆藏一般档案049/128

致邓泽如函

（一九一五年六月十六日）

泽如先生鉴：

许、宋①两君归，备述款接之殷，公谊私情，感铭五内！现在时机利在急进，而各处零星小款，皆不足以图大事，故复遣许君等前赴飞律滨群岛，筹措巨资，约一阅月，即当再返南洋，冀收成裘之效，到时尚须仰仗大力，为之周旋，属在知交，不敢言谢。弟身体精神，强健逾旧，洵堪告慰也。专此，敬请
大安

孙文　六月十六日

据邓泽如编《孙中山先生廿年来手札》（台北文海出版社一九六六年版）影印原函

致郑螺生等函

（一九一五年六月十六日）

螺生、源水、孝章、仁甫②、八尧、赤霓同志鉴：

许崇智、宋振两君自南洋归，备道诸兄招待盛意，无任感谢。此间以积极进行，刻不容缓，故遣许、宋、黄数君前赴飞律滨群岛，一以视察党务，一以筹措军资，事竣之后，当再有南洋之行也。谨此鸣谢，并请
大安

孙文　六月十六日

据黄警顽编《南洋霹雳华侨革命史迹》（上海文华美术图书公司一九三三年版）影印原函

---

① 许、宋，即许崇智、宋振。
② 仁甫，即区仁甫。

致吕俊德等函

（一九一五年七月十四日）

双合、渭生仁兄同鉴：

叠接许、宋、黄三君函电，盛称贤昆仲慷慨热烈，赞助义举，远道闻风，无任钦佩！

袁氏擅权辱国，妇孺切齿，矧在明达，悲愤可知。吾党力创共和，理无中辍，现正重整旗鼓，以期扫除腐败，图根本之救亡。睹兹大势，时机已熟，冒险勇进，责在内地诸人；而捐款输财，端赖海外同志。既承兄等努力筹捐，仍望迅速收集，克期汇付，毋使一篑功亏，致失机会为祷。专此，敬请

大安

孙文　四年七月十四日

据中国国民党中央文化传播委员会党史馆藏一般档案
049/302

致贝市雷城点问顿军事研究所函

（一九一五年七月十五日）

某某诸同志先生公鉴：

顷冯君自由由美洲来东京，谓尊处自设军事研究所，请其代表在本部存案等语。其狡焉思启者，何国蔑有立国于二十世纪，非实行军国民主义，无以竞立争存，试以中日交涉近事观之，使吾国秉政者，光复以来，稍注意于军备，日人虽狡，何至肆无忌惮，蹂躏我主权至于如此之极。盖虎豹在山，藜藿为之不采；袁氏之罪，即此亦擢发难数矣。君等侨居海外，惓怀祖国之积弱，不忘尚武之精神，心热眼明，感甚佩甚。除由军事部存案外，尚望极力进行。

并希将军事研究所内职员及研究军事之各同志姓名开余清单,寄由金山总支部转报本部备案。不胜盼。专此,敬请

公安

四年七月十五日下三时

据中国国民党中央文化传播委员会党史馆藏环龙路档案 08816

致叶独醒函

（一九一五年七月十七日）

独醒先生大鉴：

六月二十日手书,诵悉一是。足下热心为国,奔走运动,不遗余力,至为感佩！国步艰难,民贼逞恶,吾人于此,惟有一致猛向前进,党内手足,岂复有意见之可言。足下能见其大,力予消融,竟收良果,甚可喜也。许君①等亦有书来报告,并详述厚谊,无任慰谢。专复,即颂

公安

孙文　七月十七日

据中国国民党中央文化传播委员会党史馆藏一般档案 049/136

---

① 许君,指许崇智。

致伍平一函

（一九一五年八月三日）

平一兄鉴：

顷得岷①同志书，言近见兄，兄为言弟寓他移，且有人函谤支部等语。弟寓并未他移，亦未有人造作谗谤，兄不知何所据而云然，殊堪诧异。岂兄至岷时，适弟摒挡《公理报》②事件未了，未即裁答。岷之来书，或人举以询兄，兄乃随口举似耶，请明以告我，并释岷同志之惑。此颂

近安

孙文　八月三日

据上海图书馆编《孙中山先生遗札》（一九八六年版）影印原件

复南洋同志函

（一九一五年八月四日）

同志惠鉴：

手书备悉。张君民达亦已面晤。其一种肫挚冒险之精神，实与足下热心救国，虚衷荐贤，同深钦佩。理应玉成其志，以壮吾党之声威，为一般同志畏死者劝。然论事当权其轻重，舍生必期其取义，昔张良椎击秦政，人莫不称其勇，黄石公见之，则以纳履折其气，教之以大道，卒成汉业。可知轻重取舍之间，非有卓识者不能判断也。今张君民达有志学其祖先，椎击残贼，洵

---

① 岷，即菲律宾马尼拉。
② 《公理报》，系菲律宾同盟会机关报。

可嘉尚；吾则不欲其徒学一椎之勇，而欲其成莫大之功。

夫中国今日之革命，纯视经济力为转移，经济力大，则成功速，经济力少，则成功迟；若无经济力，则直不能革命，无可讳也。本部成立以来，尝赖海外同志资助，俾革命运动继续进行，以至今日各处机关林立，准备完全，中间以经济力不足而遭失败者，正复不少。然前仆后继，毫无间断，俾革命之权威于以不坠，海外同志筹饷之力居多。但以车薪之火，终非可以一杯水救之也，海外侨胞，谅明斯旨，所以迟疑观望，而仍不肯出资者，则以不明革命之利益与本部筹画革命之苦心，而无由激起其热心也。

本部尝思派人南来，与各侨胞说明一切，每以不得其人为歉。前月曾派许崇智君等与各侨胞接洽，后以行期匆促，亦多不尽之感，终不能收绝大之效果。闻近日南洋方面，邪说纷起，人多摇惑，于筹款又多掣肘。本部统筹全局，积极进行，只以资力不充，计划刻难实现，无以慰侨胞之望，良用疚心。然出资出力，责任尤贵分担，今内地同志准备实行，几有刻不容缓之势（先是许君南游，云七月间可以大举，只以款项不敷分配，海军要求较巨，故不能即起）而经济力之支绌仍如故，此所以日夜焦思，而不得不有望于海外之侨胞也。用是特派张君为联络委员，即命南旋，对各侨胞现身说法，激劝之，鼓舞之，使人人如张君之热心，以牺牲为本旨，则以百万侨胞同心协力，袁政府可立碎也。况以侨胞之地位，为现在利益之牺牲者正不在多，同如每人各出资一元，百万巨资不难立集，以此制敌，何敌不摧，以此图功，何功不克，故吾所希望于张君成莫大之功者在此，即希望侨胞成莫大之功者亦在此。

张君此次亲到本部，吾已告知一切，张君亦有所见，欣然就道，愿足下有以辅益之。并托转告各侨胞，共肩责任，宏济艰难，救民于水火之中，建国如苞桑之固，本部幸甚，中国幸甚。书不宣意，即希亮察，并颂

义安

孙文　中华民国四年八月四日

据中国国民党中央文化传播委员会党史馆藏一般档案049/74

复杨汉孙①函

（一九一五年八月四日）

汉孙先生大鉴：

七月三日手书诵悉。所属望于联络进行者，意志深远，顾其始末，有当为足下言者。

自第二次革命失败后，弟鉴于党事之不统一，负责之无人，至以全盛之民党，据有数省之财力兵力，而内溃逃亡，敌不攻而自破，惩前毖后，故有中华革命党之改组，立誓约，订新章，一切皆有鉴于前车，而以统一事权、服从命令为主要。其时李协和、柏烈武俱在东京，李即以牺牲一己自由附从党魁为屈辱；柏既受盟立誓，卒为人所动摇，不过问党事；谭石屏②之主张，略同于李；陈竞存在南洋，弟前后数以书招之，亦不肯来。察此数人之言，大抵谓以党魁统一事权，则近于专制；以党员服从命令，则为丧失自由。夫一国三公，只足败事，政治上专制之名词，乃政府对于一般人民而后有之，若于其所属之官吏，则惟有使服从命令而已，不闻自由意思也。故有言某国政府行专制于其官吏者，此直不成名词。而政权统一，与所谓专制政体，实截然两事，不可同日而语。

吾人立党，即为未来国家之雏形，而在秘密时期、军事进行时期，党魁持权，统一一切，党员各就其职务能力，服从命令，此安得妄以专制为诟病，以不自由为屈辱者？陈、李、柏、谭始终强执，苟非不明，则我不识其何所用心矣。故天下苟有人能以其耳目手足为革命致力者，弟无不欢迎之，企其一致进行。而所谓一致者，要如身之使臂，臂之使指，一体一志，无有差二，而不可徒用虚名，不然，则是虚与委蛇者也，强为撮合者也。陶成章、章炳麟，非

---

① 杨汉孙时任中华革命党巴东支部长。
② 谭石屏，即谭人凤。

皆同盟会会员乎？乃首先反对于党内，俾敌党得以乘之，而其为害乃更烈，此正如来书所云，他日功成，更益以争权争利之私见为可患也。

足下谓：凡人同在患难之中，则杯酒可以释嫌。此言良是。然弟于此数人，绝无私恨，惟弟以统一事权、服从命令为必要，而彼则以为不然，又岂可以苟且弥缝勉强联络者？语曰："以前种种，都如昨日死；以后种种，方如今日生。"第二次革命，夫己氏之暴，不足言矣；而吾党之当事司兵者，尚将誓师讨贼、伸大义于天下，乃不战而去，坐视数省之善良，恣受荼毒，曾不负其责任，苟以清夜之辰，反躬自问，则枕戈待旦，卷土重来，将有一息不能自安者。

吾爱吾友，吾尤爱公理，其犹能同一宗旨目的，一致进行，则痛洗前耻，灭贼朝食，所以告无罪于国民者，宁有他道？而为此大事，有所牺牲，亦宁足惮。若夫怀挟意见，不泯其私，藉有可为之资，不为讨贼之军，先树异色之帜，如谭石屏所云殊途同归者，途则殊矣，亦听其所归可耳。足下谓并以收罗天下之英俊；弟意亦重视天下未来之英俊，而不敢谓可与言大事者，只前兹曾有资格地位之人，而所以能有资格地位者，亦只由党造成之，正宜复为党用之，否则无以为未来之英俊劝；若名为党员，而依然自用，尤非劝也。然而海外遥隔，彼一是非，此亦是非，侨胞之视听，有时混惑而不识所从，则见垣一方，不能不赖卓越之士为之是正。今为足下畅言之，即所以望也。专此，即颂

道安

孙文　八月四日

据中国国民党中央文化传播委员会党史馆藏环龙路档案 13843

致金一清函

（一九一五年八月十三日）

一清兄大鉴：

得南洋特派员报告书云：弓长杰持反对意见，并出委任状示人，谓伊本受委任，今见中山不能办事，故不复附和云云。可谓悖谬之至。弓长杰如果反对，即不应复受委任；既受委任，而藉以反噬，天下宁有是理耶？查弓氏曾由兄介绍，今请兄即向彼追回委任状寄来，无得任其借端蛊惑。盖此等反侧之人，最为弟生平所不恕也。专此，即颂

近安

并乞速复。

孙　文

适得来书，具悉一是，已交党务部分别致函矣。

孙文　八月十三

据中国国民党中央文化传播委员会党史馆藏一般档案049/238

致宿务同志函

（一九一五年八月二十八日）

宿务同志公鉴：

自袁氏专政以来，满清官僚复活，共和民政，一切荡然，海内人民，惨遭荼毒。近更私与口人①结托，急欲制其王冠，公然为卖国之举，以我同胞竭

---

①　口人，指日本人。

无数生命财产之牺牲,收复河山于满人之手,岂可听二三民贼,甘心破坏,自致沦亡。弟为是誓起义师,申讨此贼,以企重造共和,图内外同胞之幸福。

此次许君等代表到埠,荷蒙兄等热心欢迎,并尽力提倡臂助,爱国之诚,与见义勇为之素,令人纫感不置。昨郑君由岷东来,具谂一是,因便专函奉候,惟兄等一心祖国,固非私人所能言谢也。草此,即颂

公安

孙文　八月二十八日

据中国国民党中央文化传播委员会党史馆藏一般档案049/137

复旅美同志函

（一九一五年八月三十一日）

同志公鉴：

近得阮伦、阮本畴两君来函（由李绮庵兄转来）,具谂君等热心国事,不计成败利钝,必欲达到共和之宗旨,曷胜纫佩！

兹当欧洲风云大起,不暇东顾之际,而袁氏势力日坠,信用日失,海内人心跃跃欲动,此正吾人推倒彼恶政府之机会。近已由金山大埠派人到东美,联络同志,协力救国,望贵埠同志各矢热诚,共同赞助。此次改革,当由吾党负完全之责任,宜鉴于前失,不容放弃,惟我同志共勉之。兹当发动之始,万事以经济为前提,海外能多助一分之力,即海内多收十分之效,不胜厚望。专此,即颂

公安

孙文　八月卅一

据中国国民党中央文化传播委员会党史馆藏一般档案049/241

复叶独醒函

（一九一五年八月）①

独醒仁兄惠鉴：

七月廿三日、卅一日及八月七日致书，内并夹入汇票一张，计千一百三十二元四十三钱，均经妥收。所有收条，暨关于财政各事项，已属财政部转致，敬祈接洽。读尊函有"倘有用处，不敢自外"语，足见精神魄力所在。吾党于中国大局，责任艰巨，得如足下者相与图谋，革命前途，庶几有赖矣。专此奉复，并请

大安

孙　文

据中国国民党中央文化传播委员会党史馆藏一般档案 049/132

复古宗尧陈铁伍函

（一九一五年九月三日）

宗尧、铁伍仁兄同志惠鉴：

八月十二日致书，并汇单一纸，计日币三百元，经已妥收。兹寄上财政部收条一张，祈核存。温寿生函一并寄由兄处转交，当较妥也。

北京近有筹安会之设，盛倡帝制之说，有反对者竟被逮捕，袁氏积恶至此，将来反动，比之满清末年尤大。吾党处此，当更努力，望与兄等共勉之。

---

① 原函未署时间，据函中"七月廿三日、卅一日及八月七日致书……均经妥收"推断，此函写于8月间。

专此奉复,并请

大安

孙文　九月三日

债券本月中当可办就寄奉。

再者:尊处筹饷局成立,已举支部长古君宗尧兼充,可谓良选,其委任状当由财政部寄上。但照定章应尚有监督一人,应请再行举员请委。至足下于筹饷事宜,深资臂助,拟屈驾充筹饷联络员,委状并由财政部寄奉。匆匆。又及。

据中国国民党中央文化传播委员会党史馆藏一般档案
049/363

致王敬祥函

（一九一五年九月六日）

敬祥先生大鉴：

得杨君寿彭手书提议借款一节,事甚可行,请力图之。至其条件,当由债权者提出,吾人无从悬定。在我一方固宜审重,而彼一方则必求相当之报偿,要之,视其价值如〈何〉以为判;若于我国主权无碍,则重大之利益亦不必靳也。专此,即颂

大安

孙文　九月六日

据中国国民党中央文化传播委员会党史馆藏一般档案
049/339

致郑螺生等函

（一九一五年九月十一日）

源水、螺生、慎刚、怡领、炽三、道舜列位同志大鉴：

比来袁贼于国内信用大失，又值欧洲战乱，诚吾党恢复大业之机。维我海外同志，热心不懈，故望兄等能鼎力提倡筹款，以济军需。前寄上筹款章程，想已达览。

此次吾人办事，鉴于前失，要取最统一之办法，庶事无所纷歧，事后不致冲突，对内对外，方有完全之美果。所虑旧日同志未见及此，一时辄欲为一方面计，出外运动，筹款办事，其用心未必尽非，而于事实则殊无裨益。现在本部统筹全局，南洋、美洲设局筹款，俱直接汇到本部，以得本部弟亲发收据为凭。其有以他种名义未经本部承认与未得本部收据者，将来概不负责。谨此通知，并乞传语同志。专此，即颂

大安

孙文　九月十一日

据黄警顽编《南洋霹雳华侨革命史迹》（上海文华美术图书公司一九三三年版）影印原函

复黄吉宸徐统雄函

（一九一五年九月十五日）

吉宸、统雄仁兄大鉴：

惠书诵悉。款项事已由财政部奉复，兹不再赘。此后汇款，请照本部通告新迁住址，书付银行，当无错误也。宋、黄两君抵叻后，诸荷鼎力赞助，铭感不置。专此，敬请

大安

  同事诸君均候。

孙文　九月十五日

据中国国民党中央文化传播委员会党史馆藏一般档案049/226

致王敬祥函

（一九一五年九月二十七日）

敬祥先生大鉴：

  前周倩英士奉商筹措之款，恳速鼎力，因各方面事情甚急，亟须有以应付也。黄展云君当已晤面，如捐募等方法咄嗟未办，则望设法暂垫，俾得维持。此为时日问题，大局即受赐不浅，幸速为之，无任祷盼。专此，即颂

公安

  黄大椿信，想传闻者过。惟夏重民向与黄伯群有恶感，伯群前曾入公民党为干事，多夸张无实之举动；夏以党事嫉之已甚，故二人交恶。而两方之言，类多过实。伯群此次往闽，系专听刘佐成指挥。伯群曾在弟处，承其以前作事之失，然伊决不足以独当一方面，刘佐成亦知之，陈自觉则偏于伯群者。至谓重民造谣，破坏大局，当不至是也。

孙文　九月二十七日

据中国国民党中央文化传播委员会党史馆藏一般档案049/340

致南洋同志函

（一九一五年九月三十日）

敬启者：

二次军兴，吾党早揭破袁氏之隐衷，而借债、杀人之罪状，尤为国人所共弃者，故癸丑一役，例以民史正名之义，不得认为南北之争战，而当认为共和与帝制之争战之发轫也。

不幸失败以来，国内同志死亡枕藉，困苦流离，而爱国深忧，天日可矢，一种凌厉无前之气，磅礴积郁，不可磨灭，亘两年于兹，风尘荏苒，无日不图谋再举。至袁氏窃柄自雄，野心纵恣，称帝求庇，献媚邻国，黑幕披露，大利已亡，举国痛心，犹不自戢，而乃指示鹰犬，组织筹安会，簧鼓天下，诛锄异己，压抑舆论，并欲借用救国储金，以供百用。嗟夫！以先烈无量之头颅、无量之热血所获得之共和两字空名，行将归于消灭，是可忍，孰不可忍？深恐国体变更，国运亦随之而斩矣，此正吾人振作奋发、急起直追、起兵除奸、舍身救国之秋也，是以本党决意积极进行，举年来所希望、所预备者，决定大举计划，务期一举即达吾党素志。

惟举义要件，不外乎兵力财力；而扩充本党之势力，则整理党务更为必要。且国内同志虽有舍身为国之毅力，而财力上之补助，不能不望国外同志之协力输将，是以本党特派陈其美、胡汉民、许崇智、杨庶堪、宋振、郑鹤年、邓铿七君，分赴南洋各属，筹募起义军饷及协办整理党务之事宜。诸同志热诚爱国，素为弟等所钦佩，国民所素仰，当此革命事业急待进行之时，务望与此次特派诸君协力办理，俾筹款及整理党务两事，早一日就绪，即可早一日起兵。国事危急，迫不及待，言短意长，诸维心谅。即候

公安

孙　文

据中国国民党中央文化传播委员会党史馆藏一般档案
049/129

致邓泽如函

（一九一五年十月三日）

泽如先生大鉴：

不〔袁〕①氏自卖国之交涉经过，近日竟嗾其爪牙公然为帝政之运动，内外人心，愤激异常，即袁素所亲信者，亦多叛离，吾人手创共和，更复何能忍是？顾两年以来，谋之非不急，任事者亦各致其力，乃辄因经济支绌，往往功败垂成。今兹拟厚集吾力，乘时大起，非先筹有巨宗款项不办，故派委陈英士君、许汝为君、邓仲原〔元〕②君南行，至英荷及暹罗各属筹措饷需，其意尤注重荷属。许、邓二君，曾与先生接洽；陈君为吾党健者，第一次革命，于沪上握东南之锁钥，其功最大；至第二次革命后，志意极为坚锐，本部成立，以掌总务，实能代弟任劳任怨。兹行望先生匡勷不逮，为指导一切，不胜感激。专此，即颂

大安

汉民兄日间亦往小吕宋筹款。

孙文　十月三日

据邓泽如编《孙中山先生廿年来手札》（台北文海出版社一九六六年版）影印原函

---

① 据黄季陆编《总理全集》校改。
② 据党史会编《国父全集》校改。

复叶独醒函

(一九一五年十月六日)

独醒仁兄同志鉴：

九月十一日惠书，敬悉一切。袁氏运动帝制，明目张胆，海内人心，不胜愤激；即袁氏素所依赖以为长城者，亦复各萌退志，不甘与袁同罪，可谓天怒人怨，众叛亲离。吾党负保障共和之责，兴师讨贼，急不容〈缓〉。刻拟再遣胡君汉民(前广东都督)、杨君庶堪(前四川民政长)偕宋君亚藩前赴飞岛，筹备军资，务期得达巨额，以与南洋、金山各处捐款相应。一面命令内地同人，准备款集即发，当此时机，必能有济于事，深望吾兄于筹款一着，再三加意也。第四次捐款，已由财政部照尊处开列名单，发给债券，于九月九日付邮寄上，想既收到。此事所以迟迟办理者，因债券皆送往飞律滨南洋各处，须俟新制成者到后始有可办也。专此奉复，敬请

大安

伯豪兄均此。

孙文　十月六日

据中国国民党中央文化传播委员会党史馆藏一般档案
049/125

致王敬祥函

（一九一五年十月七日）

敬祥先生大鉴：

　　许汝为兄归，并得手书，足下为国为党，苦心不已，纫感何似。兹如嘱寄上弟签名收单二纸，望即速办理，迅电东京，俾得应急，盼甚。专此奉复，即颂

公安

孙文　十月七日

据中国国民党中央文化传播委员会党史馆藏一般档案049/281

复希炉革命党人函

（一九一五年十月十五日）

希炉同志大鉴：

　　九月三十手书具悉，并日银一千二百八十六元五毫收到。我同志热诚爱国，始终不懈，曷胜纫佩。袁氏假托共和，实行专制，以播其恶于民国，其始用彼金钱势力，少数无识未尝不附和之。今则食言而肥，真相毕露，大多数人俱切齿反对，民贼之亡，当在旦夕。近更值欧洲战乱，无暇东顾，彼伧向所恃为外债军火之接济者，已绝其来源，此正吾党光复大业之机会，所企我同志共励进行，彼此扶助，以底于成也。杨广达原是旧同志之曾任事者，故弟先委为筹饷员，惟近得正埠同志书，多不满于杨，而杨又对于谢苙原等有微词，究莫知其真相。国民捐一款，已由杨汇来，弟已照付收据，杨当可披示于众，以释群疑。至正埠既有组织，自可进行，亦不必因个人感情，致沮大事也。专此，即颂

大安

孙文　十月十五

据中国国民党中央文化传播委员会党史馆藏一般档案049/354

复叶独醒函

（一九一五年十月二十七日）

独醒同志仁兄大鉴：

即接阁下暨尊夫人来书，均经敬悉。日前内子过岷时，蒙君等种种招待，高谊隆情，感谢无既。兹读大函，对于内子复过承奖许，愧何克当。尊夫人在雾，能力辟颓风，造福世界，其热心处，良足与阁下之奔走国事，互相辉映。至所嘱内子以影片寄上一节，现因内子方在乡居，觅人摄影，殊为不便，异日若摄就后，当再寄呈也。专此致谢，并候

均安

各同志并希代为道谢。

孙文谨候　十月二十七号

据中国国民党中央文化传播委员会党史馆藏一般档案049/135

复邓泽如函

（一九一五年秋）①

泽如仁兄同志鉴：

六月十三日惠书，并巴城致函，均经诵悉。巴城另有函来，并同此意，刻

---

① 原函未署日期。函中有"陆军段总长去职……确有其事"句，按段祺瑞是8月29日被袁世凯免去总长职，据此推断，此函当写于1915年秋。

已作复,并请其即将存款汇东矣。南洋各属,得兄鼓吹,效力自有可见。款项直接汇沪之说,前因事急,故允照办。但该方面事,非同时有十万金不济,今既无有,仍当汇存此间,以为积集,策应较便,计算较易也。陆军段总长①去职,次长被劾,皆确有其事,北京内讧正烈,猜慊正深,及时一举,当具冲天之势。汝为②函来述小吕宋方面认捐踊跃,十万之数,冀可达到。南洋一带,倘由吾兄加以策励,同时汇集,则此间所定计划,当能实现也。弟离东之说,全属虚构,倘局面仍旧,我不致他行也。专此,敬请

大安

孙　文

据邓泽如编《孙中山先生廿年来手札》(台北文海出版社一九六六年版)影印原函

致叶独醒等函

（一九一五年十一月四日）

独醒先生暨诸同志先生公鉴:

　　敬启者:时局危急,风云日紧,吾党进行,迫不及待,是以决定计划,图谋大举。惟是筹款及整理党务两项,为事前准备之大端,是以特派胡君汉民、杨君庶堪、宋君振定于本月十二日由日本[日]起程,转赴菲岛各埠,与同志诸公会同办理。胡君历史为诸公所深悉,杨君为前四川民政长,宋君为前福建海军司令、闽海关监督,均本党健者。诸同志热诚爱国爱党,当此一发千钧之时,务望于三君到后会同协力进行,俾筹款及整理党务两事,早日就绪,则可早日举兵,以恢复共和,芟除国贼。至于一切办法,当由三君与诸公面述。言短意长,不能尽意,诸维谅察。顺颂

---

① 段总长,指段祺瑞。
② 许崇智,字汝为。

团祺不具

孙文　十一月四日

据中国国民党中央文化传播委员会党史馆藏一般档案049/121

致林森函

（一九一五年十一月四日）

在美保皇党有与吾党接近之意，请就近酌量接洽。

据《总理办公处收发登记簿》，载罗家伦等主编《国父年谱》增订本上册（台北一九八五年版）

致吉隆坡各同志函

（一九一五年十一月六日）

现已规划大举，除陕、蜀已动外，滇、黔、湘、鄂、宁、皖，皆已遣人深入，一月内外可动，望竭力筹济。

据《总理办公处收发登记簿》，载罗家伦等主编《国父年谱》增订本上册（台北一九八五年版）

复希炉革命党人函

（一九一五年十一月十日）

希炉同志诸兄公鉴：

手书诵悉。旧日党人免收基金一节，总章有此规定。惟金山大埠对于美属党员，则悉以捐金过十元者，方予从新宣誓入党；檀埠支部当系一体照办，非违碍总章也。

袁贼自立筹安会以来，逆迹昭彰，竟公然篡改国体，内外人心异常愤激。而袁以金钱武力为可恃，日日进行，近日遂有四国之警告。袁以势成骑虎，仅有支吾，四国盖侦得中华必有大变，故为将来地步，作外交资源，但亦足寒老奸之心，而今彼进退维谷。彼之内部自生溃裂，如冯国璋、张勋、朱瑞、汤芗铭、陆荣廷等，皆有起与反抗之谋，并各派人与吾党接洽，联络举事。惟弟只认此为一种机会（从来官僚不足深恃），主动仍须在我，故现在厚集吾力，乘此时机，先发制人。陕西已发动，破十余城；四川之党军亦屡败官兵；而滇、黔、湘、鄂，蕴蓄尤厚，必有大成，先从西南造我根据。至长江各省，纵彼官僚反正，我亦必占据要地，不落人后。计袁贼之覆亡，不出数月，中原大局不难定也，所望兄等各抒伟力，为海外之后援，共襄大业。不尽欲白，即颂
近安

            孙文　十一月初十

据中国国民党中央文化传播委员会党史馆藏一般档案049/23

复吕双合函

（一九一五年十一月十五日）

双合仁兄同志鉴：

十月廿日惠书，诵悉一切。前月廿五日已由薛汉英兄汇来日币三千元，际此活动时期，裨益不鲜。

胡、宋两君计已抵岷，晤谈时想已将此间最近进行情形详为叙述矣。前日接沪电，镇守使郑汝成卒被轰毙，日报纪载甚详，谓郑手足均被炸烂，身受枪弹十余处，而吾党勇士二人①从容就捕，且行且语曰："吾志已成，虽死无憾。"此等气魄，真足令人生敬。沪去此贼，事大可为。现在陕西革军尚能持久；四川一省已纷纷起事（邛州离省城甚近，已起兵变）；此外携款内渡者计期将到，一月以内当可发动。惟湘、赣、闽、粤四省尚待款项，不能同时着手，殊为憾事。吾党刻正得机得势，加以人心趋向有过于辛亥，前事应请奋力提倡，捐款济用，毋使九仞之功亏于一篑为祷。专此，敬请

大安

渭生、愧生兄均此奉候。

孙文　十一月十五

据中国国民党中央文化传播委员会党史馆藏一般档案049/301

---

① 勇士二人，指王晓峰、王铭山（明山）。

复叶独醒函

（一九一五年十一月十五日）

独醒同志仁兄大鉴：

接十月廿三日来书，已悉。袁氏素藉金钱以作恶，故屡次滥借外款，最为可恨。然今全国人情已群趋革命，加之吾党种种猛进，不遗余力，想此贼罪恶贯盈，其授首之期，当必不久矣。

本处前日已得消息，上海镇守使郑汝成为党人炸毙，此贼既去，则沪事当更易得手矣。尊处近拟设立陆军速成学校，此事甚为有益，望竭力成之，俾能多获军事人才，于吾党不无所补也。此间所派胡汉民君等，此时当将抵岷，筹款诸事，尚希竭力襄助为荷。

此复，即候

义安

孙文 十一月十五日

据中国国民党中央文化传播委员会党史馆藏一般档案 049/122

致宿务同志函

（一九一五年十一月十八日）

宿务同志列位公鉴：

手书诵悉。同志热心爱国之诚意，令人纫佩。现在粤事已发动，各省同志皆急于进行，本部需款支付甚急，见书请将尊处之款悉数汇来，横滨密迩东京，电汇横滨，即可照收也。从前因各处机关办理未善，弟此次力矫其弊，取统一办法，各处之款悉汇东京本部，由弟亲发收据，各省之用款则由本部

支付,现在美洲金山各埠俱如此办理。专复,即颂

公安

更祈进步百益。

孙文　十八日

据中国国民党中央文化传播委员会党史馆藏一般档案049/141

致戴德律函(译文)

(一九一五年十一月十八日)

戴德律阁下:

久未收到阁下的音讯,深为系念。阁下自皮特罗格雷德(Petrograd)发来电报以后,仆即期望阁下光临,当知阁下前往纽约的计划之后,始放弃会晤阁下之希望。

阁下洽商贷款的结果如何,是否有成功的机会呢?请尽快通知,因为仆想要……(原信毁坏,此一部分遗失)……一旦得到阁下的消息,仆当详叙目前的工作与进展。

孙逸仙　十一月十八日于东京

据秦孝仪主编《国父全集》第四册(台北近代中国出版社一九八九年版)(译自中国国民党原党史会藏英文原函)

致咸马里夫人函(译文)

(一九一五年十一月二十日)

亲爱的荷马李夫人:

收到你七月二十七日和八月二十四日的两封信,我都迟迟未复,敬请原

谅。我的工作极为忙碌,许多事情都要我亲自处理,因此,休息的时间几乎都没有了。在这种情形下,默不回信并非就是不在乎的表示,每日我都记着你的信,并盼望着有时间来给你回信,告诉你我工作中的一些事情,终于我提起笔来了。

我相信以你的深切的个人的兴趣,你一定会高兴于听到所有我的计划都按照预期和情况开展得很好。

因此,革命的行动可以随时开始,我的所有的同志们都准备好为争取自由作压倒之一击,不成功便成仁。(中略)

当我在这里推动着我的工作,而这工作又是我们所有活动的中心时,我已经完全放弃了去美国作一次旅行演讲的想法,因为我相信我留在这里会比现在就到世界的任何一个地方去都有好处,所以此刻请不用在这一方面催促我,假使时机到了,我会致电给你的。

因此,信请写到上述的地点给我。希望能常常收到你的来信。敬祝安好

孙逸仙　一九一五、十一、二十　东京发

据黄季陆《中国革命之友荷马李将军》,载《传记文学》第十四卷第四期(台北一九六九年四月一日)

复叶独醒函

(一九一五年十一月二十三日)

独醒仁兄大鉴:

十一月六日惠缄,敬悉一切。

李箕兄以身殉事,可谓吾党忠良,惜其志愿未竟,遽遭凶变,言之不觉痛心!

某国①窥伺闽省,已非一日,但果行吞并,必招列强之忌,而干涉即来。

---

① 某国,指日本。

且彼虽号称雄长,然当国无伟大之英雄,治兵无充裕之财力,非常事业不易举行,外侮之乘,无足深虑。所可虑者,惟袁氏欲人承认帝制,不惜牺牲一切,拱手让诸他人,以为交换条件耳。郑君鹤年已随许汝为、邓仲元两兄赴南洋一带筹捐军资,首途已将匝月。陈竞存于本党所为,多所抨击,此人险诈,难与共事,所谓通融者直诳语耳。陕、蜀两军声势日大,南方一动,局面即成。袁氏末运,去兹不远矣。专此奉复,敬请

大安

孙文　十一月二十三日

据中国国民党中央文化传播委员会党史馆藏一般档案049/119

复 某 某 函

（一九一五年十一月二十四日）

某某仁兄同志鉴：

十月廿日惠书,并捐款五十镑,伸日金四百六十七元十五钱,均经妥收。伍君洪培抵东后,屡称尊处各同志热心爱国,不胜欣慰。现在海内风云,以袁氏称帝之故,愈趋愈急,夫己氏股肱诸将亦有土崩瓦解之势,乘时蹶起,机不可失。陕西革军倡之于前,四川义师应之于后,声势所及,亘数十城。沪镇守使郑汝成为吾党二勇士所要击,身受炸弹手枪,创者三十余处,沪去此贼,阻力潜消。中南各省将大举以援西北,燎原之势,顷刻可办,望尊处竭力筹集巨款,汇济军用。专此,敬请

大安

　　财政部收条并以寄上。

孙文　四年十一月廿四日

据中国国民党中央文化传播委员会党史馆藏一般档案049/252

复宿务同志函

（一九一五年十一月二十七日）

宿务同志大鉴：

公函两通俱收到，并款一千元，兹缮收据寄上，乞察存为荷。我同志爱国热诚，俱堪感佩，至刘君谦祥，乃一经纪中人，认捐全年辛金千元，尤为难能也。横滨在东京附近，如汇兑只通于横滨，则在横滨收款亦无不可。粤事已发动，惟终以经济困人，一时未能如意，殊属恨事。然此次三炸省垣，而惠州、高州、阳江、新宁及广府各属同时发难，亦足以寒袁贼之胆，而唤起中国人心也。专复，即颂

公安

奖谢刘君手书，乞转交为幸。

孙文　十一月二十七

据中国国民党中央文化传播委员会党史馆藏一般档案049/131

致陈其美等函

（一九一五年十二月一日）

英士兄暨各同志大鉴：

兹寄上委任状一纸，系檀埠杨君缴回者，可即注销。另小吕宋捐银名单乙纸，请暂为存好（尚未发收据者）。专，即颂

公安

孙文　十二月一日

据中国国民党中央文化传播委员会党史馆藏一般档案049/394

致黄景南等函

（一九一五年十二月十三日）

景南、区流、赞臣、渚舟、白刃、松楠同志先生均鉴：

径启者：自本月十二日帝政实施，祖国前途，顿增黑暗，以先烈手造之共和，转而为袁氏一家之私产，四亿同胞吞声咽泪，稍有元良者，莫不以三次革命为救国良药。但革命之举，事属非常，欲求成功，不能不求所以致成功之办法。

癸丑失败以还，文鉴于前车，惩于覆辙，知已往弊害，全坐不服从、无统一两大端，故本党之立，标宗明义，一就规约，则心腹以之。至于谬称同志，实怀野心，阳嘘敌忾之词，阴煽同室之哄，似此徒辈，行等奸邪，苟非自固藩篱，必至纷无头绪。盖以军国大事，必如万派朝宗，方能风起水涌，维兹要点，夙夜兢兢〔兢兢〕，两年以来，渐收良效，凡百作事，先贵有决心，后贵有方针，诸同志对于革命进行，既先下决心，看透亡国即无家可归，而作毁家纾难之想，然后认定本部所委任或豫函介绍之特派员接洽，事事商酌办理，则胸有成竹，自不致无所率〔适〕从。各埠机关均以此谆谆告诫，区区意见，祈诸公亮察之。此启，并颂

时祉

十二月十三日

据中国国民党中央文化传播委员会党史馆藏一般档案 049/87

致高标勋等函

（一九一五年十二月十三日）

径启者：

　　久企丰裁，时违把晤，海天延祝，愿臻福履为颂。近自帝政发生，举国舆论，莫不引为诟病。财源日竭，国权外溢，强邻警告挟迫，险象迭呈，不识自振，不能自防，物腐虫生，孰贻伊戚。果真为民意乎？则外人讥我国无共和程度，固当俯首受之；若假托民意乎？则叛国贼政，天下共诛。迩来司马心迹，路人共见。只图个人子孙基业，不惜亡国灭种，先烈有灵，应亦恫矣。吾党拥护民权、民生，知非以武力破坏，不足以铲除专制恶焰，而颠覆其已成帝政之局，虽人民不免涂苦，商工不免停滞，财产不免牺牲，而为一劳永逸计，谅同胞亦能共亮也。是以三次革命，乃全国人民心理所公认，若决江河，一泻千里。现值时机切迫，风动马鸣，上海小试端倪，虽因众寡关系，未能奏效，而全局把握，确如骊珠在抱，所稍稍棘手者，事前饷需不足，恐不能指挥如意耳。公等大义热忱，遐迩素著，再造民国，久具深衷。前闻陈君民钟极函称道，因知鼎力前途，无任仰仗，以后尚希精神接洽，极力辅导，以达真正救国之目的，是所切祷也。并望时锡教言，以匡不逮为荷。专此敬启，并颂时祉

　　　　　　据中国国民党中央文化传播委员会党史馆藏环龙路档案08189

致希炉同志函

（一九一五年十二月十四日）

径启者：

接檀香山筹饷局长吴君铁城十一月二十六日来函，内称贵分部长兼筹饷局长黎君协倧于上月十九日为凶人所害，噩闻之下，痛悼殊深。查黎君奔走国事，不避艰瘁，两年以来，党务倚重甚力，现值讨贼在即，遽遭惨变，致令其志未终，饮恨地下，同志悲惋，曷可胜言。兹望诸君从速催请法廷〔庭〕，将凶犯严讯治罪；并代向黎君家属申意吊唁，温辞抚慰，以安黎君在天之灵。至分部饷局，双方进行，刻不容缓，即望召集同志，另举相当者接续办理，以重党务，而专责成，实为至盼。此启。

希炉分部、希炉筹饷局同志诸公均鉴。并颂
时祉

孙文　十二月十四日

据中国国民党中央文化传播委员会党史馆藏一般档案049/356

复区慎刚等函

（一九一五年十二月二十日）

慎刚、螺生、赤霓、源水先生均鉴：

径复者：十一月二十日来函敬悉。怡埠自邓、许二君到后，筹募军糈已达万金，诸公辅导进行，深资仰赖。以后顺循各埠，尤望竭力鼓励侨胞，踊跃输助。军事方面，自有内地同志积极进行，各尽天职，各负责任，总冀达到推倒恶劣政府，建设真正共和为唯一之目的。近值帝政实现，民心愤恚，舆论激昂,大可促风云之密集;更兼上海一役,内容略露端倪,一班人民盛称革命运动之广,小试虽未奏效,而申部势力全在,其影响各方,实增出多少作用。若能巨款早集,则指挥自不难如意矣。专此复闻,并颂

时祉

孙文　十二月二十日

据黄警顽编《南洋霹雳华侨革命史迹》(上海文华美术图书公司一九三三年版)影印原函

复徐统雄函

（一九一五年十二月二十日）

统雄先生鉴:

径复者:十一月一日第十二号公函展悉。居留政府因帝政风潮紧急,侦伺吾党行动,于进行上不无阻碍。然诸君办事,练达沉重,决无有予法律上以可疑之口实。若平常通信,乃权利所应有,不得以居留地之人而夺其自由,嗣后随时注意,谅不致对于吾党而特加检查也,望转达执事诸同志,幸勿过于畏葸为盼。吴君被逐出境,现在行踪如何?为国而受一时之屈,总望国强,可以永久吐气。目前患难不能避,实不敢避也,否则革命之精神,不足以增著其价值矣。以后本部对支部,如有可以节省之手续,自当通知各部力避烦重,以利进行。其余已经行之既久而无他弊者,仍祈照旧办理,免乱次第。除持原函交党务部详复外,顺此致问,并颂

时祉

孙文　十二月二十日

据中国国民党中央文化传播委员会党史馆藏一般档案049/225

致赵平鸣函

（一九一五年）①

平鸣兄鉴：

八月十一日惠书，诵悉一切。澳洲同志得兄于彼邦为之尽力，将来党务必能蒸蒸日上。此间所急，在筹备军资，军资充实，无难除彼凶暴，望注意此节，极力游说。致郭、黄、余、周诸君函，已寄黄国民兄转致。知念并及。专此，敬请

大安

孙　文

据"中央改造委员会"党史史料编纂委员会编《总理全书》（台北一九五〇年至一九五二年出版）之十《函札》上册

致镜湖函

（一九一五年）

镜湖兄大鉴：

得手书，藉谂一是。李容恢大言不惭，而心术诡诈，前到东捏造报告，谓兄私自发行债券，幸不为所惑。今其人已为使馆买收，则更不足道矣。泗水刘君热心毅力，至足钦佩，已交财政部存记，予以奖励，以劝来者。专复，即颂

旅安

---

① 原函未注明时间。按函中"八月十一日惠书，诵悉一切"，及促其筹募讨袁军饷判断，当在1915年。底本注为1916年，误。

关于预算需款一节,另由财政部议复。

孙　文

据中国国民党中央文化传播委员会党史馆藏一般档案 049/239

致域多利望多立支部函

(一九一五年)①

同志公鉴:

径启者:去十一月十三日曾由关君宝华代布一函,凡国情政况,公论人心,以及组织第三次之开幕历史,均陈概略,谅鉴苦衷。

兹值欧战方酣,时机若错过不图,必遭挫抑,幸海内外同志,烛玄明微,兴亡与责,自秋徂冬,进益凌厉,粤机勃发,敌已智穷,蜀锋正交,滇将为辅,成败则英杰难期,义勇自天日可矢,造因必果,众志斯城。刻拟春风雷动,大张讨伐,解除民劫,还我共和。惟道高魔重,实力是竞,不树先声,莫由寒敌;不守法制,莫由信民;能鉴前辙之覆,实启来〔遵〕轸之遒,故第三次事前预备,虽不克云藻周虑密,亦不敢遗纲弛目废也。

迩者海外侨胞,诚格斯应,如景率从,团体以义集,心理以爱成,革命热潮,沸不可遏。机关完备,既达十数,相继组织,各自并驱,基础如是,前途把握,当无俟筮决也。域多利一埠,人物殷赡,工商频繁,同志急公爱国,令声卓著,有见共明。窃恐山障水迢,情形隔阂,本部经营,未征底蕴,提倡无人,必怀观望。前函未复,耿耿于今,为此一再致辞,重申大旨,务乞诸公多方传播,启发前途,立支部以树声援,建大计以匡不逮,是则临风盼望,伫听好音。书不尽言,专候惠复。此启,并颂

---

① 原函未注明时间。据函中"去十一月十三日……以及组织第三次之开幕历史,均陈概略"判断,当在1915年。

时祉

高云山、关宝华两先生均候。

<small>据秦孝仪主编《国父全集》第四册（台北近代中国出版社一九八九年版）（译自中国国民党原党史会藏英文原函）</small>

致咸马里夫人函（译文）

（一九一六年一月十一日）

里夫人：

接到十二月三十日来函。得知您现在任职于一位矿务人员的办公室，我很感兴趣。眼前我希望您和美国许多矿业人士建立关系，不是做投机生意的那类人，而是工程专家和行政人员。那些能立刻加入政府工作的人，由于中国政府将采取主动，开发矿坑，并鼓励人民跟着行动，因此我们需要有这方面才干的人，请为我随时物色这方面的人才。

时间越来越近了，我确实觉得我们的愿望不久即将实现，您必然已从报上得悉，有好几个省分已宣布独立。一省接着一省，就像第一次革命时一样，事实即将证明，我在中国的两年辛劳没有白费，也证明了不管中国人看来多么冷漠，他们还是有良知，有国家意识的。

这一次的运动比第一次革命的任务更重大，成果也将更丰硕。由于对人性有了更深入的了解，也因为有了过去的经验，这一次我们在所有的事务上都比以前更睿智。

袁世凯现已登基，但所有人都看得出来，实际上他的日子已屈指可数。也许在您收到这封信以前他已垮台，我们的人将在中国创出惊人的成就。

希望能很快再听到您的消息，来信请寄东京。

孙逸仙

<small>据秦孝仪主编《国父全集》第四册（台北近代中国出版社一九八九年版）（译自中国国民党原党史会藏英文原函）</small>

致瑞祥①函

（一九一六年一月十二日）

瑞祥仁兄并同志公鉴：

惠书诵悉。许君、邓君②到哩，荷承热情照拂，至堪铭感。

前汇上海陈英士兄四千三百两，已由陈英士兄函电声明收到。至尊处前寄香港谢良牧收用二千元，当由此间追认，但嗣后各同志所捐款项，应请汇交本部指定机关，或直接汇交本部为妥。云、贵独立，四川军队多数赞成，东南各省现正急图响应。惟需款浩繁，非赖海外同志出力不可，务望奋勇筹措巨资，以济军用。专此，敬请

大安

诸同志均此致意。

民国五年元月十二日

据中国国民党中央文化传播委员会党史馆藏一般档案 049/398

致叶独醒函

（一九一六年一月十八日）

独醒仁兄惠鉴：

去腊廿五日致书，诵悉一切。云、贵独立，现已进兵四川，占领叙州、綦江，重庆不日可陷。粤省外府，刻已陆续发动，而福建之事，亦由许君着手办

---

① 姓氏不详。
② 许君、邓君，即许崇智、邓铿。

理。但军需浩繁，非巨款莫济，尊函谓如福建再倡独立，务埠①可揽兑五六万元，具见魄力。现在闽事正需此款，倘款能为助，事无不济，请竭力筹措，无虚此愿也。务埠应否再设筹饷局，请就商汉民先生决定，函复此间为要。

依里岸职员表，已交党务部存册矣。此复，并候

大安

各同志均此道候。

孙文　民国五年元月十八日

据中国国民党中央文化传播委员会党史馆藏一般档案049/143

致康德黎夫人函（译文）

（一九一六年一月十八日）

康德黎夫人：

十一月二十八日来示敬悉，至为感激。约在同时，余曾给夫人一信，由安布伦士学院（The College of Ambulance）转交，谅已安然送达。贵地人士虽然处于欧洲之困苦局面，但相信对中国目前之情形必有所闻，近来新闻传播极为迅速，余预测局势之函件送达之前，想必夫人早已得悉实际之演变。

云南已率先宣布独立，各省正在尽速先后响应，一如第一次革命推翻满清挣脱桎梏之情形。

头戴滑稽王冠自称"大皇帝"之袁世凯，曾经自夸有统一全国之才能与权威，于今却无法抑制民众之怒吼，不知其才能与权威何在？

正如夫人所说，袁世凯虽然骗过不少外国使节，但是无法曚〔蒙〕蔽国人。他时常诿称"……此为民众之意愿。"但是此种盗用民意之手段，终于徒然无益。余深感惊奇者，为英国竟然无识于袁世凯显然亲德之偏袒态度，

---

① 务埠，即菲律宾宿务。

而甘受袁之愚弄。

香港、上海及星加坡之英国官员,居然与袁世凯合作迫害我爱国同胞。此等官员似乎奉行袁之命令行事,而非接受自己政府之指示,他们视袁有如主子或上司,英国官员此种行为,必将给英国政府带来不良之后果,因为中国年轻一代与进步人士,即将取得政权。因此,余恳求夫人商请贵国国会中之友人,尽速将此一问题向贵国政府提出,并以坚强之方式,促请政府解决。

在过去,我国民众始终视英国为友邦,同时无论何时何地,皆以友好态度对待英国,英国官员若不停止上述迫害行动并改变政策,则中国民众不得不改变对英国之态度。目前英国继续对我爱国同胞之迫害,实为不顾正义而自取屈辱之行为,并已形成吾人严重之障碍。

英国政府如果希望与我中国青年建立友谊而不制造仇恨,则不应只顾眼前一时之利害,而应展望将来,我们前途虽有障碍,但余确信,我们不久即可成功,此一成功之来临,且将较一般预料之日期更早。

夫人与康博士为崇高而有益大众之目标鼎力协助,备极辛劳,但愿贵伉俪尊体康健。来示请寄此信所用之地址,如有变更,当另函奉闻。

孙逸仙　一月十八日于东京

据秦孝仪主编《国父全集》第四册(台北近代中国出版社一九八九年版)(译自中国国民党原党史会藏英文原函照片)

致邓泽如函

(一九一六年一月二十日)

泽如仁兄大鉴:

去腊许、邓两君仓卒言归,许君留沪,筹备闽事,邓君独行东来,报告一切,日间当再南渡,襄助执信,经营粤事。云、贵独立后,鄂、赣、苏、杭等处均准备发动,其中虽稍有泄破,然势力仍在,元气无伤。但长江一带,敌屯重兵,且有津浦、京汉两线运输之利,急与争衡,过费资力。刻下决注全力于粤省,旁及福建。闽、粤一下,与云、贵打成一片,南方局势,已足自活,沿江各省,自然动摇。至于北方经营,现亦大有头绪,陕西革军,断难扑灭,而内蒙马贼,与乎宗社党徒,大足为吾党牵制,使北兵不能多数南下。南方军械补足,即图大举北发,现在定计大略如此。但军需浩繁,非巨款莫济,去年各处汇款,尽用于云、贵、川、陕及沿江各地方。许、邓两君行后,今年南洋来款,不如去腊之继续,而以荷属各地方为最滞。许、邓两君行后,已担认而未出款汇东者居大半。际此着手施行新策之会,万不可使办事者虽决心而有棘手,致亏全功于一篑,务请鼓舞各处筹饷局,速催未汇之款,使其即汇东京或香港,以裨军用。其已汇齐者,则请其竭力再筹,源源接济为荷。专此,敬请大安

各同志均此候好。

孙文　五年一月二十日

据邓泽如编《孙中山先生廿年来手札》(台北文海出版社一九六六年版)影印原件

复黄根刘安函

（一九一六年一月二十五日）

黄根、刘安两先生大鉴：

复函已悉。黎君[①]惨遭奸人毒手,弟敬闻之下,曷胜惋惜之至。贵分部开会追悼,弟以远隔万里,未能躬与盛会,尤为憾事。所望黎君虽死,公等继志有人,以竟黎君未竟之志,则黎君虽死之日,犹生之年,愿公等努力前途。贵处信箱,弟当另行存记,他日有函,自必按址寄上,请勿系念。贵处前后军饷,已叠由美支部转来,公等热心捐输,同人无任纫佩。目下内地革命,风云

---

① 黎君,指黎协。

日急,需款浩繁,仍望公等踊跃筹济,则将来驱除国贼,还我自由,皆诸公之力也。匆此,并叩
团安

孙文　民国五年一月二十五日
据中国国民党中央文化传播委员会党史馆藏一般档案049/251

复杨寿彭函

（一九一六年一月二十六日）

寿彭仁兄同志惠鉴：

　　汇来捐款三千元,已由财政部收领。现在各省活动渐臻成熟,军需所急,端在巨款。尊处鼎力鼓舞,其结果当不让南洋、美洲各埠,盖以消息易通,见事较敏也。务望竭力相助,以资进行。专此奉复,并请
大安
　　旅神户诸同人均候。

孙文　元月二十六日
据中国国民党中央文化传播委员会党史馆藏一般档案049/304

致袁军征滇总司令某氏函①

(一九一六年一月)

某某足下：

自癸丑以还，不以文字语言与国人相见者两年于兹矣。是非一乱，政本全乖，外侮频来，内忧方大。近乃由国体问题，趋入存亡问题矣，以足下之练达英武，中间利害，宁待深言。

今则滇、黔崛起义师，声罪讨逆，风声所树，薄海同钦，顺逆之势既殊，成败之局可睹，国脉未死，民气一苏。中国国体之是否适宜共和？解决国体之是否真正民意？帝制实行之是否不生内乱？变更国体之能否巩固外交地位？袁世凯式之一人政治，是否真能利民福国，适于二十世纪生存？皆可于此时下一判断。语曰："千人所指，无病而死。"此千人者，决非御用派之奴隶鹰〈犬〉以至无是非无羞恶之人类，而可嫚以自欺、援以自壮曰民意、民意以涂饰中外耳目者也。故万恶政府之唯一产物，是曰革命，此非国人之好乱，实恶政治之自身有以造成之。

公等义全大局，服从于共和国体之下，袁氏四年来之伪共和，当夙知之。其叛国及卖国之险诈，驭下之羁縻猜忌，不诚不信，当夙知之。以足下之功高不赏，其为忌嫉，岂待评言？乃者勋爵五等，遍及军人，厮养羊头，滥于更始，纵加爵号，究复何荣？而足下服从神圣共和之初心，又将为盗国神奸之所由利用，巍巍名将，岂为家奴？谅足下之练达英武，必不出此。往年一客燕都，幸与足下有握纳之骕，退自私叹，当今名将，必数足下。至于今日，举足轻重，大局所关，转危为安，在此一举。乃闻袁氏且派足下率师以捍滇、黔，此名此义，对于民国，犹曰效忠；对于今日盗国卖国之独夫，实为助逆。

----

① 此函上海《民国日报》在正文前说："袁军征滇总司令某氏，于赴宜昌之先，曾得邮递一书，其署名为中华革命党领袖某某。"袁军某氏，当指曹锟。

人心向背，得失是非，不待观望徘徊而知其无幸矣。

为今之计，三湘健儿，民气素张，公为中坚，又握魁柄，大可及时提挈，倡树义帜，拥护共和，建盖世之功名，播威声于中外，流芬芳于史册，此计之最上者也。拥兵逗遛，沈机观变，坐使势成鹬蚌，利归渔人，计之下者也。以共和名将，不保障公器之国家，而甘为一姓之臣奴，作梁鸯之虎，效灵公之獒，即使胜利，人格已非，万一挫衄，名实俱丧，计之最下者也。

吾党灼观大势，痛矢天良，锐身护国，何敢稍后于人。足下而有意于大局，无重悖于世界之趋势也，必行最上之策，乘有为之势，始终贯彻于一主义。西南各省，吾党夙布实力，必能与足下义旌呼吸响应，互为声援。事职所在，间不容发，稍纵即逝，惟足下裁之。

据上海《民国日报》一九一六年一月二十九日《革命党寓书总司令》

致中华会馆董事函

（一九一六年二月四日）①

中华会馆董事诸公鉴：

向者满族专制，政治废弛，民不聊生，国以削弱。文愤汉族之不竞，恸国势之阽危，故倡三民主义，以立种族、政治、经济革命之基础，而达拯国救民之宏愿。呼号奔走，遍于世界，传宣播布，亘二十载，于是武汉军兴，清室鼎革，政尚共和，垂诸宪典，如天之福，得天而理，则中华民国万年之鸿业以定，而农工商贾无穷之幸运以启。文目的既达，素愿已偿，亦当以所余精力用之于社会经济改革之途，决不再办政事，以稍休憩。乃天不吊凶，袁奸擅政，豺狼当道，鹰犬用权，暗杀元勋，解散国会，逮捕代表，禁抑与〔舆〕论，几于无恶不作，有善必锄。既反文逊让之初心，复背其就任之明誓。凡有血气，靡

---

① 原函无年代，依其内容，当在1916年。

不发指；南方六省遂起义师，癸丑之难于是乎作。维时民众愚蒙，惑溺邪说，义理不辩，向背失所，袁氏势位赖以得保，爱国志士相率亡命。袁氏得陇望蜀，遂生野心，篡艰难缔造之共和，私亿兆人民之土地，欲图列强之承认，竟许亡国之利权。夫袁氏私利是谋，政纲不纪，在位四载，迄无宁岁；官吏剥削于上，盗贼骚扰于下，百业颓废，生机荡然，即无外患之来，已有覆亡之虑，而况开门揖盗，拱手让人耶？回溯元、二年间，新政初树，眈眈虎视者，未尝不欲染指于内地丰富之利源，终以国有正人，民无馁气，志不得逞，卒自戢戢。癸丑而后，外侮侵寻，辱国丧权，事难屈数。公等试取癸丑前后之外交互为比较，证左具在，事实难诬。假使革命不兴，袁遂称帝，所许于东西列强以为承认之代价，当较满朝二百余年所失为巨；而挽近蚕食鲸吞之术，又非百数十年前可及，不幸有此变，其结果所至，想欲为印度、埃及而不可得，奴隶牛马，将惟强有力者之所命。身受其祸者，正不止内地居民，即外国侨商亦同此苦，将来子若孙不堪其害，且有以责祖若宗之生逢其会者之不自振奋。流毒至于此极，殊可痛也！文有鉴于斯，欲罢不可，出亡以来，力求急进，甲寅奉天本溪湖之役，广东佛山、惠州、高州之役，去年上海海军之役，与夫现在山陕之举，前扑后兴，再接再厉。今则云南、贵州完全独立，东南各省伺隙响应，诚以贼不早除，亡将无日。顾军资所需，非巨款莫济，而国民责任无远近内外之别，舍生取义，纾难毁家，各宜尽其力所能至。务望诸公毋望祖国之难，筹捐巨款汇东，以充军用，将来大功告成，当有以报也。专此奉布，并颂大安

孙文　二月四日

据秦孝仪主编《国父全集》第四册（台北近代中国出版社一九八九年版）

致古岛一雄函

（一九一六年二月十一日）①

古岛先生大鉴：

　　别来想起居清胜，为慰。侧闻足下今次选举再出候补，以足下磐磐大才，于东方大局独具只眼，深期当选，主持正论，东亚平和，有厚望焉。此上，并祈
珍重

孙文　二月十一日

据陈鹏仁《论中国革命与先烈》（台北黎明文化事业公司一九七九年版）

致久原房之助函

（一九一六年二月二十二日）

久原先生道鉴：

　　敬启者：文夙昔以图东洋平和及中日亲善为务，兹兹于是业已有年，区区三寸志，当蒙洞鉴。兹为达此目的，荷承不弃，予以援助，前日所交下日金七十万元已收到，当即呈上借款证书，想必达左右矣。兹次文所计划之事业，倘能因阁下之援助得以成功，所有转借金额，文必负如数偿还之责。至今后关于中国之一切实业，阁下如有所计划，文及文之同志，必能尽其所能，使民国之政府及实业家赞助阁下之事业，以报好意于万一。专此肃函奉谢

---

① 陈鹏仁谓此函系在鹫尾义直著《古岛一雄》一书中发现，有月日而无年份。古岛曾连续出选六次，初次竞选在1912年10月，但此信写于2月11日，时间不符合，据信中说他"再出候补"，当系后来的竞选。据陈固亭于《日本论丛》指出此函发于1916年古岛再度竞选时。

盛意,并颂

道安不一

孙文　二月廿二日

据秦孝仪主编《国父全集》第四册(台北近代中国出版社一九八九年版)

复陈其美函

(一九一六年二月二十三日)

高野①我兄大鉴:

十八日手书诵悉。昨发电请兄为江、浙、皖、赣四省总司令,以便于调度。至于湘、鄂等处,应就近接洽具□,兹仍请便公洽之。连日日报电言湘鄂事俱不得手,惟有此影响,亦足摇彼军心。仲元②日间动程,当先赴沪,面商粤事(预定万元之款,切勿移挪)。东人意见渐趋一致,惟视势力而动,则诚如来□所云。岑氏③来此晤过一次,无甚要领,渠常与东人相见,至有何结果,则无从知,以间接之见闻推之,似都无把握耳。周孝怀④相见数次,渠自居超然派,而以调和为任,究竟目前无切实之办法,则亦空言而已。山东方面因各派不能统一,故专使觉生兄往沪上,有图齐鲁事者,乞劝其人并归统一为幸。专此,即颂

近安

孙文　二月廿三日

据中国国民党中央文化传播委员会党史馆藏一般档案049/384

---

① 高野,为陈其美化名。
② 仲元,即邓铿。
③ 岑氏,指岑春煊。
④ 周孝怀,即周善培。

通告南洋澳洲等处同志函

（一九一六年二月二十四日）

通启者：

自滇黔起义以来，各省切实筹画，陆续响应者，比比皆是，幽燕一隅，危如累卵，袁贼世凯，命在旦夕。惟当此军事旁午、一发千钧之时，非得大宗款项，不足以歼灭万恶政府，而奠定民国邦基，诸君深明大义，必能踊跃捐输。兹特派冯君自由前来南洋、澳洲等处，宣布国内进行情形，筹集巨款。该员到时，务望妥为接洽。特此通告，并颂
筹安

孙文 二月二十四日

据"中央改造委员会"党史史料编纂委员会编《总理全书》（台北一九五〇年至一九五二年出版）之十《函札》上册

致冀鲁晋省革命同志函

（一九一六年三月十三日）

同志公鉴：

袁氏柄政以来，全凭借直隶总督之余孽，作福作威，毒遍四海，固不待筹安会发生，而知其必叛民国也久矣。吾党自癸丑失败，惨淡经营，日不暇给。上海发难而后，云、贵踵起，竖讨袁义旗，作共和之保障，此吾人所中夜欣祝者也。惟是云、贵军局限一隅，胜败之机，尚难预决。故欲缩短战争之期间，保全国家之元气，事半功倍，犹解倒悬，非从袁氏根本地推翻不可。加以北方健儿、山东豪杰，并起亡秦，殆指顾间事耳。文实有鉴于此，特派居正为中华革命军东北军总司令，统筹直隶、山东、山西革命军进行事宜，前来与诸同

志相见。务希各披肝胆,协力同心,义勇奉公,精诚服务,以达吾党远大之目的,文实有厚望焉。专此布达,并颂

公安

孙　文

据中国国民党中央文化传播委员会党史馆藏一般档案049/102

复 居 正 函

（一九一六年三月十三日）

觉兄大鉴：

三月七日手书,诵悉。又得□来电云：萱野款成,请拨半数为东北用,经已复电照办。但此款如即往日指为山东用途者,则竟可完全拨用,不必划分。甚望此方面能于月内速动,宜急切着手起事,当先取济南。因外交极有希望,彼方已决意倒□,在东之宪兵警察,已与接洽,可得自由利便。今日得港朱执兄来电,广州已起事,但电文简略（原来广州只为一部分,尚有高州、肇庆等方面,当系同时着手）。粤事须得占省垣,方有大影响,而山东、上海方面则不然。云、贵战况不佳,须有新生气,以振起全局。兄到青岛后,宜报知通电、通信机关,以便能从速直接各事。英兄来函云：山西方面,前派四川同志谢百城往,此次约有刘仁甫偕来沪。刘在晋管理铁道多年,现尚在职,亦旧日同盟中人,与阎锡山极契。谢之胞弟,又为阎司密电,均谓阎思旧情殷,向未伤害同志,拟请致函于阎,晓以大义与时局。并云特派谢、刘到晋,商筹一切（已依所请由此间缮函,寄英兄转达）,然后谢、刘返晋,与之接洽。英兄已告谢、刘后此与兄接头,因请函告尊处。又云：师长孔庚前遣章昱往,已面晤之,孔表赞同,而自嫌力薄,谓得五万金,当可有为,此亦可注意之事也。专此,即颂

近安

孙文　三月十三日

又：沪函云：有周耀武为同盟旧人，与李凤鸣、何绪甫、续西峰诸人运动于山、陕间，李、何皆曾居陆建章幕下，报载李已举义于陕西。

何方有事于北京，景梅九之被捕，即渠等小挫之一端，已由沧伯①邀周入党。周于辛亥起义有力，癸丑后往来山、陕、新、甘，朴诚可靠，并可由周以约李、何入党云。

据《中央党务月刊》第八期（南京一九二九年一月）

致卢慕贞函

（一九一六年三月二十七日）②

兹付来汇单一纸、申日本银二千元，随时价兑换港纸。此单写永安公司名字，收到时可托人带港，托孙智兴兄向台湾收取可也（此单别人不能收）。收到此款，可作一家费之用可也。此致。

孙文　三月廿七日

据盛永华、赵文房、张磊编《孙中山与澳门》（文物出版社一九九一年版）影印原函

致叶独醒函

（一九一六年三月二十九日）

独醒仁兄同志惠鉴：

久不通候，想精神日益健进。比接范君警支〔文〕③函，力推足下充当宿

---

① 沧伯，即杨庶堪。
② 原函未署年代，据信封邮戳为大正五年，即1916年。
③ 据《国父年谱》增订本（转引自《中华革命党总务部机要处文件分发簿》）校改。范警文，时任中华革命党宿务筹饷委员。

务总劝募员。足下热心办事,不辞劳怨,为此间所素仰,今以警支〔文〕力荐,本部虽无总劝募员名义,当特设此席以待,望勿辞。委状当由财政部奉寄也。专此致意,敬请

大安

孙文　三月二十九日

据中国国民党中央文化传播委员会党史馆藏一般档案 049/134

致 居 正 函

（一九一六年三月三十日）

觉生我兄鉴:

顷得黄大伟兄来函,即转上,已复电嘱其来东矣。闻刘大同亦返山东,此人胡闹,宜避之。前信述山西刘仁甫,现任有重要职务,宜秘密之。既惧危刘,又恐误彼一方面事也。草此,顺候

近安

孙文　三月三十日

据《中央党务月刊》第八期(南京一九二九年一月)

复 居 正 函

（一九一六年三月）

觉生兄鉴:

十八、二十两日寄书,均悉。柏①已宣誓入党,最近亦有书来达意,果到

---

① 柏,即柏文蔚。

青岛,请当日人面与之会见。叩其服从弟命令否？如彼唯唯,则兄应以总司令地位临之,使就范围。否则,当托萱兄设法去之①,毋使纷扰。柏虽曾充都督,然以较内务部次长,未免稍逊,望勿自馁。津事此间已得门径,京、津、保定三处事,兄暂不必兼顾(俟此间头绪弄清,即行介绍至兄处,再加审查定夺),请着意经营山东,毋落人后。萱兄赴青岛前,力言青岛方面可筹十万,即以此款办山东事,所需者惟统一之人,故烦兄负此艰巨。接兄前电云云,弟以为萱野前言可以实现,窃为之喜,今接书,始知所指,爽然自失。此间筹得五十万,皆与前途预约,指定用处,交款之后,依次分拨,所存仅数万元,本期留作经营京、津、保定经费,嗣以兄电催购枪械甚急,遂举全数充枪价,盖售主不允挂账,无如何也。前晚得兄电,谓"吕款□□即电汇东",想指前允汇还枪价之二万元,山东既需款,应以此二万元充用,不必汇东。至萱野前言十万之款,务请办到,以免预定计划有所更易,致碍进行。专此,并候

安好

旅青岛诸同志均候。

孙　文

据《中央党务月刊》第八期(南京一九二九年一月)

复 居 正 函

(一九一六年四月四日)

觉生我兄大鉴:

顷得诵三十日手书,藉悉。前电原文,另纸录上。今日午前汇银五万元,祈察收。

枪械等之运送(机关枪不能用,不能修理,只可除去),因商人等尚有颇

---

① 此句原为:"否则,当设法去之,托萱兄",现据秦孝仪主编《国父全集》第四册校改。

繁之手续,据云须初十左右方能付去。现在比较各处形势,不特山东为握〔扼〕要,且觉最有望,故欲兄以全副精神对之,期以必占济南,则东北全局,可迎刃而解。前函曾述天津等处先由此间接洽,俟得其端绪,然后拨归兄处。正因此等门路,有可靠者,有不可靠者,此时头绪纷繁,日与为缘,适以扰兄专对之精神也。广东报告,朱所发遣者,不能如其原来之规划。仲元返去,原为运动潮汕军队,此次发动,尚无电来。以沪所闻,则似属他系,大抵会党之力尚微,而军队之情太幻,二语可括广东最近之真相。沪上军队,则因袁已取消帝制,颇怀观望(认为目的可达,趋于缓和)。鄂事据梓琴报告,情况至佳,第〔弟〕需款五六万以上,一时无从应付。现在弟认济南为至重要地点,若济南一得,弟当亲来。大约得济南,则两师之军械,一二百万以上之现款,俱可于此间筹取,持此以往,足能号召天下,幸勿忽视。专此,即颂

大安

孙文　四月四日

后此如遇电文翻译不通,宜即时发电询问,指明第几字,以汉字数计,庶免贻误。

据《中央党务月刊》第八期(南京一九二九年一月)

复胡维塌①函

(一九一六年四月十日)

维塌仁兄同志惠鉴:

三月十八日惠书,诵悉种切。尊处前汇香港五十二元,为温、钟两烈士②恤款,未悉寄由何处何人转交?望详细查复。夏君重民刻尚居东,不赴他处也。领袖支部来报,积存各处来款二万余金,已电饬其代购飞机,以备

---

① 胡维塌是旅居加拿大中华革命党党员,加属华侨敢死先锋队队员。
② 温、钟两烈士:温森尧,1915年6月在广东运输炸弹时牺牲;钟明光,1915年7月17日刺伤粤督龙济光,被捕遇害。

军用。惟现时机价极昂,只能购两座,望诸同志竭力筹捐,俾得款多购。尊处少年同志曾学兵操,有志效力不避艰苦者,请择尤资遣来东备用。至岑椿〔春〕煊,本旧官僚,见识思想,均极愚陋,断不足维持中国,奉之者不过借为傀儡而已。

专此奉复,敬请
大安

孙文　四月十日

据中国国民党中央文化传播委员会党史馆藏一般档案049/308

致邓泽如等函

（一九一六年四月十日）

泽如我兄暨诸同志公鉴：

比来夫己氏一落千丈,自取消帝制以来,益无搏挽大局之势力,内外交迫,此伧必倒,殆已不成问题。顾我等责任,则由此而益形重大。此盖鉴于辛亥之往事,以倒袁为成功者,实与往日以倒满为成功者同一比例。非真民党,不能任维持共和,振兴民国,一般官僚复活,即与第二第三袁氏无异也。今即以粤事言,龙氏是何毒物,论其罪恶,决不稍轻于袁,今为四面民党,革军所迫,乃亦宣告独立,此较之辛亥时张鸣岐之伪独立,尤难假借。弟另已面谕主任诸人,仍前反对,进行勿急。至其他本非民党气脉,无与创造共和之劳,无有保爱民国之诚意者,虽其目前为利害所迫,且偶得机会,遂复嚣然自张,是亦吾辈所不能信任者。逆料中国前途纷纠,决未易言骤定,故吾辈须不避艰巨,努力赴之。弟等在外已较从前易为活动,而言念将来,则凡百事体,皆须以自己之人物为中心。

国是未定,则吾人须有不可侮之实力,质言之,即是武力。如何创有组织或驾驭原有之师旅,皆须以敢死得力之同志为本位,然后坚固不摇,战胜一切。南洋同志，久受熏淘〔陶〕，且不乏壮勇可造之资，是以专函奉托注意，速为物色此等人士，资遣到东（此时地点尚未确定，特先定此计划，尊处同志一面招徕，日间当再以地点告知），再加以军事上之训练，用备他日中下级军官之选。此策甚关重要，幸祈加意毋忽。至于军旅之外敢死有为之士，正好乘此时机用之，而对待毒虫猛兽，须兼用直捷了当功夫，亦望物色其人为要。

粤事详情，港、澳当另有函告，兹不赘。沿江各省暨东北方面，日内当有好消息。专此，即颂

近安

同志诸兄均此。

孙文　四月十日

据邓泽如编《孙中山先生廿年来手札》（台北文海出版社一九六六年版）影印原件

致 熊 理 函

（一九一六年四月二十三日）

恒三先生足下大鉴：

径启者：接泗水同志来书，藉悉足下近膺学务总会视学员之职，遥企台旌，莫名驰系。年来国内战祸频经，学风废弛已极，足下究心于教育事业，为士林之所依归，彼一般侨胞之能知眷爱祖国者，亦未始非足下陶铸之功也。吾党宗旨光明，中外人士之所共见。足下为吾党耆英，前猷昭著，值此国家多故，党务积极进行之秋，尚冀足下不坠初衷，有所策励。海天在望，怀想为劳。顺颂

崇安

诸维雅照。

孙文启　四月廿三日　五月廿日复

据中国国民党中央文化传播委员会党史馆藏一般档案049/343

复邓泽如等函

（一九一六年四月二十六日）

泽如、卓平同志仁兄惠鉴：

三月廿二日惠书，诵悉种切。简英甫①兄热心助饷，同人钦佩至深，前此已叠次寄函奖励。兹读来书，欲于将来粤局大定后，举充粤省实业之职，以资格及助力言，良堪当选，惟此际正军事倥偬，群贼削平，尚须时日，此事一俟粤局已定后，再为商酌未晚也。

龙贼伪布独立，图骗一时，此中用心，路人可见。今吾党继续进行，仍未有已，月来颇获极佳之消息，想尊处当亦略有所闻也。此外各省布置，亦甚见进步，并以告慰。专此致复，并候

义安

孙文　四月二十六日

据邓泽如编《孙中山先生廿年来手札》（台北文海出版社一九六六年版）影印原件

复国民党部等团体函

（一九一六年四月二十八日）

国民党部暨民国报社、阅书报社同志均鉴：

三月二十四日惠书，并汇票一纸，计一百十四磅〔镑〕二先零六皮士，均经妥收。承诸同志热心援助，至为欣慰。龙济光伪称独立，以图敷衍，吾粤受龙毒害，以较受诸袁氏者尤为深切。经已策励粤军，必除此蠹。浙江独

---

① 简英甫，南洋兄弟烟草公司股东，时任中华革命党新加坡联络委员。

立,以吾党势力为多,江苏各处亦陆续发动。惟望兄等竭力筹济,以响义师。电汇项,请用下开英字便妥:Sunwen Tokyo。此复,敬请

大安

财政部收条并以奉寄。

孙文　四月二十八日

据"中央改造委员会"党史史料编纂委员会编《总理全书》
(台北一九五〇年至一九五二年出版)之十《函札》上册

致 黄 兴 函

(一九一六年五月二十日)

克强我兄大鉴:

　　谂兄遄返东瀛,甚慰。甚欲兄来共商种种,闻尚有所事,未果。兹有要件求兄臂助,本拟电告,惟各情非简单之电报所能尽,故谨托宫崎兄代达。至最近国情及弟所主张图谋者,请撮其概要述如下:

　　一、袁氏尚有负隅恋栈之志。一面为缓和人心之计,如提议妥协停战等事;一面则嗾起北方军人为自保保袁之密画。日夜谋借外债,不能偿其希望,则欲实行纸币政策,以企财政持久,从事战争。津门消息,早传彼作退位准备,而北京探报,则至今不特袁氏无此种意态,即一般官僚顽迷如故,自信甚深,即段祺瑞亦然。段组内阁,而财权完全为梁①所把握,即实权仍在袁氏。可知谓段能踵袁往日故事,以袁迫清者迫袁,未免去事实太远。此时就彼一方,并无比较的乐观。

　　二、冯②本与滇、黔约,使先发而后应之。其实,冯因未预知袁僭帝密谋,惴惴不自保。滇、黔起义,冯得仍居南京,实受唐、蔡③之赐。顾其态度

---

① 梁,即梁士诒。
② 冯,即冯国璋。
③ 唐、蔡,即唐继尧、蔡锷。

始终暧昧，以口头与沪上诸人接洽者，则皆可听。而事实及书面之发表，则迥然相反。近有南京会议事件，或受袁之愚作保袁之计，或谋自保而团结一种势力有所觊觎，均未可知。要之，此辈衷情叵测，决不能与南方同其步调。故现时沪上诸人亦渐觉悟，认为无甚希望。

三、弟到沪后，决定赞助南方，共同讨贼。尤企西林①能统一各省，以对内对外。近察情势，则西林地位亦至艰窘。云、贵既不尽同情，而西林势狡毒甚于张勋。西林或迫于事势，不能不姑息弥缝。然先与龙②提挈，以临民军，各派俱不能俯首听命。岑、龙乃会衔出示，谓北伐编师，限于有六米里③八、七米里九枪，及每枪配足子码百枚者，否则遣散。又其原为地方军队乡团者，要复其旧，不得应选民军。有不遵从此命令者，合力剿办。弟于十二三两日电岑，告以已饬执信、仲元所部改换旗帜，取一致行动，并戒此后与龙毋相攻击。又与青木、松井④商定，为我军购械，编作北伐，由溥泉、孝怀、钦甫⑤电岑，请认许。事过一周，尚无复答。即弟前致云、贵、两广之通电，云、贵已复，而岑亦不答，令人爱莫能助。龙氏在粤积恶，粤人恨之甚于袁氏。龙甚险诈，自岑到肇，龙势转张，盖名义上有所凭借。且托词北伐，据有省库，更广招兵，专力对待民军。事体稍变，龙必反戈。其次亦为南面张勋，而断不能如岑所期望。岑仅带有桂兵二千，肇庆李耀汉有十五营，而李则人尽可属。故两广都司令及护军府根本极薄弱，可忧。周孝怀等皆知之。

四、沪上形势最为重要。英士于肇和事件失败后，迭遭挫折。同时惕生亦经营进行。顾前此不能为一致之行动，故常有积极的无形之冲突，两难奏效。弟到沪后，各人感情渐洽，方与惕生谋合办方法，而英士惨遭不测矣。

---

① 西林，即岑春煊。
② 龙，即龙济光。
③ 米里，今译毫米。
④ 青木、松井，即日本驻沪武官青木宣纯海军中将，松井为其属官。
⑤ 溥泉、孝怀、钦甫，即张继、周善培、温宗尧。

英士死后,所图必大受影响。但冀将来由惕生专任歼彼杨、卢①二贼,事当有济。然军队运动已久,而屡不得力,其卑劣之观望,正未易破。冯在南京,为阴为阳,卢、杨益有所恃,其部下更难决心。大抵民党他方无特别之势力发展,则沪事急遽无好希望也。

综上情形,大局殊未易定其归宿。欲求达共和之目的,倒袁为必经之路,而吾人达到与否,视倒袁经过之事实如何。若民党势力只如目前,即侥幸以何等妥协了局,则必比前此之南北议和为更不逮。已往将来,中国问题实为新旧之争。换言之,则为民党与官僚派之争。其争孰胜,即为国家治乱所系。孰胜孰败,则视彼此之团结如何。民党以主义、政见为团结,官僚派以金钱饭碗为团结。主义虽同,而政见或异。民党性质本来不好苟同,故时有参商。官僚则唯利是视,反为不可破之团结。已往之历史,已足教训吾人于将来。是以弟熟思审虑,但求贯彻吾人之主义,而宁牺牲一切之办法,求最大之团结力,以当彼官僚一派。近与各派接洽,幸亦俱无何等意见,盖皆知大敌当前,不宜立异。此亦为前途一线之曙光(其间各与疏通,则溥泉、亮畴②之力为多)。然武力之发展,此时尤不容缓。统观全局,独山东方面有可为之基础,且可即时布置。合觉生与吴大洲等兵力,有二千余枪,已占领潍县、周村等处,进战退守,均有依据。若能由此益进,则扼北方之咽喉,不难转移大局。惟靳氏③尚能支拒于济南,吾人武器不足,即须为之加增。并就此招募人士,训练成军。假有二师(二师之中下级军官,已略有准备),可以取齐鲁而迫燕赵。弟经以借购军械之事与青木、松井商量,伊亦赞可。惟此事重大,外交上须有种种之手续。此时兄尚在日本,惟兄足以助成此举。并拟以兄与弟二人名义提出请求,须得同意认可。吾人积多时之公忿,无所发舒,固急欲一当袁氏,而与南方相联并进,亦惟此着最为有力。机局紧急,袁系方张,民党无不相提携之理。况兄与弟有十余年最深关系之历史,未尝一日相连之感情,弟信兄爱我助我,无殊曩日。此事成否,关系全

---

① 杨、卢,指杨善德(袁世凯委派的淞沪护军使)、卢永祥(第十师师长兼淞沪护军副使)。
② 亮畴,即王宠惠。
③ 靳氏,即靳云鹏。

局。如上云云,望兄以全力图之。事有把握,仍企来沪一行,共商进行各事。东京究隔膜,则弟亦颇恨到沪之迟也。余事更托宫崎面达。专此,即颂

近安

  英士兄以十八日下午五时被刺,系在萨坡赛路十四号山田家会客。先两日,英士病颇剧,杜门,而是日则约有两处人相见。第一起为刘基炎(说山),为鸿丰煤矿公司四华人一日人。坐顷,更有二人入。坐客兴辞,英士亦起身,客即以枪击英士头部,立倒地。丁景良、吴忠信、萧初秋、余建光在外室闻枪声,闯门欲入。数凶手枪乱放,丁景良亦中枪,余人走避。凶手等且放枪且逃,丁、吴从后追呼。凶手等本乘汽车来,此时汽车夫先走往捕房报,故获得凶手许国霖。又一凶手王介凡则毙于道,或云自杀,为〔或〕云其伙杀以灭口。继获李海秋一名,则介该公司与英士交涉,而是日同来者也。李与日人俱云不知情(日人亦可疑,然此时未捕)。李海秋与王介凡为英士素识,许国霖与一程起鹏则是日始问姓名。许被获,已认凶手,并云王、程、李皆凶。王已死,程未获。李之介绍鸿丰公司人来,谓有矿产将抵押与中日实业公司,借五十万,而请英士担保,可借二十万与革命党。英士固常闻人云,鸿丰为侦探机关,然不料其有大不测之举动。且见沪事再失败,前费巨款无效,谋再起,因急筹款,则姑与接洽。事变突起,未尝防备。闻捕房查得是日到者十六人,把门守路者皆持枪击人,盖非寻常暗杀事件可比。英士头中一枪,颊中两枪,故登时殒命。丁景良伤腹旁,非要害。一厨人伤手,一下女伤耳,均轻微。一曹姓同志伤手肘。英士忠于革命主义,任事勇锐,百折不回,为民党不可多得之人。年始四十,遽被贼害,伤哉!数年来,如宋钝初、范鸿仙、夏之麒俱为逆贼购凶刺死,今又继及英士。君子何辜,天实仇之。令人生无穷悲忿。

孙文　五月二十日
据中国国家博物馆藏原件

致陈其美家属唁函

（一九一六年五月二十二日）①

英士兄惨遭变故，文不便亲临致奠，益增哀悼。此案关系至重，不能不彻底穷究，而文亦欲详悉内容，以便设法对付。所有关于此案文件交涉等事，应托某某君经理，随时面告，以专其事为要。专此，敬维节哀。

孙　文

据上海《民国日报》一九一六年五月二十二日《陈英士先生遇害记（四）》

复菲律宾陈伯豪等函

（一九一六年五月二十四日）

伯豪、警支〔文〕仁兄同志均鉴：

接阅四月十五日大札，备悉吾兄筹款近况，热忱健腕，敬佩莫名。

许君所托之件，仍望诸同志尽力赞勷一切。目前闽省虽未独立，惟吾党实力遍布各地，早晚必当大举也。汇来之款，已交财政部办理，以后犹冀鼎力鼓吹，用收宏效，至祷。

粤省独立，原出龙氏伪意，第吾党策划，日进千里，龙果愿北伐，姑不深究前非。浙江独立，本系事实，是可喜也。要之，袁局日间必见瓦解，祖国民心已离，袁至今日，更何有恢复之可言。现山东东部已为吾党势力，目下由党务部长居觉生为东北总司令，指挥一切，并此告慰。

五月廿四日

据中国国民党中央文化传播委员会党史馆藏一般档案 049/382

---

① 此函所标时间系上海《民国日报》发表日期。

致垅地世宗等函①

（一九一六年五月二十四日）

世宗、燮南、贞诵仁兄同志均鉴：

接四月十二日来缄，备悉一切。

垅地原非繁盛之区，素所知也，今得诸同志热心鼎力赞助，而获今日之效果，实非轻易之事，欣幸奚既。

宋渊源非我党党员，亦非受本部委任筹款，前曾由党务部发通告声明，嗣后我同志查照注意办理可也。债券既失四张，必须检明号数，乃可向财政部存案。至筹捐助护军，甚善。惟当今义师遍地待举，财政最宜统一，庶有实效，贵处若得巨款，仍以直接寄汇本部，以便知所分发。不然，缓者以之为急，急者反失于缓，如此，有何裨于大计哉！

粤省独立，原非出自龙之真意，然吾党实力，播植各府州县，大事必可期成，龙果愿北伐，姑不深究前非，否则，吾党自有最后处置方法。

辰〔现〕下我等以款为急，冀同志诸君，努力发展此经济问题。袁氏形势日蹙，山东东部已为吾党势力，现党务部长居觉生为东北军总司令，指挥一切也。余未缕缕。

五月廿四日

据中国国民党中央文化传播委员会党史馆藏一般档案 049/382

---

① 此函致中华革命党各地讨袁军负责人，除汉口田桐外，尚有山东居正及香港朱执信等。

致田中义一函(译文)①

(一九一六年五月二十四日)

敬启者：

前在东京,诸承关切,高情厚谊,谨此函谢。归沪后,立即访晤各方人士,听取诸同志之报告,经详细调查了解后,本乎团结同志、联系各派之愿望,业已发表宣言。宣言全文已见诸报端,勿庸赘述。兹将归国后之所见及今后欲为之努力者逐条分述以闻。

南方独立各省之实况,据一般观察,实力相差甚远。不仅向北方采取攻势颇为困难,即仅固守南方亦非易事。

云、贵两省虽为此次讨袁战争揭幕之地,然数月来经四川苦战,兵力损伤甚大,且历来武器弹药不足,今已几无发展之余力。广西实力亦不充足,且因广东龙济光之独立未臻确实,故就广西而论,亦不能轻易对外发展。

广东原为革命党人集聚之区。此次民军又在名〔各〕地起义,广东省城几已陷于独立状态,且广东之门户广西业已独立,龙济光陷于此种困境,无计可施,遂至宣告独立。据各方面之确实报告称,龙济光之独立,全系与袁商讨后向民军使出的缓兵之计。因此,独立之后,仍对民军横加压迫,甚至残杀民党云云。对于此种论评,文亦无法为龙氏辩解。

岑春煊自日本归国后,为求独立各省之统一而煞费苦心。最初拟在南宁设立独立各省统一之临时政府,但因此间种种情况,迟迟未获进展。其后转赴肇庆,就任两广都司令②之职,旨在巩固桂、粤两省之独立。然广西之兵力、财力均不能与龙济光为敌。今岑氏部下仅有广东兵四千、广西兵两千;而龙济光则盘踞省城,其部下可动用者尚有一个师团以上的兵力,岑氏

---

① 《浜面又助文书》原注:原函用无格纸17页毛笔写成,由孙文亲笔签名。田中义一,时任日本参谋本部参谋次长。

② 应为两广护国军都司令。

以其实力驱逐龙济光实属非常困难。据此以观广东今日之现状,岑春煊既无援救广东民军、讨伐龙济光之实力,遂即处于不能与民军保持充分融洽之困境。文对此十分忧虑,当尽力敦促广东民军援助岑氏,已数度致电岑氏及该地民军之各当事人,言明此意;加以青木将军、广州今井领事及在广东之陆、海军诸将领均已劝告双方谋求和解,故可望日内双方将能圆满实现联合。

浙江自屈映光去职后,组织似已渐趋巩固,唯江苏之冯国璋态度仍不鲜明,上海杨善德尚拥有两个师团以上之北军。浙江虽号称拥兵一师团又一旅团之众,实则不足一个师团,其不能与江苏对抗者,实甚明显。

最近已于肇庆组成军务院,唐继尧任院长,岑春煊辅之①。独立四省之联络,已较前稍形紧密。于是,则今后之对内对外活动或可稍见起色,不胜盼待之至。

南方形势,概如上述。总之,实力较弱,内部亦不巩固。反观袁派形势,仍较南方为强,段祺瑞、冯国璋、院士充②、张勋、靳云鹏、王占元等辈,均系拥护北方之武人派势力,并多方钻营,不遗余力。冯、段者流,虽非始终拥袁到底之徒,然在当今形势下,即使袁氏退位,袁派势力仍将掌握政治上之中心权力,故有新思想之革新派主张绝不能为彼辈所容。即便在今日南方独立各省人士中,亦不乏动辄自甘妥协之趋势。倘若此次革命不幸而以妥协告终,则中国政治上之黑暗依然不能除去,而东洋之和平依然无望。一旦欧战结束,袁氏党徒即将利用西欧列强,玩弄种种卑劣伎俩,实属明若观火。

大势如此,而前途之危险实难预计,故文绝不能悠闲岁月,决意竭尽所能,努力挽救南方独立各省之危局,以期击破袁派势力。

以今日大势观之,如能有足为纯粹革新派所依恃之势力出现,则可确信南方各省之士气必将日益豪壮,而团结亦必日趋巩固。文归沪发表宣言后,复与各方重要人士交换意见,各方人士皆已充分领悟妥协之非,惟以北方实

————————

① 应是唐继尧任抚军长,岑春煊为抚军副长。
② 疑为倪嗣冲之误。

力强固而隐抱忧惧之情,担心妥协之不可或免而已。故今日如欲挽救南方独立各省之危急,舍重新建立巩固之实力外别无良策。山东本为吾党同志长期经营之地,据最近所获情报称:我军已占领十有余县,只以缺乏军火供应而不能如意进展。依文所见,山东地处南北要枢,且有铁路、海运之便,如能在山东建立二个师团以上之主力,则山西、陕西、河南各省必起而与之呼应。于是,则向北可攻取北京,向南可促进长江流域各省之豹变。

基此理由,文已决心亲赴山东,集结同志力量,全力以赴。然事之成败全系于军火供应之有无,故已委托现在上海之青木将军设法提供两个师团所需之武器,青木将军已体察文意,对此计划表示赞成,据闻业已电告贵国政府云云。此外,又另委在东京之黄兴兄,将此意转达贵国当局,黄兴兄亦表赞同,想日内当由黄兴兄面述种切。此举与中国之大局安危攸关,务望审度时势利弊,予以充分援助,至为盼祷。

又:陈其美君在沪尽瘁国事,虽经几番钝挫,但该君之勇毅精诚,实为我同志所共同感叹;此次遭奸人暗害,无任悼惜。但国士为国事而捐躯,亦可谓得其善终。该君之牺牲,实已激发起我同志更加奋勇前进之决心。

大局危急,紧迫万分,切望鼎力支援,不胜翘企之至。此致
田中将军阁下

孙文　五月二十四日

据《滨面又助文书》,载近代日本研究会编《特集·近代日本与东亚》(东京山川出版社一九八〇年版)(王玉平译,曲直校)

复杨寿彭函

(一九一六年五月二十五日)

寿彭先生大鉴:

五月十六日来函,已悉。汇单一纸,额面日金五百五十四元,经持赴该

行照收妥实,折合沪洋四百五十五元三角二仙。今先用函复知,俟交陈宅家属收妥后,再当补具谢帖函寄。特此奉复,即请

大安

各同志均候并道谢。

孙文启　五月廿五日

据中国国民党中央文化传播委员会党史馆藏一般档案049/332

致戴德律函(译文)

(一九一六年五月二十七日)

戴德律阁下:

　　收到经由东京转来阁下的信之后,仆曾立即回一电报。在一个月之前,仆来到上海,因为此间情形有仆来此之需要。

　　目前工作的主要先决条件是在经费,三年来,仆致力于创造机运,于今机运已到,只因缺乏经费,而无法掌握形势。中国目前正处于最危急的局面,仆切望使中国脱离这一混乱局面,重新恢复和平与秩序。袁世凯容易推翻,但是我们的目标不只他一人,而必须同时铲除他手下所有的官员,以免中国受他们的邪恶影响。

　　阁下已见到很多省份宣布独立的消息,但是不了解导致这一局面的实际情形。这些官员的顽固,只是为了自私的野心。我们已经建立起有利的环境,一旦他们认清必须宣布独立,否则将成为失败者的时候,他们便会屈服而公然支持我们。不过,他们只要见到袁世凯借外来贷款而稍有进展时,便会走向袁世凯那边,继续维持他们的立场。以广东省督军龙济光为例,他知道我们在那一地区的实力之后,便假装宣布广东独立,而同时又暗中与袁世凯勾通。

　　阁下当可了解,中国有了这种奸诈的人物,情形将会更加恶劣,而陷入

更深沉的危机,因此,我们必须将这些人物全部铲除,不容其中一人留在以后的政府工作。

同时,我们的前途,正处于不稳定的状况,除非仆立刻采取积极的步骤,并且重新掌握全体军队,否则我们将会使得袁世凯有机可乘。

因此,仆急切需五百万金元,也就是发给阁下电报中所提之数。若有这笔经费,必可在短期内,达到一生之中的主要愿望与目标——使我国恢复和平。仆已决定采取最短的捷径来达到目的,向最关紧要的北京发动攻击。

现在希望阁下更明白中国的情形,竭力协助仆获得这笔款项,否则,一切皆会落空。阁下可全权商订条件,仆完全信任阁下的能力与真诚。

请将结果电告,仆的电报挂号地址已经改为:"Waicy" Shanghai

通信地址是:

Monsieur Y. Waicy

55 Yang King Peng

French Concession, Shanghai

希望很快收到阁下的佳音,并知道阁下正在尽力而为。

孙逸仙　五月二十七日于上海

据秦孝仪主编《国父全集》第四册(台北近代中国出版社一九八九年版)(译自中国国民党原党史会藏英文原函)

致段祺瑞函

(一九一六年六月二十三日)

芝泉先生大鉴:

民国初元,曾亲教诲,伟人丰采,至今不忘。盖当南北议和之际,惟执事为军人领袖,赞成共和,大局以定。洎帝制发生,尤能以大义自持,冒犯险难,终始不变,求之当世,诚拔萃而寡俦。而今日天下汹汹,扶危定倾,又惟执事之是赖。此文所以倾服不置也。承黎大总统电教,嘱遣代表晋京,谨媵以书，介谒左右。文以为一国于更始维新之时，必有豪杰大贤，规划宏谟，提挈纲领，建设文武，垂范将来，而其人之勋名，亦遂与国家同不朽。夫事功在百世，而权位不过一时。经武图强，申儆军人，而教之以捍侮干城之事，其责非异人任。至于目前，规复约法，尊重国会，为共和根本大计，而内外人视瞻所存，文已再三为黎总统言之。愿执事翊赞当机，不为莠言所惑，重陷天下于纷纠，亦文之望也。兹因萧萱、叶夏声二君晋见，聊罄怀抱，惟谅。草草不宣。专此，即颂
勋安

孙文 六月二十三日①

据中国国民党中央文化传播委员会党史馆藏一般档案049/416

致黎元洪函

（一九一六年六月）②

寅维民国肇造，实基武汉，揆文奋武，全赖大总统硕谟潜运，诸将士踊跃向义，故能揩拄半壁，震撼全国。然当时在汉口领事团于起义后第□日即行宣布中立，亦实为成功之一大原因。查各国对于他国国中起革命时宣布中立，实为国际上所罕闻，况以列强联同宣布，则尤非常之事。征之云南此次起义，各国尚未有中立之宣言，于彼靳之半年，而于此得之三日，此中关键，实有至重要者存。

盖当辛亥之秋，前清鄂督瑞澂，早闻革党起事之说，曾与某国领事约言，若有乱事发生，当由某国驻汉军舰发炮助剿，中外所知。暨大总统扶义兴

---

① "兹因……不宣"21字及"孙文六月二十三日"档案原稿无，据1965年版《国父全集》增补。
② 原函无时间。函中有法领事罗氏"近日过沪……来访"之语。按罗氏于1916年6月调任香港领事，经沪赴港。据此推断此函应写于1916年6月。

师,瑞澂逃匿某兵船,即遣人晤某国领事,谓此为义和团流派,请其践约发炮。顾自庚子以还,各国曾有协定,无论何国,以后对于中国有所举动,当先通告其余,取一致行动。故于起义之后,领事团即开会议,各国驻汉领事于中国革命之运动,本无所知,几为所动。当时张彪犹在急谋收合余众,外借强力,以摧革军。使其计得逞,则民党恐难持久,而干涉之例一开,中国亦几于不国,岂有今日之盛。方是时也,譬诸千钧悬于一发。而惟法国领事□□①素于中国民间新派情形有所研究,又与文为多年故交,以是深明革命党之宗旨,极有同情,当会议时,主持公道,表白革命军改良政治之目的,破彼义和团流派之说,力言干涉之非。其时各领事本无成见,遂得开悟,而干涉开炮之议以消。各国既取消开炮之议,欲表明其态度,故从速为中立之布告。是时瑞澂满意某国能为己助,不意各国不特不助,且为中立之宣言,谋伐气夺,仓卒出奔。武汉基址,以兹永固,各省义师,以兹奋起,清廷用兵,以兹迟回,北方将士,以兹觉悟,实此中立之一宣言开之。况革命干涉之说,当时已植根甚深,得此一事,遂使全国人心涣然冰释,无杞忧狼顾之病。此其在民国之建立,功固尤高,而开不干涉之先例,使中国国权藉之更加巩固,又为不可忘之殊绩也。

文自元年以来,久闻斯事,而于领事团当时急变态度之故,莫悉其详。近日□□过沪,偶得来访,始知根荄。念□□本负侠义之气,虽有大功于中国,初不求人见知,惟我国报功酬德,宜有所先,发潜阐幽,责无旁贷。用敢叙其本末,敬乞大总统鉴核,从优给予法定给外国人最高勋章,以彰殊勋,必能激劝流俗,裨益邦交。谨呈。

据中国国民党中央文化传播委员会党史馆藏一般档案
049/397

---

① 法国领事□□,即法驻汉口领事罗氏(Ulysse – RaPhael Reau)。下同。

致田中义一函(译文)①

（一九一六年七月三日）

田中将军麾下：

前寄尺书，略述中国情势，计达座右。乃者袁氏自毙，黎公依法继任，今且恢约法，召集国会，凡慈前四者，皆如护国军所要求以应，自不能不一律休兵息战，以昭信于天下。然而政局浑沌，依然如旧，兴革事业，大东亚问题，仍待其人，而设能解此，文所以对于将来有不敢苟图安逸者也。先生前者援助之力，虽造次颠沛，不能忘怀。但时局变迁，收效无几，事势所至，无可奈何。兹遣戴君东渡，趋褐〔谒〕台阶，奉商已往及将来诸要件，畅聆教益。新进尔〔近而〕语之不看〔尽〕之忧，统由戴君面达。专此，敬请

大安

　　惟谅草草。

孙文　七月三日

据王魁喜译《孙中山致日本人士未刊电函十五件》（原载《日本历史》杂志一九八七年八月号，李廷江《孙文与日本人》），载《孙中山研究论丛》第五集（中山大学一九八七年版）

---

① 此函存于日本国会图书馆宪政资料室藏《田中义一文书》中。田中义一，日本军国主义分子，历任参谋本部军务局长(1910年)、参谋次长(1915年)、陆军大臣(1918年)，1924年至1929年组织内阁。

致萱野长知陈中孚函

(一九一六年七月五日)

萱野、中孚兄鉴：

叠电均悉。复电想皆达览，兹先汇上三百元，祈收用。专此，并请
大安

孙文　七月五日

据中国国民党中央文化传播委员会党史馆藏一般档案
049/406

致戴德律函(译文)

(一九一六年七月五日)

戴德律阁下：

自从袁世凯死后，情形已经完全改变，所以仆在电报中要阁下等候信件。当初如有所需的经费，则在袁死以前，早已建立临时政府；而南方与北方的妥协，当不致有问题。现黎元洪已经依照约法的规定，接替总统职位。目前最迫切希望的，是恢复和平与秩序，所以仆促使双方顺利地达成了谅解。

黎元洪是个性格悠闲的人，没有做皇帝的野心，所以仆相信他会顺应民众的愿望为国服务，而不致为私利专权。

政府的一切国内与国际事务，皆与仆谘商，仆虽然不接受任何职位，但影响力一如以往强大，并且获得民众深切的信任。

目前，仆将不参与其事，而注意各项事务的解决，继续置身幕后，除非有重大理由，必须要仆再度出任。

因为情形是如此,所以请取消阁下代仆洽商的一切政治贷款,并请退还叙述委托权的文件。

　　如果各项事务能够更妥善的解决,仆将再度从事实业方面的工作。同时,请物色可为我们发展实业的人才。在这种情形之下,仆不久将再来美国,会晤资本家,并征求可在中国服务的人员。

　　关于史托特(Henry Clifford Stuart)这个人,不知道他为何要想各种方法来破坏仆的信誉。他最近透过一个史卡费尔德(Mr. Scafield)的人,在华盛顿的报纸上,制造一件耸人听闻的事件。他登载广告,寻找一枚遗失的玉质护身偶像,说是为仆所有,同时史托特声称仆委托他悬赏一万元,寻回这枚偶像等等,这完全是仆从未听到的荒谬无稽的虚构故事。

　　不知道他这种行为的动机是什么。他已经寄给仆很多信件,但因不知道他是何人,所以据仆记忆所及,从来没有回信给他。

　　希望早见来信。

孙逸仙　七月五日于上海

据秦孝仪主编《国父全集》第四册(台北近代中国出版社一九八九年版)(译自中国国民党原党史会藏英文原函)

致孙昌函

(一九一六年七月二十二日)

昌侄知悉:

　　闻汝举兵于乡,多有扰及闾里,致父老责有怨言。此在袁氏未死之时,人人有讨贼之任,尚可为汝曲谅;今大盗已去,汝当洗戟归田,毋久为乡里之累,方表大公无私,否则难免乡人之责难也。见信之日,务要即将所部遣散,并将所征发于各乡之枪械,器物缴还原主。至于解散费,今由唐少川先生派专人回乡与父老协商,公平发给,汝当惟众议是从,不得留难抗阻,否则叔惟有置汝于不理,任由乡中设法对待,恐无汝容身之地也。汝宜思之! 慎之!

毋违叔命。此示。

叔孙文亲笔书　上海　七月廿二日

据上海图书馆编《孙中山先生遗札》(一九八六年版)影印原件

致山田纯三郎函

(一九一六年七月二十五日)

山田兄鉴：

　　望即代请医生一人，即来敝寓，以诊内子之病。彼今日忽起腹痛，并泻，且有发热，幸速同来为荷。

孙文　七月廿五晚

据中国国民党中央文化传播委员会党史馆藏一般档案049/2

致阮本畴函

(一九一六年七月)①

本畴先生大鉴：

　　六月十号来书诵悉，数年阔别，匆睹华章，无任欣慰。尊论中国今日以练兵为要务，而尤致重飞机，可谓洞明军事症结。惟自袁逆自毙，黎总统依法继任，弟经于约法恢复后，宣布各议一律罢兵，他如山东潍县与张怀芝对抗者，亦于本月中旬令其分别解散，又如广东东江讨龙军亦以邓君仲元个人名义行之，故今日断不能以吾党名义运送飞机回国。足下暨诸同志热心爱

---

①　原函无时间，依内容判断，当在1916年7月。

国,请仍集合同志悉心研究,以备日后御外之用,是所切盼。临书神驰,不尽欲言,此请大安,诸同志均好。

孙文　第十号

据美国斯坦福大学胡佛研究所藏照片,转录自秦孝仪主编《国父全集》(台北近代中国出版社一九八九年版)

致唐绍仪函

（一九一六年八月八日）

谨将中华革命军用费,除居正东北军在占领地域内所用应由居正自行报告政府认偿外,其用于广东、江苏、湖北、湖南、四川、福建、浙江、江西等省举义及遣散诸费,总计二百七十万元,皆属贷借之款。兹将来源分列于下：

日本人八十万元；

又十五万元；

又五万元；

美洲、加拿大、智利、秘鲁、菲猎滨①群岛、澳洲、纽丝纶、南非洲、吐兰斯哇、南洋英荷各属领及暹罗、安南、神户、大阪、横滨各埠华侨一百七十万元。

如上借款数目,敬请代呈政府迅赐发还,俾得转偿内外债权者,以清手续,而免镠辘,实为公便。

中华民国五年八月八日　孙文（印）

据上海图书馆编《孙中山先生遗札》(一九八六年版)影印原件

---

① 菲猎滨,即菲律宾。

复黎元洪函

(一九一六年八月十四日)①

大总统钧鉴：

得手谕，奖饰逾量，并以高等顾问相属。执事仁德，涵盖万方，忧国至诚，天下共见。文虽术惭匡济，志匪隐沦，况在艰屯之秋，实有风雨同忧之谊；岂建设之方始，而苴莜之不供？但使国家有事，谋及庶人，文必竭其愚虑，以裨高深。至于前席隆礼，顾问鸿号，受者不无短绠之愧，评者或生尸饔之讥。敢请鉴此悃诚，收回成命。临风缅想，无任屏营。肃请钧安，伏祈垂鉴。

据上海《民国日报》一九一六年八月二十二日《孙中山先生辞顾问》

致久原房之助②函(译文)

(一九一六年八月十五日)

久原先生阁下：

敬启者。谨祝贵体日益健壮。日前由戴传贤君处，得悉高论宏谈，至为感谢！目下政局浑沌，依然如旧。政治上之事，别无可奉告之处。前此以来，承蒙援助，嘉情厚谊，感谢万分！然文至今未直接参与政权，未能立即履行从来之契约，甚表遗憾！但对阁下之厚意，定当报答。刻下正筹划如何奉还前借之款，祈察谅为幸。

---

① 此函日期据上海《民国日报》报道。
② 久原房之助(1867—1965)，日本实业家、政治家。

兹有一事恳求阁下之高见。即文以为欲谋中国政治渐进之改革,非实业不能成。此实值得注意。今各省多来相商开采矿山之事。阁下经营矿山,经验丰富,抱负远大,常为文所敬佩,故愿与阁下共同经营此一事业。然矿山之经营,非实地调查不能着手。故目下应首先立一矿山测量检查机构。关于此点,须要相当学历经验之专门技师,及各种器械与经费。如蒙同意此事,在阁下协助之下,以文之名义先设立测量检查机构,立即着手实地调查。如发表良好矿山而希望共同经营者,再进一步商讨其办法。此为大规模矿山开发之前提,最必要之努力也。特此征询阁下之高见。但此事如为世人所广知,恐生障碍,祈守秘密为荷。

　　如同意此一事业,或由阁下派人至文处,或由文派代表至贵地,二者请随其尊意裁决之。时近立秋,请多保重。匆匆,不尽其言。

孙文　八月十五日

据李吉奎《新发现的孙中山函件》(彭汉译自日文版《久原房之助》),载北京《团结报》一九九〇年十一月二十一日

致刘冠三函

（一九一六年八月二十七日）

冠三兄鉴:

　　八月十二日来书论鲁事,并为民军方面规划久远,用意良深。顾文以为,袁氏奄逝,首恶已除,佳兵殃民,于义无取。前已通告,所属各军停止进行,静候中央解决。今者约法、国会次第规复,破坏既终,建设方始,典兵者要当以大局为念,急图收束、解散,以轻担负而安地方。其有踰此宗旨范围者,文实不敢赞同。来函未署住址,无从投复。谨登报代答,惟亮察焉。

孙文　二十七日

据上海《民国日报》一九一六年八月二十九日《特别广告》

复杨纯美函

（一九一六年八月三十一日）

纯美仁兄同志惠鉴：

八月三日惠书，诵悉一切。承询三月卅日汇款四百元一节，已函东京财政部调查。兹查得五月廿四日收到巴城来杨姓一函，并款四百元。惟函中并无署名，亦未书住址，惟仅有杨字及由巴城付等字，无从复信，故函托巴城支部查觅本人，并将收条寄巴城支部转交。今承明问，疑即为尊处之款，如事实相符，请向巴城支部查取收条，并复函此间，以慰为要。专此奉复，敬请大安

孙文　八月卅一日

据中国国民党中央文化传播委员会党史馆藏一般档案 049/182

致曾允明等函

（一九一六年八月三十一日）

允明、德源、潜川三兄台鉴：

五月三日由贵处汇来六千元，经将收单寄还，未审已得达否？自袁氏叛国，民国几绝，端赖诸同志牺牲生命财产与之坚持，至有今日。弟拟将癸丑以还各埠募集各军费开列清单，要求中央政府偿还，日内由廖仲恺君赴京，径与财政部面商，惟中央现在款项奇绌，能达目的与否，尚难决定耳。特此奉闻。并请各同志均候。

孙文　八月卅一日

据中国国民党中央文化传播委员会党史馆藏一般档案 049/280

致曾允明等函

（一九一六年八月三十一日）

允明、德源、昭雅、金坛、潜川列兄台鉴：

五月三日由贵处汇来六千元，经将收单寄还，未审已得达否？昨又接潜川、壬戌二君来书，力言觉民日报主持非人，拟由敝处派员主任。惟是主笔政者非有世界知识、能忍耐、绝嗜好者，不克胜任。弟现已代为物色，请将条件若何、薪金多寡见复，俾得其人易与商榷至要。自袁氏叛国，民国几绝，端赖诸同志牺牲生命财产与之坚持，至有今日。弟拟将癸丑以还各埠募集各军费开列清单，要求中央政府偿还，日内由廖仲恺君赴京，径与财政部面商。惟中央现在款项奇绌，能达目的与否，尚难决定耳。特此奉闻，并请均安。各同志均候。

孙文　八月卅一日

据中国国民党中央文化传播委员会党史馆藏一般档案
049/280

致黎元洪段祺瑞函

（一九一六年八月）

大总统、总理钧鉴：

敬启者：前奉天桓仁县知事王济辉，举兵附护国军，拥护共和，后以恐惹交涉，由文饬令停止。当时除由文给费及王济辉自行筹借外，挪用应解公款四万一千四百余元，均系因起义支销，未经入己。今闻以亏国家地方公款甚巨为由，奉令惩戒，所恐奉省长官未及详细报明，总统、总理亦未察及，故代为声明前事，可否念其事本因公，虽无殊功，仍予免罪，希为察夺施行。兹并

将原节略抄呈察览。专此敬达,即颂
崇安
　　诸维赐照不宣。

据中国国民党中央文化传播委员会党史馆藏一般档案
049/208

复施瑞麟函

（一九一六年九月二日）

兆衡兄鉴：

　　前得来书,以尊甫被押高淳,久未省释,当即电知冯督军,转饬高淳知事释放。迄今数旬,未得电复,不解何故。昨复接来书,始知仍未释出,则前电之有效与否仍未可知。请仍向该县查明,有无别故,再行缄达。文为同志计,断无不尽力之理也。此复,即请
大安

孙文　九月二日

据中国国民党中央文化传播委员会党史馆藏一般档案
049/21

复郭标函

（一九一六年九月二日）

乃生仁兄同志惠览：

　　七月廿日寄日本东京党务部函件,并汇票一百五十七镑六先零〔令〕,均经分别收领。惟该汇票以无副票,不能收款,须托银行向英京银行收汇沪上,未免周折费事耳。此间军事进行,早已宣告停止。现在潍县一带军队虽未解散,粤东东江方面虽以驱逐龙氏致再用兵,然皆以个人名义负责办去,

本部既无积极之进行,自当停止军资之募集。故于廿二日发上英文电报一通,请通知各埠机关,停止集款,想已照办矣。

日前由本部发出通告,附有弟到沪后两次宣言,计先达览。吾党自癸丑以后,无日不以讨贼为帜,曲突徙薪,实为天下之先导,虽天戮袁逆,不假手于吾人,然专制推翻,共和再造,我党原来希望,亦思过半矣。约法既复,黎总统为依法继任之人,故相劝罢兵,示仗义者非为权利而动。至今后对于政府,国民监督指导,则其责任有不容诿避者,通告谓"革命名义不复存",亦即此意。弟在沪屡开大会演说,专论民国制治之大端,而不为一人一事以立言,盖基础巩固,则百事皆其后也。现在帝制余孽潜伏北方者尚不少,中央不无投鼠忌器之患。如张勋、倪嗣冲辈,跋扈依然,如世人所指。此时操切从事,难保无反动之虞,然隐忧未息,则国人犹未得高卧也。

我汉人驱除异族专制,建立民国,中遭袁逆扰乱,犹能绝而复续,此皆赖我同志等以生命财产权利各种牺牲而购得之。今大局粗安,对于华侨所捐军饷,应由文提议于政府,请求偿还,以示奖励,刻已派定廖君仲恺日间晋京交涉此事。至于政府,财政邻于破产,而借款之难,较第一次革命后为甚,则允偿与否,及何时能偿,尚难预料。此间惟有尽力所能至,务求无负于我爱国同志而已。现在政府对于吾党,颇能尊重,兹将黎总统与此间往来函电,抄录寄上,请转慰诸同志为荷。专此,敬请

大安

诸同志均此。襄伯兄均候。

孙文　九月二日

再者:六月廿三日寄来第八号书,收到后(第五、六、七数号亦接)当即作复,计先达览。查尊处汇来款项,除在东京收款已由财政部发还收条者外,计在沪收者,一次四百镑,一次两单共六百三十七镑十八先令,皆在沪托银行向英京收款,现尚未到,一俟收款,即发收条寄上,乞纾绮注。

孙文　九月二日

据中国国民党中央文化传播委员会党史馆藏一般档案
049/349

致孙洪伊函

（一九一六年九月八日）

伯兰先生大鉴：

违教忽复经晦朔，阅报得闻阁员案已通过，忻甚慰甚。太平从此可期，万姓之欢，可以□想。文虽秋霖腹疾，伏处海隅，犹不禁临风欲为起舞也。新内阁为观瞻所系，澄清吏治又民众所同翘首仰望者也，先生以坚毅卓绝之力，出任其难，可为民国前途贺也。南方叠经丧乱，民业摧残，国库收入，亦因之减弱。欲上纾国计，必先下裕民生，文已以专函胪列，现在务陈于黎公之前，更请胡汉民、廖仲恺二君赴京，亲述详情，并商要事。届时希为延接，并赐助力，是所盼祷。专此敬达，即颂

绥安

诸维亮照不一。

□□启

据中国国民党中央文化传播委员会党史馆藏一般档案049/414

复黎元洪函

（一九一六年九月八日）

大总统赐鉴：

敬复者：自杭州回，始接诵手翰，奖之弥厚，为愧益深。属有微患，久稽报章，歉仄何似，高等顾问隆号，实不敢当。此中觍缕，非笔可宣。兹委托胡汉民、瘳〔廖〕仲恺两君，赴京晋谒台端，详达鄙意，到日希赐延接。

今大变甫定，百姓喁喁望治，执事胞与为怀，必有以厚益吾民。以文观

听所及，事属切要，为举国所共跂盼者实有数端：

其一则厘金碍百货之流通，裁厘加税，事简民便。闻经提出国务院议，深佩硕画，希勿为小阻碍而有停顿，速收良果。

其二则土货出口，运回本国别口，仍作进口货课税，似宜蠲免，俾于奖励之所宜及者，不致翻被加以额外之征求。

其三则土货出口税率，虽有协定，若能设法轻减，实足奖励民业。

其四则币制改归统一，闻经由部提议，商工之业，待此而盛，希力主持，勿令中滞。

凡此皆文私见所及，谓宜速办者，征之群论，亦罔不同。敬陈刍言，乞赐鉴纳。专此敬复，顺颂

钧安

诸维崇照不戬。

孙文拜启

据上海《民国日报》一九一六年九月十一日《孙中山先生与中央往来书牍补录》

致段祺瑞函

（一九一六年九月八日）①

芝泉先生大鉴：

敬启者：阅报知阁员全体通过，此真民国之福也。大变甫定，元气未复，民望皆属于救时良相，文以无似，犹得于海上遥听好音，何幸如之。南方迭经兵燹，摧残已甚，民业不振，国库收入随之锐减。欲上充国库，必先下裕民生，文已将目前要务略陈于黎公之前，兼请胡汉民、廖仲恺二君代表赴京，亲述一切，并有要件奉商台端。到时希为延接，俾尽所怀。专此

---

① 原函无日期。函中有胡、廖赴京之语，与9月8日致孙洪伊函语相近，该函当为同时期。

奉达,即请
勋安
　　诸维察照不宣。

孙文启

据中国国民党中央文化传播委员会党史馆藏一般档案049/415

致杨寿彭函

（一九一六年九月十日）

寿彭仁兄大鉴：

　　阅四月五日致仲恺书,具悉一是。现在正与前途磋商,各件未能决定,故仍未与海关商及。上陆允许状一件,料稍迟定可起运,若未得运来以前,在神户关口限满,仍仗大力设法展期也。此次办理飞机各件,皆以吾兄苦心毅力致有此好结果。但今者袁死黎继,我辈革命之目的物不存,则革命军亦无从继续,所以对尾崎亦不能不设法解约收束,希将此意转致尾崎君曲谅之为祷。尾崎君祖父死去,此处已发电唁之矣。专此,即请
台安

孙文　九月十日

　　仲恺兄已于日前偕同汉民兄赴京料理党务,并交涉各要事,俟各事办妥,即可大张党势。现在来信,请仍寄环龙路四号,用弟名为要。

　　再：昨接电,知最后所汇,亦已收到,惟第二电云："自動車一、自転車一、ハ尾崎ノ助手ガ謝様ト相談ノ上九〇〇エテン（不明）デ売ツタ他ノ自転車ハ青島ニアル一切謝様ニ聞ケ"与五日书所云"存尾崎副手松本处",及谢松生对朱执信言"自动车及自动单车均存仓库"均不相符。卖去九百元,作何用处？且何以卖价如此之低？均候询松生使明白回复,请不必介怀。至飞机则务请尽力保全,勿令有损失。飞机存仓,用尾崎名义,将来有

无窒碍？能否取出，另用兄或他人名义存放？请妥筹电示决定，至要至要。

孙文又及

据秦孝仪主编《国父全集》第四册（台北近代中国出版社一九八九年版）

致中华革命党各支部函

（一九一六年九月十日）

□□支部同志诸兄大鉴：

弟由东返国已三月，以中间经过，变象殊多，难掇拾其片段，故简于笺告。比来大局稍稍定矣，前日由本部发出通告，附有弟到沪后两次宣言，想先达览。吾党自癸丑以后，无日不以讨贼为帜，曲突徙薪，实为天下之先导。虽天戮袁逆，不假手于吾人，然专制推翻，共和再造，我党原来希望，亦思过半矣。约法既复，黎总统为依法继任之人，故相劝罢兵，示仗义者非为权利而动。至今后对于政府，国民监督指导，则其责任有不容诿避者，通告谓"革命名义不复存"，亦即此意。弟在沪屡开大会演说，专论民国制治之大端，而不为一人一事以立言，盖基础巩固，则百事皆其后也。粤东龙逆，毒民最甚，故与唐绍仪、王宠惠诸人发电攻之。适李协和激战韶州，黎总统有令罢龙而未即交代，粤人恶龙已久，乃共起师，围困省城。中央为息事宁人计，现已饬龙早去，代者为陆荣廷，现闻已于四月十日交卸。陆于此次独立，名誉甚佳，其在广西亦无贪污劣迹，与吾党亦有联络，粤事暂得结束。国会开会后，内阁已得承认，现在正从事于制定宪法。至于帝制余孽，潜伏北方者尚不少，中央不无投鼠忌器之患。其他如张、倪[①]辈，亦依然跋扈，如世人所指，此时固难操切从事，然隐忧未息，则国人犹未得高卧也。我汉人驱除异族专制，建立民国，中遭袁逆搅乱，犹能绝而复续，此皆赖我同志以生命财产

---

① 张、倪，指张勋、倪嗣冲。

权利各种牺牲而购得之。今后国中能一遵共和正轨与否,事未可知,而吾人则贵先事预防,有备无患。兹与同志拟有蓄金办法,盖集合群力,为未雨之绸缪。如其治安无事,自可置而不用,还投之各个人生利之业;其不然者,则咄嗟立办,无临渴掘井之虞。

此事弟筹之颇熟,以为可行,故特函奉商,并请转告分部各处同志,想俱乐于赞成也。区区不尽欲白。即颂
公安

孙文　九月十日

附录　党员自由储蓄救国金简章

一、每党员以六个月为限,准备三十元美金,存储所居留之地方外国银行,备为救国之用。

一、每月量力存放银行,如能一次付足三十元者更妙,否则每次以五元为额,六个月内必蓄至三十元。但无论每月能付若干,总以六个月内为限,限满之时,务要能及三十元美金为度。

一、存金由本人自往银行存放,写明本人姓名,他人无取金之权。

一、由银行领出存金折,仍由本人执存,他人无权支领。惟所存之金,既专备为救国之用,则无论如何拮据,不可取用,以符储金救国之宗旨。

一、如各党员散处各地,不能每月亲来聚会者,可将所执银行存折付托可信之同志,带交书记登录,录毕仍将原折交还原所信托之人带回。如中途遗失,应由带者负责。

一、如党员所居之地与支分部及通讯处相隔过远,亦无可信托之人,则俟储蓄至三十元额时,将存折直寄总支部登记之后,仍将原折寄还本人收存。

一、各党员有鼓励同志催促其储金救国之义务。

一、党所储之金,将来如遇救国需用之时,当以本党总理有切实办法说明用途,通电总支部。

〈一、存金已达十元金额之时,应开列姓名及该银行地址行名,报告本地方分部注册,转报总支部登记,以便稽核本党党员存储银行金额之实数。

一、各地方支分部及通讯处,均须每月召集党员聚会一次。聚会之时,各党员将存款银行之存折,交与书记登录,登录所存金额于分部所立注册簿上,立将存折交还本人收存。如有未能按期存金者,则由分部长当众劝勉,务期党员每人于六个月内,必能储蓄三十元之数。但会长、职员更宜一律存储,以为各党员表率。

一、各地支分部及通讯处所用册簿及报告纸张,悉由总部给发,以期划一格式,而便汇报总部,〉①转告各地方支分部或通讯处,召集储金党员,布告一切。定期由各党员自向银行取出所存之金三十元,全数交与部长或干事登录姓名,随即发给临时收据,交还本人。复由部长或干事立将所汇收之金额,汇由总支部转汇本部,先由总支部部长会计签正式收条,寄还各地支分部及通讯处,转发本人收执为据,随将临时收据缴消。

一、各党员已交救国金执有总支部正式收条者,当俟成功之日,提向总理转换偿还证据,按期付还,并标储金救国者之芳名,以为民国历史光。如不愿收还者,则作为义捐,应给与相当之表彰,以昭好义。

一、此项储金以三年为期,如过三年之后,并无提用之必要,应由本人自由取出,任便处置。

一、凡储金满三十元额之党员,于储金之三年期内,除登记芳名外,另由总支部列册呈请总理赠与特别襟章一座,以彰毅力,而昭激劝。

一、此种储金,乃基于党员为党为国之自由志愿发生,以达建设之目的,并非强迫而行。但求各党员自觉,则积水成渠,众擎易举,倘能绸缪未雨之先,自无临渴掘井之憾。凡我党员,宜体此意。

据《中央党务月刊》第四期(南京一九二八年十一月)

---

① 〈 〉内文字据秦孝仪主编《国父全集》第四册校补。

复黎元洪函

(一九一六年九月十三日)

大总统钧鉴：

　　敬启者：前托胡汉民、廖仲恺两君晋京，代陈鄙见，并肃寸缄，敬候起居。胡、廖两君甫就道，复蒙遣王君铁珊到沪，并惠教言。以文疏戆之性，谬承优渥之施，虽天下在宥，宁待贡一先生之言；而海滨归来，尚思告旧令尹之政。业于吴〔胡〕、廖两君行日，条举纲要，属达诸左右。二君于文念年故友，无论何事，均可代表文意，愿于暇日曲赐垂询，俾尽所欲言，如文亲谒。

　　至文数月来，百端未理，拨冗为难，非不思抠衣趋晤，握手言欢，而一时尚未能装束命驾。拟俟两月后，摒挡庶务，稍有头绪，当可北游燕蓟，敬副盛意。先此奉达，聊尽悃怀，敬祈鉴谅。即颂

勋安

　　诸维崇照。

孙文启

据上海《民国日报》一九一六年九月二十六日《九月十三日孙中山先生复大总统缄》

复段祺瑞函

(一九一六年九月十三日)

芝泉先生大鉴：

　　敬复者：王君铁珊到，备述大总统与先生高意，并辱华翰，感谢实深。文归来东海之滨，久慕上台之节，复承雅意，招以弓旌，使尽狂言，藉裨衮职，才虽不逮，义本难辞，故于前日托胡汉民、廖仲恺二君晋京，带呈寸楮，

敬候起居；并将现在切实之务，举其纲要，托彼面陈，以备采择。二君并文廿年旧友，无论何事，均可代表文意，愿赐延接，俾尽所怀，则如文亲觌矣。

至文半年以来，宿疴未除，百事殆废，近始稍为料理，未能遽毕，殊非偃息言高，拟俟两月后摒挡就绪，当可北游燕蓟，再接清亮。先此奉达，聊布所怀，希为鉴谅。即请

勋安

诸维雅照。

孙文启

据中国国民党中央文化传播委员会党史馆藏一般档案049/413

致邓泽如函

（一九一六年九月十四日）①

泽畬兄大鉴：

阅致仲恺书，知已通信各埠将所有债券停止发出，收回清数，敏腕至佩。惟荷属各埠债券，吾兄以未及经手故，欲请本部另派员收回，并荐林师肇相助一节。查林君由港再到上海后，旋再赴北京，现尚未归沪地，吾兄本为各埠筹款委员长，荷属虽间有直接向本部请领债券者，其请领人名号数，尚皆可稽，此事再四筹维，仍以由吾兄勉任收束为最妥适。收回之券当汇存一处，候设法寄回，其数目亦须早行结清，始免为债还时之障碍。二者皆非吾兄不能办妥，故仍修函致各支分部筹饷局长，委任吾兄经理此件，万望勿辞。其许、邓二君经手发出之券，及由本部直接寄去者，俟抄齐汇寄尊处，以便稽核。此事办竣后，希速来沪一行。关于实业前途，有多数问题，欲待吾兄面

---

① 原函有"现尚未归沪"、"希速来沪"等语，是时孙中山在上海，故酌定于1916年。

商解决,希望至大,万勿吝一行也。此请

公安不尽

孙文 九月十四

据邓泽如编《孙中山先生廿年来手札》(台北文海出版社一九六六年版)影印原件

致各支分部长筹饷局长函

（一九一六年九月十四日）

各支分部长筹饷局长公鉴：

敬启者：兹委任邓泽如君清理债券收据数目，各处之债券收据，已售者请开列汇交某处若干，及经支售券经费若干，并存根交与邓君。其已售未交之款，亦请随同交与邓君，以清数目。其未售出之券，亦请迅即交邓君点收，以便寄回本部汇列，准备交涉偿还，希即照办。每埠办妥，希赐

公安

孙文 九月十四

据邓泽如编《孙中山先生廿年来手札》(台北文海出版社一九六六年版)影印原件

复久原房之助函(译文)

（一九一六年九月十八日）

久原先生阁下：

敬复者。来翰拜阅，谨致谢忱！开采矿山为敝国至上急务。如阁下之热心而有力者，对此事业能予赞助，实不胜庆幸之至！只期待阁下之代表中山说太郎早日莅此。详情面商之后，再仔细奉告一切。

时值深秋气爽之季,祈多保重。草此,并请体安。

孙文　九月十八日

据李吉奎《新发现的孙中山函件》(彭汉译自日文版《久原房之助》),载北京《团结报》一九九〇年十一月二十一日

致冯国璋函

（一九一六年九月十九日）

华甫先生督军：

　　执事东南柱石,久佩贤劳,咫尺旌麾,未承颜色。

　　兹启者:自共和再造以来,咸予更新,共荡积憾,故黎大总统先颁释罪之令,而执事亦叠有省囚之举,江苏政治罪犯,次第赦空。惟囚羁吴狱之秦君毓鎏,典系之司尚未报请,故自由之惠犹稽实施。秦君前充南京总统府秘书,弟略知其品性。其人生长名门,行修颇饬,反对者周纳其词,何所不至。今之格于明听,据秦君家属泣涕来告,即由邑人两姓某与某散放流言,以快私怨。今附奉原判印物一纸,秦君如有侵占公款之罪,程前督依法必予并科,胡为仅治其内乱之罪,此可见当时法庭之真是真非。且赣、宁往事,依反对之声,某则饱飏,某则席卷,曾屡见于随意专断之府令。倘秦君附和兵事者,至今将遭非法之诬妄,而首难如克强、协和辈,益不免于从新对簿,则大狱将兴,揆之倾覆民国之帝制犯,黎大总统与执事犹免其胁从,宽严稍不伦矣。故秦君尚系苏狱,必所司因其毛细,未能及时呈报左右。倘因今之进言,执事能饬属即予省释,则秦君一身永戴明德,而报国之士亦愈益奋服。又秦君邑人未知子孙戚里将同城百世,未可误造数姓不解之深仇,以贻数十百年报复之循环,脱不幸而秦君瘐〔瘐〕死狱中,则大错铸矣。道路传闻,当民国三四年之交,某姓以父丧设吊于故乡,丧仪之盛,四方来观,哗传当道将以秦君由苏狱解锡,斩首于南校场以祭,无知男女空巷出探,快心之报,已极淋漓。反问秦君前过,止光复时准封私产及因市政毁某姓之垣,扩充市街,

如是而已,杀之以相复,本未免太过。此次如得仁镜高烛,恕秦君之小过,俾罪与恨皆适可而止,即百年以往,将诵名贤之大惠矣。只颂
勋安不备

九月十九日　孙文

据《民国五年致冯国璋请释秦毓鎏书》,载胡汉民编《总理全集》第三集(上海民智书局一九三〇年版)

致许行彬等函①

（一九一六年九月二十日）

行彬、鸿逵、步青、怀新、棣三、稼云、仰之、思萱、伯壎诸同志均鉴:

　　文以屡历蹶踬,再履坦途。日前与三五友人,漫游贵属,得与诸同志把酒话旧,历叙契阔之感,缠绵意致,匪可言宣;又得陪观浙潮,洗涤怀抱。旋以事冗,未得与诸同志畅叙,深以为憾。别后于是日十时遄返沪寓。燕处超然,鸥盟仍在。用修寸楮,藉表谢忱。敬颂
公安
　　诸维郎照不宣。

孙文启　九月二十日

据《华声报》一九九二年十月六日《浙江发现孙中山海宁观潮佚文》

---

① 1916年9月15日,孙中山偕朱执信、张人杰等人从上海乘火车到海宁,至盐官登"三到亭"(今改中山亭)观潮。回到上海于20日写信给海宁县同盟会会员许行彬、张步青、孙棣三等9人。

致陈梓岩函①

（一九一六年十月十三日）

子〔梓〕岩先生大鉴：

契阔频年，相思殊切，睽违云海，延跂维劳，幸声气相同，时时感应矣。比年以来，不得直通讯问，诚恐恶探环伺，两者相妨。返沪以后，军书旁午，又无暇笺候起居，殊为歉仄。惟于各同志爱国之诚，动辄铭篆，未尝去于怀也。我兄热心为党，凡党中之动定，必所关怀，弟谨将六月以后吾党之目的及办事之大略概括之，以为我兄告。

自袁逆自毙，黄坡〔陂〕就任，约法恢复，国会再集，吾党不得不宣布罢兵，以示吾人革命志在护法，而非为利，黎能守法，吾党目的经已达的，故即令山东、广东暨各路军队，一律停止。迨段氏组织内阁，虽位置吾党数人，实非弟之所欲，弟唯欲纠集吾党诸人，固结不解，纯取监督政府主义，以俟时机，发舒吾党之政策耳。故月来所办之事，其一：扩充党务。日前在京议员暨各埠同志，每有规复国民党之议，而国会议员隶国民党籍尚居多数，维有不健全之份子，经此次变乱，竭诚悔过者亦颗〔伙〕，故于半月前托胡汉民君入都，主持一切。而昔日进步、共和两党中之一部，深信吾党用心坚忍，至公无私，日相接近，且有图谋合并之议，以北京政争之烈，无暇及此。现弟为党务之扩张计，应徇众议，为复党之准备，是手续须求美备，而经费又须宽筹。日前通告各支部，复收党员月捐暨入党基金，实即为此。但以势力消长言之，仍恐杯水车薪，无裨扩充计划，此不能不藉诸君之图维者也。

其二：要求偿还华侨债券。计自癸丑以后，吾党以袁氏弁髦法律，破坏民国，无日不以讨之为职志，端赖各同志毁家相助，俾底于成。而历年以来，

---

① 本件原系通函，分填各同志名字，受信人主要为中华革命党海外各分支部同志。

募集资金，为数至巨。今共和再造，应要请政府填还，以期符合原议，昨已托廖仲恺君向黎总统暨财政部照数发还。惟中央财政，支绌万分，前以五百万之日本借款，几酿政变，恐无余力偿吾党历年之巨款，现仍在交涉中。如此项借款不能急遽收回，则拟以别种优越之权利相代，俾吾党侨友不致亏折，此可为诸同志告者也。

其三：兴办各种实业。弟自宣布罢兵之后，即拟着手实业，以期振兴国产，杜绝漏卮。初念先办银行，以为各种实业倡始，惟兹事体大，资本须巨，章程须备，规模又须宏敞，现正在计议中。弟深望此事能成，一可利华侨之汇兑，二可便华侨之贮蓄，三则各种实业胥由之解决。惟筹资匪易，拟就各埠同志能集合之资力共有若干，以定通盘筹措之计划，望我兄先就贵埠究能集股多少，早日见示，是深切盼。又目下华侨归者，每苦无业，内地党人不能自赡者亦多，须妥筹安插之法，拟先于内地矿产中，择其尤者一二区，先筹开办。并拟于长江一带择地开垦，如办理得宜，获利必厚。现已派人调查一切，俟稍有头绪，当再奉告。

其四：吾党于沪上夐无完善之机关报，以至吾党之用心行事足以为国利民福者，世人莫或知之，虽有良善政策，无从宣达，以起国人之信仰，此最为缺憾者。前实因军事急逼，吾人更无余力以及于此。今方建设伊始，自应从事鼓吹，以坚吾党之信用。昨各埠多有以设立宏大之机关报为请者，现拟将从前徐朗西君所办之民意报，从事扩张，完全代表吾党意思，发挥吾党政纲。唯非数万资金，不能得其美备，拟托我兄代为募集，其招股章程，日内刊就即付邮寄。

其五：拟在上海建设华侨会馆，为侨胞与内地交际之机关，凡工商事业，借此以为调查联络之所，使华侨尽知内地各种天然利源，生财机会庶不致为外人捷足也。其会馆之规模，务期宏大，组织务期完备，俾海外华侨回国，有所问津，务使达到合海外华侨之财之智，以兴发祖国利源之目的。将来草就章程，当再呈正，务望各埠同人协力成之。

以上五事，皆吾党近日之措施，应为同志诸君告者。

现在时局阽危，民国基础，危若覆〔累〕卵，欲谋奠定，非弟一手一足可能为烈,不得不仗诸同志之协助。前兹种种,切望不避繁琐,代为策谋,以冀早收良果,裨益国家,是所切盼。再中国现状,虽似宁靖,而帝孽伏莽,犹遍布要津,张、倪诸武人,尚敢干预国政,妄肆要挟,遥遥前路,罔知所界,而内阁不尽负责,此可为深忧者。知关绮注,再以达闻。即请

公安

  各同志均鉴。

孙文　十月十三日

据中国国民党中央文化传播委员会党史馆藏一般档案049/410

致中华会馆侨领函

(一九一六年十月十三日)①

  中华会馆列位乡先生大鉴:久仰山斗,景慕殊深昔年渡美,以国事萦系,不克绕道南州,以从诸君子游,得收切磋之益,至今犹以为歉。昨朱伯元君归,备述高义,力助捐款,以济民国。今者共和再造,何莫非诸君子拥护之力。更闻有倡办建造轮船公司,航业工艺,互有所关,此弟所深为感纫。弟夙昔秉性质直,二十年,只知救国,不知其他。满虏已除,中间复经袁逆之变,使国人流离颠沛,无所控告。弟用自疚,率国人以讨之,随踬随起数年来未尝逸豫。幸天相中土,袁逆自毙,黄陂依法继任恢复约法,重集国会,弟即宣布罢兵,以示前之革命,志在护法,而非为利。黎能守法,则目的已达,应令各路军队,一律止战。一方结合在野同志,取监督政府主义;一方筹措工商事业,以图国利民福。兹将迩来所办之事,撮其要旨,以为诸君告。其一:罢兵以后,弟即拟振兴实业,杜绝漏卮。初念先办银行,为各种实业倡始。

---

① 原函无具体日期,原题《通告国内外同志之两书》。因另一通函签发陈梓岩之日期为10月13日,故推定本函时间为10月13日。

惟兹事体大，必须厚集资本，现在磋议中。若此事能成，一可以利侨商汇兑，二可以便侨商储蓄，三可以助各种实业之发达。拟集股先自侨友始，将来章程编定，当即寄上，以俾核夺。又归国华侨，每苦无业，须妥筹安插。现欲择内地矿山之尤者一二区，先筹开办，并于长江一带，择地开垦。如办理得宜，获利必厚，经派妥人调查，俟有头绪，当以奉告。其二：拟在上海建设华侨会馆，为侨胞与内地交际之机关，凡工商事业，借此地以为调查联络之所，使华侨尽知各种天然利源，生财机会，不致为外人捷足，其会馆规模，必期宏大，组织必期完备，俾华侨归国，有所问津；务希达合华侨之财之智，以兴发祖国利源之目的。将来草就章程，当再呈正，望各埠同人协力成之。其三：共和建国，虽已五稔，所以中经离乱，几至覆坠者，类由人民顽视国体，如秦越人之视肥瘠，漠不相关，非得良善报章，为之鼓吹指导，来轸方遒，依然危险。现拟组织一宏大报馆，一使人民知共和为世界最良之政治，二使人民知人权之可贵，不至仍前放弃，被人蹂躏。三竭力调查实业，供华侨归国之引导。俟招股简章刊就，即付邮寄。以上三事，均目下切要之图。深望鼎力为之协助，俾早收良果，裨益国家，弟实有厚望焉。再中国现象，表面似属宁静，惟帝孽伏莽，遍布要津，张、倪诸武人，尚敢干预国政，妄肆要挟，茫茫前路，不知所届，而内阁不尽负责，此为可隐忧者。知关绮注，谨以达闻。仍望时惠好音，是所切祷。专此，即请

公安

孙　文

据张其昀主编《国父全书》（台北中华学术院一九七四年版）

致施瑞麟函

（一九一六年十月十三日）

兆衡先生大鉴：

兹接彭德荣函称：前在南通县失败时，曾与邹玉山等同时被捕，今得释

放等语。彭君既系在南通遇难,想先生必识其人,彭君之为人若何？乞即示复为祷。专此,敬请

大安

孙宅谨启

据中国国民党中央文化传播委员会党史馆藏一般档案049/21

致邓泽如函

（一九一六年十月十九日）①

泽如我兄大鉴：

十月一日来书,于前日领收；从前寄来之清册,亦已收到,交财政部备案。功章奖状请领者纷至,此间经已无存,日前已缄东京克日备办,不日可以寄到,当即寄上,以备分给。山口洋款,此间并未收到,想系郑鹤年吞没,请缄知该埠为望。此间办事情形应为兄告者,前月派胡、廖两君入京,一拟主持党务,一拟要求偿还华侨借款。时适唐君入京,拟就职外部,胡、廖两君曾拟以兄为星洲领事,后唐为帝党力攻,遂辞职归沪,并偕展堂同归,仍留仲恺在京,专理偿债事。此事必非段氏之所欲,惟未能显示拒绝,已开阁议数次,或有成议,亦未可知。如万一以无款见拒,则拟要求以四川河底机器淘金权相抵。川省河底产金至富,外人久已垂涎,想兄亦有所闻也。他如党务,各埠多以规复国民党为请,弟意亦已决行；惟章程手续必求完备,则需款自不能少。现在国会虽占多数,而各省会经第二次革命之后,已被各地方官蹂躏无遗,非再事经营不可。以各省论,现只有湖南正谊社成立,而他尚阒然。此中窘难情况,兄谅知之。若复党之议一行,则各省须设分部,其间应筹交际之费,自不能少。自解散军队、停止军事募债以后,此间仅恃美侨汇

---

① 据原函内容,应为9月14日之后续函件,时间仍定为1916年。

款为挹注。而各种费用支销甚巨,此中衷情,兄非外人,不妨径告也。东京总部各友均已回沪,或以假归。近数日已将两月办事情形,缄达各埠,俾知大要,已分人缮写,数日后可寄到星洲一带矣。此复,并请

台安

孙文启

再前缄请兄来沪一商各事,如贵冗稍暇,仍望即来。

据邓泽如编《孙中山先生廿年来手札》(台北文海出版社一九六六年版)影印原件

致邓泽如函

（一九一六年十月十九日）

泽如兄鉴:

本月五号尊处交耀平兄由台湾银行汇来港币五千元,经已收到,除俟清单到时由财政部照发收据外,特先奉复。并颂

台安

孙文启　十月十九日

据邓泽如编《孙中山先生廿年来手札》(台北文海出版社一九六六年版)影印原件

复咸马里夫人函（译文）

（一九一六年十月十九日）

李夫人:

九月六日来信已收到,很高兴再得到您的消息。有关您来中国旅行之议,我愿意说这是可行的,因为此行您将可获得丰富的知识,因而获益不浅,

我也非常乐于尽我所能奉助。

但是,在中国内陆旅行是不可能的事。您简直无法想像,身体所受的折磨是如何难以忍受!在旅途中,所有家用必需品都要随身携带,因此需要众多仆人随行,即使是最好的招待也坏到您无法想像,退一万步说,即使是男人,在内陆旅行也是苦不堪言的。我很不愿浇您的冷水,因为我知道您会有多失望。此外,旅行的费用要比在欧美作同样路程的旅行贵好几倍。

不过,如果您愿意在沿岸城市进行研究,那就是另外一回事了,如果是这样的话,我想我可以设法帮助您。至于中国目前的情况,鉴于民国内部仍然骚动的不利因素,似乎不可能持太过乐观的看法。

眼前我必须解决很多事情才能得闲,那时我将前往美国旅行,不过,当然我还不知道此行要多久后才能实现。顺颂
近安

孙逸仙　一九一六年十月十九日于上海

据秦孝仪主编《国父全集》第四册(台北近代中国出版社一九八九年版)(译自中国国民党原党史会藏英文原函)

复 郭 标 函

（一九一六年十月二十五日）

乃生仁兄先生台鉴:

九月二十日惠书,经于前日领收。以前汇寄各款,已由财政部分别答复,计均到达。贵埠同志热心祖国,输此巨款,以助共和再造,何莫非吾兄鼓吹之力。今日巩固共和,端赖吾党,故百凡〔凡百〕事业,须从整顿党务入手。承询组党办法,现方编订党纲及重订规程,所有党纲未寄到以前,请以国民党名义招人入党,其手续则参酌中华革命党各章程办理,而不用中华革命党之名耳。

弟自归沪后,承黎公之招,原拟入都商榷要政,嗣以在沪各事,如规复党

务、筹办实业等等，一时未能就绪，且以北贵政争未息，一时不能遽行者为此。现已将七月以后在沪筹议诸事，撮其大略，另缄布告。惟自军事自停止后，拮据殊甚，尊处所存各款，务请即日电汇来沪，以济急需，不胜切盼。此请

台安

孙文启　十月廿五日

据中国国民党中央文化传播委员会党史馆藏一般档案049/350

致中华革命党各支分部同志函

（一九一六年十一月一日）

□□先生暨贵部同志均鉴：

启者：黄克强先生自创同盟会以来，与文同事，奔走艰难，迄于今日，凡我同志谅均知悉。前月国庆日，突患胃中血管破裂之证〔症〕，吐血数盂，晕绝经时，随即延德国医生克礼氏诊治，据云尚可无碍。嗣后胸膈仍觉饱闷，至上月下旬，更发见肝部肿大之征候。三十日下午五时，忽又吐血不止，势极危急，由医注射，暂见血止。三十一日早二时，突再吐血，医再注射，旋即脉停气绝，不可复救。呜呼哀哉！以克强盛年，禀赋素厚，虽此次讨贼，未得比肩致力，而提携奋斗，尚冀诸异日。遽此凋谢，为国为友，悼伤百端！仅〔谨〕告同志共鉴察之。

孙文启　民国五年十一月一日

据《中央党务月刊》第四期（南京一九二八年十一月）

致黄德源饶潜川等函

（一九一六年十一月六日）

德源、潜川先生暨各同志均鉴：

敬复者：德源、潜川二君九月一号函及九月卅一号函，又蓝磊君九月廿六日函，均已接到。

所问债券、功章、奖状各件，经即饬财政部早日发寄，谅与此信当同时寄到。此次所以寄付迟延，实因内地起事以后，东京办事人少，稽核淹时。又以结束在即，不能照以前之例，先寄债券，阻稽至此，尚乞谅之。如此次所寄尚有未能收到者，当请速函知追查，免致失落也。余款请即汇上海，用电汇即可达到（单写 Sunwen Shanghai 便得，打电亦可照此住址），因数目须早结清，以便向政府交涉偿还债券也。

政局变动靡常，徐州会议现虽消泯，而段、孙争执正剧，我辈正须固结党员团体，益谋多吸集党员，扩张党势，以收他日有事时之效果。如有欲入党者，可照中华革命党旧章，用国民党名义收之，以便延揽人材。国内本部，亦当不久建立，届时再将修正之党章。各支分部规则寄上照行。先此奉复，即请
公安

惟照不宣。

孙文　十一月六日

据中国国民党中央文化传播委员会党史馆藏一般档案 049/284

致各总长各议员函

（一九一六年十一月二十日）①

〈先生执事〉②：

  自黄〈君〉克强云逝，遐迩悼痛。而诸执事又追维前烈，以为崇德报功，必宜优以殊礼，〈以〉为国民矜式，于是有主持国葬暨抚恤遗族、庙祀立传诸议。所以揄揭徽〔媺〕烈、树之揩〔楷〕模者，义至闳厚。顾文等犹有私义，欲以奉陈左右者：黄君勋绩烂然，固国人所共钦，然亦有平生事功艰苦卓绝、百折不挠、卒以身殉、死义甚烈如陈君英士者，尤冀诸执事有以表章之也。溯陈君之生平，光复以前奔走革命，垂十余载，其间慷慨持义，联缀豪俊，秘密勇进，数濒危殆，凡旧同志类能称述。辛亥之秋，鄂师既举，各省尚多迟回观望，陈君冒诸险艰〔险难〕，卒创义于沪上。尔时大江震动，纷纷反正者，沪军控制咽喉，有以促之也。其后金陵负固，各省义师云集环攻，而饷械所资，率取给于沪军，陈君措应裕如，士无匮乏。此其于民国之功，固已伟矣。袁既毁宋，陈君首摘发其证据，既而举义中挫，奔亡三岛。尔时袁贼谋帝之心，路人皆见，而败机〔丧〕之余，众多沮怯。顾陈君强毅不挠，与文肩任艰难，策画进行，分遣群众，连结各省军旅，灌输以反对帝制之心理。去岁蹈险归沪，指麾一切，虽屡起屡仆，志不少衰。肇和一役，事虽未集，然挽回民气，使由静而动，实为西南义军之先导。袁既疾君深，乃嗾其爪牙，卒刺杀君，死状至惨。揆其平生，舍易就难，为人所不能为，勋烈媲于黄君，而死义之烈过之。特以殉国之际，袁恶犹炽，文等虽抱沉痛，无以张之。唯浙督吕君，允助以丧葬之资，其后沪上大会追悼，亦蒙黎大总统赐唁极哀。是其诚信所著，固为举国同悼者已。

---

① 此函所标时间系上海《民国日报》发表日期。
② 秦孝仪主编《国父全集》编者按：本件原稿受函人名单列有："儒堂、溥泉、濂伯、慧僧暨各同志，梓琴、楚香、君武、子钊暨各同志，雨生……暨各同志，伯兰先生，佛言先生，内务部孙总长，总统府秘书长丁世峄先生，参议院刘成禺先生"等人。

惟是黄君现〔既〕逝，得诸执事为之主持，存恤表章，而陈君则遗体至今犹寄存沪上，无以为葬。身后萧条，为状尤难〔艰〕。夫逝者已矣，〈而〉表彰前烈，责在后来。今黄、陈两君事同一例，倘诸执事主持正谊，以此意达之议会、政府，为之表彰，予以国葬，并存恤其遗族，则观成〔感〕攸在，其所以陶镕国风，示国民以仪型，所存所裨，宁有涯涘？文等夙共患难，闻见较切，故敢陈区区，伏维亮鉴〔詧〕。此颂

公祉

〈孙文、唐绍仪〉

据上海《民国日报》一九一六年十一月二十日《陈英士先生之灵响》，参校秦孝仪主编《国父全集》第四册所录该函原件

复李宗黄函

（一九一六年十一月二十日）

宗黄先生台鉴：

敬复者：顷接来函，敬悉一是。唐公命世之材，首倡义举，大功既建，处以抑谦，诚可以为全国军人之表率。阁下既深投契，遂佐戎机，长揽参军，展足别驾，相得益彰，良用为慰。沪上勾留，百务冗杂，曩承枉驾，礼数犹疏，而唐公来书，猥以为谢，阅〔阁〕下来翰，亦齿及之，滋用为惭。然素心相期，皆在远大，区区之见，邀唐公之采纳优崇，实深愉慰。以后如有鄙见，当随时发表问世，但冀国民虚受，必不吝直言也。先此奉复，即请

戎安不一

孙文 十一月二十日

据中国国民党中央文化传播委员会党史馆藏一般档案049/111

复威廉·舒尔兹函(译文)①

（一九一六年十一月二十三日）

尊敬的舒尔兹先生：

惠书使我极为高兴，虽然我们之间通信不多，也不经常，但通过先生各方面杰出的工作和先生在贵国取得的创新成果，使我恍若与先生相识已深，至为钦佩。

今我愿向先生致歉，因长时间地延误了向先生复函。这是由于我一直在等待汇集有关一事之某些消息，而此事即我长期以来欲向先生提出，并望能得到先生有价值的帮助。此事若能获得成效，定将成为有力之证明——美国之伟大和其对人类进步事业的贡献。

先生是掌握此项重要工作之合适人选，我愿将我的设想呈于尊前。

多年来，我一直奉献毕生于向国人浇灌民主之理想，遍及于全中国。播种确已在望，事实上，我们已有了一个共和制的政府，但若我们仅是孤立拯救自己，发展就将停止。尚有一事，当在我能力之外，并以达之于我国人民，即是实践中之民主，对此我无能为力。除非获得美国之协助，否则我不认为我毕生之事业可取得完满之成功。

中国之要地——上海，有一区域称之谓公共租界，原本是"给予"美国作为租借地，但由于不清楚之原因，美国自己不管理，却转让给了英国。虽然这个区域仅仅是让与，但生活于此租界上的当地居民却一直无法分享这个政府的法律权或诉讼权。

如我上述，我们在名称上已有了一个共和制的政府形式，但在实践中我们仍落后于时代。为了拯救国家，我们亟需给国人树立一种市政管理之楷

---

① 此英文函是孙中山在上海写给美国国会议员舒尔兹的。原件收藏于美国康乃尔大学图书馆。

模,其榜样为美国的市政管理之最佳方式。在一定的时期内,可受美国之督导,这是由于我们在地方管理方面很弱。

美国已为中国做过许多事,例如退还庚子赔款,对此我们感谢。但美国尚可做得更多,如将转让给另一方的租借地退还给我们,并指导我们如何以美国最佳形式管理之。这一步骤将永久巩固我们的友谊和取得国人的信托。这不仅有利于中国,最终也有利于整个人类。

因为有美国和一个强大的中国分别保卫着两个半球,世界和平定有保障。

有什么事业能比美国对全人类的贡献更为壮丽的呢!因为你们在市政建设、廉洁政府方面作出了许多成就,我相信先生会认识到,中国迫切需要立即创建良好的城市政府,因此我期望先生为我向美国人民作一切有效的宣传,并将你们的知识光辉给予我们。

我希望关于这项事情,先生将在贵国务院广袤的辖地内找出更多的办法,并广泛传播,最有效地和最可能地达致美国人民。

如有任何建议,先生认为任何时候可告我者,我均欢迎,并极为感谢。

希望不久能得知消息,并致衷心敬意。

你真挚的孙逸仙
一九一六年十一月二十三日

据郦玉明、一之《浅议孙中山先生三封未公开发表的英文信件》,载《民国档案》一九九二年第四期

致戴德律函(译文)

(一九一六年十一月二十四日)

戴德律阁下:

前曾寄往皇宫旅社(Palace Hotel)致阁下一信,请退回有关委托权的文件,但未见回信,恐阁下已不在这家旅社,或该信未能寄到。因为这是一些

重要文件,故仆请知友诺曼先生(Mr. Robert Norman)带信前来拜访。阁下收到这信之后,请将委托权文件交给诺曼先生。

久未收到阁下来信,故未知阁下目前工作与行止如何。

目前仆在思考阁下的计划之一,并且希望立刻实施,那就是农业方面的构想。仆不久即将向政府申请北方的土地,希望阁下代为搜集一切资料,包括需要何种机器,以及我们必须采纳何种方法等,请速指示。

孙逸仙　十一月二十四日于上海

据秦孝仪主编《国父全集》第四册(台北近代中国出版社一九八九年版)(译自中国国民党原党史会藏英文原函)

致田中义一函(译文)①

(一九一六年十一月)②

敬启者:

敬闻执事在东方〔京〕发起追悼黄克强先生大会,推本友谊,为空前之盛举,厚义深情,存殁均感。谨代表志谢,并寄上黄先生遗照一纸,以作纪念。专此,即候起居。

主丧友人　孙文、唐绍仪、李烈钧、
蔡元培、柏烈武、谭人凤

据王魁喜译《孙中山致日本人士未刊电函十五件》(原载《日本历史》杂志一九八七年八月号,李廷江《孙文与日本人》),载《孙中山研究论丛》第五集(中山大学一九八七年版)

---

① 此函来自日本国会图书馆宪政资料室藏《田中义一文书》。
② 原函未署时间,据《黄兴年谱》载 1916 年 11 月 17 日,日本东京各界人士举行黄兴追悼大会,到会者数千人,不能入而立于山门外者数万人。发起人后藤新平、田中义一、头山满、寺尾亨等,追悼会上并宣读上海主丧友人孙文、唐绍仪等的谢电,此函当为 1916 年 11 月。

复丁石生①函

（一九一六年十二月六日）

石生先生台鉴：

敬复者：前月十日来教，已经收阅。收采金沙，开浚河道，既惠于民，复裕国库，条议敷畅，自可赞同。此事既得滇巡按使批行查核，虽经用兵中止，谅必有案存滇，将来若得滇政府同意，规划开办，则此间代向华侨集资，开办采掘事业，决不为难。但通航之路，不但须水足载舟，且全河上下流离海，而高低不甚相远，始能适用。若高低之差不大，则用水闸之法，尚可期船只之通行；若相差太多，则不能运载。务须将该河身测量清楚，绘示详图，始能以之招致华侨，使之投资。

先此奉复，即问

近安

孙文启　民国五年十二月六日

据昆明《新闻世界》第十一期"云南革命文献专栏"（一九四八年十一月）

致中华革命党各支分部函

（一九一六年十二月十日）

□□□各分支部各同志均鉴：

启者：此次推翻帝制，各埠华侨既捐巨资，以为军费，而回国效命决死，

---

① 丁石生（石僧、石森），云南宾川人。1903年留学日本，1905年加入同盟会，曾任南京临时政府教育部会社教育司司长等职。著有《开展金沙江航路问题》一书。

以为党军模范者,复踵相接,其坚忍勇往之忱,诚不可多得者也。计此次回国从军之华侨,可分为两部:其一部为活动于广东方面,主由南洋英、荷、法领等地之华侨组织之,而美州〔洲〕及日本等处华侨参与焉;他一则为活动于山东方面者,主由坎拿大及北美合众国华侨组织之,而南洋及日本之华侨亦参与焉。

广东一部分,始仅组织决死队十余人,谢伯瑶、罗金兰主其事,攻击肇和之役,死伤者几半,余亦皆九死一生,始得脱险。未几又以数十人往,与攻汕头镇守使署之役,先登,逐马存发去之。既而莫擎宇来争汕头,中华革命党军不欲自相攻击,遂去。归而组织华侨决死队,其中多各归其乡,纠率子弟以助大军。如吴业刚、李子华等之助攻江门,其功尤著。既而以袁世凯死,中华革命军解散,一部分仍入石龙,助邓仲元守石龙,一部归入周之贞所统华侨护国军,皆有战绩。山东一部,始因坎拿大华侨依军务部命组织团体,归国效命,美国同志亦同时有数十人归。潍县既下,各同志陆续编为华侨义勇团,分为三队,夏重民、黄伯度、伍横贯、蔡鹤朋等主持之。又有一部立志学飞机,遂延聘教员,组织飞行队,胡君汉贤等十余人,皆日夕练习,期于一试。虽未见实战,然其声威已播矣。至东北军解散,义勇团及飞行队亦各领费散归。计广东华侨成立在先,解散亦早,东北军中华侨队成立较晚,解散亦较迟,略各支持半年,备极辛苦。而广东经战斗多,华侨中死伤者颇多,东北军幸尚无损伤,然华侨之勇气热心,益为同志所敬重、世人所惊服矣。

当解散时,广东款项至绌,每人所给不过数元,其曾经战役者,亦不过三十元。东北军遣散费虽较裕,而合本部所给与军队遣散费,亦不过三百元。诸人远道归来,除去再赴美洲之船费外,所余亦正在无几。盖诸同志热心爱国,深明革命原理,不避艰险,出于天性。所惜者袁氏一死,大局立变,不能再以革命用兵。解散之事,实出于万不得已,此诚初意所不及料。各同志尚多欲仍留军籍,学习军事学问,但以此时情势,我党不争政权,则华侨诸君留习军事学,亦无所用,故力劝各同志及早回埠。其有坎属华侨未取回头纸不能回埠者,现亦代为筹划。总之,尽力期使有可营谋之机会而已。

从军同志类以绝顶之热心,决死来归,今日得此结果,虽云共和已复,帝制已除,从军者皆有无限之光荣,而抱勇迈之心,无用武之地,自难快意。其伊郁觉不满足,自属人情,至可共谅,所恨事势如斯,无由解其忧郁,吾人亦无可如何。乞各同志对于从军华侨已未回埠者,均以口或以书信劝勉慰解,不使遽尔灰心。将来仍可出为国家栋梁,自致勋业,则华侨之光荣,即吾党之光荣,亦即国家之大幸也。专此布达,希即转知附近各属同志知悉。敬请
公安

孙文启　五年十二月十日

据《中央党务月刊》第四期(南京一九二八年十一月)

通告中华革命党海外各支分部函

（一九一六年十二月十日）

支分部各同志均鉴:

敬启者:各埠屡有函来问,满任职员应否改选？查本党改组在即,若重新逐一选举,反形烦琐,请各支分部现任职员,虽已满期,仍照旧办事,俟至改组日为止,以归一律。但如在接函以前,已经举定新任职员者,仍由新举职员接理。此请
公安

孙文启　五年十二月十日

据中国国民党中央文化传播委员会党史馆藏一般档案049/91

复北京《民强报》函

（一九一六年十二月七日至十一日间）①

贵报向未寓目，既系自癸丑以后，蝉联不绝，必有接济之人，现在款项支绌，实难相助。

据上海《民国日报》一九一六年十二月二十二日《〈民强报〉拆梢真相》

致卢慕贞函

（一九一六年十二月十六日）

科母②鉴：

十二月一日来函已收到。你欲做永安公司股份。自可由你定夺便是。家费由阳历明年正月计起，当每月寄一二百元或半年寄一次也。我现在身体更佳，诸病悉除，可勿为念。此致，并问各人

大安

科父字　十二月十六日

据广东翠亨孙中山故居纪念馆藏原件

---

① 据上海《民国日报》（1916年12月22日）第七版报道，撰文日期在12月7日至11日间，由秘书代笔。

② 科母，指孙科之母卢慕贞。

再复北京《民强报》函

（一九一六年十二月十三日至二十日间）①

寄来报淫猥鄙秽之语，触目皆是，先生最深恶之，以为万国所无。先生实无力相助，即有力，亦断不助此伤风败俗之报。

据上海《民国日报》一九一六年十二月二十二日《〈民强报〉拆梢真相》

复郭标等函

（一九一六年十二月二十二日）

迺生先生暨各同志公鉴：

敬复者：十一月十四日函已经收阅。雪梨领事不得力，自于侨民发展有碍。现在外交总长伍君，尚亲民党，但此时彼尚未立定脚跟，更换之事，一时亦无此力量，俟稍缓有机会，再行图之。

汇来银九百五十六镑十司令，合上海银七千四百二十八元三毫七仙，已经收到，并用电复，想早达到。兹并将收条寄上，其余统委财政部查明奉复。

又，李襄伯君来函，询问政局，足见热心。现在国会虽为不党主义所阻，表面上未见政党出现，实际我党仍占大多数。内阁中自唐少川辞职后，虽名为有党人在内阁中为总长，实恐其无甚气力，且为官僚所化，殊不足恃也。督军中亦有二三人与吾党甚亲近，大略如此，余俟续报，希传与

---

① 据上海《民国日报》(1916年12月22日)第7版报道，撰文日期在12月13日至20日间，由秘书代笔。

李君知之。即请

公安

孙文启　十二月廿二日

据中国国民党中央文化传播委员会党史馆藏一般档案
049/351

致参众两院议员函

（一九一六年十二月二十二日）①

敬启者：

　　文恫异族专制之害，实行革命事业二十余年，至乙未广州谋泄事败，文兄弟家产遂荡然无存。后此如惠州、黄冈、钦廉、镇南满〔关〕、河口以迄广东新军之役，广州三月念九之师，其一切经营，皆文为之谋主。而其费用，则皆华侨同志出之。其他各省军马之联络运动，与谋未遂而败者，所费亦匪鲜。虽其间亦有慨然为国捐输之人，然应于借募金〔企〕成功之偿还者实过半。临时政府成立，对于此等款项，不但未偿，且以各省用兵，中央支绌，更加借沪上广潮商人之款，及美洲、南浮〔洋〕华侨之款。及财政部移交北京，则只以一纸证据塞责，其款固至今未偿也。

　　二次革命失败，文睹袁氏有帝制自为之意，首组中华革命党，推〈翻〉专制，而保共和。顾以前此民国告成，出资者尚无所取偿，乃与为必还之证约，从新举偿〔债〕。计募借华侨款一百七十万元，借入日本商人债一百万元，资以起义。最初以肇和之附义，树反对帝制之声，不幸挑〔挫〕败，尚足为袁氏对外宣言称帝，必无乱事之反证。云南既起，广东及长江两方面，屡建义旗，革〔牵〕制袁兵，使龙氏内顾不暇，仅以偏师犯滇，后无继者，桂省不被其胁。长江各省，留兵防守，不敢空群与滇军争胜。其后

---

① 此函所标时间系上海《中华新报》发表日期。

广东军队并起,率〔牵〕制龙氏,桂省义师,遂得展布于湘省。反〔又〕以东北军捣袁氏之虚,而夺其魄。袁氏既死,黎公继任,率先罢兵,为诸军倡。当时广东军、东北军人各万余,支持数月,上海、长江上下游,众未发者称之。又在川、滇亦有布置,今卢、石两司令①尚效力行间。此外,各省仍有联络。凡此联络、发难、维持之费,及解散费之大部分,均由筹借之款以支持。一切出入,井然可稽。

民国大定,乃于九月中使人请于政府,以为是役之出资者,皆为共和也,共和既复,而一不之恤,是则在国家为寡恩,在国民为负义,故请求政府代为偿还,非徒以保个人之信用也。若谓革命为多事,谓不忍于帝制而假资以助光复者,为自业自得,则文亦有以报命于海内外矣。此者〔比者〕政府亦幸察其实情,允俟稽核之后,代为偿还。而外间谣诼不一,且有议员提起质问。其为监督政府、慎重用财起见,岂曰无当,然所指摘,一不衷诸事实。有谓华侨之资捐而非借者,则不知所借华侨之款,为埠以百计,皆有证据可稽。其日本商人之款,今亦无从秘密,可任调查。有谓乘政府美款成立索资者,则不知文之请求,系自九月,其时美款并无所闻。文但问政府对于此款承认与否,并不计承认之后,何时可以支出,岂有因利乘便之见。且所请于政府者,止为代偿债务。前此所借,用之国事;今此之还,还之本人。文毫无所与也。其谬最甚者,谓以此项巨款,饱私人之欲壑,此则直为诬谤。文奔走二十余年,曾忝任总统之职,自问流俗权利争夺之见,去之且远,何物货贿,足以污人。试还诘言者,若能举某一处、某一种财产,为文所私,则文亦甘任其罚。而偿还之际,政府自有稽核之权,抑无俟辩矣。

文以为,人民对于国家,皆有莫大之责任,而夙昔炮〔抱〕持三民主义,犹有未达者,故素不自伐其功。〔叙〕此次总统叙勋,乃予以大勋位,文不敢遽辞,亦不敢遽受。何则?共和政府孰先创之?袁氏帝制,孰先讨之?此世所指为有功者,而文则〈始〉终赖华侨有志之士毁家倾屋〔产〕以为之助。若曰无功,是以一人之谦让而没之也。其曰受功,则虽总统遇我厚,然他人出

---

① 石、卢,指石青阳、卢师谛。

血汗犹未得偿,我能靦颜独被优异耶?此所以一再申请,企不深负此多数爱国忘家之士。抑以为,凡我民国有血气者,不宜负欲〔彼〕也。夫帝制用款,数累万万,国人犹不能不为袁氏任责,而此反对帝制之用款,不过其百分之一,对之反生疑义,轩轾厚薄,宁有说以处之。

文性不好辩,故当袁氏称帝之日,蜚语满海〈内〉,文皆不出一言。今者请求还偿债,实非关系个人。虑以少数人成虎铄金,摇惑观听,因略序事实,并驳正反对者之言。人心不死,来者难诬,文亦惟有俟我国民之公论而已。
敬请
公安

孙文启

据上海《中华新报》一九一六年十二月二十二日《孙中山先生致参众两院议员书》

与唐绍仪等联名致北京政府函

(一九一六年十二月)

黄兴氏生前奔走国事,为公负债十七万元,请予拨还。孙文、唐绍仪、谭人凤、李烈钧、柏文蔚、章炳麟。

据上海《民国日报》一九一六年十二月二十九日《北京政府予以婉拒》

致邓泽如函

（一九一六年）①

泽如先生台鉴：

兹有浙省特派调查南洋实业专员王君孚川（名廷扬）、丁君心耕（名福田）来观贵埠之光，特为绍介。希妥为招待，并导观一切，且绍介之于贵埠暨邻近各埠实业家。俾得详细调查，将来归国报告，鼓舞政府，振兴实业、保护华侨之心，必大有所助也。专此敬达，即请
公安

孙　文

据邓泽如编《孙中山先生廿年来手札》（台北文海出版社一九六六年版）影印原件

致美洲中华会馆函

（一九一六年）

中华会馆列位乡先生同鉴：

久仰山斗，景慕殊深。昔年渡美，以国事萦系，不克绕道南州，以从诸君子游，得收切磋之益，至今犹以为歉。昨朱伯元君归，备述高义，力助捐款，以济民国。今者共和再造，何莫非诸君子拥护之力。更闻有倡办建造轮船公司，航业工艺，互有所关，此弟所深为感纫者也。弟夙昔秉性质直，二十年来，只知救国，不知其他。满虏已除，中间复经袁逆之变，使国人流离颠沛，

---

① 此函原无年月，据1917年4月25日孙中山致邓泽如函中有"浙督虽易人"之语，王、丁当为原浙江督军吕公望所派。按吕于1917年1月1日被免职，故此函当发于1916年秋冬之间。

无所控告。弟用自疚,率国人以讨之,随蹶随起,数年来未尝逸豫。幸天相中土,袁逆自毙,黄陂依法继任,恢复约法,重集国会,弟即宣布罢兵,以示前之革命,志在护法,而非为利。黎能守法,则目的已达,应令各路军队,一律止战。一方结合在野同志,取监督政府主义,一方筹措工商事业,以图国利民福。

兹将迩来所办之事,撮其要旨,以为诸君告。其一,罢兵以后,弟即拟振兴实业,杜绝漏卮。初念先办银行,为各种实业倡始。惟兹事体大,必须厚集资本,现正在磋议中。若此事能成,一可以利侨商汇兑,二可便侨商贮蓄,三可助各种实业之发达。拟集股先自侨友始,将来章程编定,当即寄上,以俾核夺。又归国华侨,每苦无业,须妥筹安插。现欲择内地矿山之尤者一二区,先筹开办,并于长江一带,择地开垦。如办理得宜,获利必厚,经派妥人调查,俟有头绪,当以奉告。其二,拟在上海建设华侨会馆,为侨胞与内地交际之机关,凡工商事业,借此地以为调查联络之所,使华侨尽知各种天然利源,生财机会不至为外人捷足。其会馆规模,必期宏大,组织必期完备,俾华侨归国,有所问津,务使达合华侨之财之智以兴发祖国利源之目的。将来草就章程,当再呈正,望各埠同人协力成之。其三,共和建国,虽已五稔,所以中经离乱几至复坠者,类由人民玩视国体,如秦越人之视肥瘠,漠不相关,非得良善报章为之鼓吹指导,来轸方遒,依然危险。现拟组织一宏大报馆,一使人民知共和为世界最良之政治;二使人民知人权之可贵,不至仍前放弃,被人蹂躏;三竭力调查实业,供华侨归国之引导。俟招股简章刊就,即付邮寄。

以上三事,均目下切要之图,深望鼎力为之协助,俾早收良果,裨益国家,弟实有厚望焉。再中国现象,表面似属宁静,惟帝孽伏莽,遍布要津,张、倪诸贰人,尚敢干涉国政,妄肆要挟,莽莽〔茫茫〕前路,不知所界,而内阁不尽负责,此为可隐忧者。知关绮注,谨以达闻。仍望时惠好音,是所切祷。专此,即请

公安

据《中央党务月刊》第四期(南京一九二八年十一月)

复卢慕贞函

（一九一七年初）①

科母知悉：

你信已收到，所问再做永安公司股份事，此可不必，你现有之款，当留作家费日用便可。若做了股份，恐到用时取不得，反为不便也。此复。

德明字

据盛永华、赵文房、张磊编《孙中山与澳门》（文物出版社一九九一年版）影印原函

致邓泽如函

（一九一七年一月七日）

泽如先生大鉴：

敬复者：得接十二月二日来书，备悉各人于举办报馆、会馆各节，均极赞成，至为欣慰。华侨会馆自不能专设一处，广州、汕头、厦门等处，当然应设分馆，以利进行。章程当于日间草定，分发各埠，请求同意。先此奉复，即请公安

孙文 正月七日

据邓泽如编《孙中山先生廿年来手札》（台北文海出版社一九六六年版）影印原件

---

① 原函未署时间，1916年12月16日孙中山写给卢夫人信中曾说"你欲做永安公司股份，自可由你定夺"，此函又说"所问再做永安公司股份事，此可不必。"此函当在1917年初。

致瑞石函

（一九一七年一月七日）①

瑞石先生大鉴：

十一月十三日来函敬悉。储金救国一节，已蒙同志赞成，极为欣慰。仍望尽力做去，将来无论变局如何，皆可应之设法。国家之发达，端赖此举矣。现在交涉偿还军债之件，已经阁议许可，而外间不察者，每有反对，尚未决定妥当，尽力与政府磋商。余容续函。即请

公安

诸同志均此。

孙文　一月七日

据秦孝仪主编《国父全集》第四册（台北近代中国出版社一九八九年版）

复叶独醒②函

（一九一七年一月十四日）

独醒先生大鉴：

接十二月二十日来函，条陈实业办法，至为赞同，望与诸同志协力进行，以发挥民生主义，实不容缓之举也。所请将贵支部筹存之款及党金汇回本部，再拨入尊处，作发起人股份之事，在文并无成见。惟款既属党金，已交本部，则不能再挪为做生意之需。请商之贵支部同人，从多数解决。如众意金

---

① 原件未署年份，此据秦孝仪主编《国父全集》考订。
② 叶独醒是菲律宾华侨，曾任中华革命党宿务埠正支部长。

同,将款作党中做股,该款若干,报告本部,本部当照诸同志之请,承认该款,给回收条。如此则省却辗转再汇之手续也。专此函复,并颂

台安

孙文　元月十四日

据中国国民党中央文化传播委员会党史馆藏一般档案049/142

复宋元恺①函

(一九一七年一月二十七日)②

元恺先生大鉴:

接示敬悉一切。关于改党之组织,弟并非不赞成。此共和国运用宪法,非有政党万不为功,代议政治,决不能以散漫之议员活用之也。然弟以自身不欲入政界,故虽甚赞成组织政党,而决不加入,所有办党之事,悉以委之唐少川君。唐少川君本拟将旧国民党重行收集,立一新大政党,现尚未至可以发表之地位。然旧日党员赞成者不少,谅可有成。尊处同志,将来宜加入该派,以收指臂之效。

捐册前经托人代募,尚无回信,容后再寄。此复,即请

公安

各位同志均候。

孙文启　一月二十七日

据中国国民党中央文化传播委员会党史馆藏一般档案049/17

---

① 宋元恺曾任中华革命党陕西支部长。
② 原函无年份,此据秦孝仪主编《国父全集》考订。

致邓泽如函

（一九一七年一月二十八日）

泽如先生大鉴：

英士兄灵柩定于本年五月十八日安葬，因经营纪念碑、修墓及送葬运柩等件，需款颇多，豫计须在万元以外，而此处同志人人皆已穷窘至极，无从设法。以英士为国为党，鞠躬尽瘁，卒殉其职，而死无以葬，实为吾党之责。故决欲在党中募集七八千元，以充葬费，经有通函至各支分部，请其尽力筹措，汇交前筹饷局长汇沪，此为对于死友之责任，谅兄亦必不辞也。然各支分部对于此件，虽可决其必各尽力，仍有缓不济急之虞。英属同志，务希由兄函促开筹，一面请在前存债券尾数项下移拨四千元，先行汇沪，将来收得，再行填补，庶可不愆葬期。至盼照办，并乞复示。即请

台安

孙文启　一月廿八日

据邓泽如编《孙中山先生廿年来手札》（台北文海出版社一九六六年版）影印原件

复郭标[①]函

（一九一七年二月一日）

乃生先生台鉴：

前接汇来英金九百五十六镑十司〔先〕令，经即电复。现又续接一月十五日来函两封，并汇来五百二十六镑十八司〔先〕令正副票，当即照收妥，并

[①] 郭标是澳大利亚悉尼华侨，为永安系统资本集团成员之一。

令财政部迅将两纸收条寄呈，另将前次八十镑数目查清奉复矣。承示照前函办法，仍极力扩张改革，已成分部十处，殊为忻忭。自收束以来，办理党务，当以贵处为最高成绩，此皆阁下与办事各人热心之结果也，甚佩，甚佩。

新党员本不便发给革命党证，但为贵处办事清楚起见，可以通融办理，已饬党务部特定办法奉复矣。救国储蓄一节，蒙为提倡，甚慰。此为我党厚蓄势力，以待不虞之事变，实系最要之着，望着着进行。专此奉复，即请
台安

各同志均此。

孙文启　二月一日

据"中央改造委员会"党史史料编纂委员会编《总理全书》（台北一九五〇年至一九五二年出版）之十《函札》

复徐统雄①函

（一九一七年二月三日）

统雄先生台鉴：

十二月六号来函已悉。拟办各事，蒙为赞同，心所感佩。俟还债案稍有端倪，当将章程印寄，彼时务希照办。国中近事，已具总务部通讯矣。黄、蔡②二处，均于十二日举殡回湘，所有挽联，当代致黄、蔡宅也。此复。即请
大安

子瑜③兄均此。

孙文启　二月三日

据中国国民党中央文化传播委员会党史馆藏一般档案049/229

---

① 徐统雄是新加坡华侨，中华革命党人。
② 黄、蔡，指黄兴、蔡锷。
③ 子瑜，即邓子瑜，新加坡华侨，中华革命党人。

致邓泽如函

(一九一七年二月四日)

泽如先生台鉴:

七日手书并征信录已收到,当饬财政部详细核对另复。此项筹饷,独任艰巨,为国为党,皆不能不致谢于我兄。又以十余年心腹之交,殆已忘形,欲以言达此忱,殆亦不可得达。惟兄知我深者,当不以此虚文为重耳。

张志升、彭泽民二君来,带来手书,亦已阅悉。所有会馆一事,既以国外华侨为主,则其计划自不能不博采众意。但于此际偿债问题未经决定,则提出此问题恐亦非宜,一面亦欲待我兄来此一商办法,能来与否,希复一音。基金多少,容俟斟酌,乃能决定。至于存款留办会馆一层,自属可行,请暂为存贮。

朱执信经手用款,前经册报本部,所开南洋汇来公慎隆之数,与本部汇去各数,并无分别列账,只有统收统支。俟饬财政部抄寄一份,以昭大信。周苏群之款,如已列有细数,亦希交来存查。

从军华侨合给纪念功章,已托人铸造。但此项铸造印刷,均费手续,尚须两月,始可完成,请先告各同志,并希函谭盛,将当日在澳门所开名单寄来,以便按名发给,免有偏枯。其债券功章,已托陈肄生君带去二等三十枚、三等五十枚,其余俟铸妥再行送上。此复,即请

台安

孙文启　二月四日

据邓泽如编《孙中山先生廿年来手札》(台北文海出版社一九六六年版)影印原件

复李天如等函

（一九一七年二月十一日）

天如、来春、统雄、辉汉、子瑜、剑存、炽寰①先生均鉴：

敬复〈者〉：前月十七日公函，敬悉。偿债之款，移办银行，伟画至佩。但现偿债交涉，为反对党所阻，一时未能决定。此议要须稍待，始可实行而已。华侨选举之事已办妥，甚慰。张君永福之公事，既已照寄冯君，则无论举出何人，皆无所碍也。此复，即请
公安

孙文启　二月十一日

据中国国民党中央文化传播委员会党史馆藏一般档案049/230

通告中华革命党各支分部函

（一九一七年四月一日）

支分部各同志均鉴：

敬启者：陈君英士，功业彪炳，志行卓绝。去岁为凶人谋害，冤痛未伸。现拟由党中醵资妥为安葬，预计所费尚须万元，务望同志尽力募集，汇交原日筹饷局长汇沪供用。葬期拟定五月十八日，时间已迫，信到切望从速筹集交汇，以资送死。凡属同志，俱有救恤之谊，矧在陈君为吾党唯一柱石，于此切希不吝赐助。至盼复示，此请
大安

孙文启　六年四月

据中国国民党中央文化传播委员会党史馆藏环龙路档案12235

---

① 天如，即李天如；统雄，即徐统雄；剑存，即郭剑存；炽寰，即吴炽寰。均为新加坡华侨。

附录　同题异文

（一九一七年四月一日）

　　中华革命党缅甸仰光支部暨所属各分部同志诸公均鉴：敬启者：陈君英士（即其美），功业彪炳，志行卓绝，去岁为凶人谋害，冤痛未伸。现拟由党中醵资妥为安葬，豫计所费尚须万元，务望广劝同志募集，赙资汇汇上海弟收，以资治丧安葬。葬期现定五月十八日，信到务乞从速筹汇。凡属同志，俱有救恤之谊，矧在陈君为吾党唯一柱石，于此切希不吝赙助，至盼复示。此请
大安

孙文启　四月一日

据中国国民党中央文化传播委员会党史馆藏一般档案049/278

复徐统雄函

（一九一七年四月二日）

统雄仁兄大鉴：

　　〈寄呈〉总统、总理、参众院呈文一件，均已收到。如此办法，于还债前途，或少有裨益。廖君仲恺现仍在京守候，若稍有眉目，当即布闻。专此复达，并请
台安

孙文启　四月二日

据中国国民党中央文化传播委员会党史馆藏一般档案049/231

致邓泽如函

（一九一七年四月二十五日）

泽如先生大鉴：

三月十三日、廿九日两书及四月一日致执信书，均阅悉。债券存根、誓约、委状存根各件，均经财政部收妥函复在案。王孚川君本浙省所派，现浙督虽易人①，地方人仍甚欲与华侨联络，开办实业。此行得兄招接，王君将来归国，必可联络感情也。

征信录已经收到，交财政部查对。名单亦已收到，俟奖章制造妥当后分寄。其上黎总统书，亦已交报馆刊印矣。陈肆生君系缅甸华侨，前在山东军义勇团内出力，解散后回埠，托其带至星架坡交兄收入。而来函云尚未收妥，恐彼在星有错交他处情事，请向星支部及缅支部一查陈君行踪即知。此复，即请

大安

各同志均此。

孙文启　四月廿五日

或问缅甸《觉民日报》陈振便悉，陈振即肆生也。

据邓泽如编《孙中山先生廿年来手札》（台北文海出版社一九六六年版）影印原件

---

① 浙江督军吕公望于1917年1月1日辞职，改任杨善德。

致邓泽如函

（一九一七年四月二十八日）

泽如我兄鉴：

汇来二千六百四十两，伸沪洋三千六百五十一元四角五分，经已收讫。此款系属英士葬费，此时不便用党名发收单，当由其家族具谢帖奉寄也。请将此函暂存，以代收单，余俟后信。此复，即请
台安

孙文启　四月廿八日

据邓泽如编《孙中山先生廿年来手札》（台北文海出版社一九六六年版）影印原件

致民友会①同人函

（一九一七年五月四日）

民友会同人均鉴：

敬复者：秦君立庵到，备述近况，知沈勇远识、不畏压迫之士，尚复多有，私为民国庆之。政治上之胜败，本不足介意，惟此外交问题②，为中国存亡所关，不能稍有所迁就。诸公于此能持坚确之态度，百折不回，信所钦佩。此次议场上虽未得胜利，于人心上实有最大之影响，观近日反对派人亦不能不顾吾辈之主张，可以知之。惟前途尚属辽远，我辈无武力、金钱之可恃，所恃者国民之同意与爱国之精神而已。愿以百折不回之至诚，处此千钧一发

---

① 民友会，即民友社，为原国民党人于国会恢复后所组织的议会派别。
② 此外交问题，指对德宣战案。

之危局，无任注盼。即请
公安

孙文启　五月四日
据上海《民国日报》一九一七年五月十二日

复段祺瑞函

（一九一七年五月十二日）①

芝泉总理大鉴：

敬复者：王君亮畴到，得奉惠札，并由王君道达见邀赴京之意，款笃之情，感佩何极。

文自归国，遇共和底定，即专意开发实业，虽屡闻有引中国入战团之说，而以为总理富于识力，尤洞悉德国情形，必不轻与挑战。及绝交议起，深恐有外力相迫逼，故曾以私人名义电英首相，告以迫中国入战团之非利。尔时英人皆自辩谓无迫胁中国之举，而日本人亦见告谓日本虽欢迎中国加入，决不负引诱中国之责任。私心揣度，终谓加入有害中国，无益协商诸军，终信总理能以绝交为止境也。

此次王君来述尊意，谓加入事难中止，反复思维，未敢赞同。美国战德，首助协商国以军饷、军需数十万万，然后以海陆两军继之。我国无美国之实力，而强欲随美行动，反须彼方借款助我，是则加入之后，适以累英美之军而已。中国积弱，无可讳言，既为弱国，自有弱国应守之分。比之乡邻有斗，岂可不自量力，强欲参加。今以中国参入战团，即加协商诸国以重累。彼方急于财政，我乃分其借债，拒其赔款，使彼财政上加一苦痛。彼方以贸易求金融之缓和，我乃高其关税，使受重苦。在彼实毫无所获，而在我则反藉人道正义之名，以求小利，此于国家体面有伤，于政治道德有背，甚非所宜。我之

---

① 此函所标时间系上海《民国日报》发表日期。

加入,既以求利为归,将来何能博人好感?即有侵损及我之事,人亦将目为自取,不复持正义以相扶。且加入之后,我国不能尽如何之职责,将令人谓我之军队必须有特别训练之人,我之财政必当处于特别监督之下,大局何堪复问?中国百无一能,惟有自牺牲其领土、人民,则甚足以满欲望。既不能尽其军事、财政上之职责,恐将以此代之矣。

侧闻王君言及此次总理主张加入,殊非得已,欲以此拔出凡百困难之中,措国家于磐石之安。人谁不爱国家,闻此公忠体国之苦衷,宁不感动?但文以为福生有基,祸生有胎,天下困难之来,各有原因,避之不得其方,必且变本加厉。譬此中国向守中立,本未有困难可言,自从提出抗议,即觉困难。为避此困难,遂曰非绝交不可。既绝交矣,而困难又较绝交之前为甚,今日乃有非宣战不可之言。宣战之后,困难之剧,将又出于意想之外者,此时何以处之?万一竟有一种困难发生,致非外人代我管理财权、军权不可,则将如何?使抗议不至绝交,则今日之困难自可免。今日绝交而未宣战,则将来之困难,亦尚可不生。欲免今之困难,只有悬崖勒马,徐求补救之途。否则,扬汤止沸,畏影却行,终无以善其后也。此时中国正类病夫,旁人方肆饕餮,彼独向隅,于是有耸动之者,曰非与宴不可。既与宴矣,遂以停食自觉困苦。又见旁人食后运动,因又言曰非运动不可。元气未充,运动之后,转发他病,则又曰非服剧药不可。至于药发,展转床席,求生不得,痛苦愈增,则惟有曰非死不可而已。今日中国尚未至非外人代管财权、军权不可之地位,若一不慎,则陷于彼非死不可之境,何痛如之?及今改图,当前之困难决非无可解免者。文以公谊论,固有竭力以济国家之责任,即以个人道德论,既劝政府勿宣战,则必当尽其才智,使政府脱此抗议、绝交后所生之困难。抑且历考中外开明之主,立宪之国,苟有大政,必询刍荛,不以执政之威,而谓人言为不足恤。其在近代民主之国,尤尊重此精神。今者总理不弃遐远,而乐闻反对者之意见,信有古人之风,为当代政治家所尚。况当辛亥改革之际,文以南方人士倡立民国,而总理以北方军人赞成之,孕育保持,窃谓两俱有责。而今者为危急存亡之会,尤不敢不掬诚相告。若蒙采纳愚见,必当束装北迈,敬献其所怀。否则,望有以释其所疑,亦自当翕然。若两有未能,贸

然命驾,恐反形未臻融洽而已。知惟善人能受尽言,故悉告无隐。尚希采择,即颂

台缓〔绥〕

诸维鉴照不宣。

据上海《民国日报》一九一七年五月十二日

致参议院众议院议员函

(一九一七年五月二十日)①

参议院、众议院议员诸公均鉴:

日前致电请先否决宣战案,不必注重倒阁问题,谅已达览。

此次乱人围院,殴辱议员,诚为民国政治之障碍。文亦以〔已〕屡电总统,请严究主使之人,并经总统复电,已交法庭究办。将来或由法庭纠罪,或由议会问责,均属正当行为。但此时有一宣战问题在前,视此扰乱国会之件,尤为重要。宣战之结果,必以中国为牺牲,维持中立,可免危险,历经详告于诸君子之前。

近日德国已向俄国正式提出和议,欧战欲阑,所苦者即在丧失领土之国必求恢复,而占据他人领土之国未肯交还,受损害者要求赔偿,而施损害者又不肯赔偿。故今岁媾和之议日闻,而各国内顾国民反对,外忧与国责言,必须于未议和之前,解决此领土、赔偿二问题。俄、德两国主张,已近一致,英、法等亦正在讨论之中。使有法以满足两方之望,领土不待恢复,而别有增加之途,利益不待赔偿,而别有发展之道,彼亦何乐久战?然而中国一旦加入,此种困难可以悉解,则和议可以立成,所难堪者,使人满足而自为牺牲者耳。然而宣战之不可,加入之无利,无待蓍龟。犹豫狐疑,恐非至计也。

---

① 此函所标时间系上海《民国日报》发表日期。

对于内阁之所主张,既予否决,则除由内阁自变易政策以从国会以外,惟有倒阁一途。倒阁者,以内阁与国会既异主张,无由再行信任。然则内阁若从国会所论列,即无须倒阁,亦不待言。须知倒阁为不得已之事。吾民反对宣战,并非单反对内阁。内阁既从民意,便可存留。若如外间所传,先组联立内阁,或推去现总理,始议宣战案,则是议会未自决其主张,而先问人之责,于理不顺。不问主张如何,而惟以分得政权为务,则尤义所不容。故先倒阁后议战者,轻重失宜。留总理改阁员以为交换者,尤为误国。宣战案之可否,当视国利民福如何,岂有内阁改组,即能变害为利,移否决为赞成。从此可知,当〈先〉决宣战问题,以决内阁存否;不当先决内阁存否,而后再议宣战同意案矣。至若暴徒围院迫胁,更为较轻之事,万不可以此延搁宣战案,自令国际态度不明也。

　　要宣战可否,研究未清晰,迁延投票者,慎重国事者所应有,即文亦极表赞同,且甚愿能有以释其所疑。若今日,则宣战之不可,既已了然,而徒以对内阁故,迟延不议,则大不可。须知此时避亡国为第一义,整顿内政乃第二义,先后轻重,不容稍混。务望审之。此请
公安

据上海《民国日报》一九一七年五月二十日

复李宗黄函

（一九一七年五月二十三日）

伯英先生台鉴:

　　昨接惠书,欢若良觌。时稔鸿筹硕画,安奠西陲,至为矜佩。来书谓中德绝交,乃政府轻于一掷,尤微明察。近且显悖民意,其军事会议竟有脱出范围,谋解散国会、破坏约法,大局前途,仍未许乐观。忧国如足下,必将有以处此。文初拟周行各省,一察实业状况,现以时局未定,未克远行。贵省之游,应俟之异日。

寄呈敝著《会议通则》百册，请代为分致当道暨各同志，并朱君执信所著《中国存亡问题》一册。此书于中德事件之危险，言之颇详尽。因沪中存书无多，未及多寄，能于贵省翻印，代为致送，俾贵省人士咸知此次加入之真相尤佳。南方渐近溽暑，务望节劳不宣。此请

台安

孙文启　五月二十三日

据中国国民党中央文化传播委员会党史馆藏一般档案049/113

致邓泽如函

（一九一七年五月二十九日）

泽如吾兄台鉴：

兹有湘省同志欲组织一锡矿公司于湖南，全省中所有锡矿，择其最佳，请求开采，并希望华侨入股。且欲得南洋同志之在行者，亲往各矿察看，择定最适合者，始行开采。此事既为国家之利，亦为民间兴盛之基，南洋志愿采锡者至多，亦可以酬其宿愿。望兄商诸同志，推定妥人，迅速回国一行，以免为他党先得。兹将湖南同志寄来之节略抄寄，此中各矿，均可与现营业者商量，取而继续办之者也。此信到后，希即示复，以便先复湖南同志。此请

大安

孙文启　五月廿九日

据邓泽如编《孙中山先生廿年来手札》（台北文海出版社一九六六年版）影印原件

致谢无量①函

(一九一七年六月六日)②

无量先生大鉴：

　　国家多难，全仗贤豪，群策群力，方能济事。望先生每日下午四时驾临敝寓，会议进行，是所切祷。手此，敬请
大安

孙　文

据刘明《孙中山致谢无量的亲笔信》影印原函，载北京《团结报》一九八七年五月九日

复陈蕙堂函

(一九一七年六月十日)

蕙堂先生鉴：

　　连接来书，并致陈公赙仪四十元（原单港银折实沪洋三十六元一角一分），已照收到。承各同志热心相助，特代陈公家属道谢。俟陈公家属照领后，当另具谢帖，续行寄上。民生主义本在筹办中，现值时局已非，共和国家被倪逆等推倒，刻以挽救为重，须俟共和恢复，当继办民生。素稔公等爱国至深，挽救之方，尚希协助为幸。先此函复，并颂
义安

孙文启　六月十日

据中国国民党中央文化传播委员会党史馆藏一般档案049/19

---

① 谢无量，早年参加同盟会，曾任孙中山大本营秘书、参议等职。
② 原函未署时间，据信封邮戳标明"民国六年（一九一七年）六月六日"在上海发出，因酌定为1917年6月6日。

致旧金山《少年中国报》股东函

（一九一七年六月十六日）

列位股东先生均鉴：

迭接各同志来函，言报事与党事时有风潮发生，深以为念。推原其故，皆缘报务与党务权限不分，是以纷乱日甚。兹特函达贵报股东先生，如关于少年报事，用人行政应由股东主持，不得牵入党中事务。如有党员无理取闹，将股东资本收归党办，务请拒绝，或诉之法律可也。专此布达，并候

均安

孙文启　六月十六日

据"中央改造委员会"党史史料编纂委员会编《总理全书》（台北一九五〇年至一九五二年出版）之十《函札》

致 原 敬① 函

（一九一七年六月十八日）

原先生台鉴：

敬启者。久慕令名，未亲雅教。比维政躬多禔，名益彰鸿，为颂。

今者，欧战未终，东方多事。阁下出参密勿，定能发扬东亚之威光。文蠖伸有志，蚊负少功，遯听宏声，弥增佩仰。兹乘戴君传贤东渡之便，特嘱其面谒，希开东阁，锡以南针，无任感盼。专此，即颂

台安

---

① 原敬，当时系日本立宪政友会总裁，临时外交调查委员会成员。

诸维赐照。不尽。

孙文顿首　六月十八日

据余齐昭著《孙中山文史图片考祥》(广东省地图出版社二〇〇〇年版)(转录《〈孙文与横滨〉展》影印原件)

致加藤男爵函(译文)

（一九一七年六月十八日）

加藤男爵：

我派送此信者,戴天仇前往日本,他将告诉您他此行的任务。

我写此短信的目的是特为要告诉您,我即将在中国展开的工作,其成败主要靠您的协助。我确信,只要有您的协助,我一定会成功。

我们现在准备清除这些无用而制造麻烦的人,他们造成了这么多的不幸,他们也阻碍了中国的进步。我们很盼望您的援助。您不愿意为了全人类而给我们您能力所及的帮助吗？

孙逸仙　一九一七年六月十八日于上海

据秦孝仪主编《国父全集》第四册(台北近代中国出版社一九八九年版),参校中国国民党中央文化传播委员会党史馆藏一般档案049/445

通告中华革命党海外各支部同志函

（一九一七年六月十九日）

□□□部同志公鉴：

近日群逆倡乱,救国须赖义师,已饬总务部通信,汇述情形。各同志爱国爱党,希迅速筹备款项,以便协助本部维持共和之用。所有各地筹饷局长及委员,应即照旧执行职务。其他章程,均照革命党筹款章程。该款齐集

后,由弟电知汇交何处。至各处同志现欲回国者,可暂从缓,俟有必要,再行分别通知,以省往返之费。此请

公安

孙文启
民国六年六月十九日
据《中央党务月刊》第四期(一九二八年十一月)

复余荣函

(一九一七年六月二十三日)

余荣先生大鉴:

接五月二十二来函,并一百零七镑零八元汇单一纸,党约二张,均已收到。该汇单未有副票,不能往银行取款,请将副票寄来。俟收款后,当即发收条付上。贵支部同志及鸟加市分部同志致陈公赙仪共十五镑,承各同志热心相助,敬代陈公家属鸣〔呜〕谢。俟收款后,照交陈公家属妥收,当由陈宅另具谢帖,续行附上。

兹并将党证二张付上,请为照交。此复,并颂

台安

孙文 六月二十三日
据"中央改造委员会"党史史料编纂委员会编《总理全书》
(台北一九五〇年至一九五二年出版)之十《函札》上册

致程璧光①函

（一九一七年六月二十三日）

玉堂总长执事：

敬启者：此次海军拥护共和，义声久著于全国，微闻将士有以为弟等办事未能统一，转觉迟回。实则弟等同以救国为志，断无自相暌悟之理。如执事果以弟等不统一为疑者，请释厪怀，并于二十三日下午六时在静安寺路哈同花园略备晚餐，敦恳驾临，俾得面商一切，弟等当联同拱候也。专此敬达，即请

台安

惟照不宣。

孙文、岑春煊、唐绍仪同启
六月二十三日

据莫汝非《程璧光殉国记》（一九一九年程慎修堂刊赠）

致日本首相寺内正毅函

（一九一七年六月）②

寺内总理大臣阁下：

自阁下当局以来，私心窃喜，以为日月之光，所照必远。文同处亚洲，不禁额手称庆。文窃以为，东亚之平和与中日将来之发展，必待两国人真

---

① 程璧光（1861—1918），字恒启，号玉堂，广东香山人，时为海军总长，因北京政局变化，南下上海。

② 此函未署时间，就文中内容有"今者北洋军人虽以武力破约法，毁国会，囚总统"句，应指1917年6月12日黎元洪被迫解散国会事，据此酌定为1917年6月。

正之提携,故吾人信近年来贵国朝野之士主张扫去两国误解,图真正之亲善,实为不易之良策,而欲以此意喻之于中国国民。顾不幸以吾国民智未进,于东亚大势能了解者较稀,而贵国政治家之诚意又为其所采手段所累,不能见信于中国之民,每有国际问题兴起,中国人每疑贵国之亲善为有野心,而吾人平素主张亲善者,因之亦无由代白贵国之诚意,此吾人所最为遗憾者也。

今中国已以时势要求,成为民国,而旧派武人犹思以武力倾覆之,故变乱反复无已。在此时期,贵国能彻底援助主持正义之一方,使其革新遂行无阻,自足以收永远平和之效,而人民亦感激了解贵国之诚意,亲善之实自举。若不然者,则于新旧冲突之际,于表面标榜中立,而实际则不问正义之所在,惟与武力优者为友,人民因之信贵国之言亲善为以图利为旨,非出义侠之情矣。抑此武力一时优势,非可久长。当清之季,人以为其力足以防制汉人,而不知汉人一奋,不复能制。袁世凯之盛也,人以为其力足以压服民党,统一全国,而不知其一旦称帝,抗者四起。今者北洋军人虽以武力破约法,毁国会,囚总统,有似优势矣,而其非能统一长久,亦已炳然。纵使贵国加以援助,终难使民心悦服,此贵国政治家所最宜注意之时机也。彼以武力胜于一时,已招人民之愤,若贵国更援其武力,则怨毒将随之向于贵国之人。彼既以武力占优势,始得贵国之援,则其心以为我纵无援,亦必得胜,不感贵国之援助,而反苦其要求,益煽其人民,使之排斥,征之前事,历历可知。彼旧派武人固宜如是,即使民党易地处此,亦岂能推诚相信乎?为贵国计,惟以正义定所当助者,即助之于无力之时,使其成功,必感激于真正之援助,信其非出私图,亲善之感情可结,东亚之平和可期也。

夫正义始终不变,武力则递有盛衰。试观辛亥革命之前,癸丑丧败以后,民党有何势力,而卒能倾覆清室与袁氏,则知武力可由正义以发生。今日所视为无力者,未必不有奋发之期,以武力胜正义者,终不能长久。若随武力以为亲交,则反于正义之人,常不惮徼幸以武力倾正义,主正义者纵使屈败,亦惟有竭其力以与争。一胜一败,中国永无宁日,而贵国益召怨尤,东亚何由而平和？两国何缘而亲善？若能表示援助正义之态度，则彼反于正义惟恃武力者，将必自省而不恣其武力，正义完全胜利之后，亦更无反动之可生。得贵国之正义的援助而胜者，自能了解东亚和平发达之真意义，举亲善之实，虽有离间猜疑，不得入于其间，此吾人所深望于贵国者。而以贵国古来相传义侠之精神，来深信其必能受纳此竭诚之披沥，有以副吾人之望也。专此，敬请

勋安

据中国国民党中央文化传播委员会党史馆藏一般档案049/236

复卢慕贞函

（一九一七年六月）①

卢夫人鉴：

来信收悉。乡中学堂今年之费，并所开列接济穷亲之费，每年自当如数寄回，所应赒恤之人，由夫人酌量便是。兹汇来沪银三千元，申港银三千余元，照单察收可也。阿科建屋所借孙智兴先生之二千元，不必由此归还，待阿科一两月后收得朱卓文先生之款，然后还之也。予近日甚健康，幸勿为念。

乡中各亲戚统此问好。

德 明

据广东翠亨孙中山故居纪念馆藏原件

---

① 此函未署年月日。据1916年12月16日孙中山致函卢夫人谓，"家费由阳历明年正月计起，当每月寄一二百元或半年寄一次"，此函"汇来沪银三千元"当系半年寄一次，1917年7月6日孙中山南下广州护法，此件当系1917年6月间在上海所发。

致聂伟臣①函

（一九一七年七月至八月间）②

伟臣镇守使执事：

敬启者：吴君回，备述爱国热诚，匡时壮志，诺共进行，声讨国贼，至为钦忭。执事以名父之子，志节学术，超迈一时，谓宜久膺疆寄，而至相嫉贤，不加摧国翻，令走卒竖子相临制国，威之不振，外侮之日臻，信非偶然也。

文以国家将亡，责无旁贷，誓竭心力，以拯生民。得阁下推诚相信托，北方杰士，必联袂偕来，风声所树，大势可定，勋名竹帛，于此觇之矣。

此方形势尚佳，俟定有确期，再当相告。专此敬达，即请。

据中国国民党中央文化传播委员会党史馆藏一般档案
049/295

致仲衡函

（一九一七年七月至八月间）③

仲衡先生大鉴：

别后想无恙。民国覆灭，吾曹万不能坐视，足下素同具救国之志，而今日则为救国之最后机会，过此以往，更无可为矣。

西南以湘省为屏蔽，而吾兄为湘省同志所亲仰，于此实有厚望。余君到湘，专办此事，希与熟商，速行布置，凡笔所不得达者，皆由余君述。此请
义安

据中国国民党中央文化传播委员会党史馆藏一般档案
049/296

---

① 聂伟臣时任职烟台镇守使。
② 原函有"一致烟台聂镇守使"字样，无时间，按其内容，似指1917年7月张勋复辟事。
③ 原函无时间，按其内容，似指1917年7月张勋复辟事。

致中华革命党南洋分部同志函

（一九一七年八月十日）

分部同志诸先生均鉴：

　　启者：七月二十五日已由财政部将弟归粤近情通告，想经钧览。月之五日，海军程总长、林司令已率舰队抵粤，各界备极欢迎。粤人趋向共和，群清〔情〕一致，堪为告慰。国会议员亦已陆续前来，日间齐集，当即开会，组设最高军事统一机关，出师讨逆，以达真正共和之目的。

　　迩来联络海陆军士，已费不少，此后饷项之需，尤为浩大，希即从速筹汇，以助进行。前以香港收款不便，由仲恺兄函告照常汇沪，用廖仲恺名收。兹因紧急之秋，由沪再转，颇费时日，请直电汇粤沙面台湾银行或广东银行交 Sutafu 收。若无此两银行，则汇上海 Liaochung kai 收，再由廖君转汇此处可也。此请

公安

　　　　　　　　　　　　　　　　　　孙文启　八月十日

据邓泽如编《孙中山先生廿年来手札》（台北文海出版社一九六六年版）影印原函

致邓泽如函

（一九一七年八月十日）

泽如我兄大鉴：

　　敬启者：倪逆①造叛，迫散国会，驯至复辟，既而奸人内讧，复辟事败，而

---

① 倪逆，指倪嗣冲，时为安徽督军。

民国固未复也。奸人乘位,尽弃约法,别谋固位擅权之术,此而不讨,中国尚何由自立?何以免人吞并?民国者吾人所手造,今又何忍坐视其沦胥不复?我公与文十余年之奔走,非待言说,始足为重。前倪逆造叛时,已专函申意,想此际必能见义勇为也。向来革命之成败,视海军之向背。此次文实率海军主力舰队南来,其余未来之舰亦皆不为彼效命,我已操制海之权矣。

国会为民国根本,虽被非法解散,仍可自行召集,现已陆续来粤,不日可足法定人数,组织合法政府,外人定相承认。此时出兵讨叛,事在必成。以西南六省发难,而西北、东北复有响应之约,扬子江流域本多民党军队,此真千载一时之会也。

惟粤省财政向绌,此际海军、国会两项费用固繁,将来连政府出师,所需尤夥,全赖我同志悉力相助,庶几有成。至政府成立后,南方局面略定,自可筹借大笔外债,先将前二次军债及此次助款照章偿还。尚希我兄致力,至筹集有成数,即照旧日办法,汇齐汇到广东省城沙面台湾银行,交 Sutafu 收即妥。若有函件,则寄广东省城长堤实业团转交为宜。兹乘陈卓平、简寅初二君南行之便,并托其周历各埠,鼓吹义举,尚冀协力进行,俾巨款速集,而海军、国会等费用有所资,不胜至盼。即请

近安

各同志均此致候。

孙文启　八月十日

据邓泽如编《孙中山先生廿年来手札》(台北文海出版社一九六六年版)影印原函

致曾允明等函二件

（一九一七年八月三十一日）

一

允明、德源、潜川①三兄台鉴：

　　五月三日由贵处汇来六千元，经将收单寄还，未审已得达否？自袁氏叛国，民国几绝，端赖诸同志牺牲生命财产与之坚持，至有今日。弟拟将癸丑以还各埠募集各军费开列清单，要求中央政府偿还，日内由廖仲恺君赴京，径与财政部面商，惟中央现在款项奇绌，能达目的与否，尚难决定耳。特此奉闻。并请
各同志均

　　　　　　　　　　　　　　　　　　孙文　八月卅一日

二

允明、德源、昭雅、金坛、潜川列兄台鉴：

　　五月三日由贵处汇来六千元，经将收单寄还，未审已得达否？昨又接潜川、壬戌②　来书，力言《觉民日报》主持非人，拟由敝处派员主任。惟是　　　　　有世界知识、能忍耐、绝嗜好者，不克胜任。弟现已代为物色，　　　　、薪金多寡见复，俾得其人易与商榷至要。

　　自袁氏叛国，民国几绝，端赖诸同志牺牲生命财产与之坚持，至有今日。弟拟将癸丑以还各埠募集各军费开列清单，要求中央政府偿还，日内由廖仲

---

① 德源、潜川，即黄德源、饶潜川。
② 壬戌，即黄壬戌，时任中华革命党仰光筹饷局董事。

恺君赴京,径与财政部面商。惟中央现在款项奇绌,能达目的与否,尚难决定耳。特此奉闻,并请
均安

  各同志均候。

孙文 八月卅一日

据中国国民党中央文化传播委员会党史馆藏一般档案049/280

致赵平鸣函

(一九一七年八月)①

平鸣兄鉴:

  八月十一日惠书,诵悉一切。澳洲同志得兄于彼邦为之尽力,将来党务,必能蒸蒸日上。此间所急,在筹备军资,军资充实,无难除彼凶暴,望注意此节,极力游说。致郭、黄、余、周诸君函,已寄黄国民兄转致。知念并及。专此,敬请
大安

孙文

据"中央改造委员会"党史史料编纂委员会编《总理全书》(台北一九五〇年至一九五二年出版)之十《函札》

---

① 底本原作1916年,惟1916年8月,袁世凯已死,讨逆护法尚未发生,其时并无"凶暴"待除。

致国会议员就职公函

（一九一七年九月七日）

国会非常会议诸公均鉴：

敬启者：文以谅簿〔凉薄〕，猥承推选，加以讨贼之重任，授之指麾之特权，自维身已许国，不敢辞艰，谨择于十日午后二时国会非常会议议场举就大元帅任之式。先此奉达，即请

公安

              孙文谨启　九月七日

据《军政府公报》第一号（广州一九一七年九月十七日）
《大元帅致国会就职公函》

复叶独醒函

（一九一七年九月七日）

独醒先生大鉴：

前由展云兄转来尊函，言曾汇款至沪，请照菲银数给发收条等情，已函着仲恺兄妥为答复。顷接来廿二日尊函，欣悉公等热心筹集，已有万金，恳即随收随汇，以济急需。月之一日，非常国会开选举大会，弟被举为大元帅，并承正副议长亲送证书印章前来。弟以讨贼之秋，义不容辞，已敬谨领收，一俟各部组织完备，即行出师讨贼，以建造真正共和之国家。

展堂兄昨承粤议会推举为省长，惟值统一军政机关成立之际，需人助理，未便以省长一职致屈其才，故展堂兄已向粤议会辞却，暂由李耀汉署理。

至本党主义,弟当竭力发展,请不必以区区一省长致烦尊虑也,并希转致列君为盼。先此奉复,敬颂

伟安

孙文启　九月七日

据中国国民党中央文化传播委员会党史馆藏一般档案049/139

致唐继尧函①

（一九一七年九月十二日）

军政府成立,西南各省同志一致兴师护法讨逆,所有在事将校士兵,为国驰驱,辛劬堪念。兹特任命大元帅府参议王湘、吴宗慈为川滇劳军使。

据《军政府公报》第一号（广州一九一七年九月十七日）
《大元帅府秘书处致唐元帅函》

致邓泽如等函

（一九一七年九月十二日）

泽如、仁甫、赤霓、源水、螺生、森棠诸兄鉴：

顷得惠书,知诸兄热心国事,罄力筹措,以资接济,所陈各策,亦复大义凛然,感佩之至。文被国会举为大元帅,经于本九月十日就职,此后种种进行,誓为统率海陆各军,复回真正之共和。惟目下军用浩繁,待款孔亟,务恳将筹到之款,迅行汇转,俾应急需,是所切盼。专此,即请

筹安

---

① 此函是由大元帅府秘书处奉大元帅令开的公函,另有一函致四川刘成勋与此件内容相同。

惟照不一。

孙文启　九月十二日

据中国国民党中央文化传播委员会党史馆藏一般档案 049/170

致吴景濂函

（一九一七年九月十三日）

莲伯先生执事：

　　军政府初置，万务纷纭。文以浅薄，谬膺艰巨，任重力微，时虞陨越。所赖老成示我周行。执事迈德重望，海内瞻依，时艰方殷，尤待勖勤。特聘任为大元帅府高等顾问，俾得时亲教益，庶几发纾嘉谟，闳济艰难。仗此南针，藉为型范。此启，并颂

道祉

孙文启　九月十三日

据《军政府公报》第一号（广州一九一七年九月十七日）
《大元帅聘任众议院议长吴景濂为高等顾问函》

致邓泽如函

（一九一七年九月十四日）

泽畬兄大鉴：

　　阅致仲恺书，知已通信各埠将所有债券停止发出，收回清数，敏腕至佩。惟荷属各埠债券，吾兄以未及经手故，欲请本部另派员收回，并荐林师肇相助一节。查林君由港再到上海后，旋再赴北京，现尚未归沪地，吾兄本为各埠筹款委员长，荷属虽间有直接向本部请领债券者，其请领人名号数，尚皆

可稽,此事再四筹维,仍以由吾兄勉任收束为最妥适。收回之券当汇存一处,候设法寄回,其数目亦须早行结清,始免为偿还时之障碍。二者皆非吾兄不能办妥,故仍修函致各支分部筹饷局长,委任吾兄经理此件,万望勿辞。其许、邓二君经手发出之券,及由本部直接寄去者,俟抄齐汇寄尊处,以便稽核。此事办竣后,希速来沪一行。关于实业前途,有多数问题,欲待吾兄面商解决,希望至大,万勿吝一行也。此请
公安不尽

孙文　九月十四

据邓泽如编《孙中山先生廿年来手札》(台北文海出版社一九六六年版)影印原件

致中华革命党各支分部长及筹饷局长函

(一九一七年九月十四日)

各支分部长筹饷局长公鉴:

敬启者:兹委任邓泽如君清理债券收据数目,各处之债券收据,已售者请开列汇交某处若干,及经支售券经费若干,并存根交与邓君。其已售未交之款,亦请随同交与邓君,以清数目。其未售出之券,亦请迅即交邓君点收,以便寄回本部汇列,准备交涉偿还,希即照办。每埠办妥,希赐〈复。此请〉
公安

孙文　九月十四

据邓泽如编《孙中山先生廿年来手札》(台北文海出版社一九六六年版)影印原件

致士敏土厂总办函[①]

（一九一七年九月十五日）

现因需地办公，暂借河南士敏土厂办公洋房前后两幢，以资办公。其该厂营业着该总办仍照旧办理，无令妨碍。仰访参军等妥慎办理可也。

据《军政府公报》第二号（广州一九一七年九月二十日）
《大元帅府参军处致士敏土厂孙总办函》

致国会非常会议函

（一九一七年九月二十二日）

径启者：本日特派戴传贤为军政府委员，至贵会出席报告军政府外交经过情形。请烦查照为荷。此致
国会非常会议

孙文　九月廿二日
据《军政府公报》第五号（广州一九一七年九月二十三日）
《大元帅致国会非常会议函》

---

① 此函是大元帅府参军处奉大元帅谕令发布的公函。

致菲律宾同志函

（一九一七年九月二十三日）

诸同志均鉴：

　　自段贼嗾使逆督称兵构祸，破坏约法，迫散国会，张勋乘之，酿成满酋复辟之变；段氏仍不厌乱，乘机而起，迫逐元首，自称总理，借恢复共和之名，行攘窃政权之计，全国人民无不痛愤。文忝为共和先导，责无旁贷，乃偕海军响义诸将士来粤，冀与西南诸省共谋讨逆。适国会议员，亦相率戾止，佥以出师讨逆，必有统一机关，以为命令之府，乃依共和先进国之成规，开非常国会于广州，议决《军政府大纲》，并举文任大元帅之职。文既已献身为国，敢惮烦劳，爰于九月十日在非常国会就职，粤中各将领及驻粤滇海各军皆表示欢迎，西南各省将领亦皆驰电推赞，人心一致，成功可以预测。惟义师待发，需饷孔殷，兹特派美国加拿亚大学商科硕士孙科、本府参议陈民钟、本府秘书黄展云前赴大埠，筹募军饷。诸同志频年奔走，助益良多，尚乞念一篑未竟之功，作将伯之助，则民国再造，皆诸同志之力也。专此，敬颂

任安不备

孙文　民国六年九月二十三日

据中国国民党中央文化传播委员会党史馆藏一般档案049/124

复徐统雄函

（一九一七年九月二十三日）

统雄先生大鉴：

兹由邓君子瑜带到星埠来银，共一百一十五元二角（星币）已妥收，交财政部照章办理。先此奉复，即请

义安

孙文启　六年九月廿三日

据中国国民党中央文化传播委员会党史馆藏一般档案 049/227

致叶香石函

（一九一七年九月二十四日）

香石先生执事：

杨君返港，曾嘱代致一函，想承察及。刻特派本府参议崔文藻、参军黄大伟来港，与执事详商一切，并专邀执事来省，俾得面罄鄙忱，尚盼即时命驾，以慰想望。匆颂

日祉

孙文启　六年九月二十四日

据中国国民党中央文化传播委员会党史馆藏环龙路档案 03031

致唐继虞函

（一九一七年九月二十四日）

萍赓仁兄执事：

滇中人来，每道执事才器优裕，至诚爱国，英迈卓荦，名将之资，闻之辄为嘉叹；张君左丞归，亦言执事治兵御众，有古国士风，昆仲二难，古所稀觏，岂特一时媲美已耶？文以为当此国事艰屯之际，国人固皆宜力荷其责；矧执事以英髦盛年，躬握兵符，尤冀投袂奋起，以慷慨杀贼为己任，此固丈夫报国之时，亦英雄建树之日也，企望何穷。刻派张君左丞来滇，特致数行，藉纾鄙怀。顺颂戎祉不悉

            孙文启 六年九月二十四日

据中国国民党中央文化传播委员会党史馆藏环龙路档案 04162

复唐继尧函

（一九一七年九月二十四日）

蓂赓元帅执事：

叠奉惠电，备悉救国忠忱，谦冲雅抱，肫挚之意，溢于辞表，钦叹何穷。

文自率海军将士南来，知非护约法无以维持国本，非讨国贼无以荡涤瑕秽，而国会诸君子亦复心同此理，以为不亟从事组织军政府，非但不能与非法政府相对抗，亦且无从与各友邦相周旋，因是国会非常会议开会以后，即进而议决《军政府组织法》，且以文之不才，亦得从执事及干老之后，勉尽讨贼之责，艰难之际，不敢以谦退鸣高，已于九月十日就职任事。现方敦劝各部总长分别就职，组织各部，不久当可完全成立。

外交方面,日美两国皆示亲善之意,如军政府力能发展,则彼两国必可为我援助。

此间一俟基础稍固,即当向沿海各省,徐图发展。闻川事已可和平解决,倘执事布置就绪,能早日统军东下,将来会师中原,在指顾间耳。

刻因需商之事,头绪纷繁,特派本府参议张左丞为军政府驻滇代表,晋谒左右,详察一切,望时赐指示为幸。余不备悉,藉颂
戎祉
孙文启　民国六年九月廿四日

据中国国民党中央文化传播委员会党史馆藏一般档案049/209

复叶独醒函

（一九一七年九月三十日）

独醒仁兄同志惠鉴:

九月八日书,诵悉一是。当兹军糈浩繁之际,尊处提倡捐款,不遗余力,殊堪嘉尚。仍希认真鼓舞侨胞,输将助饷,以资接济。至尊处汇沪一千七百六十三两,据廖君仲恺云:"业经收到,并由上海机关发给收条寄去,当时以不知菲银数目,故收条上仍书在沪实收两数,专候宿务信到,然后改发菲银收条。"云云。

廖君已归粤东,于廿五日就任财政次长,署理总长职。嗣后关于捐款及财务上事宜,请径函廖君接洽,函件由省城长堤实业团转当妥。学生会捐款（如系汇沪款项）,请致函沪上机关丁君景良查询。此复,并请
大安
坤寿兄并诸同志均候。

孙文启　民国六年九月卅日

据中国国民党中央文化传播委员会党史馆藏一般档案049/123

复邓泽如函

（一九一七年九月三十日）

泽如仁兄同志惠鉴：

九月七日致书，诵悉一切。前汇上海廖仲恺收四千八百四十八两，据廖君云："似曾收到，请查上海有无答复函电，此间亦一面函询上海机关矣。"廖君已归粤东，廿五日就任财政次长，署理总长职。嗣后关于筹款事宜，请径与接洽，以归简捷。

现以军糈浩繁，财源无着，已由军政府提交国会通过《军事内国公债条例》，及其他附随条例两件，现已饬财政部速印债券着手劝募矣。行文各埠商会殷商，已饬秘书厅照行。此复，并颂

筹祺

并致候螺生、慎刚、源水诸兄。

孙文启　六年九月三十日

附寄公报一份。

据邓泽如编《孙中山先生廿年来手扎》（台北文海出版社一九六六年版）影印原函

复谭人凤函

（一九一七年十月二日）

石屏先生有道：

抵粤以来，忽忽数月，眷怀神州，怒焉如捣。自顾衰钝，谬承国会诸君以戎事相诿诱，责任所在，不敢告劳。惟草创之始，饷械两乏，筚路蓝缕，艰难可知。前奉教言，深幸二三故人声应气求，不我遐弃，尊示所云需款进行一节，苟可相助，敢不唯力是视。特是军府初置，国内犹多观望，而西南各省，

于进行主张,亦稍有出入,故抵粤以来,除借贷小款外,殊无把注之法。现国会虽通过内国公债案,然无确实地盘,承销尚不易易。何况遽集巨款,此中困难,惟相知如左右者,乃能谅之耳。

顾文意以为讨贼之师,万不容缓,现正多方筹措,准备进行,苟款项稍能周转,自当量力补助。其大江义旅,仍望竭力主持,砥柱中流,定危扶倾,端惟老成是赖。淞云北望,岂胜惓惓。此颂

道祉

（大元帅亲署）启　六年十月二日

据中国国民党中央文化传播委员会党史馆藏环龙路档案14062

致岑春煊函

（一九一七年十月二日）

云阶先生伟鉴：

前在沪上,得领教言,救国精诚,实所深佩。

自段逆窃位总理,倒行逆施,鸱张日甚,袭湘入川,逞厥暴力,国本既复,大乱随之,此诚可叹息痛恨者也。国会迫于救亡,爰踵他国成规,开非常会议于广州,谬举文为大元帅。当兹毒焰方张之际,志士相与腹非,莫肯首先发难。而伪政府亦既成为实事,利用外交问题,压服全国。苟无军事机关与之对抗,则共和之名实俱亡,而中外之观瞻莫属,用是不避艰巨,慨然以国民先驱自效,已于前月十日宣布就职,漂摇风雨,矢志不移。一月以来,浙臻安谧,唐帅早表赞同,陆使亦能提挈。近则两粤将士,盟誓昭然,援湘之师已发,讨段之文即布,军府分路进讨,计划已有成议,此则差堪告慰者也。

乃者伪政府不惮冒大不韪,迭布毁法之伪令,参议院为约法上已消灭之机关,而使之复活；国会在约法上无解散之根据,而忽焉更选,自授无上之权,自定万能之法,叱咤群伦,鞭笞一世,暴绝表〔袁〕贼,恶甚逆勋。凡我国

民谁无护法之职责,而忍为段贼等之奴隶乎!文既宣布伪政府之罪状,复通电征求海内贤豪之正论,计已可尘青睐矣!

惟吾国相忍成风,义战未交,而调停之声已四起,顾今兹民穷财尽,苟非必不得已,孰不愿国内之和平。调停之说,文亦非极端反对;所必须坚持者,厥为根本大法耳。若毁法造法,一任二三强有力之私意,则国本已倾,尚何共和之足云。执事固尝有恢复约法、国会之宣言,已为全国所共闻,即为海内所深信。特近有少数政客,意存簧鼓,抛荒法律,牵就强权,遂有苟且调停之说,莠言乱政,岂足当明公之一盼。尚望主持正论,发布通电,其影响于全国人心者,必非浅鲜。伫候明教,幸勿遐遗。顺颂
台绥

孙文　十月二日

据《军政府公报》第十四号(广州一九一七年十月十五日)《大元帅致岑云阶函》

致饶潜川等函

（一九一七年十月三日）

潜川、馥生、德源、炳森、荫三、壬戌、攻坚、卓贵诸先生钧鉴:

七月十八日、九月十一日来函并汇丰银行壹仟圆汇单壹纸,均已收到。此次筹款,承诸君热心济助,感谢良深。惟军政府既已成立,军饷浩大,待济良急,非得海外侨胞竭力饮助,恐汲深绠短,应付维艰。希即与贵埠侨胞鼎力筹集,以充军实,是所至祷。廖君仲恺已归粤,于廿五日就任财政次长署理总长职。嗣后电汇款项,请汇沙面台湾银行或万国宝通银行交廖君仲恺(fiaochunghai)收可也。专此奉覆,并颂
公安

孙文启
十月三日

据中山大学孙中山纪念馆藏原函照片

致唐继尧函[①]

(一九一七年十月四日)

蓂赓先生伟鉴:

兹据日本驻上海武官松井中佐声称:据日本驻云南总领事面称,尊处接此间密电,约同煽动排斥日货,尊处以有碍邦交却之。等语。查此间从未有此密电,此等谣诼从何而来?殊堪诧异。事关国际友谊,应请执事密查该议长曾否向日领为此言?并希转询日领曾否有此报告?迅予函复,是所切盼。专此。顺颂

勋祺

孙 文

据刘镜亮《孙中山致唐继尧函一通》,载《历史档案》一九八七年第三期

致南洋挂罗庇胜埠商会函[②]

(一九一七年十月十日)

○○商会诸先生公鉴:

敬启者:自共和恢复,国会再开,方期南北融和,国家长治。不料段祺瑞包藏祸心,阴谋扰乱,嗾使逆督称兵构难,破坏约法,迫散国会,张勋乘之,酿成复辟之变。段氏仍不厌乱,乘机而起,迫逐元首,自称总理,借恢复共和之名,行攘夺政权之计,全国人民无不痛愤。

---

① 据底本介绍,此函系抄件,藏广东省档案馆。
② 此函孙中山寄邓泽如收转所在地商会,原函未书地名。挂罗庇胜系邓经营商业所在地。

文自去年以来,避地沪滨,不愿与闻时政,猥蒙海内外同人,以救国大义共相督责,自以忝为共和先导,际兹国家倾危,义无旁贷。爰偕海军向义诸将帅来粤,冀与西南各省共勷义举。适国会议员亦相率戾止,佥以举兵讨贼,必先有统一机关,乃依共和先进国之成规,本国人之公意,开非常国会于广州,议决《军政府组织大纲》,依法选文任大元帅之职。文既已献身为国,敢惮烦劳,爰于九月十日在非常国会就职,粤中各将领暨驻粤滇海各军皆表示欢迎,西南各省将领亦多驰电推赞,人心一致,成功可以预期。

　　惟是义师待发,需饷孔殷,粤省财赋匮乏,难以应付。素仰贵会诸先生热心爱国,当兹国家俶扰之时,正义士毁家纾难之日,务恳慨捐巨赀,以裕军实,则再造民国之功,当永铭于不朽矣。临风伫望,无任神驰。专此,敬颂

任安

　　唯希察照不宣。

孙文谨启　中华民国六年十月十日

据邓泽如编《孙中山先生廿年来手札》(台北文海出版社一九六六年版)影印原函

致邓泽如函

(一九一七年十月十日)

泽如老同志先生钧鉴:

　　敬启者:弟自偕海军舰队来粤后,曾将各情于八月十日通告,想经均览。去月国会议员相率戾止,依先进国之成规,开非常议会于广州,议决军政府组织大纲,依法举弟为大元帅。弟献身为国,不敢以谦让鸣高,爰于九月十日就职。粤中各将士皆表示欢迎,西南各省将帅亦皆遥电赞助,人心一致,成功可以预期。

　　惟是义师待发,需饷孔殷,粤省财赋匮乏,难以应付。素仰同志诸先生

慷慨为怀,热诚爱国,当兹祖国根本动摇之时,正志士毁家纾难之日,务恳筹助巨款,以济[摇之时,正志士毁家纾难之日,务恳筹助巨款,以济]军用。至军政府财政总长,暂由廖次长仲恺署理总长之职,已于廿五日归粤就任。嗣后关于财政事宜,请径与接洽可也。专此函达,并颂
公安

孙文启　十月十日

附致贵埠商会一函,希为代转。

据邓泽如编《孙中山先生廿年来手札》(台北文海出版社一九六六年版)影印原函

致仰光支部函①

（一九一七年十月十日）

仰光支部同志先生钧鉴:

敬启者:弟自偕海军舰队来粤后,曾将各情于八月十日通告,想经均览。去月国会议员相率戾止,依先进国之成规,开非常议会于广州,议决军政府组织大纲,依法举弟为大元帅。弟献身为国,不敢以廉让鸣高。爰于九月十日就职,粤中各将士皆表示欢迎,西南各省将帅亦皆通电赞助,人心一致,成功可以预期。惟是义师待发,需饷孔殷,粤省财赋匮乏,难以应付。素仰同志诸先生慷慨为怀,热诚爱国,当兹祖国根本动摇之时,正志士毁家纾难之日,务恳筹助巨款,以济军用。至军政府财政总长,暂由廖次长仲恺署理总长之职,已于廿五日归粤就任。嗣后关于财政事宜,请径与接洽可也。专此函达,并颂
公安

孙文启　十月十日

---

① 此函实为通函,与上一件《致邓泽如函》内容完全相同。

附致贵埠商会一函,希为代转。
<blockquote>据秦孝仪主编《国父全集》第四册(台北近代中国出版社一九八九年版)</blockquote>

致李宗黄函

（一九一七年十月十一日）

伯英少将惠鉴：

两读手书,词旨殷渥,热忱如见,甚感。文此次受国会委托,命以讨贼之任,顾惭薄德,未克负荷。然以大敌当前,国贼横恣,势非覆国不止,用是黾勉受事,冀合西南诸军及海军之力,长驱北上,扫除凶顽。滇省前岁首义,为全国观瞻所系,执事以卓荦之才,参帷幄之重,甚望协力同心,共任艰巨,异日会师中原,当图握手也。此复,并颂

戎祉

孙文启　六年十月十一日

<blockquote>据中国国民党中央文化传播委员会党史馆藏环龙路档案 04113</blockquote>

致简琴石函

（一九一七年十月十一日）

径启者：前朱省长庆澜所交贵处华暹轮船公司股票,请即检交朱君卓文带来为盼。专此,并颂

台绥

孙文启　六年十月十一日

<blockquote>据中国国民党中央文化传播委员会党史馆藏环龙路档案 03152</blockquote>

致岑春煊函

（一九一七年十月十二日）

云阶先生伟鉴：

前在沪上，得领教言，救国精诚，实所深佩。自段逆窃位总理，倒行逆施，鸱张日甚，袭湘入川，逞厥暴力，国本既覆，大乱随之，此诚可叹息痛恨者也。国会迫于救亡，覆踵他国成规，开非常会议于广州，谬举文为大元帅。当兹毒焰方张之际，志士相与腹非，莫肯首先发难，而伪政府亦既成为事实，利用外交问题，压服全国，苟无军事机关与之对抗，则共和之名实俱亡，而中外之观瞻莫属，用是不避艰巨，慨然以国民先驱自效，已于前月十日宣布就职，漂摇风雨，矢志不移。一月以来，渐臻安谧，唐帅早表赞同，陆使亦能提挈。近则两粤将士，盟誓昭然，援湘之师已发，讨段之文即布，军府分路进讨计划，已有成议，此则差堪告慰者也。乃者伪政府不惮冒大不韪，迭布毁法之伪令，参议院为约法上已消灭之机关，而使之复活；国会在约法上无解散之根据，而忽焉更选，自授无上之权，自定万能之法，叱咤群伦，鞭笞一世，暴绝袁贼，恶甚逆勋，凡我国民，谁无护法之职责，而忍为段逆等之奴隶乎。文既宣布伪政府之罪状，复通电征求海内贤豪之正论，计已可尘青睐矣。惟吾国相忍成风，义战未交，而调停之声已四起，顾令兹民穷财尽，苟非必不得已，孰不愿国内之和平。调停之说，文亦非极端反对；所必须坚持者，厥惟根本大法耳。若毁法造法，一任二三强有力者之私意，则国本已倾，尚何共和之足云。执事固尝有恢复约法国会之宣言，已为全国所共闻，即为海内所深信，特近有少数政客，意存簧鼓，抛荒法律，掌就强权，遂有苟且调停之说，莠言乱政，岂足当明公之一盼，尚望主持正论，发布通电，其影响于全国人心者，必非浅鲜。伫候明教，幸勿遐遗。顺颂

台绥

（大元帅）署名

据中国国民党中央文化传播委员会党史馆藏环龙路档案13951

复唐继虞函

（一九一七年十月十四日）

萍赓仁兄惠鉴：

顷奉手教，辞义殷渥，并谂贤昆玉讨逆卫国之忱，百折弥奋，誓清氛祲，此固民国之厚幸也。前自张君左丞归粤，每及执事之英略，已甚深想念。嗣张君来滇时，曾致一书申意，想亦察及耶。文自惟衰钝之年，属当国家多难，重以国会诸君之谣诼，义不敢自暇逸，勉竭驽骀，冀与海内忧国贤豪，互相提挈，还我共和，以尽微责。贤昆玉伟略冠时，功在民国，甚望于川事布置稍稍就绪，即统雄师东下，共规中原，歼厥凶顽，拨乱反正。文俟此间计划略定，亦当亲率三军之士，进取闽、浙、湘、楚，庶几正义既昌，众力毕举，则邪正顺逆之势，即胜败所由判也。率复布臆，并颂

毅祉

孙文启　六年十月十四日

据中国国民党中央文化传播委员会党史馆藏环龙路档案 04175

致徐绍桢函

（一九一七年十月十五日）

固卿先生执事：

前奉手教，备荷殷勤之谊，岂胜感荷。顷闻台驾莅港，承教有日，私衷至为欣慰。兹特派本府周参军应时来港欢迎，尚希即日命驾来省，俾得时亲雅范，指导一切。临颖拳拳，无任翘企。匆颂

旅祉〈不悉〉

〈孙文启　六年十月十五日〉①
据广州《军政府公报》第十五号(一九一七年十月十七日)
《大元帅致徐国卿函》

复徐统雄函

（一九一七年十月十五日）

统雄先生大鉴：

九月十四日来函,并清单一纸,均悉一切。

前由台湾银行汇大符兄手收二千元,及交邓子瑜兄带来一百一十五元二毫,均经收妥,已嘱财政部照来单分发收据矣。

段氏以武力力逼西南,风声正急,刻与唐、陆二公分道出师,以靖国难。第需款之急,非言可喻,请与同志诸公源源接济,俾竟大功。至致商会函,昨已付至尊处收转。如何情形,仍希随时函告。此复,并颂

均安

孙文启　十月十五日

据中国国民党中央文化传播委员会党史馆藏一般档案049/228

复张耀曾函

（一九一七年十月十八日）

径启者：辱惠书奖饰逾恒,良用愧感。文以驽下,谬膺艰巨,正赖群贤共

---

① 据秦孝仪主编《国父全集》增补。

资匡济。承荐徐君，兹委为本府参议，庶借良筹，匡所不及。专此布复，并颂公绥

据中国国民党中央文化传播委员会党史馆藏一般档案 049/199

致周子贞①函

（一九一七年十月三十日）②

子贞兄鉴：

兹着邓耀兄到四邑等处，集合军队，以便出发，以应中原父老之望。务请兄处竭力相助，以利进行，幸甚。

孙文　十月三十日

据中国国民党中央文化传播委员会党史馆藏一般档案 049/266

致陆石泉函

（一九一七年十月三十日）③

石泉兄鉴：

兹着邓耀兄到四邑等处，集合军队，以便出发，以应中原父老之望。务请兄处竭力相助，以利进行，并祈秘密，毋使督军省长知之，免至冲突为荷。

孙文　十月三十日

据中国国民党中央文化传播委员会党史馆藏一般档案 049/267

---

① 周子贞即周之贞。
② 原函无年代，据邓辉之职务推断，应在1917年。
③ 原函无年代，应在1917年。

复卢慕贞函

（一九一七年十月）①

卢夫人鉴：

　　来信得悉。现在事情尚未妥当，我未能定期回乡。可传知丁财叔出省城见我，得以交带他，先修理好乡间之屋，并办理下乡中之事。待我事妥当后，当亲自回乡一转，夫人可在澳门静候，不必来省也。此候
各人均好

德明字

据盛永华、赵文房、张磊编《孙中山与澳门》（文物出版社一九九一年版）影印原函

致李烈钧函

（一九一七年十一月二日）

协和我兄礼次：

　　久不接教言，想念之深，与时俱积。

　　岳军②来，惊谂尊公仙逝沪寓，闻之骇愕。窃念兄频年身勤国事，久未尽趋庭之愿；不谓时变方艰，顿遭大故，以兄之天性纯笃，哀毁可知。然国步颠跻，正赖贤者力荷艰巨。吾兄秉义方之训，尚望善继先志，稍释哀感，务以国事为重，以慰尊公九泉之灵，而副国人之想望。

---

① 原函未署时间，底本标为1915年，误。因函中有"现在事情尚未妥当，我未能定期回乡"句，1917年孙中山在广州成立护法政府，以政务繁忙，不能定期回乡。后来在1917年11月16日孙中山曾"亲自回乡一转"，于19日返广州。此函时间当为1917年10月。

② 岳军，即张群。

兹特派邵元冲君代表奉唁,尚希节哀顺变,为国珍重。专函申意,诸惟亮照不宣。

孙文启　十一月二日

据中国国民党中央文化传播委员会党史馆藏环龙路档案01475

复张伯烈①函

（一九一七年十一月六日）②

亚农志兄鉴：

昨奉大札,捧读甫竟,令我神沮。时局艰难,端资共计。爱国爱民,能有几人。两日未见,恍如有失。待商事件,多似牛毛。艰巨难膺,彼此同慨。拂袖而去,岂近人情？兄即恝然于我,讵忍恝然于国耶？肃书奉迓,驻待高轩临颖,无任企盼之至。

据天津《大公报》一九一七年十一月六日《请看广东军政府之会议》

致邓泽如等函

（一九一七年十一月二十二日）

泽如先生暨各同志先生均鉴：

敬启者：自军政府成立以来,非常发展。四川方面,刘存厚已受此间委任为四川督军,川、滇嫌隙业已泯除。唐元帅亲自督师,克日进取重庆,以扼长江上游。湖南方面,传贼已逃,长沙省城尽为南军所有。

---

① 张伯烈,时任军政府秘书。
② 此函所标时间为报纸刊发日期。

最近段贼军械借款，不惜全国兵权全归外人之手，是以苏督李纯、赣督陈光远等极力反对，伪内阁阁员全体辞职。昨又以王占元为援湘总司令，段芝贵为代理鄂督，而王占元遂宣布自主，因之西南大局，更为进步。第军饷之需，待济良巨，当此功在垂成之际，尤望速筹巨款，陆续汇来，以应军用。民国前途，庶几重有光矣。特此通告，并颂

均安

孙文　中华民国六年十一月二十二日

据邓泽如编《孙中山先生廿年来手札》（台北文海出版社一九六六年版）影印原件

复叶独醒等函

（一九一七年十一月二十七日）

独醒、仲寿先生均鉴：

来函均悉。承汇各次款项，已由财政部照发收据。孙君扶摇委任状，亦经着陈君等带呈，请照查收。兹付上致吕、孙两君之函，希为照转。

此间情形，已详诸吕、孙两君函中，以后情形如何，当随时奉告，以慰热忱。至陈君等到尊处时，祈协同筹助，以利师行，不胜切祷之至。此颂

均安

孙文　民国六年十一月廿七日

据中国国民党中央文化传播委员会党史馆藏一般档案 049/138

复刘建藩函

（一九一七年十二月一日）

崑涛镇守使惠鉴：

张君鲁藩归，奉读手书，知猛进不懈，至为欣慰。购械事，甚思力为相助，无如粤省所有，供给本省各军，犹异常短缺；若向国外购取，则现时西南各省犹未正式经诸国承认，事实上难可援助，故购械一层，必稍需时日，始能设法，此中艰困想能谅之也。

近闻湘局稍定，滇、黔军在川亦大有发展；浙、皖义军分途并起，民气如此，大局当不难戡定矣。军旅贤劳，岂胜想念。专复，藉颂
戎祉

　　　　　　　　　　　　　　大元帅　中华民国六年十二月一日

据中国国民党中央文化传播委员会党史馆藏一般档案 049/100

致中华革命党仰光支部同志函

（一九一七年十二月六日）

仰光支部诸同志先生惠鉴：

自湘南独立义师焕发以来，西南情形日趋佳胜。范王两将以气馁丧师，傅周二竖复弃城宵遁。长沙既克，声势益振，于是浙之宁、绍、温、台一带闻风兴起，宣布独立；皖北方面亦乘机响应，以与北京政府脱离关系。惟浙省独立军兵力有限，不足以当敌师。自前月廿六日宣布独立后仅一星期，遂为敌兵所破。幸而皖北尚能支持，且有再图发展之望。安武军与民党联络一成，倪逆不足破也。四川方面，滇黔义师共分数路入蜀，据贵州刘督军、王师

长前二十日电报,已得合江、江津等地,迫近重庆,指日可下。惟日间稍闻滇黔两军以川兵诡诈绕攻后路,致滇军于叙、泸两处皆稍失利,而黔军为安全计,当略退却。故重庆北军得延残喘,但顷得确报,荆州石星川与襄阳黎天才各统一师响义讨贼。由是西南形势渐扩,而至中原吴光新所率重庆北军归路已绝,黔滇之师可以复振,而四川反侧可以镇定矣。粤省陈督已去,莫荣新代之。陈竞存以援闽粤军总司令名义,由莫督拨兵二十营将与海军共同动作,拯闽民于水火。而潮梅讨贼之师,亦着着得胜,内部乱事指日可平。此近时军事大略情形也。

惟是军兴以来,饷需浩繁,尚望诸先生念义军将士护法讨逆之热忱,誓死血战之艰苦,广为劝导,慨助钜款,使军需不匮,士气益励。异日共和巩固,皆出诸先生之所赐也。汇款请仍寄粤,交廖仲恺兄收,并恳随收随汇为要。手此布达,即颂

均安

孙文启

十二月六日

本日接到唐元帅行营来电,重庆已于五日由我军占领,合并附陈。

十二月七号再启

据中山大学孙中山纪念馆藏原函照片

致王珩瑄郑渭江函

(一九一七年十二月十八日)

珩瑄、渭江仁兄惠鉴:

孙君强夫来粤,道及此次英捕房越界捕人,拘去尹君神武,非法刑讯,幸执事敦尚友谊,力为援手,使尹君虽陷幽囹,尚有昭雪之望,闻之殊深佩慰。

尹君本为吾党青年有志之士,在租界又无纤微罪辜,且英捕房拘票,亦非尹君本身,乃诸捕志图邀功,一味指鹿为马,越捕毒讯,黑暗至此,复有何说。

今执事既能尊崇公理,急友朋之难,尹君事仍望协力相助,俾无辜者不致永蒙莫白之冤,庶将来沪界尚有人道可言,其关系非仅尹君一二人已也。手此奉布,并颂

日祉

孙文启　六年十二月十八日

据中国国民党中央文化传播委员会党史馆藏环龙路档案 01457

致刘祖武等函

（一九一七年十二月二十七日）①

继之护督、夔峰省长、萍赓□□、延之警备司令、竹青警备司令②执事：

时局艰危,忧思蕴结,每念滇中将士,军旅勤劳,辄为向往不置。三迤山川峻丽,英杰挺生,已得天之独厚,宜建树之特隆。执事晓畅戎机,通达治体;在昔既推翻帝制,重奠共和,于今必扫荡逆氛,巩固法治,遗大投艰之任,勒铭刻碑之典,知匪异人任矣,甚盛甚盛。

文自相随海军将士、国会议员之后在粤组织军政府以来,夙夜兢兢,数月于兹,无非欲争回已坏之法,使国会得以重开,一切皆由国会依法解决而已。幸赖西南各将领能深体斯旨,如响斯应,湘、蜀报捷频来,潮、汕亦已收复,段氏不支,伪阁以倒。现在伪政府停战之令虽颁,而伪临时参议院仍继续开会,窜改国宪。倪嗣冲、张怀芝之伦恣睢于北,龙济光、李厚基辈助乱于南,实欲藉停战为名,以老我师,而隳我士气。文与海军暨两粤诸将士,誓非使国会恢复,得完全行使其职权,凡约法所规定,得保障其原有之效力,则决不为姑息调和之言所乘,致中敌人之奸谋,而再蹈为德不卒之辙。所望执事坚持到底,

---

① 原函无年份,秦孝仪主编《国父全集》编为 1918 年,误。据函中内容推断,当为 1917 年。(参见陈标《〈孙中山全集〉第四卷五份函电时间辨正》,载《近代史研究》1998 年第 2 期)

② 继之,指刘祖武;夔峰,指田云龙;萍庚,指唐继虞;延之,指缪嘉寿;竹青,指孙永安。

作一劳永逸之图,庶海宇澄清,富强可企,民国前途,实图利之。专此,并颂
毅安

孙文　十二月二十七日

据中国国民党中央文化传播委员会党史馆藏一般档案049/312

致莫荣新函

（一九一七年十二月）

一、承认临时政府为南方唯一的军事指挥机构；
二、承认孙文为大元帅,有全权统率所有军队；
三、广东省的外交官员应由临时政府任命。

据广东省档案馆辑译《孙中山在第一次护法运动中》,载《孙中山研究》第二辑

致邓泽如函

（一九一七年）

泽如先生台鉴：

兹有浙省特派调查南洋实业专员王君孚川（名廷扬）、丁君心耕（名福田）来观贵埠之光,特为绍介,希妥为招待,并导观一切；且绍介之于贵埠暨邻近各埠实业家,俾得详细调查,将来归国报告,鼓舞政府,振兴实业,保护华侨之心,必大有所助也。专此敬达,即请
台安

孙　文

据邓泽如编《孙中山先生廿年来手札》（台北文海出版社一九六六年版）影印原件